KB060857

언어치료학 개론

곽미영 · 김시영 · 김효정 · 남현욱 · 박상희 · 박선희 · 신명선 · 신혜정 · 신후남
안종복 · 유재연 · 이명순 · 이무경 · 전희숙 · 황보명 · 황상심 · 황하정 공저

Introduction to
Speech and
Language Therapy

학지사

머리말

언어치료학에 입문하면 가장 먼저 기초교과목인 언어치료학 개론을 배웁니다. 우리 나라에서는 권도하 교수님께서 Van Riper의 『Speech Correction III』를 번역하여 소개한 것을 시작으로 현재 많은 개론서가 출간되고 있습니다. 그러나 처음 언어치료를 접하는 학부생 및 일반인들에게 보다 이해하기 쉬운 개론서가 필요하다는 생각으로 여러 대학의 교수님들이 뜻을 모아 새로운 개론서를 집필하게 되었습니다.

이 개론서는 누구나 언어치료학이라는 학문을 쉽게 이해할 수 있도록 하는 데 목표를 두고 저술하였습니다. 본문은 총 3부로 구성되어 있습니다. 제1부에서는 언어치료학의 전반적인 개관, 제2부에서는 언어문제의 증상에 따른 언어발달장애, 조음·음운장애, 음성장애, 유창성장애, 제3부에서는 언어문제의 원인에 따른 여러 장애를 다루었습니다. 각 장의 앞부분에는 학습 목표와 핵심 용어를 제시하였으며, 마지막에는 요약과 연습문제를 두어 스스로 학습과 점검이 가능하도록 하였습니다. 독자의 이해를 돕기 위하여 집필진과 여러 번의 회의를 거쳐 전반적인 내용과 수준을 논의하였습니다. 그러나 언어치료의 내용이 방대하고 집필진의 수가 많아 용어의 혼돈이나 불완전한 부분들이 있을 것으로 생각합니다. 독자들의 너그러운 양해를 부탁드립니다.

이 책이 나올 수 있도록 격려와 애정을 보내 주신 권도하 교수님께 저자들을 대표해 감사의 마음을 전합니다. 또한 학지사의 협조와 배려 그리고 도움에 감사드립니다. 그리고 집필진 모두에게도 다시 한번 감사를 전하고 싶습니다.

대표 저자 김시영

차례

제1부

언어치료학의 개관

언어치료학 이해

| 김시영 |

핵심 용어

• **조음 · 음운 장애**(articulation and phonological disorder): 기능적 및 기질적 원인으로 발음이 부정확하여 의사소통에 문제를 나타내는 장애이다. 구조 및 생리학적 차원에 문제를 가진 경우 조음장애로, 언어학적 차원에 문제를 가진 경우 음운장애로 분류한다.
• **유창성장애**(fluency disorder): 반복, 연장, 막힘 등의 형태로 말의 흐름이 깨지거나 비정상적인 방해를 나타내는 장애이다. 비정상적인 방해에는 말더듬과 말의 속도가 너무 빠른 속화가 있다. 말더듬은 원인에 따라 발달성, 신경인성, 심인성 말더듬으로 분류한다.
• **음성장애**(voice disorder): '음성 자체에 주의를 끄는' 음성문제가 의사소통을 방해하는 장애이다. 음성장애는 음도, 강도, 음질 문제의 세 가지로 분류한다.
• **언어발달장애**(language development disorder): 수용언어(이해하기, 읽기), 표현언어(말하기, 쓰기), 문제해결력 등의 언어문제를 나타내는 장애이다. 언어발달장애라고 하여 발달기 아동들의 언어장애만을 의미하지는 않는다.

1 언어장애 개관

1. 의사소통장애 이해

우리는 생활하면서 끊임없이 다른 사람과 의사소통을 한다. 의사소통은 정보의 교환이다. 이러한 정보의 교환은 생물들 간에도 이루어지는데, 예를 들면 꿀벌은 꿀이 있는 곳의 방향, 거리, 양 등을 서로 의사소통한다. Van Riper와 Erickson(1995)은 인간 사회에서 이루어지는 의사소통을 하나의 과정으로 설명한다. 원활한 의사소통이 이루어지기 위해서는 의사소통 형식 및 정보의 내용이 필수적이며, 이 정보를 전달하는 사용방법이 갖추어져야 한다. 의사소통을 하는 방법에는 구두 혹은 비구두, 화학적, 전기적 방법 등이 있지만, 이 장에서 필자는 의사소통을 구두 및 비구두 언어로 한정하여 설명하고자 한다.

모든 언어에는 형식, 내용, 사용이라는 세 가지 요소가 있다. 그 사회가 공통적으로 가지고 있는 기호(symbols)를 이용해 제한된 수의 서로 다른 음소를 결합하는 규칙, 음소의 최소단위인 형태소를 의미 있게 결합하는 규칙, 어휘를 서로 연결하여 문장을 만드는 규칙, 사회적인 약속에 따라 활용하는 규칙에 맞아야만 우리는 언어를 잘 사용할 수 있게 된다. 언어장애는 이들 구성요소 중 어느 하나에 문제가 있는 것이며, 이에 대한 설명은 제2장에서 자세하게 다룬다. 또한 언어를 표현할 때에도 연령, 성별 및 상황에 적절한 목소리를 사용하고, 정확한 발음을 통해 타인에게 내용을 잘 전달할 수 있도록 유창하게 산출해야 한다. 우리는 이 과정 중 어느 하나라도 문제가 생기면 정보를 교환하는 데 어려움을 가질 수 있다.

Van Riper와 Erickson(1995)은 언어장애 및 구어장애를 "말이 다른 사람의 말과 너무 차이가 나서, 그 말 자체에 주의를 끌거나 의사소통을 방해하여 화자나 청자를 괴롭히는 원인이 될 때, 그 말은 장애가 있다."라고 정의하였다. 즉, 화자의 말이 다른 사람이 하는 말과 너무 달라서 누구나 그 차이를 알아챌 수 있을 정도이고 말하는 내용보다는 그 말 자체에 주의를 끌며, 그 결과 의사소통하고자 하는 내용이 전달되지 못하고, 화자나 청자를 괴롭히는 원인이 될 때에 구어 혹은 언어에 장애가 있다고 하였다(권도하 외, 2013).

언어치료 분야에서 사용하는 '언어장애'라는 용어는 모든 언어치료의 대상이 되는 포괄적 언어장애(speech & language disorder)를 의미한다. 그러나 포괄적 언어장애를 구어장애(speech disorder)와 언어장애(language disorder)로 분류하는데, 이때에도 '언어장애'라는 용어가 사용되기 때문에 혼동을 줄 수 있다. 그래서 이 장에서는 포괄적 언어장애의 개념일 때 '의사소통장애'라는 용어를 사용하고자 한다.

2. 의사소통장애 분류

나타나는 언어문제의 증상을 중심으로 의사소통장애를 분류할 때 조음 · 음운 장애, 유창성장애, 언어(발달)장애, 음성장애의 네 가지로 분류하며 〈표 1-1〉과 같다. 현재 국가시험 교과목으로 신경언어장애가 포함되면서 의사소통장애의 분류를 잘못 사용하는 경우가 있다. 그러나 신경언어장애는 의사소통장애의 증상에 따른 분류에는 포함되지 않는다. 보건의료 국가시험에서는 편의에 따라 신경학적 원인이 된 의사소통장애를 따로 분류하여 신경언어장애라는 교과목으로 시험을 시행하고 있을 뿐이다. 신경언어장애 교과목에서는 실어증, 경도인지장애, 치매, 마비말장애, 구어실행증, 실행증, 뇌성마비 등을 한꺼번에 다루고 있다.

경우에 따라 원인과 증상을 혼합하여 분류하는 방법을 사용하는 경우도 있는데, 예를 들면 지적장애로 인한 언어발달장애, 청각장애로 인한 조음장애 등이다.

표 1-1 **의사소통장애의 분류**

구분	대분류	중분류(증상)	소분류(증상)	소분류(원인)
의사소통장애 (communication disorder)	구어장애 (speech disorder)	조음 · 음운 장애	생략, 대치, 첨가, 왜곡	기능적 기질적
		유창성장애	말더듬, 속화	발달성 신경인성 심인성
		음성장애	음도, 강도, 음질 변화	기능적 기질적
	언어장애 (language disorder)	언어발달장애	형태, 통사(구문), 의미, 화용의 문제	지적장애 자폐범주성장애 청각장애 등

조음·음운 장애는 기능적 및 기질적 원인으로 발음이 부정확한 것이다. 구조 및 생리학적 차원에 문제를 가진 기질적 장애로 발음문제가 생기는 경우는 조음장애, 언어학적 차원에 문제를 가진 경우는 음운장애로 분류하지만 그 둘을 명백히 구분하기 힘든 경우도 많고 두 가지가 동시에 나타나는 경우도 있다. 따라서 이러한 용어의 문제를 해결하기 위하여 최근에는 말소리장애(speech sound disorder)로 명명하기도 하지만, 앞으로 어떤 용어를 사용하는 것이 더 유용할지에 대해서 필자는 고민이 많다.

유창성장애는 말의 흐름이 머뭇거림, 반복, 연장, 막힘 등의 형태로 비정상적인 방해를 나타내는 시간장애이다. 비정상적인 방해에는 말더듬과 말의 속도가 너무 빠른 속화가 있다. 원인에 따라 발달성, 신경인성, 심인성 말더듬으로 나눈다. 일반인들도 항상 유창한 것은 아니기 때문에 정상적인 비유창성과 말더듬 특성을 구별할 필요가 있다.

음성장애는 '음성 자체에 주의를 끄는' 음성문제가 청자와 화자를 괴롭히게 될 때를 말한다. 음성장애는 음도, 강도, 음질 문제 등의 세 가지로 나뉜다. 공명문제는 음질장애에 포함시킨다.

수용언어(이해하기, 읽기), 표현언어(말하기, 쓰기), 문제해결력 등의 문제를 나타내는 경우 언어발달장애라고 한다. 언어발달장애라고 하여 발달기 아동들의 언어장애만을 의미하지 않는다. 발달은 인생 전반에 걸쳐서 일어나는 것으로 용어를 확대하여 사용한다.

2 언어치료 역사

국내 언어치료 역사는 1918년 8월 1일부터 8월 7일까지 말더듬아동 치료교실이 남대문 소학교에서 개최되었다는 자료에서 처음 찾을 수 있다(권도하 외, 2013). 학교교육에서 언어치료의 시작은 1981년 대구대학교 사범대학 치료특수교육과에서 배출한 치료특수교사(요육교사)가 특수학교에 배치되면서부터이다. 학교에 배치된 치료특수교사는 물리치료, 작업치료, 언어치료, 심리치료 등 전반적인 치료활동을 함으로써 1명의 치료특수교사가 여러 전문영역의 일을 하였다. 그러나 장애인 부모들은 치료특수교사의 전문성을 불신하였고, 이러한 제도들을 반대하게 되었다. 결국 2007년 「특수교육진흥법」이 「장애인 등을 위한 특수교육법」으로 개정되면서 치료특수교사라는 교사

자격증제도 자체가 없어지게 되었다(권도하, 2015).

우리나라에서 정규과정으로 언어치료사가 양성된 것은 1987년에 대구대학교 언어치료학과 개설이 인가되면서부터이다. 1988년부터 첫 입학생을 받은 것이 우리나라에서 대학교육으로서의 첫걸음이다. 2018년 현재 언어치료 관련 학과는 대학원 28개교, 4년제 대학 27개교, 3년제 전문대학 13개교에 개설되어 있다. 미국의 경우 학교에서 근무하는 언어치료사가 대부분이지만, 우리나라 현실과는 차이가 많다. 우리나라는 학교에서 근무하기 위해서는 교원자격증이 있어야 한다. 그러나 언어치료 전공교사를 양성하는 자격법과 채용규정이 아직은 시행되지 않기 때문에 현재는 언어치료사가 학교기관에서 일하는 것보다 장애인복지관, 재활원, 병원, 사설기관 등의 학교 이외 기관에 배치되는 경우가 더 많다. 다만, 각 시·도의 교육청 부설기관인 특수교육지원센터에 소속되어 언어치료 순회교사로 근무하는 경우가 일부 존재한다(권도하, 2015).

한국 언어치료사 자격제도는 1992년에 한국언어치료학회에서 수여한 것이 효시이다. 1992년에 권도하는 한국언어치료학회장 명의로 언어치료사 자격증을 수여하였다. 그 후 2001년부터 2005년까지 한국언어치료학회에서는 언어치료교육사라는 이름으로 자격증을 발급하였다. 1997년에 이승환은 한국언어병리학회장 명의로 언어병리사 자격증을 수여하였는데, 그 후 1998년에는 언어임상가, 1999년부터 언어치료사라는 이름으로 자격증 명칭을 변경하여 수여하였다. 이후 자격제도를 시행하고 있던 두 학회는 2004년에 한국언어치료전문가협회를 창립하여 언어치료사 자격증제도를 단일화하였다. 단일화된 언어치료사 자격증은 국가자격증 제도가 확립될 때까지 지속되었다. 그 후 2011년 8월 4일 「장애인복지법」 제71조 제1항과 제72조에서 언어재활사 국가자격증 제도가 확립됨으로써, 이제까지 민간단체로서의 한국언어치료전문가협회의 모든 업무 및 재산을 승계하여, 「장애인복지법」 제80조의2 제1항에 따라 한국언어재활사협회가 법정단체로 2011년 7월 16일 설립되었다(권도하 외, 2013). 현재는 보건복지부에서 「장애인복지법」에 근거하여 언어재활사 자격을 관리하고 있다.

3 언어재활사 역할

1. 언어재활사 직무

언어재활사의 주 업무는 다양한 유형의 의사소통장애를 평가하고 중재를 제공하는 것으로, 대상자의 언어적 능력에 대한 판단 및 언어재활에 대한 결정을 내리는 '전문가'이자 '주체'이다. 이를 위해 교육학, 청각학, 음성학, 심리학, 언어학, 특수교육학, 의학, 공학 등 다양한 학문적 기초와 다양한 의사소통장애의 각 유형별 특성과 원인, 평가방법, 효과적인 중재법에 대한 집중적인 교육을 통해 인간과 의사소통 문제에 대한 이해가 필요하며, 더불어 충분한 임상수련 기간을 통해 인간과 의사소통 문제에 대한 통찰력도 갖추어야 한다. 이처럼 다각적이고도 전문적인 언어재활사의 역할은 그 고유한 전문성으로 인정되어야 한다. 이미 의료적 진단 및 치료 단계가 끝난 언어재활대상자는 의료적 행위가 아닌 '언어재활'이라는 전문 분야의 수혜자가 된다. 그러므로 언어재활 시행 여부의 판단과 수행은 의사의 지시(order)에 따를 사항이 아니라 협력할 사항이다. 병원 세팅에 근무하는 언어재활사는 대상자의 언어적 부분에 대해 판단이 완료되면, 그 결과를 의사 및 의료진에게 전달하며, 의사는 다른 영역의 평가 결과들을 종합하여 환자의 상태에 대한 종합적인 판단을 한다(한국언어장애전문가협회, 2005; 한국언어재활사협회, 2013).

ASHA(American Speech-Language-Hearing Association)에서는 "언어치료사는 말·언어장애, 삼킴장애(연하장애)를 평가하고 언어재활 서비스를 수행한다. 특히 말·언어장애의 특성을 질적 및 양적으로 평가하기 위해서는 표준화된 검사뿐만 아니라 검사도구를 활용한다. 언어치료사는 신생아에서 노인에 이르기까지 말·언어장애 및 삼킴장애를 치료할 때 개별화된 장단기 목표를 수립하며, 치료 현장이나 개인의 진단 및 필요에 따라 임상서비스는 개별 혹은 그룹의 형태로 제공할 수 있다."라고 명시하고 있다.

김영태 등(2014)의 언어치료 직무분석 결과에 따른 언어재활사의 일반적인 역할은 의사소통장애의 선별검사, 의사소통장애의 진단 및 평가, 언어재활 및 언어중재, 가정지도, 연구개발, 예방을 위한 공공서비스 제공의 여섯 가지였으며 다음과 같다.

- 의사소통장애의 선별검사: 언어재활사는 대상자가 의사소통 문제를 가지고 있는지를 판별한다. 장애영역별로 개발되어 있는 다양한 선별검사를 통하여 실시한다.
- 의사소통장애의 진단 및 평가: 선별검사 결과 문제가 발견되었을 경우에 좀 더 정확한 문제 파악을 위해 전문적인 의사소통장애 진단 및 평가를 실시한다. 의사소통 유형, 중증도, 문제의 원인, 예후, 치료방향 등을 파악한다. 언어재활사가 영역별로 공식 검사도구와 전문적 지식과 경험을 통하여 관련 영역의 전문가와 협진을 통해 진행한다.
- 언어재활 및 언어중재: 의사소통장애를 가진 대상자들이 보다 원활하게 의사소통을 할 수 있도록 원인 및 증상에 따른 치료를 실시한다. 진단 및 평가 결과를 토대로 각 대상자에게 개별화된 장 · 단기 치료계획서를 작성하며 이를 토대로 개별적 특성이 반영된 맞춤형 치료를 시행한다.
- 가정지도: 대상자가 너무 어리거나 직접 치료에 어려움이 있는 경우에는 좀 더 효율적인 치료 효과를 위해 대상자 가족을 중심으로 가정지도를 실시한다. 또한 다양한 의사소통장애를 가질 수 있는 고위험군의 가족을 대상으로 예방교육을 실시하며, 선별검사 결과 이상은 없지만 지속적인 상담이 필요한 경우에는 가정지도가 이루어진다. 가정지도는 언어재활사가 직접 방문하거나, 대상자의 보호자가 언어재활사를 찾아올 수 있고, 매체를 통한 상담으로 이루어지기도 한다.
- 연구개발: 언어치료학은 다학문적 성격을 가진 학문이며, 대상자에게 직접적인 중재 및 교육을 실시하는 응용학문이므로 다양한 영역의 학문을 기초로 현장에 적용할 수 있는 임상연구들이 필요하다. 따라서 언어재활사들은 관련 학문의 전문가들과 긴밀한 협조 아래 실증적인 연구들을 실시해야 한다.
- 예방을 위한 공공서비스 제공: 언어재활사는 일반인들에게 다양한 의사소통장애의 예방과 평가 그리고 치료에 대한 기본적인 지식을 알리고 고무시키는 역할을 한다. 언어장애 고위험군에 대한 홍보와 아울러 예방을 위한 사전교육을 통하여 언어장애에 관한 사회적 인식을 촉진해야 한다.

2. 언어재활사 취업처

언어재활사는 학교, 사설언어치료센터, 복지관, 병원, 다문화센터, 장애전문어린이집 등으로 진출할 수 있다.

1) 학교

학교에서 언어치료가 이루어지는 곳은 일반학교의 특수학급 및 특수학교이다. 학교 언어치료를 담당하는 공식기구는 특수교육지원센터이며 특수교육대상자의 조기발견, 특수교육대상자의 진단 평가, 정보관리, 특수교육 연수, 교수·학습활동의 지원, 특수교육 관련서비스 지원, 순회교육 등을 담당한다. 일반학교에서 통합교육을 받고 있는 특수교육대상자를 지원하기 위해 일반학교 및 특수교육지원센터에 특수교육 교원 및 특수교육 담당 인력을 배치하여 순회교육을 실시할 수 있다. 학교현장의 언어치료는 교육청 바우처의 지원을 받아 방과 후 교육으로 일반학교 및 특수학교에서 진행될 수 있으나 기관 선정이나 지원대상자 등의 규정에는 시·도 교육청마다 차이가 있다.

학교환경에서 치료받는 대상자는 「장애인 등에 대한 특수교육법」에 의해 특수교육대상자, 특수교육을 필요로 하는 사람으로 선정된 사람에 국한된다. 「장애인 등에 대한 특수교육법」에 명시된 장애의 종류는 시각장애, 청각장애, 지적장애, 지체장애, 정서행동장애, 자폐성장애, 의사소통장애, 학습장애, 건강장애, 발달지체, 그 밖에 대통령령으로 정하는 장애이다. 현재 교육현장에 파견되는 언어재활사들이 많이 접하게 되는 의사소통장애군은 지적장애와 자폐성장애, 청각장애 등이다(한국언어재활사협회, 2013).

2) 사설언어치료센터

사설언어치료센터는 언어재활사 개인이 설립하고 운영하는 언어치료기관을 지칭한다. 이는 국가, 지방자치단체 혹은 공공기관의 법인으로 설립된 각종 복지관, 종합병원, 학교, 기타 교육시설 등의 치료기관, 사업주가 의료인으로 되어 있는 개인병원 및 각종 재활치료센터, 비장애인을 대상으로 하는 각종 언어교육프로그램 및 각종 학원과 구분된다. 단, 의료인이 아닌 재활관련 전문가가 운영하는 사설 기관 내 언어치료 현장은 여기에 포함된다. 한국언어재활사협회의 전신인 한국언어장애전문가협회의 자격증 수여 규정에서는 사설 기관을 운영할 수 있는 기관장의 자격요건을 "언어장애전문가 1급 자격증 소지자 혹은 언어장애전문가 2급 자격증을 취득하고, 2급 자격증 취득 이후 3년 이상의 전일제 임상경력을 가진 사람"이라고 규정했다. 그러나 현재 현행법에서는 기관장에 대한 요건은 따로 규정하지 않고 있다. 다만, 바우처 등의 국가지원을 받기 위한 제도에서는 시설장 및 기관장의 요건을 제시하였으며, 각 사업마다 기준에는 차이가 있다.

언어치료실만으로 운영되는 사설 기관도 있지만 대부분은 통합프로그램이 운영되는 곳이 많다. 통합치료프로그램에는 인지치료, 미술치료, 음악치료, 심리치료, 감각통합치료, 놀이치료, 학습치료, 특수체육 등이 있으며, 각각의 프로그램들은 그 분야의 전문가들이 담당한다. 사설 기관에 따라 운영하고 있는 치료프로그램의 종류와 수는 다르지만, 언어치료가 중심이 되는 경우가 많다. 이러한 시스템은 다양한 치료프로그램 전문가와의 효과적인 의사소통과 대상자에 대한 다각적인 이해에 큰 도움이 된다(한국언어재활사협회, 2013).

3) 복지관

복지관은 크게 종합사회복지관, 노인종합복지관, 장애인종합복지관으로 나눌 수 있다. 이용자의 특성에 따라 시설과 프로그램 종류를 차별화하고 전문화하기 위해 구분되어 있다. 장애인복지관이란 장애인을 대상으로 하는 대표적인 장애인복지시설로 장애인에게 전문적인 상담·치료·훈련 등을 제공하거나 여가활동 및 참여활동 등에 필요한 편의를 제공하는 시설이다.

복지관 내 여러 관련 전문가―사회복지사와 치료사(물리치료사, 작업치료사, 언어재활사, 심리치료사, 놀이치료사 등), 특수교사, 직업재활사, 정보화교사, 행정직, 기능직 등―들이 각각의 역할을 담당하고 있다. 특히 재활서비스를 전달하는 조직에서 사회복지사, 의사, 간호사, 물리치료사, 기타 건강 관련 분야 전문직들 간의 협력은 대상자에 대한 포괄적인 이해를 돕고, 문제를 종합적으로 분석하며, 계획을 체계적으로 수립하고, 필요한 서비스를 총체적으로 제공할 수 있다는 장점이 있다. 복지관 내에서 언어치료 관련 팀의 협력은 언어치료 대상자를 진단하기 전 접수, 초기면접 일정 등의 과정에서 행정직원과 이루어질 수 있으며, 전문적인 평가를 하거나 종합적인 재활서비스에 배정하기 위하여 재활 전문가들과도 긴밀하게 요구된다. 관련 전문가들과의 팀 조직에서 언어치료를 담당하는 언어재활사는 일차적으로 언어장애 진단과 치료뿐만 아니라 부모상담, 관련 정보 수집, 관련 전문가와의 정보교류 등을 담당한다.

4) 병원

병원환경에서 언어재활사가 관여하게 되는 환자들은 아동의 경우 외상 환자가 차지하는 비율이 가장 높은데, 특히 두경부의 손상은 언어장애 및 삼킴장애를 초래할 가능성이 크다. 성인의 경우는 외상뿐만 아니라 뇌졸중, 심장질환으로 인한 뇌손상이 언어장애, 삼킴장애와 관련된 주요 급성 질환에 해당한다. 성인 환자의 대부분은 신경과나 신경외과 환자인 경우가 많고, 뇌졸중과 뇌종양, 외상성 뇌손상, 뇌전증, 치매, 운동장애 등의 질환이 원인이 된다. 이로 인한 말·언어장애 중 가장 많은 비율을 차지하는 것은 마비말장애이다.

이비인후과에서 언어치료서비스를 필요로 하는 환자는 크게 음성장애와 청각장애로 인한 말·언어장애이다. 소아의 경우, 시각·청각장애 등 감각결손, 조음·음운장애, 유창성장애, 구순구개열 등 구강 악-안면기형, 뇌성마비, 아동기 말실행증, 초기 뇌발달 결함이나 뇌손상에 따른 아동기 실어증, 단순언어장애 등의 일차적인 말·언어장애를 다룬다. 재활의학과에서는 어떠한 원인 질환으로 인한 장애이든 증상이 안정화된 이후 재활치료가 필요하여 의뢰된 환자들을 대상으로 한다. 성인의 경우 신경학적 원인으로 인한 실어증, 우뇌손상/외상성 뇌손상 환자의 의사소통장애, 마비말장애, 말실행증, 기타 인지의사소통장애, 삼킴장애 등이 있으며, 아동기의 언어발달장애 및 실어증, 조음·음운 장애, 유창성장애 등이 모두 포함된다. 진료과 소속의 전문언어치료실이 설치되어 있지 않은 병원에서는 음성장애, 청각장애, 자폐범주성장애, 구순구개열 등의 특정 문제로 인한 말·언어장애 재활도 모두 담당하게 된다(한국언어재활사협회, 2013).

5) 다문화센터

다문화환경이란 넓은 의미로 볼 때 다양한 문화가 공존하고 있는 가족형태 내의 개인이 마주치게 되는 모든 곳이라고 할 수 있다. 다문화가정 개인들의 언어와 의사소통에 접근하기 위해서는 언어장애와 언어차이의 차이점을 고려해야 한다. 언어장애는 의뢰인의 연령이나 발달단계에서 기대되는 언어기술에서의 불일치이고, 언어차이는 주류 문화의 표준적인 사용에서 어느 정도 벗어난 규칙에 지배되는 언어방식이다. 다문화가정 아동의 언어발달에 대해서는 상호관계 내에서 전 생애적으로 발달하는 언어의 변화에 주목해야 하며, 발달의 경로를 따라 언어발달과 언어 환경의 상호관계 안에서 언어평가 결과에 대한 설명을 제공할 수 있을 때 비로소 설명이 가능하다. 다문화 언어치료 현장에서 만나는 개인들은 언어에서 차이를 보이거나, 언어발달이 늦거나 혹은 언어장애를 가지고 있는 경우도 있어 다양하다. 다문화 지원환경은 병원, 어린이집이나 유치원, 초 · 중 · 고교, 대학교, 복지관이나 사설 언어치료실, 다문화가족지원센터 등 모든 곳이 해당된다.

다문화 대상자는 한국 아버지와 외국인 어머니 혹은 한국 어머니와 외국인 아버지로 이루어진 국제결혼가정, 외국인 근로자가 한국에서 결혼하여 자녀를 두었거나 본국에서 결혼하여 형성된 가족이 우리나라에 이주해 온 경우의 외국인 근로자 가정, 북한에서 태어나 함께 한국으로 입국하였거나 부모들이 북한에서 한국으로 입국하여 새로운 자녀가 생긴 새터민 가정 등으로 나눈다.

다문화가족 자녀 언어발달지원사업의 목적은 체계적이고 전문적인 언어발달 지원 서비스 제공을 통해 다문화가족 자녀들이 건강한 사회 구성원, 나아가 글로벌 인재로 성장할 수 있는 초석을 마련하는 것이다. 이를 위해 다문화가족 자녀의 언어발달 상태를 평가하고, 의사소통에 어려움을 가진 아동에게 적절한 언어교육을 실시함으로써 원만한 발달이 이루어지도록 한다. 다문화가족 자녀의 언어교육과 더불어 다문화 부모에게 상담 및 교육 방법을 제공함으로써 일상생활에서도 아동의 언어발달 촉진을 도모한다. 주요사업으로는 다문화가족 자녀 언어평가, 다문화가족 자녀 언어교육, 부모상담 및 부모교육 등이다. 대상자는 언어평가 및 언어교육이 필요한 다문화가족 자녀(만 12세 이하)로 한다(한국언어재활사협회, 2013).

6) 장애전문어린이집

장애전문어린이집이란 미취학장애아만 20명 이상 보육하기 위하여 「영유아보육법 시행규칙」 별표 1에 따른 시설을 갖추고 상시 18명 이상의 장애아(단, 미취학장애아 9명 이상 포함)를 보육하는 시설 중 시 · 도지사나 시장 · 군수 · 구청장이 장애전문어린이집으로 지정한 시설을 말한다. 장애전문어린이집에는 「영유아보육법 시행규칙」 별표 2에 따라 장애아 3명마다 보육교사 1명이 배치되고, 3명을 초과할 때마다 1명씩 증원

되어야 하며, 교사 3명 중 1명은 특수교사로 배치되어야 한다. 장애전문어린이집에 근무하는 언어재활사의 역할은 언어평가, 개별치료 및 그룹치료, 부모상담, 분야별 전문가와의 협력, 다양한 프로그램 계획 및 운영이다.

4 언어재활사 관련 법규

이 절에서는 임상현장에서의 원활한 업무수행을 위해 언어재활사가 알고 있어야 할 관련된 현행 법령을 간단히 소개하고자 한다. 관련 법령으로 「장애인복지법」 「장애인 등에 대한 특수교육법」 「다문화가족지원법」 '언어재활사 윤리규정'을 살펴볼 것이다.

1. 언어재활사 자격법

「장애인복지법」은 1981년 「심신장애자복지법」으로 처음 제정되었으며, 1989년에 「장애인복지법」으로 개정되었고 2007년 전면 개정 이후 여러 차례 부분 개정을 거치며 현행 법률이 시행되고 있다. 「장애인복지법」의 목적은 "장애인의 인간다운 삶과 권리보장을 위한 국가와 지방자치단체 등의 책임을 명백히 하고, 장애발생 예방과 장애인의 의료·교육·직업생활·생활 환경개선 등에 관한 사업을 정하여 장애인 복지대책을 종합적으로 추진하며 장애인의 자립생활·보호 및 수당지급 등에 관하여 필요한 사항을 정하여 장애인의 생활안정에 기여하는 등 장애인의 복지와 사회활동 참여 증진을 통하여 사회통합에 이바지하는 것이다."(제1조)라고 규정하고 있다.

현행 「장애인복지법」 개정안(2011년 8월 4일 공포, 2012년 8월 시행)은 '언어재활사'를 공식적으로 장애인 복지 전문인력에 포함시켰으며(제71조), 언어재활사 자격증 취득을 위한 국가시험을 실시할 것을 명시하였다(제73조). 언어재활사 국가자격증의 발급주체는 보건복지부 장관이며 「장애인복지법」 제72조의2 제2항에 명시되어 있는 언어재활사 자격규정은 다음과 같다.

- 1급 언어재활사
  - 2급 언어재활사 자격증을 가진 사람으로서 다음 각 목의 어느 하나에 해당하는

자가 응시 가능

　가.「고등교육법」에 따른 대학원에서 언어재활 분야의 박사학위 또는 석사학위
　　를 취득한 사람으로서 언어재활기관에 1년 이상 재직한 사람

　나.「고등교육법」에 따른 대학에서 언어재활 관련 학과의 학사학위를 취득한
　　사람으로서 언어재활기관에 3년 이상 재직한 사람

• 2급 언어재활사
　-「고등교육법」에 따른 대학원 · 대학 · 전문대학의 언어재활 관련 교과목을 이수
　　하고 관련 학과의 석사학위 · 학사학위 · 전문학사 학위를 취득한 사람

• 언어재활 관련 학과(근거:「장애인복지법 시행규칙」제57조의4 제1항)
　1. 학과명, 과정명 또는 전공명에 언어치료, 언어병리 또는 언어재활이 포함된 학과
　2. 국시원이 언어재활 분야에 해당한다고 인정하는 학과

2. 언어장애 관련법

1)「장애인 등에 대한 특수교육법」

　현재 시행 중인「장애인 등에 대한 특수교육법」은 법률 제11384호로 총 6장 38조로
구성되어 있다. 이 법의 총칙은 목적, 정의, 의무교육, 차별의 금지에 대한 내용을 포함
하고 있다.「교육기본법」제18조에 따라 국가 및 지방자치단체가 장애인 및 특별한 교
육적 요구가 있는 사람에게 통합된 교육환경을 제공하고 생애주기에 따라 장애유형 ·
장애정도의 특성을 고려한 교육을 실시하여 이들이 자아실현과 사회통합을 하는 데
기여함을 목적으로 한다고 명시하고 있다. 그리고 제2조에서는 이 법에 사용되는 용
어들인 '특수교육, 특수교육 관련서비스, 특수교육대상자, 특수교육교원, 보호자, 통합
교육, 개별화교육, 순회교육, 진로교육 및 직업교육, 특수교육기관, 특수학급, 각급학
급'에 관하여 용어적 정의를 명확히 제시하고 있다. 이 중 특수교육 관련서비스에 치료
지원이 포함되고, 순회교육에는 특수교육 관련서비스를 직접 방문하여 실시하는 것이
포함되어 언어재활사들의 역할을 제시하고 있다. 총칙의 제3조 '의무교육'에 따르면
만 3세부터 17세까지 특수교육대상자는 의무교육을 실시하고 만 3세 미만의 장애영아

교육은 무상으로 실시한다. 제2장 '국가 및 지방자치단체의 임무'는 '특수교육대상자의 조기발견' '특수교육대상자에 대한 특수교육 관련서비스 지원방안의 강구'에 대한 내용을 담고 있어 언어재활사들의 역할이 관련된 부분이다. 제15조에 따르면 특수교육대상자는 시각장애, 청각장애, 지적장애, 지체장애, 정서행동장애, 자폐성장애(이와 관련된 장애를 포함), 의사소통장애, 학습장애, 건강장애, 발달지체, 그 밖에 대통령령으로 정하는 장애에 해당하는 사람 중 특수교육을 필요로 하는 사람으로 진단·평가된 사람으로 규정하고 있다. 제28조 특수교육 관련서비스 내용에서는 "교육감은 특수교육대상자가 필요로 하는 경우에는 물리치료, 작업치료 등 치료지원을 제공하여야 한다."라고 규정하고 있어 언어치료가 필요한 경우에 관련서비스를 제공해 주어야 함을 알 수 있다. 「특수교육진흥법」이 폐지되고 「장애인 등에 대한 특수교육법」이 제정되면서 치료특수교육학과가 폐지되었고 언어재활사와 같은 전문인력이 특수교육 관련서비스를 담당하도록 하는 법률적 근거가 마련되었다(한국언어재활사협회, 2013).

2) 「다문화가족지원법」

현행 「다문화가족지원법」은 법률 제11284호(2012년 8월 2일 시행)로, 2008년 3월 21일에 최초 제정된 이래 현재까지 7회에 걸쳐 부분 개정되었다. 이 법은 총 16조로 구성되어 있으며, 다문화가족 구성원이 안정적인 가족생활을 영위할 수 있도록 함으로써 이들의 삶의 질 향상과 사회통합에 이바지함을 목적으로 한다. 제12조의 다문화가족지원센터의 지정 및 다문화가족지원센터의 설치, 운영 등에 대한 조항에 따라 지원센터를 통한 언어발달지원사업이 시행되고 있다. 제13조는 다문화가족지원사업 전문인력 양성에 대한 내용과 전문인력의 보수교육에 대한 내용을 구체적으로 제시하고 있다. 「다문화가족지원법」에 근거하여 여성가족부에서 '다문화언어발달지도사' 사업을 시행하고 있으며 언어치료학과 졸업자 및 관련학과 졸업자들이 양성과정을 이수하고 다문화언어발달지도사로 활동하고 있다. 「다문화가족지원법」은 다문화가족 지원을 위한 기본계획의 수립뿐만 아니라 연도별 시행계획의 수립·시행, 실태조사, 다문화가족에 대한 이해증진, 생활정보 제공 및 교육지원, 가정폭력 피해자에 대한 보호·지원, 의료 및 건강관리를 위한 지원, 다국어에 의한 서비스 제공, 사실혼 배우자 및 자녀의 처우에 관한 내용을 법률로 제정해 두어 결혼이민자들에 대한 구체적인 삶의 기본을 보장해 주고 있다(한국언어재활사협회, 2013).

3. 기타

한국언어장애전문가협회(한국언어재활사협회의 전신)에서는 언어치료 임상의 질적 향상을 위하여 언어재활사 윤리강령을 제정하여 언어치료 현장에 종사하는 전문가 및 언어치료학을 공부하는 모든 학생에게 이 윤리강령을 숙지하고 규범으로 삼도록 하고 있다.

표 1-2　윤리강령원칙

① 상담, 평가, 치료 또는 보장구 대상자의 복지와 복리를 위한 책임을 진다.
② 자신의 전문적 지식과 임상능력의 최고 수준을 유지하기 위해 노력한다.
③ 언어병리학 및 언어재활에 대한 국민적 인식의 확산과 이의 학문적·임상적 발전을 위하여 최선의 노력을 기울인다.
④ 언어재활사는 언어재활의 전문직 직업인으로서의 권위와 품위를 유지, 향상시키는 일에 최선을 다한다.
⑤ 언어재활사는 동료, 학생 및 연관 분야의 전문인들과의 상호 신뢰를 형성하고, 조화롭고 유기적인 관계를 유지하며 협력한다.
⑥ 언어재활사는 언어재활 분야가 독립된 전문직 영역임을 인식하고 이의 독립성을 발전시키는 일에 최선의 노력을 기울인다.

표 1-3　윤리강령규정

① 언어재활사는 대상자들에게 유능한 전문인으로서의 구실을 할 수 있어야 한다.
② 언어재활사는 대상자를 위한 상담, 평가, 치료 및 보장구의 사용(앞으로는 이 네 가지 또는 그 일부를 '전문직 봉사'라고 한다)에 필요한 가능한 모든 자료와 정보를 동원하여 전문직 봉사의 높은 수준을 성취하여야 한다.
③ 언어재활사는 자신의 언어치료학 지식의 증대 및 심화와 언어재활 능력 및 기법의 향상을 위하여 언어재활에 종사하는 기간 내내 부단히 노력하여야 한다.
④ 언어재활사는 전문직 봉사 수행에 있어서 대상자를 인종, 성별, 연령, 종교, 장애유형에 따라 차별하여서는 안 된다.
⑤ 언어재활사는 전문직 봉사의 성격과 내용, 있을 수 있는 부작용 등에 대하여 대상자에게 미리 충분히 설명하여야 한다.
⑥ 언어재활사는 특정 대상자를 위한 전문직 봉사가 상당 수준의 긍정적인 효과를 가져오리라는 합리적인 판단이 될 경우에만 이를 시행한다.

⑦ 언어재활사는 전문직 봉사의 결과에 대하여 직접 또는 간접적으로라도 보장하거나 확언하여서 는 안 된다.

⑧ 언어재활사는 개별 대상자에게 제공한 전문직 봉사의 내용을 정확하게 기록, 유지하여야만 하며, 관계법령 또는 규정에 따라 합법적인 요청이 있을 경우에는 이를 제시할 수 있어야 한다. 전문직 봉사에 대한 기록은 작성된 날로부터 20년 이상을 보관하여야 한다.

⑨ 언어재활사는 개별 대상자에 대한 전문직 봉사의 내용과 대상자에 대하여 알게 된 사적인 정보를 공개하거나 의도적 또는 비의도적으로 누설하여서는 안 된다. 다만 관계 법령 또는 규정에 의하여 합법적인 요청이 있을 경우와 공개하는 것이 대상자 자신의 권익과 복리를 결정적으로 보호할 수 있다는 확신이 서는 경우는 예외로 한다.

⑩ 언어재활사는 제공되지 않은 전문직 봉사에 대한 보상 또는 치료비는 부과해서는 안 된다. 또한 제공된 전문직 봉사의 내용을 왜곡시켜서도 안 된다(여기서 '왜곡'이라 함은 사실과 다른 진술 또는 기록 및 오해를 일으킬 수 있는 진술 또는 기록을 의미하며 중요한 정보의 진술 또는 기록의 누락도 포함한다).

⑪ 언어재활사는 실험연구 또는 교육목적의 시범을 위하여 대상자를 참여시킨 경우에는 실험연구 또는 시범의 목적과 내용을 대상자 또는 대상자의 법적 보호자에게 충분히 설명하고 대상자 또는 대상자의 법적 보호자의 서면 승낙서를 얻은 후에만 이들을 참여시킬 수 있다.

⑫ 언어재활사들은 상호 협력하여야 하며 필요한 경우에는 대상자를 상호 의뢰하는 일을 적극적으로 하여야 한다.

⑬ 언어재활사는 자신의 능력 밖의 장애를 가진 대상자를 다루어서는 안 된다. 이러한 대상자가 있을 경우에는 해당 장애를 더 전문적으로 치료할 수 있는 언어재활사에게 의뢰하여야 한다.

⑭ 언어재활사는 한국언어재활사협회의 자격증 소지자의 권익을 서로 보호하는 노력을 하여야 하며 언어재활사 자격증을 소지하지 않은 사람이 언어 임상에 종사하는 것을 최대한 막는 노력을 하여야 한다.

⑮ 언어재활사는 전문직 봉사에 사용하는 각종 기기의 정상적인 기능이 유지되도록 정비하고 정상적인 기능을 하는 기기만을 사용하여야 한다.

⑯ 언어재활사는 전문직 봉사 수행에 따른 각종 정보 사용, 보장구 또는 기기 등의 구입 및 사용과정 등에서 부당한 이득을 취하는 일을 하여서는 안 된다.

⑰ 언어재활사는 이해관계의 분쟁에 관여하여서는 안 된다. 다만 정상적인 법 절차에 따른 요청이 있을 경우에는 법원에서 증인 또는 참고인으로서 증언을 할 수 있다.

⑱ 언어재활사는 연구결과의 발표, 대상자들과의 상담, 대중매체를 통한 자기선전, 언어치료실 안내 등에서 사실과 다른 내용을 또는 시·청·독자들을 오도하거나 오도할 가능성이 있는 내용을 진술 또는 게재해서는 안 된다.

⑲ 언어재활사는 본 윤리강력을 어기는 타 언어재활사에게 주저하지 말고 경고하여야 하며 경고에도 불구하고 계속 윤리강령을 어기는 경우에는 이를 협회장에게 통지하여야 한다.

요/약

이 장에서는 언어치료학 이해를 위해 의사소통장애를 정의하고 언어증상에 따라 분류하였으며, 언어치료의 역사를 소개하였다. 또한 언어재활사 직무와 역할을 규정하고 관련 법규를 소개하였는데 다음과 같이 요약할 수 있다.

1. 화자의 말이 다른 사람이 하는 말과 너무 달라서, 말하는 내용보다는 그 말 자체에 주의를 끌며, 그 결과 의사소통하고자 하는 내용이 전달되지 못하고, 화자나 청자를 괴롭히는 원인이 될 때에 구어 혹은 언어에 장애가 있다고 정의한다.
2. 의사소통장애는 언어문제의 증상을 중심으로 할 때 조음 · 음운 장애, 유창성장애, 언어(발달)장애, 음성장애의 네 가지로 분류된다.
3. 언어재활사의 역할은 의사소통장애의 선별검사, 의사소통장애의 진단 및 평가, 언어재활 및 언어중재, 가정지도, 연구개발, 예방을 위한 공공서비스 제공 등이다.
4. 언어재활사의 관련 취업처는 학교, 센터, 복지관, 병원, 다문화센터, 장애전문어린이집 등이다.
5. 언어재활사 국가자격증의 발급주체는 보건복지부 장관이며, 언어재활사 자격규정은 「장애인복지법」 제72조의2 제2항에 명시되어 있다.
6. 언어치료 임상의 질적 향상을 위하여 언어재활사 윤리강령을 제정하여 언어치료 현장에 종사하는 전문가 및 언어치료학을 공부하는 모든 학생에게 숙지하고 규범으로 삼도록 하고 있다.

연/습/문/제

1. 언어장애의 정의는 무엇인가?
2. 의사소통장애를 언어문제 증상에 따라 분류할 수 있는가?
3. 언어재활사의 직무에 따른 일반적 역할은 무엇인가?
4. 언어재활사 급수별 응시자격은 어떠한가?
5. 자격제도는 어느 법에 근거하여 제정되었는가?

6. 언어재활사 관련 취업처는 어디인가?

7. 언어장애 관련법에는 무엇이 있는가?

8. 언어재활사 윤리강령은 무엇인가?

💬 참고문헌

권도하(2011). 언어치료학사전. 대구: 물과 길.

권도하(2015). 권도하 교수 회고록 씨앗. 대구: 물과 길.

권도하, 신후남, 이무경, 전희숙, 김시영, 유재연, 신명선, 황보명, 박선희, 신혜정, 안종복, 남
    현욱, 이명순, 박상희, 김효정(2013). 언어치료학개론. 대구: 물과 길.

김영태, 김재옥, 전희숙, 최현주, 김민정, 김태우, 강민경(2014). 델파이 조사를 통한 언어재활
    사 직무분석 연구. 언어치료연구, 23(3), 147-161.

한국언어장애전문가협회(2005). 언어치료사 직무분석. 서울: 한국언어장애전문가협회.

한국언어재활사협회(2013). 언어치료 현장실무. 서울: 한국언어재활사협회.

Van Riper, C., & Erickson, R. L. (1995). *Speech correction: An introduction to speech
    pathology and auditory* (9th ed.). Boston, MA: Allyn and Bacon.

제2장

언어발달

| 신후남 |

이 장의 목표

- 언어의 구성요소와 언어학적 영역을 관련지어 설명할 수 있다.
- 출생부터 문장을 산출하기까지의 언어발달 과정을 개략적으로 설명할 수 있다.
- 대표적인 세 가지 언어발달이론을 비교하여 설명할 수 있다.

핵심 용어

- **음운론**(phonology): 음소가 모여 음절이 되는 규칙을 연구한다. 음소(phoneme)는 소리의 가장 작은 언어단위이다.
- **형태론**(morphology): 형태소가 모여 단어가 만들어지는 규칙을 연구한다. 형태소(morpheme)는 문법론에서 의미를 가진 가장 작은 언어학적 단위이다.
- **통사론**(syntax): 단어가 모여 문장이 되는 규칙을 연구한다. 구문론이라고도 지칭되며 형태론과 함께 문법론의 한 부분이다.
- **의미론**(semantics): 단어와 단어조합의 의미 또는 내용을 지배하는 규칙을 연구한다. 단어 혹은 어휘와 관련이 있다.
- **화용론**(pragmatics): 언어의 사회적 사용과 그러한 사용의 규칙을 연구한다. 상대방의 나이, 사회적 지위, 역할 등을 고려하여 말하고 대화 차례 지키기, 대화 시 신체적 거리와 시선 맞추고 말하기 등이 여기에 속한다.
- **쿠잉**(cooing): 구강의 뒤쪽에서 만들어지는 발성으로 목울림소리 혹은 초기옹알이로도 불린다. 옹알이 전 단계인 생후 2~3개월경에 나타난다.

- **옹알이**(babbling): 울음소리가 아닌 일종의 음성놀이로서 일반적으로 생후 4~6개월경에 '바바바'와 같이 반복하여 내는 소리를 말한다.
- **행동주의 이론**(behavioral theory): 인간은 태어날 때 백지상태이지만 환경에 의한 경험을 통해 언어를 학습한다고 보는 이론이다. 인간의 마음보다는 관찰과 측정이 가능한 행동에 초점을 두고 있다.
- **생득주의 이론**(nativist theory): 모든 인간은 언어습득장치(LAD)를 가지고 태어나기 때문에 특별히 배우지 않더라도 최소한의 언어노출에도 문법규칙을 습득하고 무한대의 문장을 생성할 수 있다고 보는 이론이다.
- **상호작용주의 이론**(interactionism theory): 인지적 요인, 사회적 요인, 성숙적 요인, 언어적 요인 등이 상호 의존적으로 작용하고 조정하면서 언어발달이 이루어진다고 보는 이론이다. 인지적 상호작용주의는 언어발달이 인지발달에 좌우된다는 견해이며 사회적 상호작용주의는 아동과 아동의 환경 간의 사회적 상호작용을 통해 언어가 발달한다고 생각한다.

1 언어의 구성요소

　언어의 주요 언어학적 측면은 문법론(언어의 구조), 의미론(언어의 의미), 화용론(언어의 사회적 사용)으로 구분되며 이러한 동일 구성요소를 각각 형식, 내용, 사용이라고도 한다(McLaughlin, 2006). 형식(form)은 언어를 구성하는 성분으로서 음운론, 형태론, 통사론에서 다루어진다. 내용(content)은 다른 사람들에게 전달하고자 하는 의미를 말하는 것으로 의미론 영역과 관련된다. 마지막으로 사용(use)은 화자가 말하고자 하는 의도나 목적으로서 화용론 영역과 관련된다(권도하 외, 2012).

표 2-1 언어의 구성요소와 언어학적 측면

언어의 구성요소	뜻	언어학적 측면
형식	언어의 구조	음운론 • 음소 • 음절 형태론 • 형태소 • 단어 통사론 • 어절 • 구, 절 • 문장
내용	언어의 의미	의미론 • 단어 의미 • 단어 관계
사용	언어의 목적	화용론 • 기능 • 교체

1. 언어 형식

1) 음운론

음운론은 한 언어에서 음들이 결합하여 단어를 이루는 규칙을 연구하는 분야로서 음소를 기본 단위로 한다. 음소는 한 단어를 다른 단어와 구별해 주는 소리의 가장 작은 단위이다. 예를 들면, '돈'은 'ㄷ, ㅗ, ㄴ'의 3개 음소로 이루어진 단어이며 첫 음소 'ㄷ'으로 인해서 단어 '손'과 완전히 다른 의미가 된다.

음소는 서로 연결되어 음절이 되고 단어가 된다. 하지만 각 언어마다 음소들을 연결하여 단어를 만들 때 일정한 제약조건이 있기 때문에 어떤 결합은 가능하지 않다. 예를 들면, 우리말에서 'ㄴㄷ, ㄹㄹ, ㅇㅁ, ㄴㅈ'은 결합이 가능하지만 'ㄱㅁ, ㅂㄴ, ㄷㄴ, ㅂㅁ, ㄷㅁ' 등의 결합은 불가능하다(최명옥, 2004). 따라서 '국'과 '물'을 따로 발음할 때와 달리 '국물'과 같이 /ㄱ/과 /ㅁ/ 소리를 연달아 산출할 때는 /ㄱ/ 소리가 /ㅇ/ 소리로 변하는 현상이 일어나게 되는 것이다. 이러한 이유로 아동들이 모국어를 바르게 발음하기 위해서는 개별 음소들에 대한 분명한 지각 및 산출뿐만 아니라 그 음소들을 음운규칙에 맞게 결합하는 것까지도 배워야 한다(김영태, 2014).

2) 형태론

형태론은 형태소가 모여서 단어를 형성하는 규칙을 다룬다. 예를 들면, '흙뭉치'는 '흙'과 '뭉치'라는 2개의 형태소가 모여 구성된 단어이다. 여기서 형태소는 더 이상 나눠지면 그 의미가 상실되는 언어의 최소 의미 단위를 뜻한다(권도하 외, 2012). 알다시피 '흙'은 지구 표면에 쌓여 덮여 있는 물질을 뜻하며 '뭉치'는 뚤뚤 말리거나 뭉치어서 이룬 덩이라는 의미의 형태소이다.

형태소가 결합되어 단어를 구성한다는 것을 아는 형태론적 지식(morphological knowledge)은 새로운 단어를 접하였을 때 그 단어의 의미를 추론할 수 있게 하며 또한 새로운 단어를 만드는 수단을 제공함으로써 학령기 아동의 어휘발달에 기여하게 된다. 앞서 예로 든 단어 '흙뭉치'에 대한 언어학적 지식의 경우 '털뭉치, 돈뭉치, 서류뭉치, 사고뭉치, 애교뭉치' 등과 같은 새로운 어휘의 이해와 산출을 가능하게 한다.

3) 통사론

형태론이 단어의 구조를 설명하는 것이라면, 통사론은 문장의 구조를 이루는 단어들의 순서나 배열에 관한 규칙을 연구하는 문법 분야이다. 통사론적 규칙은 언어마다 서로 다르다. 우리말의 경우 영어와 달리 꾸미는 말이 꾸밈을 받는 말 앞에 온다. 예를 들어, 영어 표현으로는 'I lost my wallet with money.'이지만 우리말에서는 '나는 돈이 든 지갑을 잃어버렸다.'라고 한다. 언어마다 문장을 구성하는 방식도 약간씩 다른데, 대체로 주어+동사+목적어, 주어+목적어+동사, 동사+주어+목적어의 세 가지 유형으로 구분된다(남기심, 2001; 남기심, 고영근, 2008). 우리말의 경우 '주어+목적어+동사'의 문장 구성을 이루는데, 이러한 구문체계에 대한 지식은 무수히 많은 새로운 문장의 생성을 가능하게 하고 비문법적 문장을 판단할 수 있게 한다.

단어의 배열순서가 가장 강력한 단서가 되는 영어와 달리 우리말은 비교적 어순이 자유롭다. 'B를 A가 밀었다.'와 'A가 B를 밀었다.'의 두 문장은 내용에서 차이가 거의 없다. 그 이유는 우리말은 문법형태소 체계가 매우 발달되어 있기 때문이다. 이는 곧 우리말을 모국어로 사용하는 아동의 언어발달에서 어순보다는 문법형태소의 습득이 매우 중요함을 의미한다고 할 수 있다. 음소배열론적 규칙, 문법형태소, 단어배열 순서 등을 포함한 언어학적 지식은 언어의 형식, 즉 음운론적 발달, 형태론적 발달 그리고 통사론적 발달을 위한 기초가 된다.

2. 언어 내용

1) 의미론

형태론이 단어의 구조를 다루는 반면에 의미론은 단어의 의미를 연구한다. 아이들은 새로운 단어를 배울 때 은연중에 단어가 갖는 의미를 포함하여 학습한다. 예를 들면, '아빠' 어휘에는 '남자, 성인, 인간, 부모' 등의 의미가 모두 들어 있음을 안다. 그래서 동일한 명사+명사의 구문 구조를 갖지만 '차 아빠'가 아닌 '아빠 차'라는 표현이 가능하다. 생물체 '아빠'가 행위자가 되어 무생물체인 '차'에 어떠한 힘을 가할 수 있다는 것을 나타낸 것이다.

각 단어의 의미는 의미자질과 선택제약으로 구분된다. 의미자질(semantic features)은 어떤 특정 단어가 포함하고 있는 의미를 정의하는 지각적이고 개념적인 특징이다.

바꾸어 말하면, 단어란 의미자질의 묶음이라고 할 수 있다. 예를 들어, '개'라는 단어의 일반적인 의미는 [+생물체] [−인간] [+가축] [+동물] 등의 여러 자질을 결합한 것이다. 반면에 '늑대'라는 단어는 '개' 단어의 의미와 유사하지만 [−가축]이라는 하나의 자질 때문에 '개' 단어의 의미와 상반된다.

　이번에는 단어 의미를 구성하는 의미자질에 따라 단어들을 서로 연결시키는 방식에 대해 생각해 볼 수 있다. 선택제약(selection restrictions)은 단어가 가진 의미자질 중 어떤 특정 자질로 인하여 어떤 단어들끼리의 결합은 제한받는 것을 말한다. 예를 들어, '처녀'와 '총각' 단어의 경우 통상적으로 [+인간] [+생물체] [−결혼] [+성인]이라는 의미자질은 서로 공유하지만 총각의 경우 [−여자] 자질이므로 '남자'나 '여자' 단어와 결합한 '남자 총각' '여자 총각'은 어색하거나 잘못된 표현이 된다. 언어학적 지식이 언어의 형식발달에 기초가 된다면, 언어의 내용발달에는 인지가 그 바탕이 된다.

3. 언어 사용

1) 화용론

　아동들이 또래 친구들과 대화하기 위해서는 음운론, 형태론, 통사론, 의미론 그 이상의 것을 배우는 것이 중요하다. "지금 몇 시니?"라는 표현을 예를 들어 보자. 이 말은 어떠한 상황에서 대화가 이루어지는가에 따라 비난의 기능일 수도 있고 시간을 알려 달라는 요청의 기능일 수도 있다. 청자가 화자의 이면에 숨겨진 의도를 정확하게 파악하기 위해서는 대화의 상황을 고려해야 한다. 만약 의도 파악에 실패한다면 상대방에게 비정상적이다거나 불쾌한 느낌을 주게 된다(권도하 외, 2013).

　이처럼 사회적 상황에서의 언어 사용과 관련한 규칙을 연구하는 학문이 화용론이다. 화용론은 발화가 일어나는 장소, 발화의 대상, 발화시점에서의 발화내용 등의 언어 문맥과 명명하기, 거부하기, 인사하기, 부르기, 주장하기 등의 발화의 기능에 따라서 구분된다.

　의사소통의 화용론적 규칙은 다른 언어요소들에 비해 문화의 영향을 크게 받는다. 예를 들어, 우리 문화에서는 말끝에 '~잉'을 붙이거나 입술을 삐죽거리는 등의 애교 행동을 연애 상대에 대한 애정표현으로 여기지만, 미국의 경우 어떤 상황을 모면하거나 잘못을 무마하기 위해 사용되는 성숙하지 못한 언어 행동으로 간주한다. 이처럼 화용론은 상황에 알맞은 의사소통에 대한 지식과 행동을 비롯한 언어적 표현뿐만 아니라 얼굴표정, 몸짓과 같은 비언어적 측면까지 고려한다. 아동들은 다양한 의사소통 상황에서의 경험을 통해 화용론적 규칙을 배워 나간다. 그들은 사회적으로 적절한 요청과 의사소통적 문맥 모두의 중요성을 인식하게 되면서 말하는 바를 직접 언급하지 않는 간접화행을 사용한다. 대략 6세가 되면 상대방의 많은 간접적인 요구형태에 반응하고 간접화행을 사용하여 공손함을 나타낼 수 있다(예: "연필 좀 빌려 줄 수 있니?").

효과적인 화용론적 기술을 가진 아동들은 메시지에서 발화를 순서화하고 조직화하여 청자에게 군더더기 없이 적합한 정보를 제공하고, 의사소통의 깨어짐을 즉각적으로 복구한다. 따라서 이러한 아동들은 자신들의 언어와 문화 환경 내에서 다른 사람들과 원활한 관계를 맺고 지낸다. 화용론 기술은 오늘날 사회적으로나 학문적으로 그리고 직업적으로 성공하는 데 있어 그 중요성이 증가하고 있다(권도하 외, 2013).

2 정상 언어발달

연구자들은 아기들이 엄마의 뱃속에서 들은 언어를 더 선호한다는 연구결과를 내놓으면서 아동들이 태어나기 이전에 이미 언어발달을 시작한다고 주장한다. Cowely(2000)는 태내에서의 언어발달 시작에 대해 다음과 같이 설명한다. "많은 엄마는 임신 7~9개월경에 뱃속의 아기가 음악이나 큰 소리에 반응하여 발을 차거나 꼼지락거리는 것을 느낀다. 태아가 말소리에 반응을 덜 보일 수도 있지만 말소리를 듣고 있다는 데는 의문의 여지가 없다."

이 절에서는 첫 낱말의 출현을 기점으로 언어이전시기와 언어시기로 나누어 아동의 언어발달을 살펴볼 것이다.

1. 언어이전시기 발달

각 개인마다 언어의 발달속도는 다르지만 발달이 기대되는 연령과 일련의 발달 순서가 있다. 〈표 2-2〉는 언어이전시기의 일반적인 발달 지표이다.

표 2-2 언어이전시기 발달 지표

(대략적인) 연령	언어이전시기 행동
0~1개월	울음, 불수의적 발성, 변별된 울음, 준공명핵
1~4개월	쿠잉, 소리 내어 웃기
4~6개월	주변적 옹알이, 단음절 옹알이(예: 바, 가), 완전공명핵
6~8개월	음성놀이, 반복 옹알이(예: 바바바), 혼합 옹알이(예: 가비다)
8~12개월	반향어, 표현성 자곤/대화적 옹알이, 음소일관형식

출처: Machado(2003); McLaughlin(2006); Owens(2005).

1) 울음/불수의적 발성 단계

유아는 타고난 소음발생기로서 그들이 내는 첫 소리는 울음과 불수의적 소리, 초기 즐거워서 내는 소리들이다. 반사적인 울음은 첫 호흡과 함께 시작되고 나중에는 아픔이나 배고픔과 같은 내부 자극에 대한 생리적인 반응으로 발생한다. 아기의 울음은 원초적인 의사소통 방법 중의 하나로 부모는 한 달쯤 되면 울음소리 자체만으로 유아의 정서 상태를 추측할 수 있으며 심지어 아기와의 경험이 없는 성인들도 이러한 능력을 가지고 있다(Hosteler, 1988). 입에서 나는 불수의적 소리는 빨기, 입술과 혀 차기, 재채기, 트림, 딸꾹질 등처럼 대개 먹고 소화시키는 활동과 관련되어 있다. 이 시기에는 모음 비슷한 소리이지만 모음처럼 완전하게 공명된 것이 아닌 준공명핵(quasi-resonant nuclei)이라고 부르는 한숨 같은 소리가 특징적으로 나타난다.

2) 쿠잉/소리 내어 웃기 단계

생후 4주경이 되면 쿠잉이 나타난다. 쿠잉은 그 이름이 말해 주듯이 입의 뒤쪽에서 만들어진 연구개 자음과 같은 소리, 원순후설고모음 /u/와 유사한 목울림 소리이다. 4개월경에는 소리 내어 웃는 행동이 나타나게 되는데, 웃음(laughing)은 아기의 인지발달을 예측할 수 있는 좋은 요인이다(Spieker, 1987). 예를 들어, 유아가 운전대에 발을 올려놓고 있는 개를 보고 웃는다면 이것은 아기가 이미 자동차 운전수에 대해 무엇인가를 학습해 왔다는 증거라고 할 수 있다(Machado, 2003). 따라서 이 시기에 반응적인 부모는 아기가 자주 웃을 수 있도록 해 주고 다양한 형태의 의사소통을 시도할 필요가 있다.

3) 주변적 옹알이 단계

4~6개월경이 되면 유아는 우연한 성도폐쇄와 함께 모음-자음(VC) 음절(예: /ab/)이나 자음-모음(CV) 음절(예: /ba/)에 가까운 모음 비슷한 소리인 주변적 옹알이(marginal babbling)를 내기 시작한다. 이 시기에 유아가 내는 소리는 이전에 들어본 적도 없고 모국어에서 사용되지도 않는 음들이다. 이러한 사실은 모든 유아가 어떠한 나라의 언어라도 학습할 수 있는 잠재력을 가지고 있음을 보여 준다고 할 수 있다.

또한 이 시기의 유아는 자음에 가까운 음을 포함하여 모음을 보다 충분히 공명하게 되며, 그 결과로 이들 모음 소리의 음도와 지속시간은 제법 다양해진다. 이것을 완전공명핵(fully resonant nuclei)이라고 한다. 자음은 아직 몇 개밖에 없는데, 옹알이의 초기 자음은 쿠잉과 관련한 뒷소리에서 좀 더 앞으로 이동한 양순음 /p/, /b/, 치경음 /t/, /d/와 같은 앞소리나 중간소리들이다.

4) 음성놀이 단계

주변적 옹알이 시기의 유아가 CV나 VC 구조의 단음절을 산출하였다면 이 시기의 유아는 2개 이상의 단계를 거친 반복 옹알이(reduplicated babbling)와 혼합 옹알이(variegated babbling)로 음성놀이를 한다. /바바바/와 같은 CV음절을 반복하는 전자는 자기자극을 위한 옹알이이며 어른과 소통할 때 사용하지 않는다는 특징이 있다. 반면에 비반복적 옹알이(nonreduplicated babbling)라고도 불리는 후자는 /가비다/에서처럼 연속된 음절이 보다 다양한 옹알이로, 이제 자기자극적 특징은 줄고 성인의 말을 모방하는 놀이에서 사용하는 경향이 있다.

5) 반향어/자곤 단계

생후 8개월경이 되면 청각장애 유아의 경우 옹알이가 현저하게 감소하는 등 모든 유아에게 많은 것이 변화한다. 신경계 발달과 많은 소리 듣기 및 말하기 경험을 통해 유아의 언어는 점점 더 진정한 말에 가까워진다. 이 시기에 나타나는 특징 중의 하나는 다른 사람이 하는 말을 듣고 즉각적으로 모방하는 반향어(echolalia)이다. 모방은 처음에 몸짓과 억양에 제한되어 있다가 점차 자주 사용되는 단어에서 강세가 가는 음절을 모방하는 행동으로 발달한다.

언어이전시기의 마지막 단계는 초기 의미 있는 단어를 사용하는 시기와 중첩된다.

자곤(jargon)은 운율과 억양 형태가 성인의 말과 같은 알아들을 수 없는 긴 소리로 마치 질문, 명령, 진술로 들린다. 따라서 이 시기의 많은 부모는 자녀가 문장을 말한다는 착각을 하게 된다. 언어이전시기에서 언어시기로 넘어가는 과도기에 아동들은 자기 스스로 단어를 만든다. 이것을 원시단어(protowords) 혹은 음소일관형식(phonetically consistent forms)이라고 부른다. 이 과도기 동안에 아동은 음이 의미를 가지고 있다는 어려운 개념을 습득한다. 하지만 이미 존재하고 있는 단어를 알아내야 한다는 사실은 정확히 알지 못하기 때문에 고양이를 '뿌꾸'로 일관되게 부르는 것처럼 새로운 단어를 만들게 되는 것이다. 음소일관 형식은 언어학습자로서 아이의 창조적 역할을 보여 주는 행동이다(Owens, 2005).

2. 언어시기 발달

1) 한 단어 시기

개인 간에 차이가 있기는 하지만 일반적으로 1세경이 되면 첫 단어를 산출한다. 처음에 산출되는 10개의 단어는 대부분 아동이 일상에서 자주 접하거나 선호하는 사물 혹은 활동 등이며 '낸내' '빠이빠이'와 같이 사회적 상황에서의 기능적 단어들도 일부 포함된다. 이때 한 단어는 요구하기, 명령하기, 질문하기, 부르기 등의 여러 기능으로 사용되면서 하나의 문장이 된다. 제스처와 동작, 억양을 수반한 아동의 단일 단어는 한 문장을 대표하므로 일어문(holophrase)이라고 한다. 예를 들면, 아이의 말 '우유'는 '우유 먹고 싶어요.' '이거 우유예요?' '우유 어디 있어요?' 등 여러 의미를 뜻할 수 있다.

또한 이 시기의 단어는 과자(/까까/), 밥(/맘마/), 위험해(/어-비/), 더러워(/지지/), 자(/낸내/) 등과 같은 1~2음절의 단어들이라는 특징이 있다. 영어권 아기의 경우에도 아기(/bibi/), 코(/nɔ/), 공(/bɔ/), 과자(/tʊbi/)처럼 비슷한 특징을 보인다. 한편, 음절 구성에서는 CV, CVCV 반복, CVCV나 VCVC 단어 구조를 나타낸다.

아동이 이해할 수 있는 어휘 역시 급속히 증가한다. 연구에 따르면 아기는 생후 5개월이 되면 가장 먼저 자신의 이름에 반응을 보인다(Mandel, Jusczyk, & Pisoni, 1995). 일반적으로 아동은 자신이 표현할 수 있는 어휘보다 더 많은 단어를 이해할 수 있게 되는데, 12~18개월에는 수용어휘가 표현어휘보다 4배 정도에 달한다. 이러한 이해어휘 수의 확장은 아동의 인지능력 및 기억능력의 발달과 함께 계속적으로 상승하다가 이를 바탕으로 이미 알고 있는 단어들을 조합한 두 단어 문장을 만들기 시작한다.

2) 두 단어 조합시기

약 18개월경이 되면 표현할 수 있는 어휘가 50개 남짓 되면서 두 단어를 조합하는 구문발달이 시작된다. 이때의 두 단어 발화는 명사구(예: 아빠 바지)와 동사구(예: 빨리 가)가 대부분이다. 특히 이 시기는 사물의 영속성 개념이 생기면서 '개 없다' '과자 더'와 같은 표현이 자주 관찰되기도 한다. 아동은 조사나 시제 어미와 같은 기능어는 생략하고 동사, 형용사, 명사 등의 내용어만을 산출한다. 이러한 특성 때문에 이 시기의 아동 언어를 전보용어와 닮았다고 해서 전보체 구어(telegraphic speech)라고 한다(권도하, 2011).

두 단어 수준에서 아동이 표현하고자 하는 의미는 기능어의 생략으로 인해 성인들이 해석하기에 어렵다. 따라서 언어적·비언어적 맥락을 사용하여 아동이 뜻하는 의미를 결정해야 하는 풍부한 해석이 필요하다(Owens, 2005). 예를 들면, '아기 침대'라는 아동의 말은 대화 상대자와 대화의 맥락에 따라 행위자-대상(예: '아기가 침대를 밀어요.')일 수도 있고, 행위자-장소(예: '아기가 침대에서 잔다.') 등의 의미로 다양하게 해석이 가능하다.

두 단어 시기는 의미발달에서 단어의 학습 속도가 갑자기 증가하는 어휘 폭발기(vocabulary burst)와 겹친다. 아동은 매달 22~37개의 새로운 어휘를 배울 정도로 어휘의 학습 속도가 증가한다. 이때 이러한 아동의 어휘 성장속도는 어머니에 의해 입력되는 어휘의 수와 다양성이 높을수록 증가하고 어휘를 습득하는 순서도 입력에서의 빈도에 의해 예측된다. 게다가 아동은 패스트 맵핑 전략을 사용함으로써 새로운 단어의 학습에 가속도를 더한다. 패스트 맵핑(fast mapping)은 아동이 성인의 분명한 지도가 없어도 단어와 그 지시물을 한두 번만 접하고 그 연결을 이끌어 내는 것으로, 언어습득기에 매우 중요한 원리이다. 예를 들어, 컵은 아동이 이미 알고 있는 단어이고 '미도'는 알지 못하는 단어라고 할 때 "미도 줄래?"라고 지시하면 18개월의 어린아이조차도 새 단어에 대한 직접적인 학습 없이도 추측하여 배우게 된다는 것이다.

어휘 폭발기에 있는 아동을 상대해 본 사람이라면 어린 아동들이 성인과는 다른 개념으로 단어를 사용하는 것을 보았을 것이다. 그 전형적인 예로서 아동들은 흔히 네 발 달린 동물을 모두 '강아지'라고 부른다거나 모든 남자를 '아빠'라고 부른다. 이와 같이 어떤 단어를 그 단어가 의미하는 것보다 광범위하게 사용하는 경우를 과대확장(overextension)이라 한다. 아동들은 어떤 단어를 지나치게 좁은 의미로 사용하는 과소확장(underextension)을 나타내기도 한다. 아동들이 축구공만 '공'이라고 하거나 자기 집에 기르는 특정한 품종의 개에 대해서만 '개'라고 말하는 경우가 그 예이다. 이러한 과대확장과 과소확장은 1~2세 아동이 언어습득과정에 보이는 일반적인 현상으로서 아동의 표현어휘 중 1/3까지 차지한다(Clark, 1993).

3) 문장 발화 시기

두 단어 이상의 기본적인 의미관계가 시작되면 문장은 더 길어지고 내용 면에서도 보다 복잡해진다. 그리고 세 단어를 말하기 시작하면 두 단어 조합시기에 생략되었던 기능어가 나타나기 시작한다.

한국어 문법형태소에서 어미의 경우 문장종결어미(-야/-자)가 가장 먼저 발달하고 동사의 시제어미는 과거형 어미(-았-/-었-), 미래형 어미(-ㄹ), 진행형 어미(-ㄴ/-ㄴ다) 순으로 발달한다. 아동의 언어는 이유나 원인형 어미(-어/-아서, -니까, - 때문에), 양보형 어미(-지만, -ㄴ데), 가정형 어미(-면) 등의 복문 연결어미가 가장 뒤늦게 발달하면서 보다 성인에 가까워진다.

조사의 경우 공존격 조사(-랑, -같이, -하고)와 장소격 조사(-한테, -로, -에)가 일찍 출현하고 목적격 조사(-을/를)와 도구격 조사(-로/-으로)가 늦은 시기에 발달한다(권도하 외, 2012; 김영태, 2014; 조명한, 1982).

각 문법형태소의 출현시기는 사회적 소통기능, 인지발달, 지각의 현저성, 문법적 복잡성 및 의미적 복잡성 등의 요인에 따라 결정된다. 아동들은 조사나 어미가 사회적 소통에 필요한 것일수록, 인지적으로 먼저 발달되는 개념일수록, 지각적으로 두드러진 것일수록 그리고 문법이나 의미가 덜 복잡할수록 빨리 습득한다.

3 언어발달이론

앞서 설명하였듯이 언어는 음운론, 형태론, 의미론, 통사론, 화용론을 포함하고 있다. 하지만 이들 언어 구성요소의 모든 측면에서 아이가 언어를 발달시키는 이유를 설명하고 또한 여러 연구 자료에서 얻은 결과들을 체계화하여 검증 가능한 가설로 그 습득과정을 밝히는 언어발달이론은 안타깝게도 아직 없다.

따라서 임상가들이 아이들의 언어를 어떻게 평가하고 치료할지는 본인들의 이론적 관점에 따라서 달라질 수밖에 없다. 어떤 임상가들은 몇 가지 상이한 이론을 혼합한 절충주의 입장을 취할 것이고, 어떤 임상가들은 가장 선호하는 하나의 이론만을 주로 적용할 것이다.

이 절에서는 핵심이 되는 언어발달이론인 행동주의 이론, 생득주의 이론, 상호작용주의 이론에 대해 살펴보고자 한다.

1. 행동주의 이론

Skinner의 주장에 따르면 언어는 환경이 적극적인 역할을 하여 그 결과로 생긴 하나의 학습된 행동 내지 조작된 행동이다(Owens, 2005). 다시 말하면, 아동은 백지상태로 태어나서 환경에서 오는 경험에 의해 언어를 학습한다는 것이다. 따라서 Skinner는 문법규칙에 대한 의도나 내재적 지식과 같은 정신적 과정은 쉽게 정의할 수도 없고 측정할 수도 없기 때문에 구두 행동(verbal behavior)을 심리적으로 설명하거나 정신적 체계 혹은 인지적 체계라고 부르는 것을 거부하였다. Skinner의 행동분석 체계는 구두 행동의 습득을 잘 설명해 주고 있다. 설명에 의하면 구두 행동은 언어적 공동체 행위에 의해 유지되는 사회적 행동 형태로서 자극(언어), 반응(모방), 강화(칭찬, 물리적 보상) 메커니즘에 의한 조작적 조건화 과정을 통해 습득된다.

Skinner에 따르면 아기는 초기에 마구잡이식의 소리내기 과정에서 부모에 의해 모국어에 사용되는 소리는 강화를 받고 반대로 무시되는 말소리는 자연스럽게 소거가 되면서 생후 9개월경에 모국어 소리만 발성하게 된다. 이후에 아동은 자라면서 계속적으로 자신들이 직접 경험한 참조물에 대해 공통된 특성과 해당 단어를 연결하면서 하나씩 언어를 배워 간다. 이 과정에서 심각한 사회적 박탈이 언어적 박탈을 야기할 수 있으므로 행동주의자들에게 아동의 환경 내 사건들은 매우 중요한 역할을 한다. 구두 행동은 사회적 자극하에 산출되며, 이때 아동에게 모델이 되고 강화를 제공해 주는 청자(대개의 경우 부모)가 반드시 필요하다. 사실상 모든 형태의 구두 행동은 강화에 의해 증가하거나 감소한다는 것이다. 따라서 행동주의자들은 아동이 언어를 습득하는 데 있어 환경이 거의 도움을 주지 않는다는 생득주의자들의 가설에 반대한다. 그리고 치료에서는 아동들이 정확한 자극을 모방하게 하고 또 아동의 정확한 산출을 강화함으로써 구두 행동을 지도할 것을 강조하고 있다.

2. 생득주의 이론

일반적으로 인간의 아이는 생후 4~5년이라는 비교적 짧은 기간에 매우 복잡하고도 추상적인 언어의 기본 구조와 기능을 습득한다. 비록 습득의 속도에서 개인마다 조금씩 차이가 있기는 하지만 유사한 발달과정을 거쳐 언어를 습득한다. 게다가 별도의 공식적 언어교육을 받지 않고서도 성인들의 문장 수준에 도달하게 된다.

Pinker는 이러한 아동의 자연스러운 언어습득이 마치 거미가 처음부터 집 짓는 법을 아는 것과 매우 유사하다고 말하면서 언어의 생물학적 능력에 대해 주장하였다. 아동의 언어습득이 생물학적 능력에 의해 진행된다고 가정한 가장 대표적인 인물은 Chomsky이다. 그에 따르면 모든 인간은 언어습득장치(language acquisition device: LAD)를 가지고 태어난다. LAD는 지능과 상관없이 인간이라면 누구나 최소한의 언어 환경에 노출되더라도 모국어의 문법규칙을 습득하고 무한대의 문장을 생성하게 한다.

LAD가 최근에는 보편문법(universal grammar)이라는 개념으로 수정·보완되었다. 보편문법은 모든 언어에 기본적인 규칙이 있다는 이론으로 대뇌 구조의 일부분이기 때문에 생득적이고 모든 인간에게 공통적이다. 따라서 처음에 아동은 모든 문장조직에 내재되어 있는 보편적 문법규칙을 사용한다. 그런 후에 언어 환경에서 받은 경험을 통해 내재된 규칙에 대한 가설을 세우고, 실제로 언어를 사용하는 과정에서 영어이든 우리말이든 사용하는 그 언어의 특수한 규칙을 통합함으로써 한 번도 들어본 적이 없는 문장도 만들어 낸다.

Chomsky의 주장을 요약하면, 아동은 언어를 습득하는 데 필요한 기본적인 문법규칙(심층 구조)에 대한 지식을 출생 시에 이미 가지고 있어서 그것을 변형하여 무한정 수많은 문장(표면 구조)을 생성할 수 있다. 따라서 앞서 행동주의자들의 견해와는 상반되게, 언어는 환경적인 자극이나 강화를 통해 가르칠 필요가 없는 것이며 인간의 경험은 단순히 생득적인 언어능력이 제대로 발휘할 수 있도록 해 주는 촉매 역할만을 한다고 보았다.

3. 상호작용주의 이론

상호작용주의 이론은 인지와 언어 간의 관계를 어떻게 보느냐에 따라 인지적 상호작용주의와 사회적 상호작용주의로 구분된다. Piaget는 인지적 상호작용주의를 대표하는 학자로, 그의 주장에 의하면 언어는 인지능력이 특정 수준에 도달한 후에야 밖으로 나타나는 것이다. 따라서 아동은 단어를 산출하기에 앞서 우선적으로 개념을 습득해야만 한다. 예컨대, '개'나 '동그라미'를 알지 못하는 아동은 이들 단어를 말하지 못한다는 것이다. 또한 인지적 상호작용주의 입장에서는 아이가 자기중심적 말이나 독백을 먼저 발달시킨 후 사회적 상호작용에 참여한다고 보았다.

Piaget는 자신의 두 아이를 세심하게 관찰한 후 아동들이 거쳐야만 하는 인지발달 단계를 크게 감각운동기(0~2세), 전조작기(2~7세), 구체적 조작기(7~11세), 형식적 조작기(11세 이후)로 구분하였다. 그의 주장에 따르면 4단계를 거치는 속도와 도달하는 최고 단계에서의 차이는 있을지언정 모든 아동이 동일한 순서로 발달단계를 거치며 결코 어떤 단계를 건너뛸 수 없다. 감각운동기에는 모방, 상징놀이, 도식화, 수단-목적 개념, 인과성, 사물의 영속성 등의 필수적인 인지발달이 이루어지며, 이 시기에 아동은 언어가 사물을 상징하고 언어를 통해 보다 효과적으로 자신의 생각을 전달할 수 있다는 것을 인지적으로 깨닫게 된다. 이러한 이유로 Piaget는 다른 단계들보다 감각운동기의 중요성을 강조하였다.

사회적 상호작용주의 이론은 선천적인 언어능력이나 특정한 강화원리에 별로 관심을 갖지 않는다. 오히려 이 이론은 아동들이 다른 사람들과의 의사소통을 보다 잘 하거나 사회적 관계를 더 잘 유지하기 위한 하나의 도구로서 언어를 습득한다고 주장한다.

Vygotsky는 사회적 상호작용주의의 대표학자로, 그에 따르면 초기에는 인지가 언어를 선행하지만 이는 다시 언어 구조에 의해 영향을 받는다. 그의 저서 『사고와 언어(Thought and Language)』에서는 아동이 부모나 교사 혹은 자신보다 조금 앞선 또래와의 의미 있는 사회적 상호교류를 통해 사고와 언어를 통합함으로써 '구두적 사고(verbal thought)'가 이루어진다고 주장하였다. 따라서 그의 이론에 의하면 부모를 포함하여 아동의 문화에 대해 많은 경험을 가진 대화 상대자가 아동의 언어습득과정에 중요한 역할을 한다.

일반적으로 부모는 아동이 스스로 해결할 수는 없지만 도와주면 문제를 해결할 수 있는 근접발달영역(zone of proximal development)에서 필요한 의사소통적 구조를 제공해 주는 역할을 한다. 이때 부모는 다른 성인 대화 상대자에게 말하는 것과는 달리 과장된 억양과 몸짓, 긴 모음의 지속시간, 발화 사이의 긴 쉼, 적은 수의 핵심어휘를 포함한 짧은 발화로 아기에게 말을 한다. 엄마는 아기에게 "안녕." "빠이빠이."와 같은 인사와 "그래." "응."과 같은 반응 혹은 "맘마 먹을래?" "딸랑이 줄까?"와 같은 질문을 하고 어떠한 아기의 반응이든 의미 있는 반응으로 받아들여 다시금 반응한다. 이러한 엄마의 지속적인 반응은 초기 의사소통의 의도나 기능에 초점을 두고 나아가 아동이 장차 사회에서 타인들과 관계를 맺는 데 언어를 사용하도록 돕는다. 그리고 아동의 발달 수준에 맞추어 보다 복잡한 구조의 문장을 들려줌으로써 언어발달을 촉진시키고 아동이 말을 알아듣지 못하면 보다 쉬운 단순한 언어로 수정하거나 반복하여 들려준다. 한편, 아동은 엄마와의 언어적 · 비언어적 상호작용에 대한 욕구를 가지고 엄마의 말에서 보다 복잡한 문장을 이해하고자 노력하며 충분한 언어적 노출과 감각 수용체계를 가동시켜 '부호'를 해독하는 과정에서 마침내는 유창한 화자가 된다.

요/약

이 장에서는 언어를 구성하는 요소, 반사적 울음부터 문장표현까지의 정상적 언어발달 과정 그리고 아동의 언어발달을 설명해 주는 대표적인 이론들에 대해서 알아보았다.

1. 언어는 형식, 내용, 사용이라는 세 가지 구성요소를 가지고 있다. 음운론, 형태론, 통사론은 언어의 형식을, 의미론은 언어의 내용을, 화용론은 언어의 사용을 다룬다. 이 요소들은 아동의 언어능력을 결정짓는 핵심요소이다.
2. 음운론은 소리의 가장 작은 언어단위인 음소를, 형태론은 단어의 구조를, 통사론은 문장의 구조를 연구한다.
3. 의미론은 단어 혹은 어휘의 의미를 연구하는 학문이다.
4. 화용론은 사회적 상황에서 언어를 사용하는 규칙과 관련한 언어의 기능 혹은 사용

을 연구한다.

5. 출생 직후 반사적인 울음과 불수의적 발성만 하던 아이는 양육자와의 의사소통을 통해 자연스럽게 언어를 습득하게 된다.

6. 언어 환경에의 노출정도, 개인의 인지적 능력 등에 따라 개인적인 차이가 있으나 일반적으로 1세경에 첫 단어를 산출하며 18개월경이 되면 산출하는 어휘의 수가 폭발적으로 늘어난다.

7. 표현어휘 수가 50개 남짓이 되면 두 단어 조합과 함께 구문발달을 하여 5세경에는 성인 구문 구조의 대부분을 습득한다.

8. 언어발달이론은 언어장애 아동을 평가하고 치료하는 근거를 제공한다. Skinner가 주장한 행동주의 이론에 의하면 언어습득에서 가장 중요한 것은 환경이다. 이 이론은 아동이 산출한 언어의 관찰 가능하고 측정 가능한 측면에 초점을 두었다.

9. 행동주의 이론이 아동을 경험한 내용만 습득하는 소극적 존재로 본 반면에 생득주의 이론은 아동을 심리적으로 능동적이고 언어적으로 창조적인 존재로 생각하였다. 생득주의 이론에 따르면 인간은 누구나 언어를 배우기 위한 능력을 가지고 태어나기 때문에 최소한의 환경 노출만으로 스스로 언어규칙에 관한 정보를 습득하고 무한정 새로운 문장을 만들 수 있다.

10. 상호작용주의 이론은 언어발달에서 상호작용을 강조한다. 인지적 상호작용주의와 사회적 상호작용주의는 각각 인지발달과 다른 사람들로부터의 사회적 · 심리적 지원을 통해 언어를 습득한다고 주장한다.

연 습 문 제

1. 언어를 구성하는 세 가지 요소는 무엇인가?

2. 언어의 구성요소 중 형식과 관련 있는 세 가지 언어 영역은 무엇인가?

3. 음운론, 형태론, 통사론에서 다루고 있는 언어단위는 각각 무엇인가?

4. 단어 '국물'의 음소와 형태소는 각각 무엇인가?

5. 쿠잉과 옹알이는 어떠한 차이가 있는가?

6. 전보체 구어는 무엇이며 일반적으로 언어습득 단계에서 언제 나타나는가?

7. 언어발달에서 두 단어 조합은 언제 이루어지며 이 시기의 주요한 특징으로는 어떠

한 것들이 있는가?

8. 언어발달에서 과대확장과 과소확장이 무엇인지 예를 들어 설명하시오.

9. 언어발달이론에서 행동주의와 생득주의의 가장 핵심이 되는 차이점은 무엇인가?

10. Piaget의 인지적 상호작용주의와 Vygotsky의 사회적 상호작용주의의 가장 핵심이 되는 공통점은 무엇인가?

💬 참고문헌

권도하(2011). 언어치료학 사전. 대구: 한국언어치료학회.

권도하, 신후남, 이무경, 전희숙, 김시영, 유재연, 신명선, 황보명, 박선희, 신혜정, 안종복, 남현욱, 이명순, 박상희, 김효정(2013). 언어치료학개론. 대구: 물과 길.

권도하, 이명순, 신후남, 신혜정, 정분선, 전희숙, 김효정, 고영옥, 곽미영, 최선영, 황하정(2012). 언어발달. 서울: 박학사.

김영태(2014). 아동언어장애의 진단 및 치료. 서울: 학지사.

남기심(2001). 현대국어 통사론. 서울: 배학사.

남기심, 고영근(2008). 표준국어문법론. 서울: 탑출판사.

조명한(1982). 한국아동의 언어 획득 연구: 책략모형. 서울: 서울대학교출판부.

최명옥(2004). 국어 음운론. 서울: 태학사.

Clark, E, V. (1993). *The lexicon in acquisition*. Cambridge, UK: Cambridge University Press.

Cowely, G. (2000). For the love of language (special ed.). *Newsweek, Your Child, 136*(17a), 12-15.

Hosteler, A. J. (1988). Why baby cries: Data may shush skeptics. *The APA Monitor, 19*(7), 27-32.

Machado, J. M. (2003). *Early childhood experiences in language arts*. New York: Tompson Delmar Learning.

Mandel, D. R., Jusczyk. P. W., & Pisoni, D. B. (1995). Infants' recognition of the sound patterns of their own names. *Psychological Science, 6*(5), 314-317.

McLaughlin, S. (2006). *Introduction to language development* (2nd ed.). New York: Tompson Delmar Learning.

Owens, R. E. (2005). 언어발달(*Language development,* 6th ed.). 이승복, 이희란 공역. 서울: 시그마프레스. (원저는 2005년에 출판)

Owens, R. E., Metz, D. E., & Haas A. (2003). *Introduction to communication disorders: A life span perspective* (2nd ed.). New York: Pearson Education.

Spieker, S. (1987). Study links tots' smiles. *San Jose Mercury News*, 8B.

구어 산출 메커니즘

| 이무경 |

이 장의 목표

- 대뇌의 주요 기능과 언어처리 과정에 대해서 이해한다.
- 호흡, 발성, 조음 메커니즘에 대하여 학습한다.
- 말소리의 음향 특징에 대한 기초 지식을 습득한다.

핵심 용어

- **발동**(initiation): 폐에 의하여 발성에 사용할 호기류가 만들어지는 과정이다.
- **발성**(phonation): 폐에서 만들어진 호기류가 유/무성의 성대음으로 변환되는 과정이다.
- **조음**(articulation): 성대에서 만들어진 음성 기류가 성도의 조음기관에 의하여 말소리로 변환되는 과정이다.

구어 산출 메커니즘은 개인의 생각이나 경험이 여러 신체기관의 처리과정을 거치며 최종적으로는 말소리로 표출되는 과정이다. 말소리의 산출은 뇌를 비롯해서, 호흡기관인 폐, 발성기관인 성대 그리고 혀와 입술과 같은 조음기관들이 동원되어야 하는 일이며, 이러한 기관들은 1차적으로는 생명유지에 필요한 호흡, 저작, 연하 등의 기능을 수행한다. 이 장에서는 구어 산출 과정을 언어연쇄(speech chain)를 통하여 개관해 보고 말소리 산출을 조직하고 조정하는 대뇌와 호흡, 발성, 조음의 유기적 관계들을 살펴보고자 한다.

1 언어연쇄

물리적 존재들이 서로 연결되는 방식에는 여러 수단과 방법이 있을 수 있지만, 화자의 뇌와 청자의 뇌를 연결하는 수단은 언어라는 의미상징 기호이다. 언어연쇄란 [그림 3-1]에서와 같이 화자의 뇌와 청자의 뇌가 언어를 통하여 연결되는 일련의 과정을 말한다.

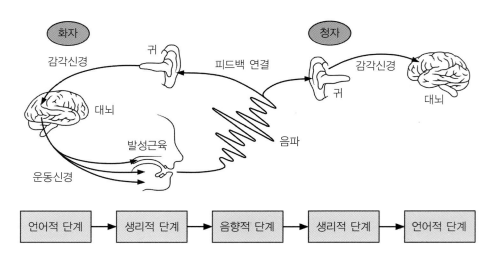

[그림 3-1] **언어연쇄**

화자가 자신의 생각과 경험을 청자가 이해할 수 있도록 전달하고자 한다면, 화자는 청자와 서로 공유하고 있는 언어체계를 사용하여 자신의 할 말을 구상하여야 한다(언어적 단계). 화자의 뇌 속에서 처리된 언어정보는 호흡, 발성, 조음 등과 같은 신체의 기능적 활동을 통해서 말소리로 생성되며(생리적 단계), 생성된 말소리는 공기 중에 음파의 형태로 존재한다(음향적 단계). 또한 화자에 의하여 생성된 말소리는 청자의 청각장치를 작동시켜(생리적 단계) 청자의 뇌에 전달되며, 청자 또한 뇌 속에 내재되어 있는 언어체계를 활용하여 화자의 말을 이해한다(언어적 단계).

의사소통의 기본 단위는 전형적으로 한 사람 이상의 화자와 한 사람 이상의 청자로 구성되며, 자신의 말소리를 자신의 귀로 들을 수도 있는데 이를 되먹임(feedback)이라 한다. 되먹임은 아동들이 언어를 습득할 때 필수적인 요소로서 자신의 말소리를 점검하는 역할을 수행한다.

2 언어적 단계

우리의 뇌는 인지 및 언어와 같은 고등 정신기능을 수행할 뿐 아니라, 여러 감정을 경험하며 숨을 쉬거나 눈을 깜박거리는 것과 같은 반사적이며 무의식적 운동을 비롯해서 물건을 들거나 공을 던지는 것과 같은 의식적 운동에 이르기까지 모든 신체과정을 통제하고 조절한다.

뇌는 일차적으로 여러 감각(시각, 청각, 촉각, 미각, 후각)기관을 통하여 외부 환경자극 정보를 수용하고, 수용된 정보들은 기억, 비교, 종합, 판단, 추론 등의 정보처리 과정들을 거치며, 처리된 정보는 운동을 통하여 표출된다. 말소리의 산출은 여러 감각기관을 통하여 입력된 언어정보들이 뇌의 언어처리 과정을 거쳐 조음기관을 통해 출력된 결과이다.

1. 대뇌의 해부학적 구조

대뇌는 대뇌종렬(longitudinal fissure)을 중심으로 좌측 및 우측 2개의 반구체로 이루어져 있으며, 뇌량(corpus callosum)에 의해 양 반구체가 서로 연결되어 있다([그림 3-2]

참조).

　　양측 대뇌 반구는 서로 반대편 신체의 운동 및 감각 기능을 수행한다. 이는 양측 대뇌 피질에서 하행하거나 신체 감각 수용기로부터 상행하는 신경들이 서로 반대쪽으로 교차하기 때문인데, 우측 대뇌는 신체 좌측편의 운동 및 감각을 그리고 좌측 대뇌는 우측의 운동 및 감각 기능을 담당함으로써 양측성으로 기능한다.

　　이와는 반대로 양쪽 대뇌가 서로 다른 기능을 수행하는 것을 대뇌 편재화(cerebral lateralization)라고 하며, 어느 한쪽이 특정 기능에 우세(dominance)할 경우 그 반구를 그 기능에 대한 우성반구(dominant hemisphere)라 한다. 대뇌 편재화의 대표적인 예가 언어기능이다. 언어기능은 오른손잡이의 96%와 왼손잡이의 70%에서 좌반구가 담당함으로써 좌측 뇌가 언어의 우성반구이다.

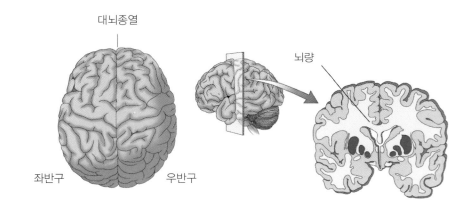

[그림 3-2] **좌반구, 우반구, 뇌량**

2. 대뇌의 정보처리 기능

　　대뇌 피질부는 전두엽(frontal lobe), 후두엽(occipital lobe), 측두엽(temporal lobe), 두정엽(parietal lobe)으로 이루어져 있으며, 중심구(central sulcus)는 전두엽과 두정엽을 그리고 실비안종렬(sylvian fissure)은 전두엽과 측두엽을 구분하는 경계가 된다([그림 3-3] 참조).

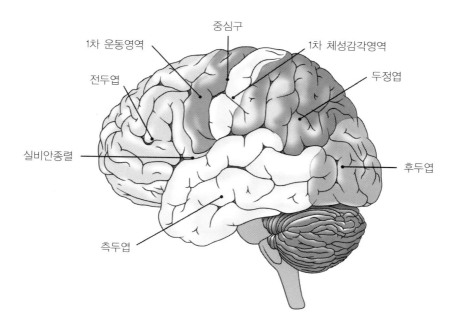

[그림 3-3] **대뇌 피질부의 구성**

　외부의 환경자극 정보는 감각을 통하여 수용되어 여러 처리과정을 거치며 최종적으로 운동을 통하여 표출된다. 대뇌의 앞쪽에 위치한 전두엽은 주로 운동기능을 수행하는 반면, 대뇌 뒤쪽에 위치한 측두엽, 두정엽, 후두엽은 감각정보를 처리한다.

　운동기능을 수행하는 전두엽은 전운동영역(premotor area)과 1차 운동영역(primary motor area)으로 이루어져 있다. [그림 3-4]에서와 같이 1차 운동영역은 중심구와 중심구 앞쪽 첫 번째 고랑 사이이며 전운동영역은 1차 운동영역 전면에 위치한다. 모든 수의적 운동은 계획을 통하여 집행되는 과정을 거치는데, 전운동영역에서 계획된 운동정보는 1차 운동영역으로 이동하여 각 근육으로 집행 명령이 하달된다. 전운동영역의 손상은 운동을 계획하지 못하는 실행증(apraxia)을 유발하며, 1차 운동영역의 손상은 운동을 집행하지 못하는 근마비 증상을 발생시킨다.

　감각영역은 1차 영역(primary area)과 연합영역(association area)으로 이루어져 있다([그림 3-4] 참조). 1차 영역은 신체 수용기로부터 입력된 감각이 등록되는 영역이며, 1차 영역에 등록된 감각정보는 연합영역에서 처리된다. 외부의 환경자극 정보가 뇌에 등록된 것을 감각(sensory)이라고 하며, 감각정보가 여러 심리처리 과정을 거친 결과를

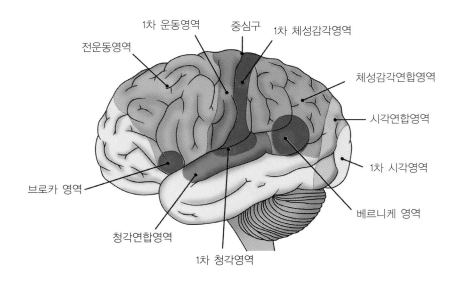

전운동영역 1차 운동영역 중심구 1차 체성감각영역 체성감각연합영역 시각연합영역 1차 시각영역 베르니케 영역 1차 청각영역 청각연합영역 브로카 영역

[그림 3-4] **1차 영역과 연합영역**

지각(perception)이라 한다. 예를 들면, 감각이란 마트에 물건이 입고되었다는 정도의 사실을 아는 것이라면, 지각이란 심리적 처리과정의 결과로서 입고된 물건이 어떤 종류의 물건인지, 즉 생필품인지 아니면 식료품인지 등을 아는 것에 해당한다.

시각정보는 후두엽에서 담당하며 1차 시각영역에 등록된 시각정보는 시각연합영역에서 처리된다. 청각정보는 측두엽의 1차 청각영역에 등록되어 청각연합영역에서 처리된다. 중심구에서 뒤쪽 첫 번째 고랑 사이를 1차 체성감각영역(primary somatic sensory area)이라 하며, 인체 말단부의 피부수용기로부터 촉각정보가 입력된다. 1차 영역에 등록된 체성감각은 체성감각연합영역에서 처리된다.

연합영역에서 처리된 감각정보는 [그림 3-5]에서와 같이 내측두엽(medial temporal lobe)의 해마(hippocampus)에서 단기기억화되며, 단기기억 정보는 수차례 시연을 통하여 장기기억으로 전환되는데, 장기기억 정보는 연합피질 영역의 신경 세포 간 시냅스의 형성을 통해서 저장된다.

여러 질병이나 사고로 인하여 해마 관련 구조가 손상된 환자의 경우, 단기기억 기능이 제대로 작동하지 못하기 때문에, 과거의 일은 잘 기억하더라도 사고 이후의 일을 잘 기억하지 못하는 순행성 기억장애(anterograde amnesia)를 나타내며, 장기기억이 저장된 피질연합영역 손상의 경우는 이와는 반대로 과거의 일을 잘 기억하지 못하는 역행성 기억장애(retrograde amnesia)를 보인다.

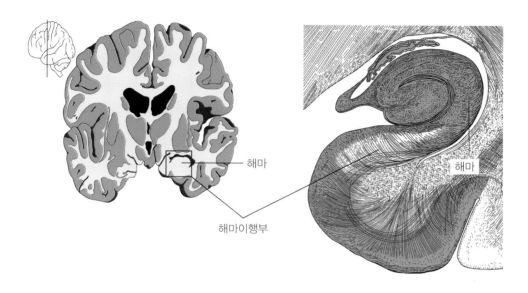

해마

해마

해마이행부

[그림 3-5] **해마**

3. 대뇌의 주요 언어처리 영역

1861년 신경해부학자인 Paul Broca는 좌반구 세 번째 전두회의 손상은 언어를 이해하는 능력이 양호하더라도 언어표현력에 문제를 일으킨다는 사실을 발견하고서 이 영역을 표현언어 영역이라 하였으며, 이후에 이 영역은 연구자의 이름을 따서 브로카 (Broca) 영역이라고 칭하게 되었다. 그 후 10년 뒤 독일의 신경학자 Carl Wernicke는 뇌의 또 다른 부위인 좌반구 측두엽의 첫 번째 측두회 손상 환자의 경우 브로카 영역 손상 환자와는 반대로 언어표현은 유창하지만 언어 이해력에 문제를 보인다는 사실을 발견하고서 이 영역은 감각언어를 담당한다고 하였다. 이 영역은 이후 여러 뇌 연구자에 의해서 베르니케(Wernicke) 영역으로 부르게 되었다.

이후 여러 신경과학자는 브로카 영역과 베르니케 영역을 포함하는 좌반구 측두열 주변을 언어기능을 수행하는 언어중추라고 하였으며, 1965년 Norman Geschwind는 특정 뇌 영역들이 서로 연결되어 언어처리 기능을 수행한다는 Wernicke-Geschwind

모형을 제시하였다.

Wernicke-Geschwind 모형에 따르면, 귀를 통해 입력된 청각언어(말소리)는 청신경을 따라 측두엽의 1차 청각영역에 등록되어 청각연합영역의 일부인 베르니케 영역에서 처리된다. 처리된 신경정보가 말소리로 표출되기 위해서는 운동을 담당하는 전두엽으로 이동하여야 하는데, 베르니케 영역에서 처리된 정보는 신경섬유 다발인 궁형섬유속(arcuate fasciculus)을 따라 브로카 영역으로 이동한다. 전운동영역의 일부인 브로카 영역은 말소리 산출에 필요한 여러 운동과 문법적 요소를 계획하며, 계획된 정보는 1차 운동영역으로 이동하여 각 근육으로 집행 명령을 하달한다([그림 3-6] 참조).

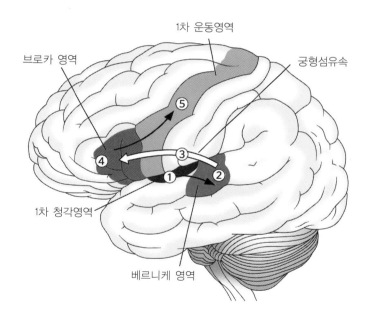

[그림 3-6] **청각언어의 처리 경로**

한편 책을 크게 소리 내어 읽는 경우, 시각정보는 시신경을 통해 대뇌의 1차 시각영역에 등록되며 시각연합영역에서 처리된다. 청각정보와는 달리 시각정보는 [그림 3-7]에서와 같이 좌반구 두정엽의 각회(angular gyrus)에서 청각정보와 연합이 이루어지며, 연합된 정보는 궁형섬유속을 따라 브로카 영역으로 이동하며 1차 운동영역으로 운동출력 정보가 전달된다.

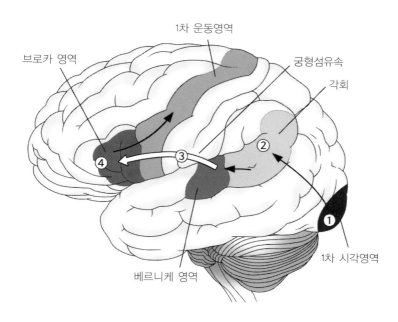

[그림 3-7] **시각언어의 처리 경로**

3 생리적 단계

　말소리는 신체 여러 기관의 순차적 및 동시적 협응작용을 통해 생성되는데, 크게 폐에 의한 발동작용, 성대의 발성작용, 혀와 입술과 같은 조음기관의 작용을 거친다. 폐는 말소리의 원천인 호기류를 생성하며, 호기류는 성대의 단속작용을 통해서 유/무성의 음성 기류로 변환된다. 또한 유/무성의 음성 기류는 구강, 비강, 인두강을 거치며, 혀, 입술, 연인두의 작용을 통해서 다양한 말소리로 만들어진다.

1. 발동작용

　폐는 1차적으로는 호흡을 통해서 인체에 산소를 공급하고 소모된 산소를 체외로 배출하는 등의 인체의 생존에 필요한 기능을 수행하지만, 2차적으로는 발동작용을 통하여 말소리 생성에 필요로 하는 기류를 만들어 낸다.

　우리 몸의 중심을 이루는 체간은 횡격막(diaphragm)에 의하여 흉강(thoracic cavity)

과 복강(abdominal cavity)으로 나누어지며 폐는 흉강에 위치해 있다([그림 3-8] 참조). 흉강의 뒤쪽은 우리의 몸을 지탱하는 척추(vertebral column)가 위치하며 앞쪽은 흉골(sternum)을 이룬다. 폐는 흉골과 척추를 연결하는 12쌍의 늑골(ribs)에 의해 둘러싸여 있으며 늑골은 척추와는 관절로, 흉골과는 늑연골로 연결되어 있다([그림 3-9] 참조).

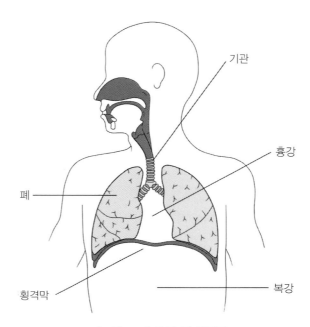

[그림 3-8] **흉강 및 횡격막**

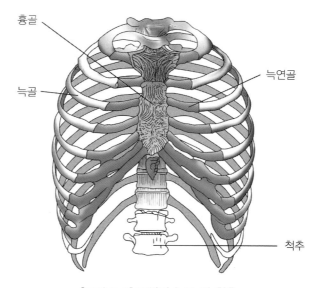

[그림 3-9] **12쌍의 늑골 및 척추**

호흡은 폐의 부피 변화에 의한다. 영국의 물리학자인 Robert Boyle은 부피와 압력은 반비례관계에 있음을 발견하였는데, 폐의 부피가 커지면 폐 내부의 압력이 대기압보다 낮아져 기류는 압력이 높은 쪽에서 낮은 쪽, 즉 대기에서 폐 내부로 공기가 흡입되며, 폐의 부피가 작아지면 압력이 대기압보다 증가하여 대기 쪽으로의 호기가 일어난다.

1) 숨 호흡

폐 속에 산소가 부족하면 자율신경계는 반사적으로 연수(medulla oblongata)의 호흡중추에 신호를 보내며, 호흡중추에서는 척수신경을 통하여 횡격막(diaphragm)과 늑간근(intercostal muscle)을 수축시키는 신호를 보낸다.

호흡에 있어서 가장 중요한 역할을 수행하는 것은 횡격막이다. 횡격막의 수축은 우산 모양으로 솟아 있는 횡격막을 아래로 하강시켜 폐의 부피를 수직으로 증가시킨다. 늑간근의 수축 또한 횡격막만큼 큰 기여를 하지 않더라도 늑골을 위로 들어 올림으로써 흉곽 전체를 상승시켜 폐의 부피를 증가시킨다. 이러한 작용의 결과로 폐 내부의 압력은 대기압에 비해 감소하게 되어 기류가 대기로부터 폐 내부로 들어오는 흡기작용이 이루어진다. [그림 3-10]은 횡격막 및 늑간근을 나타낸 그림이다.

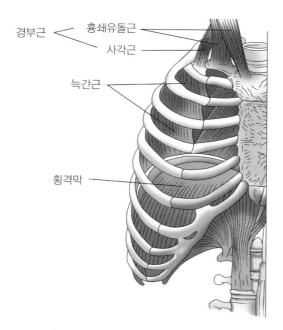

경부근
흉쇄유돌근
사각근
늑간근
횡격막

[그림 3-10] **횡격막, 늑간근, 경부근**

호기는 흡기를 위해서 수축된 횡격막과 늑간근의 이완으로 이루어진다. 횡격막이 이완하면 하강된 횡격막이 다시 상승하게 되며, 늑간근의 이완은 상승한 늑골을 하강시킨다. 이러한 작용의 결과로 폐의 부피는 작아지고 폐 내부의 압력이 대기압보다 높아져 호기가 일어나게 된다.

2) 구어 호흡

구어 호흡은 숨 호흡과 여러 측면에서 차이가 있다. 숨 호흡은 자동적이며 무의식적으로 이루어지지만 구어 호흡은 의식적으로 이루어진다. 또한 구어 호흡은 조용히 숨을 쉴 때의 호흡보다 더욱 많은 양의 공기를 흡기하여야 하며 더 오랜 시간 동안 호기를 유지하여야 한다.

구어 호흡 시 더욱 많은 양의 공기를 흡기하기 위해서는 횡격막 및 늑간근의 수축과 더불어, [그림 3-10]의 흉쇄유돌근(sternocleidomastoid) 및 사각근(scalenus)과 같은 경부에 위치한 근육들과 [그림 3-11]의 대흉근(pectoralis major) 및 소흉근(pectoralis minor)과 같은 흉부의 근육들이 부가적으로 수축되어 폐의 부피를 더욱 확장해야 한다.

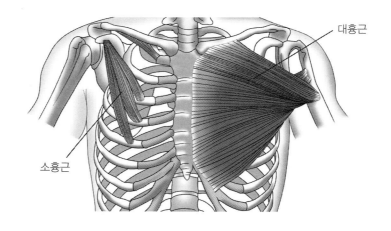

[그림 3-11] **흉부근**

또한 호기를 길고 오래도록 하기 위해서는 횡격막과 늑간근의 이완과 함께 복부의 측면에 3겹으로 이루어진 외복사근(external oblique abdominus), 내복사근(external oblique abdominus), 복횡근(transversus abdominus) 및 복부의 중간에 수직방향으로 위치한 복직근(rectus abdominus)이 수축하는데, 이러한 근육들은 복부의 내장기들을 압축하여 폐의 부피를 한계치 이하로 더욱 감소시켜 호기를 좀 더 길게 유지하는 기능을 수행한다([그림 3-12] 참조).

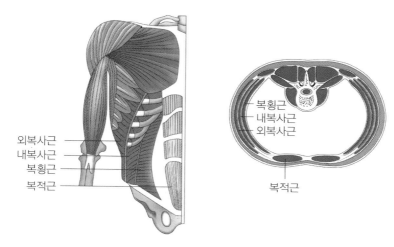

[그림 3-12] **복부근**

2. 발성작용

말소리 산출에 필요한 호기류는 폐에 의하여 생성되지만 귀로 들을 수 있는 소리는 성대(vocal cords)의 작용에 의한다. 성대는 폐에서 산출되는 호기류를 단속함으로써 성대 진동을 수반하는 유성음(voiced sound)을 생성하기도 하며, 호기류를 통과시킴으로써 무성음(voiceless sound) 기류를 만들어 내기도 한다.

성대 진동을 수반하는 유성음은 공명작용을 통해서 모든 종류의 모음 및 비음이나 유음과 같은 유성자음을 생성하며, 무성 기류는 성도에서 조음자의 폐쇄 및 협착을 통해서 파열음, 마찰음, 파찰음과 같은 무성자음들을 생성한다.

1) 후두의 구조

후두(larynx)는 기관(trachea)의 위쪽에 위치하여 발성기능뿐 아니라 호흡 통로의 역할을 수행하며, 1개의 뼈와 다수의 연골(cartilage)로 이루어져 있다. [그림 3-13]은 후두의 구조를 나타낸 그림이다. [그림 3-13]의 (a)는 후두를 정면에서 본 모습이며,

(b)는 후면에서 관찰한 모습이다.

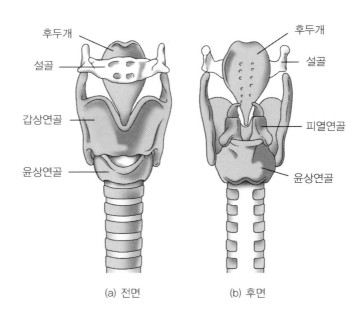

후두개
설골
갑상연골
윤상연골

후두개
설골
피열연골
윤상연골

(a) 전면   (b) 후면

[그림 3-13] **후두의 연골 구조**

설골(hyoid bone)은 후두의 유일한 뼈로서 말발굽 모양을 이루며 후두의 가장 위쪽에 위치해 있다. 후두개연골(epiglottis cartilage)은 나뭇잎 모양으로 음식물 연하 시 기도 쪽으로 내리덮여 음식물이 기도로 흡인되는 것을 방지한다.

후두의 연골 가운데 가장 크고 가장 돌출된 연골은 갑상연골(thyroid cartilage)이다. 갑상연골은 전면에 아담의 사과라 불리는 각을 형성하는데 남성의 경우 평균 90°, 여성의 경우 120° 정도이다. 후두에서 그다음으로 큰 연골은 윤상연골(cricoid cartilage)이며 갑상연골의 하부에 반지 모양으로 생긴 원형의 연골이다. 피열연골(arytenoid cartilage)은 윤상연골 상면에 양쪽으로 위치해 있다.

2) 후두의 근 조직

후두의 근육은 각 근육이 성대의 작용에 어떠한 기능을 수행하느냐에 따라, 내전근(adduction muscles), 외전근(abduction muscles), 긴장근(tensor muscles)으로 분류한다. 성대는 내전함으로써 말소리의 원천인 음성 기류를 생성하며, 외전 시에는 호흡이 이

루어진다. 또한 성대는 길이를 늘이거나 줄이는 긴장도 조절을 통하여 근탄성력을 증
가 및 감소시킴으로써 소리의 높낮이를 조절한다. [그림 3-14]는 성대의 내전 및 외전
작용을 보여 주는 사진이다.

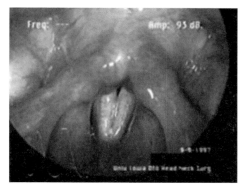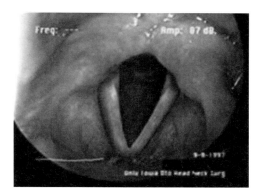

[그림 3-14] 성대의 내전(좌) 및 외전(우)

성대 내전근에는 측윤상피열근(lateral cricoarytenoid muscle), 가로피열근(transverse
arytenoid muscle), 사위피열근(oblique arytenoid muscle)이 있으며, 성대의 외전은 후
윤상피열근(posterior cricoarytenoid muscle)에 의한다. 또한 윤상갑상근(cricothyroid
muscle)은 성대의 긴장도를 조절하여 다양한 수준의 음도를 산출한다([그림 3-15] 및
[그림 3-16] 참조).

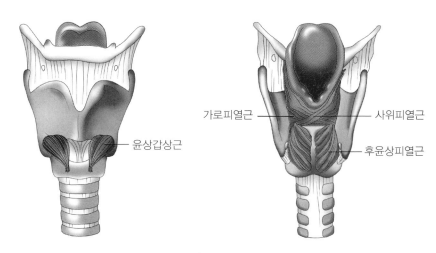

[그림 3-15] 후두 내부근

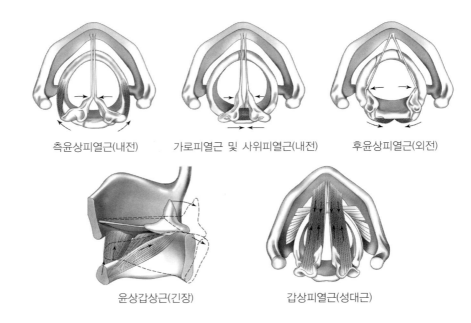

측윤상피열근(내전)　　가로피열근 및 사위피열근(내전)　　후윤상피열근(외전)

윤상갑상근(긴장)　　　　갑상피열근(성대근)

[그림 3-16] 후두 내부근의 작용

3) 성대의 발성기능

　성대(vocal cords)는 [그림 3-16]에서와 같이 갑상연골과 피열연골의 성대돌기를 연결하며, 남성은 평균 17~24mm, 여성은 13~17mm 그리고 아동은 8~12mm 정도이다. 후두는 열 번째 뇌신경인 미주신경(vagus nerve, CN X)의 지배를 받는다.

　성대의 내전 및 외전 작용은 미주신경의 신경자극에 의하여 이루어지며, 내전된 성대의 진동은 근탄성공기역학이론(myoelastic aerodynamic theory)으로 설명할 수 있는데, 내전된 성대는 성문하압(subglottic pressure)에 의하여 개방이 이루어지며, 개방된 성대는 성대근의 탄성력과 기류의 진행방향에 대해서 수직으로 작용하는 베르누이 효과(Bernoulli effect)에 의하여 폐쇄된다. 성대는 이러한 개방과 폐쇄를 반복하는 성대진동에 의하여 주기적 복합음(periodic complex tone)인 유성음을 산출하며, 호기류를 방출함으로써 비주기적 복합음(aperiodic complex tone)인 무성음을 생성하기도 한다.

3. 조음작용

말소리는 성도(vocal tract)에서 조음기관(혀, 인두, 구개, 입술, 턱 등)의 조음활동을 통해서 만들어진다. 공명강의 역할을 수행하는 성도는 성문(glottis)에서 입술에 이르는 후두 윗부분의 모든 공기 통로를 말하며, [그림 3-17]에서와 같이 구강(oral cavity), 비강(nasal cavity), 인두강(pharyngeal cavity)을 포함한다. 공명강 내의 여러 조음기관은 공명강을 다양하게 변화시켜 여러 종류의 말소리를 만들어 낸다.

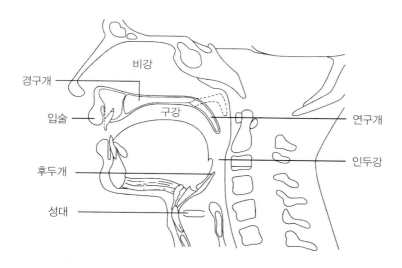

[그림 3-17] **주요 공명강**

1) 모음의 산출

모음은 크게 단모음과 이중모음으로 나뉜다. 단모음은 단일 조음동작에 의하여 산출되는 음이며, 이중모음은 조음동작이 변화하는 음으로 반모음과 단모음이 결합된 형태이다. 모음은 입술의 모양에 따라 원순음 및 평순음, 혀의 전후 위치에 따라 전설모음, 중설모음, 후설모음 그리고 혀의 높이에 따라 고모음, 중모음, 저모음으로 분류한다.

표준 발음법이 규정하고 있는 우리말의 단모음 체계는 〈표 3-1〉과 같다. 표준 발음법에서 규정하고 있는 10모음 체계보다 대부분 실제 화자들이 사용하는 것에 근거한

7모음 체계는 /위/와 /외/를 이중모음으로, /애/와 /에/를 하나의 모음으로 간주하고 있다.

표 3-1 한국어의 단모음 체계(10개)

구분	전설모음		후설모음	
	평순	원순	원순	평순
고모음	이(i)	위(y)	우(u)	으(ɰ)
중모음	에(e)	외(ø)	오(o)	어(ʌ)
저모음	애(æ)			아(ɑ)

2) 자음의 산출

자음은 연인두문(velopharyngeal port)의 폐쇄 및 개방에 따라 구강음과 비강음으로 나뉘며, 조음방법, 조음위치 그리고 긴장성/기식성의 여부에 따라 〈표 3-2〉와 같이 분류된다.

자음은 조음방법에 따라서 비음, 파열음, 마찰음, 파찰음, 유음 그리고 조음위치에 따라서 양순음, 치경음, 경구개음(후치경음), 연구개음, 성문음으로 분류된다. 긴장성은 /ㅃ, ㄸ, ㄲ, ㅆ, ㅉ/와 같은 된소리를 말하며, 기식성은 /ㅍ, ㅌ, ㅋ, ㅊ/와 같은 거센소리를 말한다.

조음방법에 있어서 파열음은 닫음, 지속, 터뜨림, 즉 조음자로 성도를 닫고 기류를 지속하였다가 터뜨리는 3단계의 과정을 통해서 생성된다. 마찰음은 좁혀진 틈 사이로 무성 기류를 마찰시킴으로써 생성되며, 파찰음은 파열음과 마찰음의 속성을 동시에 가지고 있는데, 파열음의 속성인 닫음 및 지속 후에 기류를 터뜨리는 대신 기류를 마찰시킴으로써 생성된다. 유음은 기류를 흘려 내보내면서 조음되는 음으로 혀의 측면으로 기류를 흘려 보내는 음이다.

표 3-2 한국어의 자음

공명강	위치/방법		양순음	치경음	경구개음	연구개음	성문음
구강	파열음	평음	ㅂ(p)	ㄷ(t)		ㄱ(k)	
		경음	ㅃ(p*)	ㄸ(t*)		ㄲ(k*)	
		격음	ㅍ(pʰ)	ㅌ(tʰ)		ㅋ(kʰ)	
	파찰음	평음			ㅈ(tɕ)		
		경음			ㅉ(tɕ*)		
		격음			ㅊ(tɕʰ)		
	마찰음	평음		ㅅ(s)			ㅎ(h)
		경음		ㅆ(s*)			
	유음(설측음)			ㄹ(l)			
비강	비음		ㅁ(m)	ㄴ(n)		ㅇ(ŋ)	

4 음향적 단계

조음기관에 의하여 산출된 말소리는 공기 중에 음파(sound wave)의 형태로 전파되어 청자의 귀에 전달된다. 우리의 귀에 각 말소리들이 다르게 들리는 것은 각 소리마다 음파의 형태가 다르기 때문이다. 음성학은 크게 조음음성학(articulatory phonetics), 음향음성학(acoustic phonetics), 청취음성학(auditory phonetics)으로 나뉜다. 조음음성학은 소리의 생성에 대하여 연구하며 음향음성학은 생성된 소리의 성질이나 특징 그리고 청취음성학은 소리가 우리의 귀에 어떻게 들리는지를 연구한다.

음성학의 주요 연구대상인 소리는 청각 메커니즘에 감각자극을 일으키는 공기 입자의 진동 운동으로 정의된다. 진동 운동이란 일정한 거리를 왕복하는 주기성 운동을 말한다.

모든 물체는 소리를 낼 수 있지만 소리를 내기 위해서는 막대로 책상을 두드린다거나 손뼉을 친다든지 입술을 모아 휘파람을 부는 등 공기 입자의 교란이나 진동 운동을 일으키는 원인이 있어야 하며, 공기 입자(기체)나 액체 및 고체 입자들과 같은 전달 매체가 존재하여야 한다. 매질이 존재하지 않는 진공 상태에서는 소리가 발생할 수 없

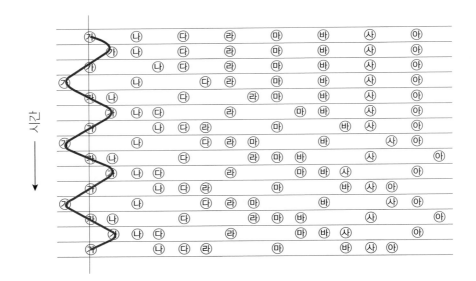

[그림 3-18] **공기입자의 진동 운동 및 소리의 전파원리**

다. 또한 소리 진동이 유지되기 위해서는 탄성과 관성력이 작용하여야 하는데, 탄성은 전위한 공기 입자가 원래 위치로 되돌아가려는 복원력을 말하며, 관성은 운동하려는 성향이 지속되는 힘을 말한다.

소리는 [그림 3-18]에서와 같이, ㉮ 입자에 힘이 가해지면, ㉮ 입자는 ㉯ 입자로, ㉯ 입자는 ㉰ 입자로 그리고 ㉰ 입자는 ㉱ 입자로 힘을 전달하는 식으로 소리가 전파된다. 여기서 다른 입자들도 마찬가지이겠지만, 하나의 입자인 ㉮ 입자의 운동을 자세히 관찰하여 보면 ㉯ 입자까지 전위한 ㉮ 입자는 탄성력에 의해 정지해 있던 원래 위치로 되돌아오며, 또한 운동을 계속하려는 관성에 의하여 원래 위치보다 역방향으로 전위하게 된다. 이러한 ㉮ 입자의 변위를 시간 축을 기준으로 그래프로 그려 보면 [그림 3-18]에서와 같이 일정한 거리를 주기적으로 왕복하는 정현파(sine wave) 곡선을 관찰할 수 있다. 이러한 공기 입자의 진동 운동은 고막을 진동시켜 청신경을 통하여 뇌로 전달된다.

1. 단순음

눈으로 관찰할 수 없는 공기 입자의 진동 운동을 좀 더 쉽게 이해할 수 있는 방법은 유사한 진동 운동을 수행하는 물체와 비교해 보는 것이다. 주기성 왕복 운동을 시각적으로 관찰할 수 있는 대표적 물체들 가운데 하나는 그네이다.

[그림 3-19]에서와 같이 정지해 있는 그네를 밀면 (+) 방향으로 이동하며, 이때 그네는 탄성력에 의하여 원래의 위치인 (0)으로 되돌아오려는 성질이 작용하며, 또한 운동하려는 성질이 지속되는 관성력에 의해서 반대 방향인 (–) 위치까지 변위한다. 이러한 탄성과 관성에 의하여 그네는 일정한 거리를 왕복하는 주기성 운동을 수행한다. 그네가 움직인 거리(변위)를 시간을 축으로 그래프로 그려 보면 [그림 3-19]와 같다.

그네는 미는 힘에 의하여 진동의 폭(진폭)이 변화하며, 탄성과 관성에 의하여 일정거리를 주기적으로 왔다 갔다 하는 왕복 운동을 수행한다. 그네의 진동 운동 특징은 그네가 1회 왕복한 시간이 주기성을 대표하는 기본이 되며, 이를 주기(T)라 한다.

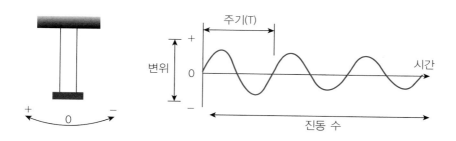

[그림 3-19] 그네의 단순배음 운동

1) 주파수와 음도

주파수(frequency)는 [그림 3-19]에서 그네가 왕복한 횟수, 즉 초당 진동수에 해당하며, 초당 주기수와 일치한다. 주파수의 측정단위로는 Hz를 사용한다. 10Hz의 소리는 초당 주기수가 10개이며, 100Hz는 초당 주기수가 100개인 음이다.

우리의 청감각은 주파수를 소리의 높이로 지각하는데, 이를 음도(pitch)라 한다. 우리의 귀는 초당 진동수가 많은 소리일수록 고음으로 지각하며, 초당 진동수가 적은 소리는 저음으로 지각한다. 보통 정상 성인 여성의 목소리는 평균 220±20Hz로 성인 남성의 125±20Hz보다 고음이다.

2) 소리 강도와 크기

소리 강도(intensity)란 소리의 힘이나 압력이며, [그림 3-19]에서 공기 입자가 변위한 거리인 진폭에 해당한다. 측정단위로는 보통 dB을 사용한다. 우리의 귀는 소리 강도를 소리의 크기(loudness)로 지각한다.

강도는 폐에서 산출되는 호기류를 성대가 단속함으로써 얻어지는데, 내전된 성대에 호기류가 증가할수록 성문하압이 증가한다. 증가된 성문하압은 성문 개방 시 더욱 큰 강도의 음성을 산출한다. 지나치게 큰 강도의 습관적 사용은 후두염(laryngitis), 성대결절(vocal nodules), 성대폴립(vocal polyp) 등과 같은 기능적 음성문제를 초래하기도 한다.

3) 음질

음질(quality)은 소리의 맑기, 즉 깨끗함의 정도를 평가하는 척도이며, 소리 음파의 규칙성인 주파수변동률(jitter), 진폭변동률(shimmer) 그리고 소음대 배음비(noise to harmonics ratio: NHR)에 의한다.

주파수변동률은 [그림 3-20]에서 주기의 규칙성, 즉 a1, a2, a3, a4…의 간격이 얼마나 고르게 분포되어 있는가를 의미하는 척도이며, 진폭 b1, b2, b3, b4…의 규칙성은 진폭변동률이다. 소음대 배음비는 기본주파수와 정수배를 이루는 배음과 정수배를 이루지 못하는 소음의 비율이다. 이에 대한 내용은 다음 절인 복합음에서 더욱 자세히 다룰 것이다. 우리의 청지각은 주파수변동률 및 진폭변동률과 소음대 배음비가 작은 음성일수록 맑고 깨끗한 소리로 듣는다.

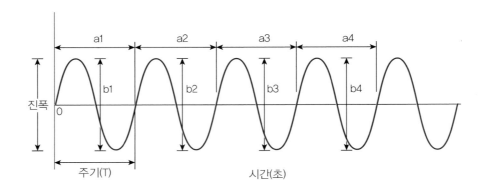

[그림 3-20] 소리 진동 파형

2. 복합음

소리는 성분 주파수의 개수에 따라 단순음(pure tone)과 복합음(complex tone)으로 나누어 볼 수 있다. 단순음은 단순배음 운동을 수행하는 단일 주파수의 음이며 실험실에서 임의적으로 제작한 경우에만 가능한 음이다. 우리가 주변에서 흔히 들을 수 있는 소리는 대부분 여러 주파수로 구성된 복합음이다.

[그림 3-21]에서 (a), (b)는 단순배음 운동을 수행하는 단순음이며, 각각 5Hz, 1Hz이다. 반면, (c)는 (a)와 (b)를 복합한 복합음이며 파형이 복잡해 보이지만, 기본적인 주기 패턴은 가장 낮은 주파수인 (b)의 진동 패턴을 따른다는 것을 볼 수 있다. 이와 같이 복합음의 기저를 이루고 있는 주파수를 기본주파수(fundamental frequency)라 하며, 보통 각 주파수의 최대공약수를 이루는 주파수가 이러한 역할을 담당한다.

복합음이 주기성을 띠기 위해서는 기본주파수와 정수배를 이루어야 하며, 이러한 소리를 주기적 복합음이라 하는데 우리의 귀는 이러한 소리를 화음으로 듣는다. 반면, 정수배 관계가 성립되지 않는 소리를 비주기적 복합음이라 하며 우리의 귀는 이러한 소리를 잡음으로 듣는다.

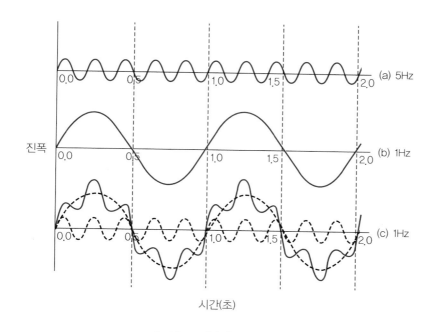

[그림 3-21] **복합파의 형성**

기본주파수와 정수배를 이루는 주파수를 배음주파수(harmonic frequency)라 하며, [그림 3-21]에서 (a)는 (b)의 5배로 기본주파수인 (b)와 5.0이라는 정수배를 이루고 있다. 기본주파수와 정수배를 이루는 소리들은 (c)와 같이 동일 패턴이 반복되는 주기성을 띠지만, 정수배를 이루지 못한 소리들은 패턴이 일정치 않기 때문에 주기성을 띠지 않는다.

요/약

뇌에는 언어중추가 자리 잡고 있어 말소리를 수용 및 처리하고 출력을 제어하는 기능을 수행한다. 뇌에서 처리된 정보가 말소리로 변환되기 위해서는 먼저 폐에 의해서 호기류가 생성되어야 하며, 폐에서 생성된 호기류는 성대의 작용을 통해서 유/무성의 음성 기류를 만들어 내고, 이러한 음성 기류는 성도의 조음기관들에 의하여 여러 가지 말소리로 만들어진다.

1. 뇌는 크게 좌반구 및 우반구로 이루어져 있으며, 서로 반대편 신체의 운동 및 감각 기능을 담당한다.
2. 언어기능을 수행하는 뇌 반구체는 손잡이와 밀접한 관련이 있는데, 오른손잡이의 96%와 왼손잡이의 70%는 좌반구에서 언어기능을 담당한다.
3. 호흡, 즉 흡기와 호기는 폐의 부피 변화에 의한 압력 차에 의하여 이루어진다.
4. 발성을 담당하는 기관은 성대이다.
5. 성대의 내전 및 외전은 미주신경의 작용에 의하여 이루어지며 내전된 성대가 개방과 폐쇄를 반복하는 진동 운동은 근탄성공기역학이론에 의한다.
6. 성도는 성문에서 입술에 이르는 후두 윗부분의 모든 공기 통로를 말하며 여러 공명강이 존재하지만, 주요 공명강으로 구강, 비강, 인두강을 들 수 있다.
7. 모음의 생성은 입술의 모양, 혀의 전후 위치, 혀의 높이에 의한다.
8. 자음의 생성은 조음방법, 조음위치, 긴장성, 기식성에 의한다.
9. 소리는 주파수의 성분에 따라 단순음과 복합음으로 나눌 수 있다.
10. 음성장애를 정의할 때 필요한 음성의 세 가지 속성은 음도, 강도, 음질이다.

연 / 습 / 문 / 제

1. 언어연쇄는 어떠한 단계들로 이루어져 있는가?

2. 대뇌피질부를 구성하는 4개의 엽(lobe)은 무엇인가?

3. 1차영역과 연합영역의 차이는 어떠한가?

4. 내측두엽의 해마는 어떠한 기능을 수행하는가?

5. 청각정보와 시각정보는 어떠한 처리과정을 거치는가?

6. 숨호흡과 구어호흡의 차이는 무엇인가?

7. 후두를 이루고 있는 주요 연골에는 어떠한 것들이 있는가?

8. 성대의 내전, 외전, 긴장을 담당하는 근육들에는 어떠한 것들이 있는가?

9. 입술 모양, 혀의 전후 및 고저 위치에 따른 국어의 10모음 체계는 어떠한가?

10. 자음은 어떠한 방법으로 분류하는가?

11. 음성학의 하위 분야에는 어떠한 분야들이 있는가?

12. 소리의 음도, 강도, 음질 속성은 어떠한가?

13. 주기성 음(화음)과 비주기성 음(잡음)의 속성에는 어떠한 차이가 있는가?

💬 참고문헌

고도홍(2017). 언어기관의 해부 및 생리. 서울: 학지사.

김향희(2012). 신경언어장애. 서울: 시그마프레스.

박경아, 이원택(2008). 의학신경해부학. 서울: 고려의학.

신지영, 김수진(2015). 말소리장애. 서울: 시그마프레스.

이익섭(2011). 국어학개설. 서울: 학연사.

Boone, D. R., Mcfarlane, S. C., Von Berg, S. L., & Zraick, R. I. (2013). *The voice and voice therapy* (9th ed.). Boston, MA: Allyn and Bacon.

Colton, R. H., Casper, J. K., & Leonard, R. (2011). *Understanding voice problems: A physiological perspective for diagnosis and treatment* (4th ed.). Baltimore, MD: Lippincott Williams & Wilkins.

Denes, P. B., & Pinson, E. N. (1993). *The speech chain*. New York: W. H. Freeman and Company.

Hedge, M. N. (2010). *Introduction to communication disorders*. Austin, TX: Pro-Ed, Inc.

Owens, R. E., Farlinella, K. A., & Metz, D. E. (2014). *Introduction to communication disorders: A life span evidence-based perspective* (5th ed.). Boston, MA: Pearson Education, Inc.

Raphael, L. J., Borden, G. J., & Harris, K. S. (2012). *Speech science primer* (6th ed.). Baltimore, MD: Lippincott Williams & Wilkins.

제2부

언어문제의 증상에 따른 장애

제4장

언어발달장애

| 전희숙 · 황하정 |

이 장의 목표

- 아동 언어발달장애의 정의와 분류를 설명할 수 있다.
- 언어발달장애의 언어 영역별 특성을 설명할 수 있다.
- 언어발달장애 관련 요인을 설명할 수 있다.
- 언어발달장애의 진단 및 평가 방법을 설명할 수 있다.
- 언어발달장애의 치료원리 및 접근법을 설명할 수 있다.

핵심 용어

- **언어발달장애**(language development disorder): 언어의 구성요소, 즉 내용, 형식, 사용 및 이들 조합의 이해 및 표현 발달이 지체되거나 편차되는 것 또는 연령에 적합하게 말하기, 듣기, 읽기, 쓰기 발달에서의 결함을 말한다.
- **언어지체**(language delay): 생활연령에 비해 언어발달이 늦어져 해당 연령에 준하는 언어의 이해와 표현에 어려움이 있는 것을 말한다.
- **언어편차**(language deviance): 언어발달이 정상적인 과정을 벗어나 일탈된 발달 특징을 보이는 것을 말한다.
- **언어차이**(language difference): 화자가 속한 사회의 표준 언어 규준을 따르지 못하는 경우로 방언이나 외국인의 언어 사용에서 나타나는 특징이다.
- **병인-범주적**(etiological-categorical) **접근법**: 언어장애 유발 원인에 따라 언어발달장애를 분류하는 방법이다.

- **기술-발달적**(descriptive-developmental) **접근법**: 언어결함 특성에 따라 언어발달장애를 분류하는 방법이다.
- **단순언어장애**(specific language impairment): 지능이나 청력, 신경학적, 사회적 상호작용과 같은 영역에 문제가 없이 언어발달에만 결함이 보이는 것을 말한다.
- **선별검사**(screening test): 언어결함 유무를 살펴 좀 더 세밀한 평가가 필요한 대상을 판별해 내는 검사이다.
- **진단검사**(evaluation): 언어결함의 정도 및 발달 수준과 특성을 파악하는 검사이다.
- **공식적 검사**: 대상자의 점수를 또래 연령 집단의 규준과 비교함으로써 대상자의 수준을 파악하는 검사로 표준화 과정을 거쳐 신뢰도와 타당도를 갖춘 검사이다.
- **비공식적 검사**: 언어장애 유무 선별평가로는 부적절하지만, 아동의 문제점을 집중적으로 파악하고 분석하는 데 유용한 검사이다. 연령별 발달 준거와 비교하는 준거참조(criterion-referenced) 검사, 관찰을 통하여 언어수행 정도를 자세하게 기술하는 기술적(descriptive) 평가 등이 있다.

인간이 언어를 사용하는 주된 목적은 의사소통이다. 자신의 메시지를 전달하고 타인의 메시지를 받아 그 내용과 의도를 이해하는 것이 의사소통의 목적이다. 의사소통을 하는 방법에는 언어뿐만 아니라 억양, 강세, 쉼 등의 준언어적 방법이나 제스처, 표정 등을 이용하는 비언어적 방법도 있지만 언어가 가장 대표적인 수단이다. 그러나 언어에 결함이 있는 사람은 언어라는 도구를 사용하여 의사소통하는 것에 어려움이 있다. 이러한 언어장애, 즉 기호장애(symbolic disorders)는 다양한 원인에 의하여 아동 및 성인들에게 나타날 수 있다. 지적장애, 자폐범주성장애, 청각장애, 학습장애, 환경요인, 뇌손상 등으로 인하여 언어발달이 지체되어 말하기, 듣기, 읽기, 쓰기 등에 결함이 나타날 수 있고, 뇌졸중, 외상, 종양 등으로 인하여 실어증과 같은 후천적인 언어문제가 생길 수도 있다. 신경학적 결함과 관련된 언어장애는 제11장의 신경언어장애에서 구체적으로 다루고 이 장에서는 아동기 언어발달장애에 초점을 두었다.

언어발달에 문제를 보이는 사람들의 언어 특성은 다양하다. 자신의 연령에 적절한 언어 수준을 보이지 않지만 정상적인 언어발달 과정을 거치면서 발달하는 경우가 있는가 하면, 정상적인 발달단계를 벗어나 일탈된 양상으로 발달하는 경우도 있다. 정상적인 발달단계를 거치더라도 말을 이용하여 의사소통을 하지 못하는 비구두(nonverbal) 아동, 몇 개의 단어나 간단한 문장을 말하는 아동, 언어학적으로 복잡한 복합문을 사용하지만 조사나 어미 등을 생략하거나 오용하는 아동 등 언어 수준 또한 다양하다. 그리고 언어 영역별 발달 특성을 살펴보면 전 영역에서 비슷한 정도로 지체된 경우도 있고 특정 언어 영역에만 결함을 보이는 경우도 있다. 학령전기에 말하기나 듣기에 결함을 보인 경우, 학령기 이후 읽기와 쓰기 등의 언어학습 능력에까지 문제가 지속되는 경우도 있다. 학령전기에 언어장애로 진단받은 아동의 80%가 학령기 이후 언어능력 또는 학습능력에 결함을 보인다(Aram & Nation, 1980).

이러한 언어발달장애 아동들을 이해하기 위하여 이 장에서는 먼저 언어발달장애의 정의, 특성 및 관련 요인들을 개괄적으로 살펴보고, 진단 및 평가, 치료방법들을 설명한다.

1 언어발달장애 개관

1. 정의

언어는 사람들이 서로의 생각과 마음을 의사소통하기 위하여 사용된다. 좀 더 구체적으로 살펴보면, 아동이 먼저 옹알이 시기에 음운을 습득하기 시작하고 점차 성장하면서 어휘나 문장을 이용하여 다양하고 복잡한 언어를 구사할 수 있게 된다. 또한 실생활에서 어떤 때에는 요구하기 기능으로 또 어떤 때에는 대답하기 기능으로 언어를 사용한다.

아동이 연령에 비해 언어발달이 늦거나, 정상적인 언어발달 과정을 거치지 못할 때 언어장애가 나타날 수 있다. 언어발달장애란 언어의 내용, 형식, 사용 및 이들의 조합을 이해하고 표현하는 언어능력에서 결함이 있거나 미성숙한 것을 말한다([그림 4-1] 참조). 즉, 음운, 형태, 통사, 의미, 화용 등 언어의 구성요소 영역 중 하나 이상에서 비정상적인 특성을 보이며, 말하기, 듣기, 읽기, 쓰기 등 언어의 양식 중 하나 이상에서 결함을 나타낸다(권도하, 2011; Owens, Metz, & Haas, 2007).

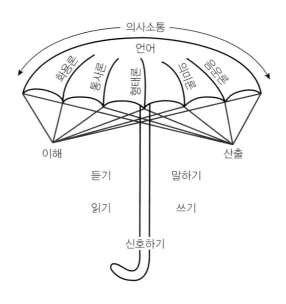

[그림 4-1] **언어의 구성요소 및 언어양식**

아동들에게 나타나는 언어결함은 크게 언어지체(language delay), 언어편차(language deviance), 언어차이(language difference)로 구분할 수 있다(Owens et al., 2007). 언어지체는 생활연령에 비해 언어발달이 늦어져 해당 연령에 준하는 언어의 이해와 표현에 어려움이 있는 것을 말한다. 언어지체는 지적장애, 시각장애, 청력손실, 심한 정서장애, 전반적인 신경학적 문제, 환경적인 박탈 등과 관련될 수 있다. 또한 신체, 지능, 정서 등의 발달은 정상이지만 언어만 발달이 지체되는 경우도 있다(Leonard, 1998). 원인은 다양하지만 공통적으로 나타나는 특성은 언어발달이 일반 아동보다 뚜렷하게 지체된다는 것이다. 언어편차는 언어발달이 정상적인 과정을 벗어난 것으로 음운론, 통사론 및 의미론적 발달에서 일탈된 특징을 나타낸다. 언어편차 역시 병리적으로 분명하게 원인이 밝혀진 경우도 있고 그렇지 않은 경우도 있다. 언어차이는 제1언어의 규준을 따라야 하는 사회에서 표준 언어의 규준을 따르지 못하는 사람에게서 나타나는 언어를 말한다(권도하, 2011). 방언 사용자나 제1언어를 배우지만 잘하지 못하는 외국인에게서 언어차이가 나타난다. 이런 경우는 언어장애가 아니어서 반드시 언어치료가 필요한 것은 아니지만 경우에 따라 선택적으로 언어발달 지원을 요한다. 이 장에서는 장애요인에 관계없이 언어지체나 언어편차를 보이는 아동기 언어발달장애를 중심으로 기술한다.

아동의 언어결함이 언어지체인지 또는 언어편차인지를 구분하여야 그에 따른 진단·평가 및 치료방향을 수립할 수 있다. 일반적으로 언어편차보다는 언어지체를 보이는 아동이 많은 편이다. 그러나 실제 임상현장에서는 이러한 지체와 편차의 오류 특성 모두를 나타내는 사례도 있다. 실제 사례에서 언어지체와 언어편차의 구분이 어려울 수도 있으나, 치료사는 아동의 언어발달 수준을 파악하기 위해서 기본적으로 정상 언어발달 과정을 숙지해야 한다.

2. 분류

언어발달장애는 크게 언어장애를 일으키는 원인에 따라서 분류하는 방법과 아동의 언어결함 특성에 따라 분류하는 방법이 있다. 전자를 병인-범주적(etiological-categorical) 접근법이라고 하고 후자를 기술-발달적(descriptive-developmental) 접근법이라고 한다(Bernstein & Tiegerman-Farber, 2002).

병인-범주적 접근법에 따라 분류하면 운동장애로 인한 언어장애, 청각, 시각 등의 감각장애로 인한 언어장애, 중추신경계 손상으로 인한 언어장애, 정신분열증, 자폐범주성장애 등의 심한 정서 및 사회적 비기능으로 인한 언어장애, 지적장애 등과 같은 인지 결함으로 인한 언어장애 등이 있다. 이 분류방법은 장애의 원인을 요약해 주기 때문에 치료사가 장애유형별 언어 특성에 따라 치료목표나 치료방법을 결정할 때 좋은 단서를 제공한다. 그러나 실제로는 원인을 찾기 어렵거나 여러 요인이 중복되어 나타나는 경우가 많아서 정확하게 언어치료에 필요한 것들을 설명하지 못할 수도 있다.

기술-발달적 접근법은 언어결함을 언어 영역별로 구체적으로 설명해 준다. 언어 형식의 결함에 음운장애(phonological disorder), 형태장애(morphological disorder), 통사장애(syntactic disorder)의 세 가지가 있으며, 언어 내용에 결함이 있는 의미장애(semantic disorder), 언어를 적절하게 사용하는 데 어려움을 보이는 화용장애(pragmatic disorder), 모국어로 제시된 말이나 글을 인식, 지각, 해석하는 데 결함을 나타내는 언어처리과정장애(language processing disorder) 등으로 나눈다(김영태, 2014). 비록 실제 의사소통에서 각 언어 영역이 독립적인 것이 아니라 상호작용한다 할지라도 이러한 분류는 아동 언어의 강점이나 결함의 특성을 파악하는 데 유용하다. 그리고 언어치료 목표를 계획하는 데에도 도움을 준다. 그러나 기술-발달적 접근은 아동의 환경적 특성이나 언어장애의 원인을 간과하기 때문에 교육서비스를 위해 학급에 배치하거나 장기적인 계획을 수립하는 데에는 제한이 있다.

그러므로 언어발달장애 아동들을 분류할 때에는 관련 요인을 고려하는 동시에 현재 언어 특성을 파악하여 진단 및 치료 과정에 이용하여야 할 것이다.

3. 언어 및 의사소통 특성

언어발달장애 아동들의 언어 특성들은 다양하다. 다음은 부모들이 보고한 아동들의 언어문제들을 열거한 것들로, 언어 이외의 특성들까지도 포함하고 있다(권도하, 석동일, 김영태, 정옥란, 강수균, 1994).

- 표현언어 기술의 부족
- 이해 기술의 부족

- 듣기 기술의 부족
- 단어의 뜻을 이해하거나 사용하는 능력의 부족
- 언어의 형태론적 요소를 이해하는 능력의 부족
- 구나 문장 구조를 사용하는 능력의 부족
- 언어의 부적절한 사용
- 언어를 이해하고 사용하는 능력의 결함
- 대화 기술이나 능력의 부족
- 경험에 대해 설명하거나 경험과 연관 짓는 능력의 부족
- 제한된 인지능력
- 학습문제
- 비정상적인 신체발달
- 사회성 문제

이러한 언어결함들을 언어 영역, 즉 의미론, 음운론, 형태 및 통사론, 화용론의 결함으로 구분할 수도 있고, 크게 수용언어와 표현언어의 결함으로 나눌 수도 있다. 한편 각 언어 영역별로 수용언어 능력과 표현언어 능력을 평가한 후, 각각의 능력을 합하여 전체 수용언어 능력 및 표현언어 능력으로 평가 결과를 제시하기도 한다. 아동들마다 다양한 언어 특성을 보이는데, 가령 지능이 높은 경직형 뇌성마비 아동의 경우는 수용언어 능력이 표현언어 능력보다 월등할 수 있다. 이는 말을 듣고 이해하여 해당하는 그림을 지적할 수는 있지만 말로 표현하지 못하는 아동은 수용언어 능력에 비해 표현언어 능력이 낮을 수 있다는 것을 보여 준다. 또한 아동들의 언어결함은 특정 언어 영역에만 나타날 수도 있고, 여러 언어 영역에 걸쳐 전반적인 결함이 나타날 수도 있다. 다음에서는 언어결함을 언어 영역별, 즉 내용-의미론, 형식-음운론, 형태론, 통사론, 사용-화용론의 특성으로 나누어 구체적으로 살펴본다. 학령기 읽기장애 및 난독증에 관해서는 제15장을 참고하기 바란다.

1) 의미 특성

언어의 의미론적 측면에 결함이 있는 아동들은 어휘, 어휘 간 의미적인 조합, 문장의 의미 이해 및 표현 그리고 은유나 속담 등의 비유 언어를 이해하고 표현하기 등에 어

려움이 있다. 구체적인 의미결함 특성을 살펴보면, 먼저 수용어휘 및 표현어휘의 수가 부족하다. 대체로 언어발달장애 아동들도 일반 아동들과 유사하게 명사, 동사 등과 같은 내용어를 조사나 어미 등의 문법적인 기능어보다 먼저 습득한다. 그리고 만지거나 조작할 수 있는 어휘를 상태, 과정 등을 나타내는 어휘보다 빨리 습득한다. 그러나 이들은 주로 인지발달 지연으로 공간, 시간, 색깔 등 개념을 나타내는 어휘습득에 어려움을 보인다. 또한 호랑이, 고양이, 개 등이나 사과, 딸기, 바나나 등과 같은 개별 어휘는 습득하였더라도, 동물, 과일 등과 같은 상위 범주(category)를 나타내는 어휘를 습득하는 데 어려움이 있다. 그리고 이웃집 아저씨, 가게 아저씨 등 모든 남자 성인을 '아빠'라고 부르는 과대 확장(혹은 과대 일반화)이나 자신의 장난감 오리만 '오리'라고 말하는 과소 확장(혹은 과소 일반화)은 2~3세 아동의 어휘발달 과정에서 일시적으로 나타나는 증상이다. 언어발달장애 아동들의 경우는 이러한 과대 확장이나 과소 확장이 발달기 이후에도 계속하여 나타날 수 있다. 또래 아동들보다 '행위자-행위' '장소-행위' 등의 문장에서 나타나는 의미관계 유형이 제한적이고 발달속도 또한 느리다. 그래서 의미관계 발달에서 특정 의미관계 유형만을 반복적으로 사용하는 특성을 보이기도 한다. 그리고 단순한 문장보다 복잡한 문장을 이해하는 것에 더 어려움이 있다(김영태, 2014; Paul, 2007).

학령기 의미결함을 살펴보면, 다의어(多義語), 반의어(反意語), 동의어(同義語)와 같이 이미 습득한 어휘들 간에 연관된 질적 어휘 지식을 습득하거나 교과서에 제시되는 한자 어휘의 의미를 이해하거나 표현하는 데 어려움을 보인다. 동일한 낱말이 중의적으로 사용되었을 경우 그 의미를 파악하는 데도 결함이 있다. 또한 낱말이 문자 그대로의 의미가 아니라 은유, 직유, 숙어, 속담 등의 비유적 의미로 표현되었을 때 그것을 이해하거나 표현하는 데에도 결함이 있다. 낱말을 정의할 때, 또래 아동들처럼 상위어를 사용하거나 객관적으로 정확히 서술하여 사전적으로 표현하는 능력에 결함을 보인다. 학령기가 되면 말하기, 듣기뿐만 아니라 읽기, 쓰기에도 결함이 나타날 수 있다. 읽기문제로 인해 또래 아동들처럼 읽기를 통하여 새로운 어휘나 지식을 습득하는 데에도 어려움이 있다.

2) 음운, 형태 및 통사 특성

아동의 음운발달 과정을 보면 쿠잉(cooing) 단계에서부터 모음이 나타나고 점차 자음을 습득하게 된다. 언어발달장애 아동들은 음운습득 속도가 느리고 음운발달 과정에서 나타나는 오류를 장기간 나타낼 수 있다. 학령전기 음운장애를 보이는 아동이 학령기가 되어 발음이 어려운 낱말이나 문장을 말할 때에도 어려움을 보이고, 음운체계의 규칙을 습득하는 음운인식 능력에도 결함을 보여, 낱말을 음절로, 음절을 음소로 분절하기, 동일한 음운 찾기 등에 어려움을 보일 수 있다. 이러한 음운인식의 문제가 이후 읽기발달에 영향을 미치게 된다.

일반 아동들은 언어가 발달하면서 형태소, 낱말을 나열하고 통합하여 구, 절 혹은 문장으로 표현한다. 낱말을 나열하여 문장을 만들기 시작하는 초기에는 문법형태소를 생략하고 주로 내용어로만 연결된 전보문식 구어(telegraphic speech)를 사용하지만 점차 조사나 어미 등을 적절히 사용함으로써 문장의 완성도가 증가한다. 이후 단문뿐만 아니라 연결어미, 전성어미를 사용하여 접속문이나 내포문과 같은 복문도 표현하게 된다. 그러나 언어발달장애 아동들의 문장을 분석해 보면, 낱말의 순서가 바뀌는 경우가 많고 조사, 어미 등의 문법형태소를 이해하거나 사용하는 데 어려움이 있다. 그리고 문법적으로 복잡한 접속문이나 내포문의 발달이 지체되어 주로 단문으로 표현하며 따라서 평균발화길이(mean length of utterance: MLU)도 짧다. 또한 내포문에서 주절과 종속절의 관계를 이해하여 문장 전체의 뜻을 파악하는 데에도 어려움을 보인다(김영태, 2014; Owens et al., 2007; Paul, 2007).

3) 화용 및 담화 특성

화용론에서는 실제 의사소통 상황에서 화자와 청자 간에 사용되는 말의 기능적인 측면을 다룬다. 보다 최근에는 화용론을 화자의 의도를 이해하고 의도를 표현하는 구어적 · 비구어적 단서를 이해하여 맥락에 맞게 해석함으로써 성공적인 의사소통을 이끄는 포괄적 능력으로 본다(Norbury, 2014). 아동은 언어를 이용하여 의사표현하기 이전인 10~12개월경이 되면 제스처, 표정 등의 비언어적 방법 혹은 억양, 강세 등의 준언어적 방법으로 타인과 의사소통을 한다. 이러한 의사소통은 발달과정에서 언어적 의사소통을 이끄는 전단계로서 매우 중요하다. 일반적으로 3세 정도가 되면 대화의 규칙이나 과정을 대체로 이해하여 다양한 대화기술을 습득하게 된다.

그러나 화용결함을 나타내는 언어발달장애 아동들은 의사소통 기능이 제한되는 경우가 많다. 예를 들어, 어른의 질문에 대답하는 의사소통 기능은 나타나지만, 자신의 의견을 주장하는 의사소통 기능은 나타나지 않을 수 있다. 또 다른 화용결함의 예로, 어느 정도 대화가 되더라도 의사소통 순서를 잘 지키지 못하여 상대방의 이야기 도중에 끼어들거나 대답을 기다리지 않고 자신의 질문만 계속하기도 한다. 대화 중에 내용을 잘 이해하지 못했을 때 "뭐라고?" "다시 한번 말해 주세요." 등과 같은 명료화 요구하기를 적절히 표현하거나, 반대로 대화 상대자의 명료화 요구에 자신의 발화를 수정하는 능력이 부족할 수도 있다. 대화의 주제를 파악하고 주제를 유지하거나 경우에 따라 주제를 바꾸는 기술 또한 부족하다. 그리고 비언어적 의사소통 방법으로 전달되는 상대방의 의도를 파악하는 데 어려움을 보인다. 얼굴표정이나 강세, 억양 등을 통해 전달되는 의미를 이해하기 어렵다. 그리고 말을 이해하고 표현하는 데 있어 너무 직설적이고 융통성이 없으며 간접적인 요구나 금지의 표현을 잘 이해하지 못한다. 예를 들어, 더운 방 안에 들어서며 창문을 열어 달라는 의도로 "창문 열 수 있겠니?"라고 하였을 때 "응."이라고 대답만 하고 창문을 열지 않는 것이다. 또 다른 예로 친구가 과자를 먹고 있을 때 나누어 먹자는 뜻으로 "그 과자 맛있니?"라고 물었을 때 "응."이라고 대답만 하고 계속 혼자 먹는 경우이다. 이러한 화용결함은 다른 언어 영역의 결함보다 불손한 느낌을 주어 사회적 상호작용에 부정적 영향을 미친다.

담화 중 이야기(story)에서 인과관계를 잘 이해하지 못하여 이야기 전체의 의미를 분석하고, 이야기 내의 모순점을 찾는 데 어려움이 있다. 이야기에서 구체적으로 언급되지는 않았지만 아동 개인의 경험, 지식 등을 이용하여 이어질 내용을 예측하거나, 빠진 내용을 추론하는 능력이 부족하다. 예를 들어, '친구가 텔레비전을 보고 있는데 엄마가 마당에서 불러서 밖으로 나갔다….'라는 이야기를 들려주고 '친구가 어디에서 텔레비전을 보았을까요?'라는 질문을 하면 '거실' 또는 '방' 등으로 대답하지 못한다. 이처럼 이야기 이해뿐만 아니라 이야기를 표현할 때에도 배경, 계기사건, 시도, 내적 반응, 결과 등의 이야기 주요 구성요소를 갖추어 완전한 일화(episode)로 말하는 능력이 부족하다. 그리고 이야기의 응집성을 높이는 결속표지(cohension, 응결장치), 즉 지시어, 접속사, 연결어미, 보조사, 생략 등을 정확하게 사용하는 능력 또한 부족하다(김영태, 2014; Erickson, 2001; Owens et al., 2007; Paul, 2007). 결속표지 사용능력이 제한적일 경우 앞서 나온 내용들을 다른 대용어로 바꾸어 말하거나, 불필요한 중복 내용을 생략하여 이야기하는 데 어려움이 있다. 예를 들면, '토끼와 거북이가 달리기 시합하기로 했습니다. 그래서 그들은 산으로 올라갔습니다.'라는 이야기를 표현할 경우 '그들'이라는 대명사보다 '토끼와 거북이'를 반복적으로 사용한다.

4) 읽기 및 쓰기 특성

읽기는 문자 해독을 통해 단어나 문장을 정확하게 읽는 것과 그 내용을 이해하는 것으로 이루어진다. 표기된 문자들과 구어적 소리를 대응시켜 문자를 해독(decoding)한다. 그리고 읽기 자료의 낱말이나 내용을 이해하는 것뿐만 아니라, 이야기에서와 마찬가지로 아동의 경험, 지식 등을 이용하여 직접적으로 언급되지 않은 내용까지 추론하거나 글의 내용을 평가하면서 이해할 수 있어야 한다.

읽기장애 아동들은 읽기를 잘하기 위해 기본적으로 필요한 준비능력이 부족하다. 책 읽는 방향 알기, 책의 앞과 뒤 구분하기, 한 페이지에서 글의 시작 부분 찾기, 한 줄에 포함된 단어 수 세기 등 읽기 이전 단계에서부터 어려움을 나타낸다. 또한 읽기와 밀접한 관련이 있는 음운인식 능력에도 문제를 보인다. 예를 들어, 음운인식 능력이 부족하면 '컵' '탑' '집'을 들려준 뒤 '토' 소리에 앞서 제시한 것과 동일한 종성 'ㅂ'를 더하여 말하라는 지시를 수행하는 데 어려움이 있다. 낮은 음운인식 능력은 낱말재인에 영향을 미치고 이것이 읽기의 정확성과 유창성에도 연쇄적 문제를 가져온다. 즉, 문자를 읽을 때 오류가 많아 정확성이 낮고 적절한 속도로 읽는 데 어려움이 있다.

읽기장애를 가진 아동들은 글자를 단순히 소리 내어 읽는 것뿐만 아니라, 자신이 읽은 낱말, 문장, 단락의 의미를 파악하는 데에도 어려움을 보인다. 문자 그대로의 내용을 이해하는 것보다 직접 언급되지 않는 내용을 추론하여 이해하는 것을 더 어려워한다. 읽기 내용과 관련된 선행학습이나 사전 경험이 부족할 경우에는 이해하기가 더 어렵다. 가령, 아동이 바다에 대한 글을 읽을 때 바다에 가 보았거나 바다에 관련된 영상을 본 경험이 있다면 훨씬 이해를 잘 할 수 있을 것이다. 읽기에 대한 경험 부족은 어휘능력 저하를 초래하고, 이로 인해 학년이 올라갈수록 읽기문제가 심각해질 수 있다. 어휘에 대한 지식은 글에서 개별 낱말을 이해하는 것뿐만 아니라 텍스트 전체의 의미를 파악하는 데도 중요한 역할을 하기 때문이다.

읽기장애를 보이는 아동들 중 많은 아동이 쓰기에도 문제를 보인다. 음운규칙, 어휘, 통사, 담화 등에 대한 지식이 부족하여 여러 문제점으로 나타난다. 철자에 어려움을 보이고, 제한된 시간 내에 많은 단어를 쓰지 못하여 쓰기 유창성이 떨어진다. 또한 선호하는 어휘를 반복하여 사용하고 성숙한 어휘를 잘 사용하지 못한다. 통사론적으로 단순한 주어-서술어, 주어-목적어-서술어 등의 문장을 쓰는 경우가 많고, 또래 학년 수준에 맞게 구와 절을 사용하여 복문을 쓰는 능력이 부족하다. 그리고 자신이 쓴 글의 내용을 수정·보완하는 능력 또한 부족하다. 긴 글을 쓸 때 주제에 맞게 단락을 구성하고 이야기를 전개하는 데에도 어려움이 있다.

4. 관련 요인

유전적·신경생물학적·환경적 요인 등으로 인해 아동이 정상적으로 언어를 습득하지 못한 사례들이 많다. 그러나 이러한 조건들이 언어문제의 명백한 원인인지에 대해서는 확신할 수 없다. 또한 어떤 특정 요인이 모든 언어발달장애 아동에게 공통적으로 적용된다고 할 수도 없다. 그러므로 언어발달장애 아동들마다 장애와 관련된 요인이 다를 수 있다.

한편, 지능, 청력, 구강 구조 등의 결함이나 신경학적 손상이 없음에도 언어발달에 문제가 있는 아동들도 있다. 이러한 경우를 단순언어장애(specific language impairment)라고 한다. 이러한 아동들은 신경학적·신체적·지적·감각지각적으로 명백한 원인은 없지만, 언어검사에서는 발달이 지체된 것으로 나타난다. 이들을 대상으로 지능검사를 하면 비언어성 지능지수는 85 이상이지만 언어성 지능지수는 그보다 낮다. 단순언어장애 아동들의 수용언어 능력은 정상이면서 표현언어 능력만 지체되기도 하고, 수용언어 능력과 표현언어 능력 모두 지체되기도 한다. 언어발달 초기에 낱말 출현이 늦고 문장산출도 지체되어 통사론적인 결함을 나타나며, 어미나 조사와 같은 문법형태소 이해 및 표현에도 결함을 보인다. 화용론적 측면에서는 요구하기, 질문하기, 대답하기 등의 초기 의사소통 기능은 대체로 일반 아동과 유사하게 습득한다. 그러나 대화에서 주제를 유지 또는 수정하기, 상호작용에 접근하거나 끼어들기, 명료화하기 등을 잘 수행하지 못하여 적극적으로 대화에 참여하지 못한다. 발화를 연결하여 이야기를 표현할 때, 결속표지를 사용하거나 이야기 구성요소를 갖추어 말하는 데 어려움을 나타낸다.

다음에서 언어발달장애가 될 아동을 조기 판별하기 위한 많은 사례 연구를 기초로 하여 언어문제와 관련된 몇 가지 요인을 살펴본다.

1) 지적장애

지적장애(intellectual disabilities: ID)란 발달 시기에 시작되며, 지적 기능과 개념적 · 사회적 · 실제적 적응행동에 결함이 있는 상태를 의미하며(American Psychiatric Association, 2013), 지적발달장애(intellectual developmental disorders)라고도 한다. 지적장애는 유전, 염색체 이상, 풍진 등의 모체 감염, 알코올 증후군, 임신 기간 동안의 상태, 분만과정의 문제 등으로 나타날 수 있다.

지적장애 아동들은 전반적으로 언어발달 속도가 느리다. 일반 아동에 비하여 조음 오류가 많고, 자음 특히 종성이 생략되는 경우가 많다. 문장발달 속도 또한 느리며, 사용하는 문장 구조가 짧고 의미관계 유형도 제한된다. 그리고 어휘를 이해하고 표현하는 능력도 지체되어 다양한 어휘를 사용하지 못한다. 언어를 사용하는 측면에서도 결함을 보이는데 심한 경우는 초기 몸짓 등을 사용하여 의사소통하는 단계부터 결함이 나타나며, 경도 지적장애 아동은 제한된 의사소통 기능을 사용하거나 대화에서 전제, 주제 유지 등을 잘 하지 못한다.

2) 자폐범주성장애

자폐범주성장애(autism spectrum disorders: ASD)는 의사소통 및 사회적 상호작용의 지속적인 결함이 주 특징인 신경발달장애로 제한적이고 반복적인 행동, 비정상적인 관심분야 또는 활동의 특성을 보인다(American Psychiatric Association, 2013). 자폐범주성장애의 정도에 따라 차이가 있을 수 있으나, 의사소통의 문제는 자폐범주성장애 아동 모두에게서 나타나는 공통적 특징이다. 중증 아동은 다른 사람과 의사소통하려는 의도가 전혀 없어서 남을 조절하기 위한 수단으로 언어를 사용하지 않는다. 따라서 자폐범주성장애 아동은 언어 영역 중, 특히 화용론 결함이 두드러진다. 비록 창조적인 말을 하더라도 몇 개의 제한된 의사소통 기능만으로 언어를 사용하며 고기능의 자폐범주성장애 아동이라 할지라도 대화기술 및 이야기 능력이 지체되거나 편차된 특징을 보인다. 의미론 영역에서도 특이한 결함을 보이는데 대표적인 결함으로는 어휘습득 시 타인과의 관계를 위한 사회적 · 사교적 어휘보다 색깔, 숫자, 비생동적 사물 명칭에 제한되어 있으며, 기능에 따라 분류되는 범주어 및 입장에 따라 상대적으로 사용되는 관계어의 습득에서 어려움을 보인다. 다른 언어 영역에 비해 조음능력은 우수한 편이나 억양, 강세, 리듬 등의 운율에 결함을 보여 다소 어색한 발화 특성을 보이기도 한다.

자폐범주성장애 아동의 경우 전혀 말을 하지 않는 함묵증이 나타나기도 하며, 초기 언어습득 시 다른 사람의 말을 그대로 따라 하는 반향어가 나타나기도 한다.

3) 뇌손상

뇌기능장애는 외상성 뇌손상, 선천성 기형, 뇌졸중, 감염, 종양 등으로 인해 야기될 수 있다. 뇌손상이 있는 부위, 손상 정도, 손상 시기 등에 따라 나타나는 언어 양상이 다르며(Owens et al., 2007), 인지, 신체, 행동 등의 영역에서도 결함이 나타날 수 있다. 문장의 형식에는 손상이 적더라도 고차원적인 인지기능에 손상이 나타날 수 있다. 인지능력의 감소로 인해 정보처리 속도, 이야기 및 담화와 같은 화용기술에 영향을 미칠 수 있다(Paul & Norbury, 2013). 부주의하여 쉽게 산만해지고 범주화, 배열, 요약, 일반화 등의 조직화에 문제가 있다. 추론을 하여 문제를 해결하는 능력에도 결함을 보인다.

뇌성마비는 운동, 자세 및 균형에 영향을 미치는 다양한 장애를 포괄하는 용어로 출생 전, 출생 중 또는 출생 후 몇 년 이내에 일어난 뇌손상에 의해 발생한다(Geralis, 2005). 뇌손상의 위치나 정도에 따라 지적장애, 언어장애, 학습장애, 감각손상의 문제를 동반하기도 한다. 뇌성마비 아동들은 종종 언어장애를 나타내는데 구강운동 기능의 수의적 조절문제로 구어표현에 어려움이 많다. 뇌성마비는 근육긴장도에 따라 경직형, 불수의 운동실조형, 강직형, 진전형 등으로 나눌 수 있으며, 마비 부위에 따라 단마비, 편마비, 삼지마비, 사지마비, 하지마비 등으로 분류할 수도 있다. 그리고 장애 정도에 따라 경도, 중등도, 중도 등으로 분류할 수 있다. 각 유형에 따라 나타나는 언어 증상이 다르다. 조음문제가 심각하여 명료하게 말할 수 없어서 타인과 대화하기 어려운 경우가 많다. 발성 자체가 곤란한 사람도 있다. 말하는 속도에 문제가 있으며, 폭발적인 큰 소리를 내거나 반대로 아주 작은 소리밖에 내지 못하는 사람도 있다(강수균 외, 1996).

4) 청각장애

청각장애(auditory disorders)는 손상 부위(외이, 중이, 내이, 청신경 등)와 손실정도에 따라 언어 특성이 다르다. 일반적으로 언어가 습득되기 이전에 청력결함이 있는 아동들은 일반 또래 아동보다 옹알이에서부터 양과 질의 차이가 있다. 그리고 생후 9~10개월경 일반 아동들에게서 나타나는 음운이 청각장애 아동에게는 분명하게 나타나지 않을 수 있다. 청력결함으로 음운을 습득할 때 시각자극에 의존하는 경우가 많다. 그러므로 시각적으로 특징이 잘 나타나지 않는 음운을 습득하는 데 어려움이 따른다. 음운습득의 어려움과 함께 두드러진 결함을 보이는 언어 영역은 형태 및 통사론이다. 명사, 동사 등과 같이 문장 내에서 강세가 있는 내용어에 비하여 강세가 없는 조사, 어미 등의 기능어를 듣는 데 어려움이 있다. 그러므로 문장 이해력이 낮을 수 있으며 표현력 또한 지체될 수 있다. 그리고 일반 아동에 비하여 대체로 어휘산출 양이 적다. 특히 구체적인 참조물이 아닌 추상적인 어휘를 습득하는 데 어려움이 있다.

5) 학습장애

읽기, 철자법, 쓰기, 수나 연산, 수학적 추론과 같은 학습기술을 배우고 사용하는 데 있어서 어려움이 있으며, 이러한 어려움에 대한 적절한 개입이 제공됨에도 불구하고 지속적으로 결함이 나타날 때 학습장애(learning disabilities: LD)로 진단한다. 시각장애, 청각장애, 운동감각장애, 지적장애, 정서장애, 정서적 환경적 결손 등으로 인해 나타나는 학습의 문제는 여기에 포함하지 않는다(United States Office of Education, 1977). 학습장애는 개인 내적 원인으로 인하여 발달적 학습이나 학업적 학습 영역들 중 하나 이상에서 심각한 어려움을 겪는다(한국특수교육학회, 2008). 발달적 학습장애(developmental learning disabilities)는 유아기부터 취학전기까지의 발달기 동안 기본적 선수학습 기능에 현저한 어려움을 보이는 것으로 구어(말하기, 듣기)장애, 주의집중장애, 기억장애, 지각장애 등으로 나눈다. 학업적 학습장애(academic learning disabilities)는 학령기 이후 학업과 관련된 영역에서 어려움을 보이는 것으로 읽기장애, 쓰기장애, 수학장애가 포함된다. 그리고 기타 비언어적 학습장애(nonverbal learning disabilities)가 있는데 이들은 언어능력에는 강점을 보이지만 공간지각 능력, 사회성, 운동능력 등에서 결함을 보인다.

읽기, 쓰기, 철자법 등 언어기반 기술에 특별히 문제를 나타내는 학령기 학습장애를 언어학습장애(language learning disabilities: LLD)라고 한다. 이 용어는 학령기 아동들의 성공적인 학교생활을 위한 의사소통 능력에서의 다양한 어려움을 암시하고 있다(Paul & Norbury, 2013). 읽기, 쓰기, 철자법 등 학령기 문해능력은 선행되는 구어발달과 밀접한 관련이 있다. 이러한 아동들은 학령전기에 언어를 습득할 때에는 문제를 보이지 않았으나 학령기에 접어들면서 읽기, 쓰기 등의 언어학습에 문제를 보이는 경우도 있고, 학령전기에 언어문제가 시작되어 학령기까지 계속되는 경우도 있다. 언어학습장애 아동은 언어의 여러 영역에서 문제가 나타난다. 음운론적 측면에서 언어학습장애 아동은 일반 아동에 비해 말장애 발생률이 높다. 사용하는 어휘 수가 제한적이며 주로 짧은 단어를 사용한다. 대화 시 언어학습장애 아동들은 주장이나 설득력이 낮고, 대화 완성도가 떨어진다. 이야기 이해와 표현에서도 문제가 나타나는데, 이야기 구성요소를 갖추어 말하는 데 어려움이 있으며 제한적인 어휘로 짧게 이야기하는 특성을 보인다. 학급 상황에서 대화에 적절하게 반응하지 못하여 성공적인 학교생활에 지장을 초래하기도 한다.

6) 사회환경적 요인

가난 등으로 인하여 아동을 방임하거나 학대한 경우 언어발달이 지체될 수 있다. 또한 어머니의 건강문제, 약물 남용, 열악한 영양 섭취 등도 아동의 뇌 발달 및 성숙에 영향을 미친다. 임신합병증, 출산합병증, 가족문제, 부부 간 문제, 재정적 문제 등으로 아동이 어머니와의 애착 형성에 문제를 가지게 되는 경우도 의사소통 기술의 발달에 영향을 미칠 수 있다. 이러한 여러 요인 중 학대는 아동들의 정상적인 사회적 상호작용을 어렵게 하고 그로 인해 언어학습의 기회를 감소시킨다. 학대받은 아동은 그렇지 않은 또래에 비해 어휘발달 속도가 느리며 발화길이 또한 짧다. 한편, 태아기에 산모가 알코올을 섭취하여 태아알코올증후군을 보이는 아동의 경우 출산 시 체중이 적고 신경계 문제가 나타나며, 그로 인하여 과잉행동, 운동의 문제, 주의력 문제, 인지장애 등이 나타난다. 이러한 아동은 구어발달이 지체되고 반향어를 사용하는 경우도 있다. 낱말 인출에 문제가 있으며, 짧은 문장, 대화에서 차례 지키기 어려움, 주제 유지의 문제 등이 나타난다. 학령기와 청소년기에 이르러서는 읽기 등의 학습 과제에서 결함을 보이고 화용적인 어려움을 겪기도 한다.

2 언어발달장애 진단 및 평가

아동들의 언어문제를 확인하고 장애 여부를 결정하기 위하여 언어진단을 한다. 아동의 현재 수준을 정확하게 파악하는 진단평가는 언어치료를 위해 반드시 선행해야 하는 것이다. 아동의 언어 수준에 따라 진단에 포함되는 내용들이 달라진다. 말을 전혀 하지 못하는 아동은 비언어적 혹은 준언어적 의사소통 능력 등을 평가하고, 언어를 사용하는 아동은 언어발달 수준을 또래 아동들과 비교하고 언어 영역별로 결함을 자세하게 평가해야 한다.

1. 평가 목적

언어평가는 선별이나 진단을 목적으로 실시할 수도 있고, 치료교육 현장에 아동을 배치하거나 치료계획을 수립하거나 치료 효과를 측정하기 위해 실시할 수도 있다.

선별검사(screening test)란 언어문제가 의심되어 좀 더 세밀하게 언어평가를 해야 하는 아동을 우선 판별해 내는 검사를 말한다. 초등학교, 유치원, 어린이집 등의 기관에 입학한 아동들을 대상으로 선별검사를 실시할 수 있다. 선별검사 결과 언어문제가 있는 것으로 판별된 아동들을 대상으로 좀 더 자세하게 진단검사를 실시한다. 진단검사(evaluation)는 언어발달장애인지를 판명하고 구체적인 언어발달 수준과 언어 특성을 파악하기 위하여 실시하는 검사이다. 언어발달장애인지, 장애가 있다면 어느 정도인지, 어떤 언어 영역에서 문제가 심각한지 등을 구체적으로 평가하게 된다. 그리고 아동이 일상환경에서 효과적으로 적응하도록 여러 영역에서 평가한다. 평가 결과에 따라 적합한 치료교육 현장에 배치하고, 치료계획을 세우고, 치료 전후에 치료 효과를 측정할 수 있다.

2. 평가 내용

아동들의 언어장애 원인을 고려하여 현재 언어 수준이나 언어문제를 철저히 평가한다. 다음은 언어평가 시 다루어야 할 내용들을 언어 영역별로 나누어 제시하였다.

1) 의미

의미론적 측면에서 아동의 능력을 파악하기 위해 개별 어휘의 의미습득, 문장의 의미를 이해하고 표현하는 능력, 은유나 속담, 관용어 등과 같이 문장 속에 내포된 숨은 의미를 이해하고 표현하는 비유에 대한 능력 등을 평가한다.

또한 아동이 이해하는 어휘 수, 표현하는 어휘 수, 얼마나 다양한 어휘를 사용하는지 나타내는 어휘다양도 등을 산출하여 의미 특성을 분석할 수 있다. 그리고 간단한 문장을 산출하는 아동의 언어능력을 평가할 때 문장의 문법 구조보다 의미관계를 분석하는 경우가 많다. 예를 들어, "엄마 먹어." "아가 자." 이러한 문장은 '행위자(행동을 하는 사람)+행위(행동)'의 의미관계로 구성된 문장이다. 평가대상 아동에게서 이러한 언어발달 초기에 출현하는 '행위자-행위' 등과 같은 의미관계 문장이 나타나는지, 좀 더 후반부에 나타나는 의미관계의 문장도 나타나는지를 분석한다.

2) 음운

음운은 낱말의 의미를 변별하는 기능을 가진 말소리 목록뿐만 아니라 말소리의 체계와 연결규칙 그리고 연결되는 과정에서 발생하는 음운변동들까지 포함하는 개념이다(이호영, 1996). 따라서 아동들이 음운을 습득하였다면 각각의 말소리를 정확하게 산출하는 것은 물론, 발화 시 말소리를 적절한 규칙에 기초하여 연결할 수 있어야 한다.

음운론적 측면에서는 아동이 산출할 수 있는 말소리의 목록을 작성하고 자음정확도를 구할 뿐만 아니라 오류음의 조음방법 및 조음위치, 오류위치, 오류형태, 변별자질, 음운변동 분석을 통하여 오류 패턴 등을 평가한다.

3) 형태 및 통사

형태 및 통사는 언어의 형식에 관한 것으로, 적절한 형태소를 사용하는지, 문장의 길이가 어느 정도인지, 문장 구조가 어떠한지 등에 대하여 평가한다.

형태소는 문법적 기능에 따라 명사, 동사, 형용사 등과 같은 의미 위주의 어휘형태소와 조사와 어미 등과 같은 기능 위주의 문법형태소로 나눌 수 있다. 아동이 초기에 말하는 문장들은 대개 명사, 동사 등의 어휘형태소들로 이루어지고, 조사, 어미 등의 문법형태소가 빠진 전보문식 문장들이다. 그러나 아동의 연령이 증가하고 언어가 발달하면서 문장 내 점차 많은 문법형태소가 나타난다. 그래서 아동 발화에서 나타나는 문법형태소를 분석하여 형태론적 측면에서의 언어능력을 평가하는 경우가 많다.

평균발화길이는 통사발달의 지표가 된다. 아동의 연령이 증가하면서 단단어를 사용하던 아동이 두세 단어로 된 문장을 구사할 수 있게 되고 점차 긴 문장들까지도 말할 수 있게 된다. 그러므로 발화를 형태소 단위로 나누고 평균 형태소길이를 구하여 통사능력을 평가할 수 있다.

통사능력을 알아보기 위해 문장 구조를 분석하기도 한다. 명사구, 동사구 등의 구, 명사절, 서술절, 관형절, 부사절, 인용절 등의 절과, 평서문, 의문문, 명령문, 청유문, 부정문 등의 문장유형 그리고 단문, 접속문, 내포문 등의 문장 구조 등을 분석한다.

4) 화용 및 담화

화용은 언어의 사용과 관련된 것으로, 초기 언어가 나타날 때부터 의사소통 의도가 있는지, 어떤 의사소통 기능을 나타내는지 분석한다. 초기 단단어 구어에서는 명명하기(이름 붙이기), 반복하기, 대답하기, 행동 요구하기(예: "~ 열어 줘."), 대답 요구하기, 부르기, 인사하기, 저항하기, 연습하기 등의 기능이 나타난다. 화용적 측면에서 결함이 있는 아동은 단어를 말할 수는 있지만 다양한 의사소통 기능으로 사용하지 못하고 대답하기만 하는 등 기능이 제한된다.

연령이 증가하면 좀 더 다양한 기능이 나타나므로 의사소통 기능을 좀 더 세부적으로 나누어 그 기능들을 분석한다. ① 요구에서는 정보요구, 행위요구, 사물요구, 허락요구 등, ② 반응에서는 질문에 대한 반응, 요구에 대한 반응, 반복, 의례적 반응 등, ③ 객관적 언급에서는 사물에 주의 끌기, 이름대기, 사건 · 상태, 고유특성, 기능, 위치, 시간 등, ④ 주관적 진술에서는 규칙, 평가, 내적 상태, 속성, 주장, 설명 등, ⑤ 대화내용 수신표현에서는 수용, 승인/동의, 부인/반대 등, ⑥ 대화내용 구성요소에서는 의례적 인사, 부르기, 화자 선택, 동반, 감탄 등, ⑦ 발전된 표현에서는 농담, 경고, 놀림 등의 기능이 포함된다(김영태, 2014).

이와 같이 대화의 기능뿐만 아니라 다양한 담화의 발달을 평가하기도 한다. 담화(discourse)를 이야기(story), 대화(conversation), 설명(explanation), 사건 기술하기(event description) 등으로 구분하기도 하고(Lund & Duchan, 1993), 사건 기술하기(event description), 내러티브(narrative), 설명(explanation) 등으로 나누기도 한다(Brewer, 1980).

그중 이야기는 특히 아동들의 담화능력을 평가하는 데 자주 사용된다. 그림의 내용, 자신의 경험, 책의 내용 등의 이야기를 얼마나 잘 이해하는지, 중요 요소들을 포함하여 얼마나 잘 표현하는지 등을 평가한다.

이야기 이해능력을 평가하는 질문들에는 이야기의 내용을 그대로 질문하는 사실정보에 관한 질문, 이야기에서 표면적으로 드러나지 않는 내용이지만 자신의 지식이나 경험 등을 통해 추론할 수 있는지를 묻는 빠진 정보 추론 질문, 텍스트 내 문장들을 연결하여 전체적인 내용을 이해하였는지를 묻는 텍스트 연결 추론 질문 등이 있다.

그리고 이야기 산출능력을 평가하는 것 중에 하나가 이야기의 구성요소(이야기 문법이라고도 함)로 배경, 계기사건, 내적 반응, 시도, 결과 등이 그것이다. 배경(setting)은 이야기의 등장인물이나 시공간적 상황 등을 설명하는 것이며, 계기사건(initiating event)은 중요한 일화가 시작되는 주인공의 행동, 물리적 환경의 변화로 인해 자연발생적으로 생긴 사건 등을 말한다. 내적 반응(internal response)은 등장인물의 감정, 생각 등의 심리 상태를 묘사하는 것이다. 시도(attempt)는 상황을 해결하거나 목표를 성취하기 위하여 등장인물의 행동을 묘사한 것이다. 결과(consequence)는 시도에 따른 결과로 목표를 달성했는지를 표현한 것이다. 이러한 요소 중 초기 아동들의 이야기에서 나오는 요소만 나오는지, 좀 더 발달된 요소까지 포함되는지 등을 평가하게 된다.

5) 상위언어

상위언어(metalinguistics) 능력은 언어를 사고의 대상으로 다룰 수 있으며, 언어의 구조적 속성이나 특성에 대해 고찰할 수 있는 능력이다. 상위언어적 인식은 아동의 언어가 숙달되고 난 다음에 나타난다. 아동이 모국어에 숙달되고 난 뒤 외국어를 습득하면서, 모국어 문장과의 어순 차이를 지각하였다면 이 아동은 상위언어 능력을 가진 것이다. 이러한 상위언어적 기술의 발달은 언어 사용, 인지발달, 읽기능력, 학업 성적, 지능, 환경적 자극, 놀이 등과 연관된다.

상위언어 능력에는 음운, 단어, 통사, 화용 인식 등이 있다. 음운인식은 단어를 음소로 분절하여 단어 내에서 음운의 위치를 인식하는 것이다. 단어인식은 문장을 단어들로 분절하는 능력, 그것이 지시하는 것과 단어를 분리하는 능력 등을 말한다. 통사인식은 문장이 문법적으로 수용되는 것인지 판단하고, 받아들일 수 없는 문장을 수정하는 것 등을 말한다. 화용인식은 자신의 의사가 이해될 수 있는지와 정확한지를 판단하고, 의사소통적 상호작용에 적합한지를 판단하는 것을 말한다.

6) 읽기 및 쓰기

읽기능력을 알기 위해서 공식적 및 비공식적인 방법을 이용하여 읽기 재인, 읽기 유창성, 읽기 이해력 등을 평가한다.

　　읽기 재인은 문자 해독을 통해 단어, 문장, 문단 등을 정확하게 읽을 수 있는 능력을 평가하는 것으로 학년별로 출현빈도가 높은 것, 교과서에 나오는 것, 표준화된 검사도구에 제시된 것 등을 이용하여 평가한다. 읽기 오류의 양뿐만 아니라 오류 형태도 분석한다. 단어 등을 생략, 삽입, 대치, 반전, 반복, 오발음, 주저함, 보조제공, 자기교정 등을 분석한다.

　　정확하게 읽을 수 있으면 점차 읽기 속도가 빨라지게 된다. 그래서 그다음 읽기발달 단계인 읽기 유창성을 평가하기도 한다. 읽기 유창성은 제한된 시간(예: 1분) 동안 정확히 읽은 음절 수를 구하는 것으로 학년별 읽기 유창성 기준과 비교할 수 있다(김동일, 2005).

　　읽기 이해력은 읽음과 동시에 지문의 내용까지 이해하는 수준의 아동들에게 실시하며, 질문하기, 빈칸 채우기, 내용 다시 말하기(retelling) 등의 활동을 통해 그 수준을 알아본다. 읽기 자료에 정확히 제시된 사실을 질문할 수도 있고, 명백하게 제시되지 않은 내용에 대하여 질문할 수 있고, 저자의 의견이 옳은지, 객관적인지, 편견을 가지고 쓴 글인지 등을 질문할 수도 있다. 빈칸 채우기는 주요 단어를 삭제한 후 단락의 맥락을 기초로 하여 해당 단어를 고르거나 쓰도록 하는 방법이다. 내용 다시 말하기는 자신이 읽은 단락의 내용을 이해한 대로 재구성하여 표현하도록 하는 방법이다. 각 검사에서의 성취 수준에 따라 독립 수준, 교수 수준, 좌절 수준 등으로 나누기도 한다.

　　그리고 아동이 쓴 글을 직접 평가할 때 정확성, 유창성, 문장의 질, 어문규정 등을 평가하여 알아본다. 쓰는 속도를 기준으로 쓰기 유창성을 평가하는데, 제한된 시간 내에 쓴 글의 총 단어 수, 정확한 단어 수, 정확한 음절 수, 정확한 철자 수, 순서에 맞는 단어 수 등을 분석한다(Gable & Hendrickson, 1990). 문장의 질은 보다 폭넓고 복잡한 문장을 사용하는지를 평가하는 것이고, 어문규정에는 문장부호, 맞춤법, 여백주기, 구두법, 글씨체(가독성) 등이 포함된다. 이 외에도 글의 창의성, 문체(style), 구성, 내용 등을 질적으로 평가할 수도 있다.

7) 언어 관련 영역

　　언어는 복잡한 것이므로, 철저하게 진단하기 위하여 언어와 관련된 측면들까지 폭넓게 살펴보아야 한다. 사회성 발달, 언어에 관련된 인지적 전제조건, 운동발달 등을 평가한다.

사회성이란 행동이 사회화되는 정도, 사회 참가의 정도, 인격의 특성을 의미한다. 언어는 사회적인 관계 속에서 발달한다. 출생 시부터 아동은 보호자와 상호작용을 하면서 시각적 · 청각적 · 촉각적 자극을 무수히 받는다. 그리고 보호자들이 언어 구조, 언어 사용법, 개념, 의사소통 상호작용 등 여러 시범을 보여 준다. 아동들은 자신의 사회환경에 매우 민감하여 언어가 다양한 사회적 목적으로 사용되는 하나의 도구라는 것을 배운다.

인지(cognition)란 앎의 행위나 과정으로 지각하기, 기억하기, 상상하기, 구상하기, 판단하기, 추론하기 등의 여러 가지 앎의 양상 모두를 포함하는 일반적인 개념이다(권도하, 2011). 이러한 인지능력 중 언어 및 의사소통 발달과 밀접한 인지능력을 평가한다. 감각운동기의 아동들에게 나타나는 인지적 기초능력에는 수단-목적, 인과성 개념, 사물 영속성, 도식화, 모방력, 상징 행동 등이 포함된다. 이러한 기초능력들은 언어체계 습득 및 언어 사용과 관련되기 때문에, 특히 전혀 말을 하지 못하는 아동의 경우는 반드시 검사하여야 한다. 단단어 및 다단어 문장을 구사하는 아동 또한 인지적 검사가 필요하다. 처음부터 복잡한 인지검사도구를 일상적으로 실시하는 것은 유익하지 못하다. 언어치료사가 언어에 대한 인지적 전제조건들을 평가할 때, 다른 전문가들이나 부모들이 아동의 지능을 검사하는 것으로 잘못 받아들이지 않도록 조심하여야 한다. 인지발달이 의심스럽다고 나타난다면, 지능과 학습 잠재력을 진단하기 위해 심리학자와 같은 다른 전문가과 협업할 수 있다.

3. 평가 절차

아동의 언어문제가 의심되어 의뢰된 경우, 먼저 인터뷰를 통하여 아동의 병력, 발달사, 언어문제가 나타나게 된 원인에 대한 정보를 얻고, 그 후에 선별검사, 공식적 및 비공식적 언어검사, 구강 안면 검사 등을 실시할 수 있다.

1) 초기 인터뷰

인터뷰는 정보 수집을 위해 가장 초기에 실시한다. 언어치료사는 아동의 언어발달, 신체발달, 가정에서의 언어 환경, 병력 등에 관하여 정보를 수집한다. 지적장애, 청각장애, 자폐범주성장애, 뇌손상, 비보호 및 학대, 운동발달, 지능 등 전반적으로 언어발달에 영향을 미치는 요인들을 검토한다. 이러한 특성을 알기 위하여 사례사 양식지를 준비하여 인터뷰 전에 보호자가 작성하도록 한다. 인터뷰를 하는 동안 추가적인 정보 수집을 위하여 질문을 할 수 있다. 다음은 초기 인터뷰 과정에서 수집하는 정보들이다.

- 어머니의 임신과 아동의 출산 및 신생아 시기의 발달사
- 가족사 및 가족 구성
- 아동의 병력
- 운동, 자기보호, 의사소통 능력을 포함하는 아동의 발달사
- 아동이 가정에서의 수용언어 및 표현언어 수준
- 가족이 아동의 언어를 발달시키기 위해 돕는 방법

인터뷰를 통해 정보를 수집할 때 치료사의 행동에 관한 몇 가지 유의점이 있는데 (Barrie-Blackley, Musselwhite, & Rogist, 1978; Miller, 1981), 그 내용은 다음과 같다.

- 동의를 얻은 후에 인터뷰를 녹음하고 그 내용을 기록한다.
- 부모에게 적합한 수준에서 질문하여야 한다.
- 질문할 때 많은 예를 제시하고, 예/아니요 대답을 유도하는 질문은 되도록 사용하지 않는다. 예를 들면, "자기가 가지고 싶은 것을 얻기 위해 어머니에게 어떻게 표현합니까?" "어떨 때 어머니와 의사소통하려고 노력합니까?" 등과 같이 질문하여야 한다.
- 부모들에게 치료사가 관심을 가지고 있는 행동과 언어 이해 및 표현의 예를 말해 달라고 요구한다.

2) 선별검사

선별검사(screening test)란 언어 영역에서 특정한 도움이 필요한 사람을 그렇지 않은 사람들과 구별하기 위한 검사이다. 즉, 좀 더 세부적인 검사가 필요한지 여부를 알기 위하여 실시하는 검사이다. 선별검사를 할 때 언어의 어떤 영역을 검사할지, 어느 수준에서 검사를 시작할지를 고려하여 검사도구를 선택한다. 영·유아 언어발달 검사 (김영태, 성태제, 이윤경, 2003)는 5~36개월 된 영·유아를 대상으로 행동을 관찰하면서

실시하는 언어발달 선별검사이다. 보호자가 영·유아의 언어 수준을 묻는 문항에 체크하도록 하여 수용언어 및 표현언어 점수를 산출한다. 그리고 한국노스웨스턴 구문선별검사(권도하, 이규식, 1985)는 3~6세 아동의 구문이해력과 표현력을 검사하기 위한 도구로 검사자가 말하는 문장을 듣고 해당하는 그림을 지적하거나 말하는 방식으로 평가한다. 읽기 및 쓰기 능력을 검사하는 선별검사도구로는 한국판 학습장애평가척도(신민섭, 조수철, 홍강의, 2007)가 있다. 이 검사는 초등학교 1~6학년을 대상으로 읽기, 쓰기, 수학, 듣기, 말하기, 사고 등의 능력을 평가하도록 고안된 선별검사도구이다. 치료사뿐만 아니라 교사나 부모 등이 간편하게 체크할 수 있도록 리스트 형식으로 되어있는 검사들도 있다. 각 검사들을 실시할 때 소요되는 시간과 그 검사도구가 평가하는 내용을 고려해야 한다.

3) 공식적인 검사

공식적인 검사는 아동의 점수를 또래 아동의 점수와 비교하여 아동의 수준을 알 수 있는 검사이다. 이 검사는 신뢰도와 타당도를 갖추고 표준화 과정을 거친 것이다. 이런 표준화된 검사는 대상아동의 언어능력을 또래 아동의 점수, 즉 규준(norm)과 비교하여 상대적인 위치를 알 수 있으므로 규준참조(norm-referenced) 검사라고도 한다. 이 검사는 언어치료가 필요한지를 결정할 때 용이한 검사이다(권도하, 1999).

검사도구들마다 평가하는 언어 영역이 다르다. 모든 언어 영역에서의 발달 수준을 전반적으로 검사하는 도구도 있고, 특정 언어 영역, 예를 들어 어휘력만 검사하는 도구도 있다. 그리고 수용언어 및 표현언어 능력을 모두 검사하는 도구도 있고, 수용언어 능력만 혹은 표현언어 능력만을 검사하는 도구도 있다. 수용능력을 평가할 때에는 그림 지적하기, 지시 수행하기 등의 활동을 하고, 표현능력을 평가할 때에는 명명하기(naming), 대화하기, 모방하기, 문장 완성하기, 이야기하기 등의 활동을 한다. 아동의 언어 특성에 따라 적합한 언어검사도구를 선택하여 실시하여야 한다. 그러므로 치료사들은 모든 검사도구의 검사대상, 실시방법 및 채점방법 등을 숙지하고 있어야 한다.

국내 표준화된 언어검사 중 수용·표현 어휘력검사(김영태, 홍경훈, 김경희, 장혜성, 이주연, 2009)는 2세 6개월 아동부터 16세 이상 성인까지의 수용어휘 및 표현어휘 능력을 측정하는 검사로 16세까지 규준을 제시하고 있다. 표현어휘 검사는 검사자가 제시하는 그림의 이름을 말하게 하고, 수용어휘 검사는 4개의 그림 중 검사자가 말하는 해당 그림을 지적하게 한다. 구문의미 이해력 검사(배소영, 임선숙, 이지희, 장혜성, 2004)는 4~9세 아동의 구문의미 이해력을 측정하는 검사도구로, 검사자가 말하는 문장을 듣고 해당 그림을 아동이 지적하도록 한다. 취학전 아동의 수용언어 및 표현언어 발달 척도(김영태 외, 2003)는 2~6세까지의 취학전 아동의 인지 · 의미론, 음운 · 구문론, 화용론 영역에서 수용언어 및 표현언어 능력을 검사한다. 이런 여러 검사 결과를 종합하여 아동의 언어능력을 평가한다.

4) 비공식적인 평가

비공식적인 평가는 언어장애 유무를 판단할 때는 부적절하지만 아동의 문제점을 집중적으로 분석하는 데는 유용하다. 이러한 평가방법에는 정확한 언어연령을 얻을 수 있는 규준참조 검사라기보다 연령별 발달 준거와 비교하는 준거참조(criterion-referenced) 검사, 관찰을 통하여 언어수행 정도를 자세하게 기술하는 기술적(descriptive) 평가 등이 있다.

비공식적 평가에는 그 외에도 가정, 학교 등의 실제 상황에서 수행 정도를 관찰하는 실제상황평가(authentic assessment), 초기 검사에서는 수행하지 못했지만 상호작용 상황에서 촉진자극을 주고 재평가 시 수행할 수 있는지를 보는 역동적 평가(dynamic assessment), 교과과정과 연계된 검사항목들로 직접 평가하는 교과과정중심평가(curriculum-based assessment), 아동이 여러 상황에서 성취한 견본들을 가지고 분석하는 포트폴리오 평가(portfolio assessment) 등이 있다.

관찰을 할 때에는 관찰내용 및 시설 등을 고려하여야 한다. 일방경(one-way mirror)을 통하여 다른 방에서 관찰할 수도 있고, 같은 방에서 아동과 떨어지거나 곁에 있으면서 관찰할 수도 있다. 관찰은 다음과 같은 유용한 점들이 있다(Bailey & Wolery, 1989).

- 검사하기 어려운 행동들을 평가할 수 있다.
- 다른 상황(예: 공식적인 검사)에서 얻어진 정보를 확인할 수 있다.
- 진단활동을 다른 장소, 환경, 과업으로 확장시킬 수 있다.
- 환경자극과 아동 행동 사이의 기능적인 관계를 밝혀 준다.
- 치료의 효과를 지속적으로 추적할 수 있다.

이러한 평가는 일반적인 언어능력뿐만 아니라 특정 언어능력이나 결함을 평가할 때도 사용된다. 다음은 아동의 언어능력을 비공식적으로 평가하는 데 사용될 수 있는 활동들이다(권도하 외, 1994).

- 블록 쌓기(운동능력이나 지시를 따르는 능력을 관찰하기 위하여)
- 구두 명령 수행하기. 예를 들어, 아동에게 창문을 가리키거나 크레파스를 잡도록 지시한다.
- 숫자 세기, 가나다 외우기 등의 일련의 과업 수행하기
- 주위에 있는 그림이나 물건 지적하기(수용어휘를 평가). 예를 들어, 3개의 길이가 다른 연필이 있을 때 제일 긴 연필을 지적하게 한다.
- 어떤 사람이 나를 도와줄 때 뭐라고 할지 말하기(화용기술을 관찰)
- 블록을 책상 위, 아래, 옆에 놓기(위치부사어 이해능력을 관찰)

아동의 언어 및 의사소통 특성들은 가정, 치료실, 학교 등의 다양한 의사소통 환경에서 부모, 치료사, 교사 등의 여러 사람이 관찰할 수 있다. 다음은 유의해서 관찰해야 할 언어 특성들이다(Owens, 1991).

- 아동이 주로 단단어, 구 혹은 문장을 사용하는가?
- 주어-목적어-서술어 형태의 문장이 대부분인가?
- 부정문, 의문문, 청유문 등의 문장들이 있는가?
- 아동이 접속문 혹은 내포문을 사용하는가?
- 단어를 말할 때 다른 범주의 단어들과 혼동하는가?
- 특정 단어를 말하기 전에 '응' '어' 등을 첨부하여 자주 말하는가?
- 의문사(누구, 무엇, 어디, 언제, 왜, 어떻게 등)가 포함된 질문에 적절하게 반응하는가?
- 대화에서 행동 또는 물건 요구하기, 대답하기, 정보 제공하기 등의 다양한 의사소통 기능이 나타나는가?
- 대화에서 차례를 잘 지키는가?
- 대화의 주제를 제시하거나 주제를 유지하는가?
- 말하는 속도가 지나치게 느리거나 빠른가?

- 아동은 긴 문장을 말할 때 문장 사이에 길게 쉬는가?
- 문장 및 문단의 적절한 위치에서 쉬는가?
- 아동이 사건이 일어난 순서에 근거하여 말할 수 있는가?
- 아동은 최근의 경험들을 순서대로 말할 수 있는가?

비공식적 평가방법의 하나인 언어표본 분석(language sample analysis)은 아동의 일상적인 발화를 수집하여 분석하는 것으로, 가장 대표적이고 자연스러운 언어표본을 수집하는 것이 중요하다. 어린 아동들의 경우는 구어나 소리내기를 유도하기 위해서 다양한 활동, 물건 또는 장난감을 사용한다. 예를 들어, 까꿍 혹은 곤지곤지 게임 또는 짝짓기 게임을 한다든지, 동물이나 아기 인형, 자동차 등의 장난감을 제시할 수도 있고, 인형을 이용해 일상 용품, 신체 부위 등을 명명하게 할 수도 있다. 말을 할 수 있는 아동을 대상으로 표본을 수집할 경우, 다음의 문장들을 필요에 따라 적절히 활용할 수 있다(Peterson & Marquardt, 1990).

- 좋아하는 영화(또는 텔레비전 프로그램)에 대해 이야기해 보세요.
- 좋아하는 비디오게임이 무엇입니까? 그 게임을 어떻게 하는지 말해 보세요.
- 좋아하는 책에 대해 이야기해 보세요.
- 친구와 주로 하는 놀이나 대화에 대하여 이야기해 보세요.
- 지난 주말(또는 오늘 아침, 어제, 어제 밤)에 무엇을 했는지 말해 보세요.
- 여기서 나가면 오늘 무엇을 할 것인지 이야기해 보세요.
- 즐거웠던 휴가에 대해 이야기해 보세요.
- 백만 원이 생긴다면 무엇을 할지 이야기해 보세요.
- 좋아하는 가족에 대해 이야기해 보세요. 왜 그 사람이 좋은지 말해 보세요.
- 내가 김밥을 전혀 먹어 보지 못했다고 가정하고, 내게 김밥에 대해서 설명해 보세요.
- 내가 전화를 전혀 써 보지 못했다고 가정하고, 내게 전화에 대해서 설명해 보세요.
- 내가 도서관에 한 번도 가 보지 못했다고 가정하고, 내게 도서관에 대해서 설명해 보세요.
- '세 살 버릇 여든까지 간다.'는 말의 뜻을 설명해 보세요.

- 쥐와 물고기의 차이를 설명해 보세요.
- 치과의사와 교사의 차이를 설명해 보세요.
- 밥(또는 김치, 국 등)을 어떻게 만드는지 설명해 보세요.
- 〈콩쥐 팥쥐〉(또는 다른 동화)에 대해 이야기해 보세요.
- '올림픽'에 대해 이야기해 보세요.
- 방을 어떻게 꾸몄는지 이야기해 보세요.
- 대통령이 된다면 무엇을 하겠습니까?
- 가장 최근에 화가 난 적이 언제입니까? 왜 화가 났습니까?
- _____학년(세)으로서 가장 좋은 일은 어떤 것입니까?
- _____학년(세)으로서 가장 나쁜 일은 어떤 것입니까?
- 세 가지 소원을 말해 보라면 무엇을 말하겠습니까? 왜 그렇습니까?
- 가족들을 위해서 저녁을 준비해야 한다면 마트에서 무엇을 사겠습니까?
- 팝콘(또는 김밥)을 어떻게 만드는지 말해 보세요.

언어표본을 수집할 때 보통 50~200문장을 수집하여 자발성을 잃은 부분은 삭제하고, 70~100개 정도 문장을 분석한다. 언어표집 과정에서 주의해야 하는 사항들이 있다. 표본을 항상 녹음 혹은 녹화한다. 예/아니요 질문이나 단답형 질문을 하면 아동이 간단한 단어로 말하게 되므로 "~에 대해 이야기해 주겠니?" "왜 ~했니?"와 같이 긴 반응을 유도할 수 있는 질문을 한다. 그리고 아동의 인지 수준에 적합한 질문을 하고 충분히 대화할 수 있도록 시간을 준다. 언어표본은 즉석에서 받아쓰거나 녹음 혹은 녹화 후 받아쓴다. 이렇게 정리된 문장을 언어 영역별로 분석하여 아동의 표현언어 능력을 평가한다.

3 언어발달장애 치료

언어장애 아동의 치료는 아동의 언어 수준에 맞추어 지도하며 다른 사람과 원활하게 의사소통을 하고 말뿐만 아니라 더 나아가 글을 읽고 이해하며 쓸 수 있도록 하는 데 그 목적이 있다. 치료할 때는 가장 먼저 치료목표를 설정하고, 목표 달성을 위한 접근법을 결정하고, 구체적인 활동들을 계획한다.

언어발달장애의 원인이 다양하고, 아동의 언어 수준 또한 상이하기 때문에 효율적인 한 가지 치료방법을 제시하는 것은 불가능하다. 행동주의 이론에 따르는 경우는 아동이 언어를 산출하도록 자료를 제시하고 언어 모델을 제공하고 질문을 하며 반복을 요구하고 피드백을 제공할 것이다. 상호작용주의 이론에 근거한다면 효과적인 의사소통을 강조하며 의사소통 상황에서의 자발적인 대화에 치료의 중점을 둘 것이다. 다양한 이론적 배경에 근거하여 여러 가지 언어치료 접근법들이 연구되었다.

여기에서는 언어장애 아동을 위한 치료의 기본 원리, 목표 설정 방법 및 언어치료 접근법들을 개괄적으로 살펴본다.

1. 치료의 기본 원리

언어치료의 기본 원리는 첫째, 간단한 것에서 복잡한 단계로 나아간다. 예를 들어, 단단어를 먼저 지도하고 구, 절, 문장 수준으로 나아간다. 둘째, 아는 것에서 모르는 것으로 나아간다. 아동의 현재 수준을 파악하여 아동이 알고 있는 것부터 시작한다. 셋째, 구체적인 것에서 추상적인 것들로 나아간다. 예를 들어, 사자, 호랑이, 기린 등과 같이 구체적인 것에서부터 동물이라는 범주를 지도한다. 넷째, 전체적인 것에서 세밀한 것으로 나아간다. 예를 들어, 자동차를 지도한 후 자동차 문, 자동차 바퀴 등으로 세분화하여 지도한다. 다섯째, 연속적인 행위로서 학습한다. 아동의 읽기지도에서 전체 단어 읽기를 시작하여 단어의 언어학적 요소인 음소로 세분하여 읽기를 지도한다. 여섯째, 아동에 대한 전인(whole person) 지도를 한다. 일곱째, 강화를 균형 있게 제시한다. 여덟째, 아동의 현재 수준에 맞추어 도전하는 범위를 결정한다. 아홉째, 현실성의 원리를 감안하여 실생활에서 적용 가능하도록 지도 방법을 구상한다(최성규, 2001).

2. 치료목표 설정

아동이 학습하여야 하는 구체적인 행동이 목표가 된다. 아동이 그 행동을 할 수 있는 수행기준에 대하여 객관적으로 기술하여야 한다. 그리고 그러한 구체적인 목표에 도달하기 위한 하위 목표를 설정할 때, 자극의 종류를 선택하고 구체적 수행기준 등을 계획하게 된다.

목표를 설정할 때 아동의 특성 또한 고려하여야 한다. 적극적으로 대화에 참여하는 아동은 대부분 표현언어 기술에서 모방의 비율이 높고 비교적 효율적인 의사소통자이므로 새로운 내용과 형식에 대하여 상호작용 훈련을 하는 데 초점을 둘 수 있다. 반면, 수동적으로 대화에 참여하는 아동은 상대방이 대화를 개시해야 반응하는 경우가 많으므로, 아동이 다양한 상황에서 시도하기를 자주 하도록 하거나, 아동이 이미 할 수 있는 주장 행위에 유용한 새 언어 형식을 추가하여 훈련하는 것이 좋다. 매우 소극적으로 의사소통에 참여하는 아동은 또래와 비교하여 발화 수가 현저하게 적고 대화 개시 빈도가 매우 낮으므로, 다양한 상황에서 구어적 · 비구어적으로 긍정적인 사회적 상호작용을 하도록 치료목표를 정한다. 그리고 습득된 언어의 형식과 내용을 상호작용하는 데 사용하도록 동기를 부여하는 데 초점을 맞추는 것이 바람직하다. 대화의 시작이나 대화 주제의 개시는 할 수는 있지만 구어로 효율적인 의사소통을 할 수 없는 아동은 상대방의 요구하기, 주장하기 등에 더 많이 반응하도록 하고, 주제에 관련되고 말하기 순서에 맞는 발화를 산출하도록 촉진하는 데 목표를 둘 수 있다. 의사소통이 전혀 되지 않는 아동의 경우는 일반적인 의사소통 규칙의 인식과 의사소통 기능의 향상 등에 치료의 초점을 두어야 한다.

이러한 목표를 달성하기 위한 접근법에는 수직적 목표달성 전략, 수평적 목표달성 전략 및 주기적 목표달성 전략이 있다. 수직적 목표달성 전략은 발달단계에 따라 한 목표가 성취되면 다음 목표 언어를 훈련해 나가는 방식이다. 수평적 목표달성 전략은 두 가지 이상의 목표를 한 회기 내에 계획하여 훈련하는 것이며, 주기적 목표달성 전략은 여러 가지 목표 행동을 짧은 회기 동안 몇 번씩 반복하는 것으로 목표를 바꾸는 기준을 성취 정도에 두지 않고 훈련 기간에 둔다(김영태, 2014). 목표 달성을 위한 접근방법은 아동의 수준과 특성을 고려하여 선택하여야 한다.

3. 언어치료 접근법

다양한 언어장애 아동을 치료하기 위하여 여러 이론에 기초하여 치료방법들이 연구되었다. 여기에서는 언어적 모델을 제시하여 아동이 언어의 규칙을 발견하고 언어 구사력을 신장시킬 수 있도록 하는 간접적인 방법과 치료사가 환경을 철저히 조작하고 주도하여 자극, 반응, 강화를 통해 언어를 습득하도록 하는 직접적인 치료방법 등을 살펴본다(Paul, 2007; Van Riper & Erickson, 1995). 어떠한 치료 접근법이 가장 좋은지에 대해서는 말하기 어렵다. 아동의 언어 특성과 환경적 특성에 따라 특정 접근법을 치료에 적용할 수도 있고 다양한 접근법을 절충하여 사용할 수도 있기 때문이다.

1) 언어학적 접근법

언어학적 접근법에서 치료사는 언어장애 아동들이 기본적인 패턴과 규칙들을 발견하도록 간단한 언어 모델을 제공하는 사람이다. 치료목표는 치료사의 언어를 아동이 단순히 반복하는 것이 아니라 단어와 구 등이 연결되는 방법들을 발견하도록 하는 것으로 간접적 접근방법이다. 치료사는 아동이 주의 집중한 상황에서 언어를 들려주고 아동이 자발적으로 반응하도록 한다. 아동의 언어 수준과 특성에 따라 언어규칙을 빠른 기간 내에 이해할 수도 있고 그렇지 않을 수도 있다.

(1) 모델과 모방

언어장애 아동이 놀이를 하고 있을 때 주로 아동이 단단어나 간단한 구를 사용한다. "빵빵." "아빠." "아빠 차."를 발화하는 시기에 수 주일 동안 "빵빵 비켜." "빵빵 가." 등과 같은 '행위자-행위'의 의미관계 모델과 "빵빵 없다." 혹은 "빵빵 어디 있지?" 등과 같은 부정문, 의문문, "아빠 차 어디 있어?"와 같은 소유격을 포함한 문장을 모델로 제시할 수 있다. 아동이 이러한 모델에 충분히 노출되면 아동에게 그 모델을 모방하라고 말하지 않아도 자발적으로 사용하기 시작하고, 직접 가르치지 않은 구나 문장을 생성한다.

아동이 성인의 말을 모방하는 것이 아니라, 반대로 성인이 아동의 말을 모방할 수도 있다. 부모가 아동의 말을 모방할 때 아동은 말에 자신감을 가지게 되고 말을 더 많이 하게 된다. 이렇게 아동의 말을 모방하는 방법은 비구두 아동에게 모방 발성을 유도할 때 적용될 뿐만 아니라 단어, 구, 문장 수준의 아동에게도 언어발달을 촉진시키는 데 효과적일 수 있다(김영태, 2014; Gallagher, 1993). 또 이러한 방법은 대화에서 주고받기(turn-taking) 구조를 이해하도록 하는 데도 도움이 된다.

(2) 구문 확장과 어휘 확대

구문 확장(expansion)은 아동이 새로운 구나 문장을 표현할 때 보다 복잡한 구조, 대게 아동의 발화보다 더 발달된 언어형식의 모델을 제공한다. 예를 들어, 아동이 "민수 차 타."라고 말하면 치료사는 "민수가 차 타요."라고 말하는 것이다. 이처럼 치료사는 아동이 말한 것을 반복한다. 그러나 아동의 말을 변형하여 보다 진보된 구조로 반복하는 것이다.

어휘 확대(extensions)는 아동이 빠뜨렸거나 간단하게 사용한 말에 보다 분명하게 해 주는 구나 문장을 덧붙여서 발화의 의미를 더 분명하게 해 주는 것이다. 아동의 발화 주제는 유지하면서 정보를 더 첨가하여 아동이 의미하는 것을 보다 좋은 방법으로 표현하는 모델을 제공하는 것이다.

(3) 교정과 자기교정 모델링

아동이 언어규칙을 배우도록 돕기 위해서 가장 자주 이용하는 기술이 아마 교정일 것이다. 모든 부모가 지나칠 정도로 아동의 말을 교정하면, 특히 부모들이 화를 내면서 교정 모델을 제시하면 아동이 말을 하지 않는 경우도 있다. 그리고 교정한 내용이 언어를 학습하려고 노력하는 아동에게 어려운 것일 수도 있다.

교정보다 더 좋은 방법은 치료사나 부모가 자기교정하는 것을 보여 주는 것이다. 어른들도 틀린 것을 교정할 수 있다는 것과 표현할 때 바른 방법과 틀린 방법이 있다는 것을 아동에게 보여 주는 것이다. 예를 들어, 치료사가 "어디가 있어?"라고 말한 뒤에 "아니야, 틀렸다. 어디에 있어?"라고 고쳐서 말하는 것이다.

(4) 혼자 말과 병행 말

혼자 말(self-talk)은 치료사나 부모가 보고 듣고 생각하고 있는 것을 아동이 들을 수 있는 상황에서 소리 내어 말하는 것이다. 이때 어머니의 말은 아동의 언어 수준이어야 하고, 아동에게 모방하라고 요구하지 않아야 한다. 단지 생각을 말로 나타내기 위하여 혼잣말을 하여야 한다. 점차 언어 수준을 높여 단단어 발화에서 짧은 구, 완전한 문장으로 나아간다.

병행 말(parallel-talk)은 어머니나 치료사가 자신의 생각이 아니라 아동이 행동하고 있는 것이나 생각하는 것을 아동의 입장에서 아동이 말할 만한 문장으로 말하는 것이다. 아동에게 모방하도록 요구하지 않아야 하며, 아동에 관한 세심한 연구, 추리, 상상을 할 수 있어야 한다. 아동이 필요로 하는 바로 그때 필요한 단어나 구나 문장을 말하는 것이 이상적이지만, 실제로 그렇게 시간을 정확하게 맞추기는 어렵다.

2) 행동주의적 접근법

치료사가 아동이 필요한 간단한 언어를 모델로 제시하면서 자극을 주고, 아동이 치료사의 발화를 모방하도록 고의적으로 훈련시키는 치료사 중심의 직접적인 치료방법이다. 집중적인 자극에 의한 반응이나 비자발적 모방반응에 일차적 강화물을 사용하여 강화할 수 있다. 예를 들어, 우유가 담긴 컵이나 그림을 제시하고 '우유'라는 언어자극을 주면서 모방하라고 지시한다. 아동이 "우유."라고 모방하면 사탕이나 스티커를 준다. 그리고 바람직한 목표 언어를 유도하기 위하여 자극을 체계적으로 조작한다. 치료프로그램을 체계적으로 구조화하여 행동을 수정하는 방법이 지적장애, 자폐범주성장애 아동들의 언어습득에 효과적이다.

이러한 방법으로 습득된 말은 실생활에 일반화가 잘 되지 않는다는 단점이 있다. 따라서 놀이 상황 등에서 목표 언어를 발화하도록 유도하는 일반화 훈련이 필요하다. 실제 의사소통 상황에 접근하기 위하여 그 아동과 많이 접촉하는 가족들의 도움을 받을 수 있다. 치료실에서 배운 새로운 언어를 집, 학교 등의 상황에서 사용하도록 하기 위해서 부모가 치료실에서의 치료과정을 관찰하도록 권장한다. 그리고 치료과정 중에 부모가 자극을 제시하고 적절하게 강화하도록 지도하기도 한다. 부모뿐만 아니라 형제자매, 친구, 교사 등이 유사한 훈련을 받을 수 있다. 그리고 일반화를 위하여 치료실 환경을 체계적으로 변화시켜 치료실이 아닌 식당, 가게 등의 실제 상황에서 아동에게 언어를 지도할 수 있다. 또한 아동의 집을 방문하여 가족과의 대화에 참여할 수도 있다.

3) 인지적 접근법

언어는 일반적인 지적 발달에서 나온다고 보는 관점에서 제시된 방법이다. 언어능력은 인지적 성숙의 결과로 나타나는 것으로 본다. 인지발달에 초점을 두므로 치료사는 아동의 인지능력을 평가하고 치료하는 동안 인지발달 단계를 고려하여 치료목표를 세우게 된다. 소유, 위치, 회상, 부정, 보존개념, 상징놀이, 수단·방법 등의 여러 가지 내용을 지도한다. 또 다른 예로 학령전기 아동들에게 추상적인 사고 훈련을 위하여 선택적 주의집중, 범주화, 미래 사건에 대한 상상, 내적 발화, 인과관계, 기타 여러 가지 과정을 훈련하기도 한다.

4) 화용적 접근법

치료의 초점을 의사소통에 두는 방법이다. 단순히 언어를 발화할 수 있더라도 실제 상황에서 목적에 맞게 기능적으로 사용할 수 있도록 지도하는 데 초점을 둔다. 언어 및 의사소통의 목표가 최대한 고무되도록 치료사는 환경을 미리 조작하고, 실제 언어를 사용해야 하는 활동을 고안한다. 치료 세션은 자연스러운 것이어야 하고 실생활의 의사소통 상황에 대한 모델이 되어야 한다. 무발화 아동의 경우는 비언어 혹은 준언어적 방법으로 의사소통할 수 있는지 확인하고 지도한다. 발화하는 아동의 경우는 치료 목표로 의도를 이해 혹은 표현하는 것, 대화를 시작하고 유지하는 것, 청자의 견해를 깨닫는 것, 상황의 전후 관계를 맞추는 것 등을 선택한다.

요/약

이 장에서는 언어발달장애의 정의, 특성, 관련 요인, 진단 및 평가 방법, 언어치료 접근법을 간단하게 기술하였다.

1. 언어발달장애란 언어의 내용, 형식, 사용 및 이들의 조합을 이해하고 표현하는 데 결함이 있거나 미성숙한 것을 말한다.
2. 언어결함은 의미, 형태 및 통사, 화용 및 담화 등의 언어 영역별로 유목화할 수 있고, 말하기, 듣기의 문제뿐만 아니라 읽기, 쓰기의 문제로 드러날 수 있다.
3. 언어발달장애는 지적장애, 자폐범주성장애, 뇌손상, 청각장애, 학습장애 등으로 인해 야기될 수 있다.
4. 인터뷰, 선별검사, 공식적 및 비공식적 검사 등을 통해 언어 영역별 수준을 진단·평가할 수 있다.
5. 언어치료 접근법에는 언어학적 접근법, 행동주의적 접근법, 인지적 접근법, 화용적 접근법 등이 있다.

연/습/문/제

1. 언어의 내용적 측면(의미론)에서 언어발달장애 아동의 언어결함 특성은 무엇인가?
2. 언어의 형식적 측면(음운론, 형태론, 통사론)에서 언어발달장애 아동의 언어결함 특성은 무엇인가?
3. 언어의 사용적 측면(화용론)에서 언어발달장애 아동의 언어결함 특성은 무엇인가?
4. 언어발달장애를 야기하는 장애유형은 무엇인가?
5. 언어평가 내용을 언어 영역별로 나누어 설명하시오.
6. 언어평가 절차를 설명하시오.
7. 언어발달장애 치료의 기본 원리를 쓰시오.
8. 수직적·수평적·주기적 치료목표 달성 전략의 차이점은 무엇인가?
9. 구문 확장과 어휘 확대의 각 예를 드시오.
10. 혼자 말과 병행 말의 차이점은 무엇인가?
11. 언어학적 접근법과 행동주의적 접근법을 비교하여 설명하시오.

참고문헌

강수균, 권도하, 김동연, 김종현, 박래준, 석동일, 오세철, 전헌선, 정옥란, 정재권, 정인수 (1996). 뇌성마비 언어치료. 대구: 한국언어치료학회.
권도하(1999). 유타언어발달검사. 대구: 한국언어치료학회.
권도하(2011). 언어치료학사전. 대구: 한국언어치료학회.
권도하, 석동일, 김영태, 정옥란, 강수균(1994). 언어진단. 대구: 한국언어치료학회.
권도하, 신명선, 김시영, 전희숙, 유재연, 안종복(2005). 언어진단법. 대구: 한국언어치료학회.
권도하, 이규식(1985). 한국 노스웨스턴 구문선별검사. 대구: 대구대학교출판부.
김동일(2005). 기초학습기능수행평가. 서울: 학지사.
김영태(1994). 구어-언어 진단 검사. 대구: 한국언어치료학회.
김영태(2014). 아동언어장애 진단 및 치료(2판). 서울: 학지사.
김영태, 성태제, 이윤경(2003). 취학전 아동의 수용언어 및 표현언어 발달 척도. 서울: 서울장애인

종합복지관.

김영태, 홍경훈, 김경희, 장혜성, 이주연(2009). 수용·표현 어휘력 검사. 서울: 서울장애인종합복지관.

배소영, 임선숙, 이지희, 장혜성(2004). 구문의미이해력검사. 서울: 서울장애인종합복지관.

신민섭, 조수철, 홍강의(2007). 한국판 학습장애평가척도. 서울: 학지사.

이호영(1996). 국어 음성학. 서울: 태학사.

최성규(2001). 장애아동 언어지도. 대구: 한국언어치료학회.

한국특수교육학회(2008). 특수교육대상자 개념 및 선별기준. 서울: 한국특수교육학회.

American Psychiatric Association. (2013). *Diagnostic and statistical manual of mental disorders* (5th ed.). Arlington, VA: American Psychiatric Publishing.

Aram, D., & Nation, J. (1980). Preschool language disorders and subsequent language and academic difficulties. *Journal of Communication Disorders, 13*(2), 159-170.

Bailey Jr, D. B., & Wolery, M. (1989). *Assessing infants and preschoolers with handicaps.* New York: Merrill Publishing Co.

Barrie-Balckley, S., Musselwhite, C., & Rogister, S., (1978). *Clinical oral language sampling: A handbook for students and clinicians.* Danville, IL: Interstate Printers and Publishers.

Bernstein, D. K., & Tiegerman-Farber, E. (2002). *Language and communication disorders in children.* Boston, MA: Allyn and Bacon.

Brewer, W. F. (1980). Literary theory, rhetoric, and stylistics: Implications for psychology. In R. T. Spiroi, B. C. Bruce., & W. F. Brewer (Eds.), Theoretical issues in typically-developing infant and children with autism. *Infancy, 8,* 253-278.

Erickson, M. (2001). Narratives validate communicative development inventories. *Applied Psycholinguistics, 22*(1), 45-60.

Gable, R., & Handrickson, J. (1990). *Assessing studenteds with special needs.* New York: Longman.

Gallagher, T. M. (1993). Language skill and the development of social competence in school-age children. *Language, Speech, and Hearing Services in Schools, 24,* 199-205.

Geralis, E. (2005). 뇌성마비 아동의 이해(*Children with cerebral palsy: A parents' guide,* 2nd ed.). 김세주, 성인영, 박승희, 정한영 공역. 서울: 시그마프레스. (원저는 1998년에 출판)

Haynes, W. O., & Pindzola, R. H. (2007). *Diagnosis and evaluation in speech pathology.* Boston, MA: Allyn and Bacon.

Hunt, K. W. (1965). *Grammatical structures written at three grade levels.* Urbana, IL:

National Council of Teaches of English.

Leonard, L. B. (1998). *Children with specific language impairment*. Cambridge, MA: The MIT Press.

Lund, N., & Duchan, J. (1988). *Assessing children's language in naturalistic contexts*. Englewood Cliffs, NJ: Prentice-Hall.

Lund, N., & Duchan, J. (1993). *Assessing children's language in naturalistic contexts* (3rd ed.). Englewood Cliffs, NJ: Prentice Hall.

Marily, A. N., Linda, J. H., Jill, K. D., & Tracy, C. M. (2005). Conversational versus expository discourse: A study of syntactic development in children, adolescents, and adults. *Journal of Speech, Language, and Hearing Research, 48*(5), 1048-1064.

Miller, J. (1981). *Assessing language production in children experimental procedures*. Baltimore, MD: University Park Press.

Norbury, C. (2014). Practitioner Review: Social(pragmatic) communication disorder conceptualization, evidence and clinical implications. *The Journal of Child Psychology and Psychiatry, 55*(3), 204-216.

Norbury, C. F., & Paul, R. (2013). Speech, language, and social communication disorders. In A. Thapar, D. S. Pine, J. F. Leckman, S. Scott, M. J. Snowling, & E. A. Taylor (Eds.), *Rutter's Child and Adolescent Psychiatry* (6th ed.). Hoboken, NJ: Blackwells.

Owens, R. E. (1991). *Language disorders: A functional approach to assessment and intervention*. New York: Merrill Publishing Co.

Owens, R. E., Metz, D. E., & Haas, A. (2007). *Introduction to communication disorders: A life span perspective* (3rd ed.). Boston, MA: Allyn and Bacon.

Paul, R. (1993). Narrative skills in 4-years-old with normal, impaired, and late developing language. *Journal of Speech, Language, and Hearing Research, 36*(3), 592-598.

Paul, R. (2007). *Language disorders from infancy through adolescence: Assessment and intervention* (3nd ed.). Maryland Heights, MO: Mosby.

Paul, R., & Norbury, C. (2013). *Language disorders from infancy through adolescence: Listening, speaking, reading, writing, and communicating* (4th ed.). New York: Elsevier.

Peterson, H. A., & Marquardt, T. P. (1990). *Appraisal and diagnosis of speech and language disorders* (2nd ed.). Englewood Cliffs, NJ: Printice-Hall.

United States Office of Education. (1977). Definition and criteria for defining students as learning disabilities. *Research & Practice, 18*(3), 137-146.

Van Riper, C., & Erickson, R. L. (1995). *Speech correction: An introduction to speech pathology and auditory* (9th ed.). Boston, MA: Allyn and Bacon.

제5장

조음 · 음운 장애

| 신혜정 |

이 장의 목표

- 조음 · 음운 장애의 원인을 기술할 수 있다.
- 기능적인 조음 · 음운 장애와 기질적인 조음 · 음운 장애의 차이를 구분할 수 있다.
- 조음 · 음운 장애의 진단 목적과 방법을 설명할 수 있다.
- 조음 · 음운 장애의 치료접근법을 설명할 수 있다.

핵심 용어

- **조음장애**(articulation disorder): 음성학적 문제로 인한 발음장애이다.
- **음운장애**(phonological disorder): 언어학적인 문제로 인한 발음장애이다.
- **음성전사**(phonetic transcription): 산출된 말소리를 문자로 바꾸는 것이다.
- **동시조음**(coarticulation): 말소리가 선행하는 음소나 후행하는 음소에 따라 서로 영향을 주고받는 것이다.
- **구어명료도**(intelligibility): 화자가 말한 것을 청자가 이해한 정도를 의미한다.
- **자극반응도**(stimulability): 오조음한 음소를 모방하는 능력을 의미한다.
- **음성학적 치료접근법**: 개별 오류음소를 정확하게 산출시키기 위해 조음자를 조정하여 한 음소씩 조음을 치료하는 방법이다.
- **언어학적 치료접근법**: 여러 음운 오류에 공통적으로 나타나는 음운 패턴을 치료하는 방법이다.

'언어치료'라고 하면 '발음문제'를 가장 먼저 떠올리게 되는 것처럼 발음장애는 출현율이 높은 장애 중 하나이다. 이러한 발음장애에 대해 언어치료학에서는 조음·음운장애라는 용어를 사용하고 있다.

보건복지부의 장애인실태조사에서 말은 하지만 발음이 이상하여 알아듣기 어려운 조음장애가 언어장애 중에서 가장 높은 비율인 33.8%를 나타내었다고 하였다(김성희 외, 2014). 이는 임상현장에서 언어치료사가 담당하는 직무 중 발음장애가 차지하는 비율이 가장 높다는 것을 의미한다.

역사적으로 살펴보면 1990년대 초반까지는 조음장애란 용어를 주로 사용하였으며, 1990년대 후반에는 음운장애라는 용어가 함께 사용되기 시작하였다. 그 후 조음장애와 음운장애를 구별 짓기 위한 많은 기준이 소개되고 있다. 하지만 조음장애와 음운장애는 단독이 아니라 주로 혼용되어 나타나기 때문에 언어치료사가 임상현장에서 이 두 장애를 엄격하게 분류·진단하는 데 어려움이 있다. 최근 미국정신의학회의 정신 관련 장애나 질병에 대한 진단 매뉴얼에서는 의사소통장애(communication disorder)를 언어장애(language disorder)와 말소리장애(speech sound disorder)로 분류하고 있다. 이에 따라 조음·음운 장애를 말소리장애라는 용어로 변경하였다. 하지만 한국보건의료인국가시험원의 시험과목 및 언어재활 관련 교과목은 말소리장애라는 용어 대신 조음·음운 장애로 명시되어 있다. 이에 이 장에서는 언어치료에 입문하는 이들의 혼란을 피하고자 조음·음운 장애를 그대로 사용하고자 한다.

1 조음·음운 장애 개관

조음은 혀, 입술, 연구개 등과 같은 조음자의 정확한 위치, 압력, 속도, 타이밍, 계열성, 방향의 산출물로 나타나는 복잡한 협응능력의 결과이다. 이러한 협응의 문제는 조음·음운 장애로 나타나게 된다. 조음장애는 해부학적·생리학적·신경학적 손상으로 나타나는 기질적 장애 용어로 사용되기도 한다. 음운장애는 음운체계의 규칙들을 제대로 습득하지 못하였을 때 나타나며, 기능적 장애라는 용어로도 사용된다.

조음장애는 음성학을, 음운장애는 음운론을 배경으로 하게 된다. 음성학과 음운론이라는 학문적 차이에서 알 수 있는 것처럼 조음장애에서는 산출된 음이 표준 음소와 어떻게, 무엇이 다른지를 객관적이고 물리적인 형태로 규명하고자 한다. 이에 반해 음운장애에서는 장애가 되고 있는 음들이 어떤 패턴을 가지는지 음운 규칙에서의 편차 및 지체를 찾고자 노력한다. 이처럼 조음장애와 음운장애는 발생 및 원인에 따라서도 구별될 수 있다. 하지만 실재 임상현장에서 조음장애와 음운장애를 구분하여 진단하거나 치료하는 것은 불필요한 노력을 요구하거나 어려운 일이다. 이에 이 장에서는 조음장애와 음운장애를 구분하여 사용하지 않고 조음·음운 장애로 사용하고자 한다.

1. 원인

조음·음운 장애가 나타날 수 있는 원인은 청각장애, 조음기관의 이상, 신경근육 운동의 이상, 언어발달 지체, 지적장애, 적절한 발음 습관을 배울 수 있는 모델이 없는 경우 등 매우 다양하다. 또한 발동과정, 발성과정, 조음과정에서 조음위치의 잘못된 방법에 따라서도 구어 산출에 장애를 일으킬 수 있다. 이 장에서는 해부학적 요인, 운동 및 감각적 요인, 신경학적 요인, 인지-언어적 요인, 심리·사회적 요인 등으로 원인을 나누어 살펴보고자 한다(석동일, 2004; 김영태, 심현섭, 김수진, 2012).

1) 해부학적 요인

조음에 영향을 주는 구조에는 입술, 치아 및 교합 상태, 혀, 경구개, 연구개, 비인강 등이 있다. 이들 구조 및 기능에 이상이 있으면 말소리 산출에 영향을 준다.

입술은 양순음(/ㅂ, ㅃ, ㅍ, ㅁ/)과 원순 반모음(/w/), 원순모음(/오, 우/)을 산출하는 데 필수적인 조음위치이자 조음자이다. 그러므로 입술의 접촉이나 둥글게 오므림이 불가능한 경우에는 오조음을 산출하게 된다. 치아의 부재는 마찰음의 산출에 영향을 줄 수 있다. 또한 부정교합은 공명강의 변화를 나타내므로 구어명료도에 영향을 줄 수 있다. 혀는 가장 움직임이 활발하고 능동적인 조음자이다. 구개의 구조적 및 기능적 결함은 과다비성을 산출하게 할 수 있다. 혀는 구강 내에서 다양한 모습과 위치를 형성할 수 있으며 자음과 모음을 산출하는 데 매우 중요하다. 또한 설소대가 너무 앞쪽까지 붙어 있는 설소대단축증은 혀의 움직임에 영향을 주어 조음에 영향을 미칠 수도 있으나 설소대단축증으로 인한 설소대 절제술에 관한 언어치료 및 의료계의 논란은 여전히 남아 있다.

2) 운동 및 감각적 요인

석동일(2004)은 운동 및 감각적 요인을 조음능력과 운동 협응력 사이의 관련성이나 입과 안면근육 운동 등에 관련된 요인으로 설명한다.

① 일반적인 대근육 및 소근육의 운동발달이 느린 아동의 경우, 조음기관의 운동능력에 문제를 유발할 수 있다.
② 구강조음기관의 운동능력은 교호(길항)운동(diadochokinesis) 능력으로 평가할 수 있으며, 교호운동의 결함은 조음능력에 영향을 줄 수 있다.
③ 혀 내밀기는 구어의 결함과 무관하게 일부의 화자에게 나타나기도 한다. 그러나 마찰음의 왜곡과 관련이 있다고 보는 연구도 있다(김영태 외, 2012). 정상적인 삼키기 유형을 가지는 대상들은 마찰음의 왜곡이 있는 경우라도 나이가 많아질수록 마찰음 왜곡이 감소하게 된다. 이처럼 혀 내밀기와 조음의 관계에 대한 문제는 논쟁의 여지가 있다.
④ 감각·지각적인 요인에는 청력손실과 어음식별력 등이 있다. 청력손실은 조음에 영향을 미치는 가장 중요한 변인 중의 하나이다. 청력에 이상이 생긴다면 말소리를 지각할 수 없게 되거나 왜곡된 형태로 지각하게 되어 청각민감도, 어음식별력, 청력손실의 양상 등에 영향을 주게 된다. 어음식별력은 청자가 화자의 어음을 구별하는 청지각의 한 형태이다. 어음식별력과 조음능력 결과 사이에 긍정적인 상관이 있음을 보고한 연구들이 있으며, 실제로 기능적인 관련성이 존재하는지에 대한 해답을 얻으려는 시도로 '청능훈련'이 어음식별력 훈련의 준비단계로 실시되기도 한다(석동일, 2004). 구두 촉지각의 문제도 요인이 될 수 있는데, 구강 내에 놓인 형태를 인지하는 능력으로 이 능력의 결손은 조음행동 조정의 역할에 관여하게 된다.

3) 신경학적 요인

조음은 조음기관 근육의 힘이나 움직임의 속도, 정확성, 지속성, 협응성 등을 요구하는 것이므로 신경학적인 기능 이상은 조음에 영향을 미치게 된다. 신경학적 요인으로 인한 조음 · 음운 장애는 마비성구어장애(dysarthria), 구어실행증(apraxia), 아동기 구어실행증(childhood apraxia of speech: CAS)으로 나눈다.

마비성구어장애(dysarthria)는 신경병리로 인한 근육의 마비, 약화 또는 불협응 등이 운동통제 중추신경계를 방해하여 말소리 메커니즘인 호흡, 발성, 조음, 공명기관의 움직임에 손상을 일으키는 장애이다. 구어실행증(apraxia)은 근육의 마비나 약화 현상 없이 일련의 조음을 산출할 때 조음을 계획하거나 프로그래밍하는 데 어려움을 나타내는 장애이다(Darley, Aronson, & Brown, 1975). 또한 구어 산출에 관련된 장애로 발화를 할 때 입술을 계속 움직이면서 정확한 위치를 찾는 듯한 모색행동(groping)을 나타낸다. 구어실행증의 출현 시기가 아동기인 경우에는 아동기 구어실행증이라고 한다(석동일, 2004; 김영태 외, 2012). 마비성구어장애, 구어실행증 등은 신경학적 손상 및 조음 문제를 동반하는 증상으로 원인이 명백한 기질적 조음 · 음운 장애이다. 이에 대한 자세한 내용은 제12장에서 다룰 것이다.

4) 인지-언어적 요인(발달기적 요인)

(1) 지능

지능과 구어발달은 일반 아동의 경우 관련성이 크지 않다는 것이 일반적이다. 하지만 지적장애 집단 내에서 지능은 조음능력과 의미 있는 관련성이 있는 것으로 간주한다(석동일, 2004). 또한 일반 아동의 경우 대략 7~8세가 되면 대부분의 음운발달이 이루어지지만 지적장애 아동의 경우는 8세 이후에도 음운발달이 이루어진다고 보고하였다.

(2) 언어발달

언어습득이 지체된 아동의 경우 조음 및 음운 발달이 지체될 확률이 높다. 김영태 등(2012)은 중도-심함 정도의 음운지체를 보인 아동의 80%가 언어문제를 보일 확률이 많으며 언어능력과 음운능력 간에는 상호관련성이 있다고 보고하였다.

(3) 학업성적

김영태 등(2012)은 음운장애와 읽기장애의 동시발생에 대한 연구결과, 일부 아동에서는 이 두 장애의 상호관련성이 있다고 보고하였다. 또한 심한 조음 · 음운 장애나 언어장애를 가지고 있는 어린 아동들은 읽기문제 및 쓰기문제를 겪게 될 위험성이 있는

데, 이는 가족 성향에 따라 차이가 있을 수 있다고 보고하였다.

(4) 음운인식

음운인식(phonological awareness)은 구어신호를 구성하는 음소, 음절, 단어 등의 언어학적 단위를 분석하고 해석하는 능력을 말한다. Ball과 Blacheman(1991)은 음운인식 능력을 자신이 들은 단어와 음절을 음소 수준의 구어 배열로 인식하는 능력이라고 하였다. 음운인식은 읽기발달에서 기능적인 역할을 하기 때문에 읽기발달의 틀 속에서 연구하기도 한다. 음운인식은 대부분 2~3세 아동에게서 나타나며 첫 단계는 단어의 음운 구조를 의미로부터 분리시키는 것이다. 즉, 두 단어가 각운(rhyme)이나 두운(alliteration) 측면에서 음운적 공통성을 갖는다는 것을 구별하면서 음운인식이 발달하게 된다. 단어의 각운을 감지하고 산출하는 능력은 약 2세경에 관찰된다. 두운인식은 각운인식보다는 늦게 나타나는 것으로 보고되고 있다. 음운인식은 두 가지 면으로 발달하는데 음소변별 능력과 음소합성 능력이다. 이 두 기술은 음소와 음절 혹은 단어 사이의 관계에 대한 명확한 인식을 의미한다. 아동의 음운인식은 언어적인 경험과 언어능력에 의해 영향을 받는다. 언어치료사는 취학전 읽기와 쓰기에 문제가 있을 수 있는 고위험 그룹의 중재를 담당하므로 취학 후 발생할 수 있는 읽기 및 쓰기 문제를 조기에 예방하는 역할이 제안된다.

5) 심리-사회적 요인

(1) 연령

아동이 성인의 음운체계를 습득하는 것은 발달적 성숙과 관련이 있다. 이러한 관련성은 아동의 조음능력이 거의 완전하게 발달되는 8세까지 관찰된다. 정상발달 아동에게서 9세 이후에는 발달적 성숙이 말소리 습득에 영향을 미치는 요인이 되지 못한다 (김영태 외, 2012).

(2) 성별

성별은 아동의 음운습득에 영향을 미치는 중요한 요인인 것 같지는 않다. 어떤 연령에서는 음운습득에 있어 여자가 남자보다 약간 앞서 있고, 여아보다는 남아가 더 많이 음운지체로 확인되기도 한다.

(3) 가족환경

사회경제적 지위와 조음능력 사이에는 거의 상관관계가 없는 것으로 보고되고 있다. 비록 4세 미만 아동의 경우에는 사회경제적 지위가 낮은 집단에서 오조음 발생 비율이 높게 나타나기도 하지만 사회경제적 지위는 음운장애의 출현에 크게 영향을 미치고 있지 않다(김영태 외, 2012). 또한 공교육이 시작된 이후에는 사회경제적 차이가 크게 나타나지 않는다고 하였다.

(4) 성격

어떤 성격 특성은 발달기 음운장애 아동과 연결되어 있지만, 그들의 성격이 일반 아동과 얼마나 차이가 있는가에 대한 관련성은 확실하지 않다. 이와 마찬가지로 부모 및 가정 변인이 일부 음운장애 아동과 관련성이 있으나 상관정도는 명확하지 않다(김영태 외, 2012). 음운장애의 변인에 대한 확실한 인과성이 설명되려면 일반 아동과 장애아동 간의 보다 많은 비교 연구가 필요할 것이다.

2. 분류

말소리 산출 오류를 조음장애(articulation disorder)로만 보던 관점에서 음운장애(phonological disorder)라는 용어를 사용한 것은 조음치료의 한계성을 극복하고 치료의 효과를 극대화하고자 하는 것에서 출발되었다. 하지만 아동들이 종종 음성적 오류와 음운적 오류를 동시에 나타내기도 하고 이 조음장애와 음운장애를 구분하는 것이 임상적으로 명확하지 않다고 할지라도 임상적 진단과 중재 과정에서는 이 두 가지 관점의 다양한 진단방법과 중재 절차들이 적용되고 있다. 이에 조음장애와 음운장애의 용어 정의와 그 차이를 분명히 인식하는 것은 중재방향 선정에 매우 중요하다.

조음장애는 음성학적 오류인 말소리 산출의 문제, 구어의 운동산출의 어려움, 특정 말소리 산출의 어려움 등을 말하는 것으로 언어발달 영역에서의 손상이 없이 표준적인 말소리 산출에 어려움을 가지는 것이다. 주로 조음기관의 운동 및 산출상의 문제로 언어연쇄의 생리학적 문제를 이르는 용어이다. 음성학적 지식을 기초로 발음문제의 진단과 치료는 말소리를 기본으로 이루어지고 개별 음성(phone)의 산출과 관련된 조음기관의 해부 및 생리학적 지식을 요구한다.

음운장애는 언어학적 오류로 언어 시스템 내에서 음소를 지각하고 조직화하는 과정에서의 손상, 구어 문맥에서 손상된 음소 시스템이나 음소 패턴 사용, 음운규칙 사용 등에 어려움을 가지는 것이다. 음운론적 지식을 기초로 발음문제의 진단과 치료는 음소(phoneme)를 단위로 음운과정(phonological process)이나 변별자질 분석을 실시하고 음운규칙 등에 관한 지식을 요구한다.

조음장애와 음운장애는 1990년대 이후 이 두 가지를 이분법적으로 구분하는 것이 임상적으로 명확하지 않다는 현실적이고 실용적인 근거에 의해 조음·음운 장애라는 용어로 주로 사용되고 있다. 조음·음운 장애는 기능적인 조음·음운 장애와 기질적인 조음·음운 장애로 구분되기도 한다. 기능적인 조음·음운 장애는 일반적으로 뚜렷한 원인이 밝혀지지 않은 말소리의 문제를 의미한다. 정신 관련 장애나 질병에 대한 진단 매뉴얼인『DSM-5(Diagnostic and Statictical Manual of Mental Disorders-5th ed.)』(American Psychiatric Association, 2013)는 조음·음운 장애를 말소리장애(speech sound disorder)라는 용어로 사용하였고, 진단기준은 다음과 같다. 첫째, 지속적으로 말소리 산출에 문제가 있어 말명료도가 떨어지고 구어로 하는 의사소통에 어려움을 보인다. 둘째, 의사소통의 효율성이 떨어져서 학업, 직업 등 사회적 참여에 어려움을 겪는다. 셋째, 언어습득 초기부터 증상이 시작된다. 넷째, 뇌성마비, 구개열, 청력손실, 외상성 뇌손상 등 다른 의학적 신경학적 조건 같은 선천적이거나 후천적인 원인에 기인하지 않는다. 기질적인 조음·음운 장애는 조음기관의 해부학, 생리학 및 신경학적인 문제로 인한 구개열, 뇌성마비, 청각손실 등의 명백한 원인이 밝혀진 말소리의 문제를 의미한다.

2 조음·음운 장애 진단 및 평가

1. 진단 및 평가 목적

조음·음운 장애 진단 및 평가의 주요 목적은 발음문제를 가진 환자의 음운발달 상태를 기술하고, 발음능력이 정상인지 또는 일탈되었는지를 판정하고, 조음·음운 장애를 가져오는 원인을 찾고, 언어치료를 실시할 경우와 하지 않을 경우에 예상되는 예후를 밝히고, 시간의 흐름 또는 음운적 능력과 수행의 변화를 점검하기 위함이다. 이러한 진단 및 평가를 위하여 언어치료사에게 요구되는 선행조건은 많지만, 다음 7개 영역은 진단 및 평가를 수행하는 데 절대적으로 필요한 요구조건들이다(권도하, 2001a).

1) 말소리 산출 메커니즘에 대한 해부학 및 생리학에 대한 지식

조음평가를 시도하기 전에 언어치료사는 정상적인 조음기관인 입술, 혀, 경구개, 연구개, 턱 등의 메커니즘에 대하여 명확히 이해하여야 한다.

2) 음성학에 대한 지식

말소리 메커니즘에 대한 해부학 및 생리학에 관한 지식을 아는 것과 더불어 각 조음기관들이 어떻게 다양한 자음과 모음을 실제로 산출하는가를 아는 것도 매우 중요하다. 조음음성학에 관해 아는 것과 별도로 언어치료사는 음성전사(phonetic transcription) 기술을 잘 수행할 수 있어야 할 것이다. 음성전사는 말소리를 문자로 바꾸는 것으로 일반인이 철자법에 맞추어 적는 것과는 별개로 말소리를 소리나는 대로 받아 적는 것이다. 이것은 말소리 분석을 위하여 조음·음운 문제를 가진 환자의 산출을 정확하게 기록하는 것이 중요하기 때문이다. 음성전사 능력은 조음·음운 문제를 가진 아동 및 성인들의 음운분석을 위해서 특히 중요하다(Shriberg & Kwiatkowski, 1980).

3) 조음·음운 발달에 대한 지식

진단의 중요한 목적은 아동의 발음능력이 또래 아동과 비교하여 발달 및 임상적으로 의미 있는 차이를 나타내는지를 밝히는 것이다. 따라서 평가자는 다음의 네 가지에 대한 지식을 갖추어야 한다.

(1) 습득연령

'습득'에 대한 각 자료마다 기준은 다르지만 전통적으로 단어 내 어두, 어중, 어말 위치에서의 음소 산출에 대한 연구가 대부분이다. 우리말 음운발달에 관한 연구결과에 관한 요약 결과를 〈표 5-1〉에 제시하였다.

표 5-1   우리말 음소발달에 관한 연구결과 요약

구분°	ㅁ	ㄴ	ㅇ	ㅂ	ㄷ	ㄱ	ㅃ	ㄸ	ㄲ	ㅍ	ㅌ	ㅋ	ㅈ	ㅉ	ㅊ	ㅎ	ㅅ	ㅆ	ㄹ
김민정, 배소영 (2005)	3	3	4	2	3	3	2	2	3	2	3	4	3	3	3	2			5
김영태 (1996)	2	2	2	2	2	2	2	2	2	2	2	2	3	3	3		4	3	5
엄정희 (1994)	3	3	3	3	3	3	3	3	3	3	3	3	3	3	3	3			5[1]
배소영 (1994)	2	2	2	2.5	2.5	3	2	2	2	2.5	3	3	3.5	3.5	3.5	3	3[2]	3.5	4

° 김민정, 배소영(2005)은 2~6세 아동 220명, 김영태(1996)는 2~6세 아동 155명, 엄정희(1994)는 3~5세 150명, 배소영(1994)은 1;4~3;11세 10명을 대상으로 함.

[1] 종성에서만 5세경

[2] 많은 아동을 대상으로 한 연구결과가 아니고 연령대별로 소수 아동의 자발화에 나타난 것임.

(2) 사용빈도

신지영(2005)의 연구에 의하면 한국어의 말소리는 발화에서 동일한 빈도로 사용되지 않는다. 아동 언어발화 자료를 분석한 연구에서는 한국어 전체 말소리의 사용빈도는 /ㅏ, ㄴ, ㄱ, ㅣ, ㅓ, ㄹ/의 6개 말소리가 전체의 50.1%를 차지한다고 하였다. 전체 발화에서 자음과 모음의 비율은 각각 51.1%와 48.9%였다.

자음의 사용빈도에서 공명음(/ㅁ, ㄴ, ㅇ, ㄹ/)의 비율이 장애음에 비해 상대적으로 높았다고 보고하였다. 조음위치별 자음의 빈도에서는 치경음 48.7%, 연구개음 24.4%, 양순음 14.8%, 경구개음 8.9%, 성문음 3.2%로 나타났다. 조음방법별 자음의 빈도는 파열음 36%, 비음 31.7%, 유음 12.5%, 마찰음 10.8%, 파찰음 8.9% 순이었다. 자음의 발성유형별 사용빈도는 평음 70.5%, 경음 19.6%, 격음 10.4% 순으로 나타났다.

우리말 모음의 사용빈도를 살펴보면 단모음이 7개, 이중모음이 10개였지만, 사용빈도는 단모음 89.3%, 이중모음 10.7%로 단모음의 사용빈도가 월등히 높았다. 활음의 유형별 이중모음의 사용빈도는 /ㅣ/계가 79.5%, /ㅜ/계가 20.1%, /ㅡ/계가 0.4% 순이었다. 개구도에 따른 모음의 유형 수는 고모음 3개, 중모음 3개, 저모음이 1개였으며, 사용빈도는 각각 33%, 40.3%, 26.7% 순으로 나타나 고모음에 비하여 중모음이 조

금 더 많이 사용되는 것으로 나타났다.

(3) 변별자질에 대한 기초 지식

변별자질이론은 1970년대에 여러 음운론자에 의해 조음·음운 장애를 가진 아동의 문제를 해결하기 위한 수단으로 사용되기 시작하였다. 생성음운론에서는 음소란 단위는 변별자질로 세분화될 수 있다고 보고, 한 음소를 변별자질들의 묶음으로 나타내는 방법을 일반화시켰는데 음향적인 요인에 의해 13가지 자질로 구분하였다.

이에 Chomsky와 Halle은 음향적인 분석이 아닌 조음적인 면을 근거로『영어의 음성 체계(The Sound Pattern of English: SPE)』에서 변별자질 이론의 주요한 개정을 제의하였는데, 자·모음을 구별하는 분류로 강자질, 설체자질, 설근자질, 후두자질, 방법자질, 운율자질을 이용하였다. 주요 부류는 자음과 비자음, 음절과 비음절, 공명음과 비공명음이다. 자음성 자질은 성도의 중심선을 따라 중앙부 협착으로 발음되고, 비자음성 자질은 그러한 방해 없이 발음된다. 방해음, 비음은 자음성 자질이고, 모음은 비자음성 자질이다. 음절성 자질은 음절핵으로 기능하는 음성들이고, 비음절성 자질은 음절 가장자리에서 나타난다. 정상적으로 음절성 자질은 근접한 비음절성 자질보다 청각적으로 더 뚜렷하다. 모음들은 모두 음절성이다. 공명성은 자발적으로 유성성을 쉽게 발음하는 구강처리로 발음되는 데 반해 비공명성은 자발적인 유성성을 막아 주는 구강처리를 가진다.

이 자질을 Jacobson의 자질이론과 비교 검토하면서 새로 제안된 자질들을 파악할 수 있도록 음운론적인 소항을 마련하였는데 ① 분절음들을 분류하는 자음성 자질(consonantal features), 공명성 자질(sonorant features), 음절성 자질(syllabic features), ② 저모음성 자질(low vowels features), 고모음성 자질(high vowels features), 후설 모음성 자질(back vowels features)과 같은 혓몸 자질, ③ 방해성 자질(interrupted features), 소음성자질(strident features), 분산성 자질(distributed features), 비성성 자질(nasals features), 설측성 자질(lateral features) 등과 같은 조음방법 자질, ④ 설정성 자질(coronal features), 전방성 자질(anterior features)과 같은 조음위치 자질, ⑤ 원순성 자질(rounded features), 긴장성 자질(tense features), 유성성 자질(voiced features)이며 언어 분석에 활용하였다(김시영, 1999).

(4) 음운변동의 발생에 관한 지식

김영태 등(2012)은 음운변동(phonological processes) 분석 결과를 15% 이상 40% 미만의 발생률을 보이는 변동, 10% 이상 15% 미만의 발생률을 보이는 변동, 10% 미만의 발생률을 보이는 변동으로 나누어 설명하였다.

① 15% 이상 40% 미만의 발생률을 보이는 변동

특히 다음의 변동들은 정상 아동들에게서도 많이 나타나지만, 조음·음운 장애 아동들에게서 특히 많이 나타나서 두 집단 간에 유의한 차이를 보이는 변동들이므로 치료계획에 우선 포함시켜야 하는 변동들이다. ( ) 안의 수치는 일반 아동과 조음장애 아동들의 평균적인 발생률이다.

종성 생략(14%:71%), 비음 생략(9%:47%), 유음 생략(10%:38%), 연구개음 생략(11%:48%), 연구개음–전설음화(9%:14%), 경구개음–전설음화(10%:19%), 치조음화(10%:17%), 이완음화(10%:29%), 모음변이(7%:23%)

② 10% 이상 15% 미만의 발생률을 보이는 변동

특히 다음의 변동들은 정상 집단에서는 1% 내외로 별로 나타나지 않지만 조음장애 집단에서는 많이 나타나서 유의한 차이를 보이는 변동들이므로, 치료계획에 참조하여야 한다. ( ) 안은 조음장애 집단의 평균 발생률이다.

탈기식음화(29%), 폐쇄음 생략(20%), 양순음 생략(21%), 치조음 생략(28%), 성문음–전설음화(17%), 긴장음화(8%)

③ 10% 미만의 발생률을 보이는 변동

특히 다음의 변동들은 정상 집단에서는 거의 발견되지 않음으로써 두 집단 간에 유의한 차이를 보이는 변동들이므로 치료계획에 참조하여야 한다. ( ) 안은 조음·음운 장애 집단의 평균 발생률이다.

음절감소(5%), 구개음 생략(5%), 경구개음–후설음화(3%), 성문음화(2%), 마찰음화(5%), 유음화(1%), 비음화(7%), 연구개음동화(5%), 비음동화(3%)

4) 조음·음운 장애와 관련된 요인들에 대한 지식

조음평가를 실시할 때 언어치료사는 조음문제의 원인에 관한 질문을 많이 받는다. 따라서 언어치료사는 조음·음운 장애 아동들의 기능과 능력뿐만 아니라 원인에 관해서도 지식이 요구된다. 조음·음운 장애에 관련하여 언어발달, 읽기, 음운인식, 철자, 교육 성취도, 치열(dentition), 구강 구조, 운동기능, 지능, 청각능력 등에 관한 연관성을 파악하여야 한다. 언어치료사는 어떠한 질문에도 답할 수 있도록 관련 지식을 습득하여야 한다.

음운결함을 보이는 아동은 음운인식에 있어서도 어려움을 경험한다. 그러나 이는 음운결함이 있는 아동들이 음운인식에 반드시 어려움이 있을 것이라는 것을 의미하지 않는다. 음운결함을 보이는 아동들이 읽기 수행력에서도 지체되는 경향이 나타날 수 있는데 이는 주로 언어치료사, 부모, 교사들의 비공식적인 관찰을 통하여 알 수 있으며, 이 경우 공식적인 평가가 요구된다.

5) 사투리에 대한 지식

많은 연구에서는 지역의 사투리에 따라 조음의 차이를 나타낸다고 보고하여 왔다. 조음평가를 수행하는 언어치료사는 조음·음운 장애와 사투리를 구별할 수 있어야 한다. 사투리를 염두에 두고 있는 검사도구들은 거의 없기 때문에 언어치료사는 오류음소를 평가할 때 사투리를 고려하여야 한다.

6) 동시조음

동시조음(coarticulation)은 말소리가 선행하는 음소나 후행하는 음소에 따라 서로 영향을 주고받는 것으로 어떤 음이 바로 앞의 음소나 뒤에 오는 음소의 산출로 전이될 때의 조음동작을 말한다. 또한 동시조음은 조음과정(articulatory process) 중의 하나이다. 말소리가 산출되는 음소적 환경이나 문맥은 그 음소의 산출에 영향을 미치는데, 이는 조음기관의 생리학적인 제약에 의해 발생한다. 왼쪽에서 오른쪽으로의 동시조음은 먼저 나오는 음이 다음에 나오는 음에 영향을 미치는 것을 말한다. 예를 들면, '숟가락'에서 /ㄷ/음은 /ㅜ/ 원순모음 때문에 입술을 원순으로 만들어서 음을 산출한다. 이런 유형의 동시조음은 사람들에게 첫째 음에서 두 번째 음으로의 운동 흐름 형태인 것으로 인지된다. 따라서 왼쪽에서 오른쪽으로의 동시조음은 순행동화가 된다. 순행동화는 주로 기계적 관성(mechanical-inertial) 요인들의 결과인 것으로 생각된다.

다른 유형은 오른쪽에서 왼쪽으로의 동시조음이다. 이것은 구어 연속(speech sequence)에서 나중에 나오는 음이 앞에 나오는 음에 영향을 미치는 것을 말한다. 예를 들면, '시계'에서 /ㅅ/음은 '수박'에서 /ㅅ/음과 다르게 산출된다. 이 두 가지 경우에서 차이점은 '시계'에서 /ㅅ/음은 원순모음이 아닌 평순모음이 뒤에 있다. '수박'에서 /ㅅ/음은 뒤에 오는 모음이 원순이기 때문에 입술을 원순으로 조음하여 음을 산출한다. 이두 가지 경우에서 /ㅅ/음에 영향을 미치는 음은 /ㅅ/음을 발음한 뒤에 온다는 것에 주의하여야 한다. 연구자들과 이론가들은 오른쪽에서 왼쪽으로의 영향, 즉 역행동화는 조음의 사전 프로그래밍(articulatory preprogramming)의 결과일 것이라고 주장하였다.

말소리 연속(sequence)에서 먼저 나오는 음들이 아직 발화되지 않은 음들의 예견(anticipation)에 의해 다르게 산출된다. 이러한 현상은 조음 운동계획(motor planing)을 의미한다. 말소리 오류가 비일관적일 때라도 문맥에서의 오류는 일관적으로 나타나는데 이는 동시조음의 요인에 기인한다(권도하, 2001a).

7) 언어학적-조음의 연결

조음·음운 평가를 논의할 때 중요한 선행 조건은 언어와 조음 사이의 본질적인 관계이다. 조음과 언어 사이의 연관성을 평가하는 것은 여러 의미가 있다. 첫째, 감각운동 문제가 있는 경우에 조음에 대한 일상적인 평가는 적절하지 않을 수도 있다. 둘째, 언어치료사가 비일관성의 원인을 찾을 때, 그는 의미론적, 구문론적 혹은 화용론적 변수들에서 의미 있는 효과를 찾으려고 할지도 모른다. 따라서 문맥은 비일관적인 조음 오류의 유일한 원인이 아니다. 셋째, 조음의 편차는 조음운동의 실패로 인한 어려움이 기보다는 아동의 음운체계에 대한 언어학적 영향에 더 많이 기인할 수도 있다. 따라서 평가에 있어서 보다 합리적인 관점에서 감각운동 및 언어학적 요소들이 모두 고려되어야 할 것이다(석동일, 2004).

2. 오류 유형

조음·음운 평가에서 오조음의 유형은 대치, 생략, 왜곡, 첨가의 네 가지로 구분한다. 음소의 대치란 /딸기/를 /딸띠/로 발음하는 것과 같이 목표음소를 다른 음소로 대치하는 것을 말한다. 음소의 왜곡이란 /사과/를 [ʃagwa]로 발음하는 것으로 한국어 말소리 /ㅅ/와 유사하여 의미의 전달은 이루어질 수 있으나 정확한 발음으로 간주하기에는 부족한 경우를 말하는데 우리말의 음소로 전사할 수 없다. 왜곡은 음성전사를 할 때 정밀기호를 사용하여야 한다. 즉, 표준음이 아닌 변이음으로 발음되는 것을 말한다. 음소의 생략은 /딸기/를 /따기/로 발음하는 것이다. 음의 첨가는 /딸기/를 /딸길/로 발음하는 것으로 음가가 없는 위치에서 음가가 첨가되어 산출된다.

3. 검사 종류

1) 선별검사

선별검사의 목적은 정상적인 범위 내에서 의사소통할 수 있는 사람과 의사소통장애자를 빠른 시간에 구별하는 것이다. 조음문제에 대한 포괄적인 검사나 분석을 하는 데는 많은 시간이 필요하기 때문에 조음 · 음운 진단검사 전 조음선별검사를 먼저 실시한다. 선별이란 보다 더 자세한 조음 · 음운 평가의 필요성을 결정할 수 있기 때문에 부가적인 조음 · 음운 검사를 실시해야 할 대상을 이분법적으로 판단한다. 조음선별검사는 보통 5분 내에 실시될 수 있으며, 언어치료사가 비공식적인 절차를 통해 실시하는 것이 일반적이다. 선별검사의 내용은 자기의 이름과 주소를 말하기, 하나에서 열까지 세기, 요일 이름 말하기, 치경마찰음 /ㅅ/, 유음 /ㄹ/ 등과 같이 자주 오조음되는 음소가 들어 있는 발음을 유도하기 위하여 고안된 문장 따라 말하기, 대표적인 음운이 들어 있는 단어로 된 문장 읽기(석동일, 2004) 등을 사용할 수 있다.

2) 정밀검사

조음 · 음운 평가는 조음 · 음운 치료를 결정하기 위한 전문적인 정보를 제공하기 위한 것이다. 이러한 정보를 제공하기 위하여 만들어진 표집 절차는 선별검사보다는 더 자세하며 실시하는 데도 더 많은 시간이 요구된다. 조음검사는 보통 다음과 같은 사항들을 충족시키기 위하여 사용된다.

① 정상적인 음운발달을 습득하였는가를 설명하기 위하여
② 구어시스템(speech sound system)이 정상에서 너무 편차되어서 치료가 필요한지

를 결정하기 위하여
③ 치료프로그램의 방향, 형태, 빈도 등을 결정하기 위하여
④ 치료 혹은 성숙에 의한 음운발달의 변화를 관찰하기 위하여
⑤ 예후를 설명 혹은 예측하기 위해서 실시한다.

4. 검사 실제

우리나라에서 사용하고 있는 조음·음운 검사도구는 다양하다. 자음정확도를 평가하기 위한 표준화된 조음·음운 검사는 우리말 조음-음운평가(urimal test articulation phonetics: U-TAP), 한국어 표준 그림 조음·음운 검사(korean standard picture of articulation and phonological test: KS-PAPT), 아동용 발음평가(assessment of phonology and articulation for children: APAC)가 있고, 음운변동 분석, 변별자질 분석, 자발화에서의 조음정확도, 구어명료도, 자극반응도, 문맥검사, 단어단위분석 등이 있다.

5. 검사 해석

1) 데이터 종합
조음·음운 평가 후 검사자는 다음과 같은 영역을 기술할 수 있어야 한다.

① 청력, 조음기관의 구조 및 기능
② 언어발달 수준
③ 음소목록 검사(phonetic inventory) 결과
④ 미발달한 음소 목록과 미습득한 변별자질
⑤ 아동의 연령에서 습득해야 하는 음소들의 자극반응도
⑥ 구어표본을 통한 음운변동 분석 결과
⑦ 자극반응도를 통하여 정조음하기 쉬운 음성문맥 확인
⑧ 구어명료도에 대한 주관적인 평가
⑨ 심한 정도 및 예후

언어치료사는 필요에 따라 앞에 기술한 아홉 가지 영역에 관해 구체적이고 명확하게 기술할 수 있어야 하며 모든 임상 사례에서 고려하여야 한다(권도하 외, 2005).

이와 같은 광범위한 기초적인 분석은 언어치료사에게 치료의 결정, 예후 및 치료목표에 관하여 중요한 정보를 제공할 것이다.

2) 전체적인 구어명료도

구어명료도(intelligibility)는 화자가 말한 것을 청자가 이해한 정도를 의미한다. 오조음한 음소의 수는 화자의 구어명료도에 가장 큰 영향을 미치는 요인이 된다. 구어명료도에 대한 청자의 판단은 화자가 산출한 모음과 자음의 오류 수와 의미 있는 관련성이 있다고 한다.

구어명료도와 관련된 두 번째 요인은 오조음한 음소의 일관성이다. 청자들은 일관성 있게 오조음한 자음이 많으면 많을수록 구어명료도가 낮다고 하였다. 즉, 지각한 오류음의 수와 오류음의 일관성은 조음·음운 장애의 심한 정도를 판단하는 청자에게 큰 영향을 미치는 요인이다. 구어명료도의 판단에 영향을 미치는 다른 요인으로는 첫째, 목표음소의 사용빈도, 둘째, 생략, 대치, 왜곡과 같은 오류의 유형, 셋째, 구어속도, 억양, 강세 등과 같은 운율적인 요소가 있다.

언어치료사와 부모의 주 관심사는 자발적인 구어에서의 명료도이다. '아동의 말이 평소 의사소통 상황에서 상대방에게 얼마나 이해될 수 있는가?'를 말하는 구어명료도는 많은 변수의 영향을 받기 때문에 측정하기가 쉽지 않다. 예를 들어, 아동과의 친숙한 정도, 오조음하는 음소의 수, 사용빈도, 오류음소의 비일관성 등은 구어명료도에 영향을 미치는 요소이다. 조음·음운 능력에 대한 평가는 구어명료도에 관한 판단을 반드시 포함해야 한다. 즉, 이러한 평가는 조음·음운 치료의 권고에 있어 중요하고 결정적 변인이 된다.

3 조음·음운 장애 치료

1. 치료원리

1) 조음·음운 치료를 시작할 것인가?

조음·음운 평가에 근거하여 언어치료사는 치료의 필요성과 치료목표의 방향을 결정하여야 한다. 표준화된 검사의 연령별 규준에 근거하여 조음·음운 문제를 가진 환자의 임상적인 판단을 내려야 할 때 도움이 되는 요인(석동일, 2004)은 다음과 같다.

① 조음·음운 장애에 대한 아동 자신의 인식정도
② 부모 및 교사의 인식 및 요구 정도
③ 수반장애(언어발달장애 등) 여부
④ 특징적으로 나타나는 조음편차의 유무(/ㄹ/음의 삽입 및 왜곡, 음소 생략 및 음절 축약, 마찰음의 왜곡 등)
⑤ 자음정확도와 구어명료도
⑥ 연령기준 규준과 백분위
⑦ 자극반응도
⑧ 오류음소의 일관성

또한 다문화 가정의 이중언어 사용 유무, 지역 사투리 등도 고려되어야 한다. 특정 언어와 사투리로 인한 발화는 언어적인 편차를 반영하는 것이지, 조음·음운 지체나 조음·음운 장애를 나타내는 것은 아니다. 특히 이중언어를 사용하는 사람들의 조음에 대하여 제14장에서 다룰 것이다.

2) 목표음소의 선택

언어치료사는 조음·음운 문제를 가진 환자의 구어표본을 통해 다양한 오류분석을 실시한다. 이러한 분석은 조음·음운 치료의 필요성과 중재를 할 때 이용할 치료방법을 결정하는 근거로 활용된다. 다음의 사항들은 조음·음운 치료에 대한 필요성을 결정할 때 고려해야 할 것이다(석동일, 2004).

(1) 자극반응도

자극반응도(stimulability)는 오조음한 음소에 대하여 시각, 청각, 촉각적 단서를 주었을 때 독립음, 음절이나 단어를 모방하는 능력을 의미한다. 모방검사를 통해 아동이 오류음소를 모방할 수 있는 정도는 목표음소의 선정에 영향을 미칠 수 있다. 자극반응도가 높은 음소는 자연적인 성숙에 의해 자발적인 음소발달을 기대할 수 있으므로 치료목표 선정에서 제외될 수 있다. 자극반응도는 자발적인 개선이나 치료의 예후를 결정하는 일반적인 지침을 준다.

(2) 일관성

오류음소의 일관성(consistency)은 목표 음소의 전후 문맥에 관한 정보를 제공하여 향후 조음 · 음운 치료를 위한 음성 문맥과 언어학적 수준을 제공할 수 있다.

(3) 발음의 난이도

오류음소는 발음의 난이도(ease of production)라는 견지에서도 분석하여야 한다. 일반적으로 화자들은 일찍 발달되는 음소와 빈번히 사용되는 음소를 산출하기 더 쉽다고 판단할 수 있다. 발음의 난이도는 조음 · 음운 치료를 시작할 때 고려할 사항이다.

(4) 사용빈도

모국어에서 오류음소의 사용빈도(frequency of occurrence) 또한 조음 · 음운 치료에서 고려되어야 할 중요한 요소이다. 말소리는 사용빈도가 동일하지 않으므로 사용빈도가 높은 음소를 오조음하면 구어명료도는 더 낮아진다. 따라서 사용빈도가 높은 음소를 우선적으로 치료한다면 조음 · 음운 문제를 가진 환자의 전체적인 구어명료도는 사용빈도가 낮은 음소를 치료하였을 때보다 더 향상될 것이다.

(5) 습득 연령

아동의 조음오류가 그 아동의 연령에서 일반적으로 나타나는 오류인지 아닌지를 결정하기 위하여 표준화된 규준과 비교한다. 일반적으로 7~8세경 음소발달이 완성되므로 규준을 통한 또래 아동과의 비교분석은 주로 8세 이하의 아동들에게 적절하다.

음소발달이 또래의 규준에 비해 지체되면 전통적으로 조음·음운 치료가 권고될 수 있다. 만일 어떤 아동이 또래 아동들이 정조음하는 음소를 오조음하거나, 어떤 아동의 전체적인 자음정확도가 또래 집단의 평균 이하로 나타나면, 조음·음운 지체가 있는 것으로 판정할 수 있다. 얼마나 많이 지체되었느냐 하는 것은 그 아동이 얼마나 많은 치료가 필요한지를 알려 준다.

2. 치료 실제

조음·음운 장애 치료는 학문적 배경에 따라 음성학적 치료접근법과 언어학적 치료접근법이라는 용어로 사용되기도 한다. 음성학적 치료접근법은 개별 오류음소를 정확하게 산출시키기 위해 조음기관을 조정하여 한 음소씩 조음을 치료하는 방법이다. 언어학적 치료접근법은 여러 음운 오류에 공통적으로 나타나는 음운 패턴을 치료하는 방법이다. 이러한 이분법적인 분류방식이 이론적인 편이성을 제공하기는 하지만, 말소리는 언어연쇄의 생리학적인 단계와 언어학적인 단계가 모두 관여되는 복잡한 과정이므로 조음치료 방법을 이 둘로 양분하는 것은 쉽지 않다. 또한 말소리 산출은 언어학적 지식을 바탕으로 한 조음운동의 결과로 언어학적 단계와 생리학적 단계의 상호적인 결과라고 말할 수 있다. 임상현장에서 오류음이 조음운동 기술의 부족을 반영하는 것인지, 언어학적 지식의 부족한 것을 반영하는지 또는 둘 다 문제인지를 결정하는 것은 거의 불가능한 일이다. 조음·음운 장애 치료기법에서 대표적인 음성학적 치료접근법은 전통적 치료기법이고, 언어학적 치료접근법은 대조짝을 이용한 기법이다. 음성적인 치료접근법은 일반적으로 개별 음소에 초점을 두고 오류음소를 하나씩 치료한다. 하지만 언어학적인 치료접근법은 아동의 말에 나타난 여러 오류음소의 언어학적인 공통점에 일차적인 초점을 둔다. 아동의 오류음소에 나타나는 공통적인 특성을 분석하여 공통적인 오류 특성을 치료에 우선 적용하면 여러 음소가 동시에 중재된다는 이론에 근거한다. 따라서 언어학적인 치료의 초점은 개별 음소의 교정에 집중하지 않고, 여러 음소에 포함된 공통적인 오류를 치료하는 방식이다.

언어치료사들은 일반적으로 조음·음운 진단 결과에 따라 가장 효과적이고 효율적인 치료접근법을 선택하고자 한다. 다음은 조음·음운 치료에 사용되는 음성학적 치료접근법과 언어학적 치료접근법의 대표적인 치료기법을 간략하게 기술하고자 한다.

1) 음성학적 치료접근법

(1) 전통적 치료기법

전통적 치료기법은 각 목표음소에 초점을 둔 중재방법으로 치료기법의 구조가 체계적이고 위계화되어 있다. 이 기법의 장점은 첫째, 검사와 비교를 통하여 목표음소를 판별하고 목표음소와 오류음을 변별하는 것에 중점을 두는 감각 · 지각 훈련, 둘째, 목표음소가 정확하게 산출될 때까지 목표음소를 교정하는 확립훈련, 셋째, 정확한 산출을 강화시키고 안정화시키는 안정화 훈련, 넷째, 새로 습득한 말소리 능력을 일상의 의사소통 상황으로 전이시키는 전이훈련, 다섯째, 자기점검을 통해 새로 학습된 목표음소의 유지훈련 등의 일련의 연속적인 활동에 있다.

이러한 과정은 보통 처음에는 독립음에서 시작하여, 음절, 단어, 구, 마지막에는 문장에서 목표음소를 산출하도록 중재한다(권도하, 2001a). 사용되는 관련 기법으로는 청각모방법, 촉진 문맥법, 조음점 지시법, 운동-근운동 감각법, 자극법, 통합적 자극법, 감각-운동법, 집단법, 변별법, 무의미법 등이 있다. 이 기법에서는 새롭게 습득한 목표음소를 모든 상황에서 자발적으로 말할 수 있도록 하기 위해 독립음, 음절, 단어, 문장의 연속적인 수준에서 연습한다. 각 단계의 훈련방법은 다음과 같다.

감각 · 지각 훈련에서 언어치료사는 목표음소에 대한 표준을 명확히 인식시키고 발음의 기초를 습득시킨다. 각 수준에서 조음장애 아동들은 표적음소와 오류음을 확인하고, 오류음의 단어 내 위치를 확인하고, 목표음소와 오류음을 변별할 수 있도록 지각훈련을 실시한다.

확립훈련에서 언어치료사는 아동이 목표음소를 의식적으로 정확하게 산출하도록 한다. 그다음에 정확하게 산출된 목표음소를 강화시키고, 서로 다른 문맥에서도 목표음소를 사용하도록 중재한다.

안정화 훈련에서 언어치료사는 아동이 목표음소를 쉽게, 빨리 그리고 자발적으로 정확하게 산출할 수 있도록 중재한다. 예를 들면, 목표음소를 길게 혹은 짧게, 강도를 강하게 혹은 약하게, 언어치료사의 신호에 따라 발음을 시작하거나 멈추기, 말하면서 쓰기, 음소배치표 이용하기, 같이 말하기, 따라 말하기, 구조화된 질문 등을 이용할 수 있다.

전이훈련에서 언어치료사는 아동이 학습된 표적음소를 모든 상황에서 누구와도 자발적으로 정확하게 산출할 수 있도록 중재한다. 가정이나 학교에서 발생할 수 있는 다양한 의사소통 상황에서 여러 가지 형태로 연습한다. 전이는 일반화라는 용어로도 사용된다. 단어 내 음소 위치 및 문맥 일반화, 언어학적 단위 일반화, 음소 및 자질 일반화, 상황 일반화가 있다.

유지훈련에서 언어치료사는 아동이 새로 학습된 표적음소의 발음능력의 파지력을 신장시킨다. 자기 말을 녹음하여 듣고 오류를 확인시켜 오류를 자발적으로 교정하는 자기점검을 사용한다. 또한 언어치료사의 점검을 통해 오류를 발견하고 재교정하여 중재의 종결을 유도한다.

(2) 짝자극 치료기법

짝자극 치료기법은 '전통적 방법'과 '의사소통중심법'을 절충한 치료프로그램이다. 이 기법은 핵심단어와 훈련단어를 짝지어, 정확하게 발음하는 핵심단어에서 조음능력을 훈련단어로 전이하도록 하는 기법이다. 장점은 다양하고 광범위한 음운적 편차에 적용 가능하며, 광범위한 연령과 조음능력 수준에 적용할 수 있다. 시작준거와 종결준거가 제시되며, 특수한 장비를 요구하지 않고, 구조와 형태에 있어서 일관된다는 장점이다. 특히 준전문가도 사용하기에 적절하며 학습과정에서 아동의 내적 동기유발을 제공함으로 인해 치료진전이 빠르게 나타나는 것이 장점 중 하나이다. 새로 학습된 행동을 일반화하고 유지하며 부정적 측면의 영향을 최소화할 수 있다. 기본 구조는 단어 수준, 문장 수준, 회화 수준으로 이루어져 있다. 10번 중 9번 정조음하는 핵심단어(key word)와 3번 중 2번 이상 오조음하는 훈련단어(training word)로 짝을 이루어 단위반응(unit response)이 일어나도록 한다. 한 훈련조(training string)는 10개의 훈련단어와 1개의 핵심단어로 이루어져 있다(석동일, 2004).

(3) 행동수정 접근법

행동수정 접근법은 조작적 조건화 절차를 이용한 조음치료 프로그램, 즉 철저한 과제분석을 통해 단계적 절차와 자극-반응-강화 메커니즘에 의해 목표음소의 정확한 산출을 유도한다. 자극과 반응 관계가 확인되면 행동 결과를 조작함에 의해서 행동을 조정할 수 있다는 Skinner의 이론을 조음장애 아동에게 적용한 것이다. 중재의 절차는 첫째,

아동의 표적 행동 확인, 둘째, 과제 분석, 셋째, 선행자극의 설정(청각적 자극, 시각적 모델 및 촉각적 모델 제시), 넷째, 후속자극의 설정(강화방법 선택 및 계획)으로 구성된다.

2) 언어학적 치료접근법

(1) 대조짝을 이용한 접근법

대조짝을 이용한 접근법에는 최소대립자질 접근법, 최대대립자질 접근법, 변별자질 접근법 등이 있다.

최소대립자질 접근법은 최소대립쌍을 이용한 조음·음운 치료로 지각 및 산출 활동을 통해 음운대조를 수립하는 치료단계로 구성된다. 치료 절차는 지각, 음성 산출, 최소대립쌍 산출, 문맥 내에서의 최소대립쌍 산출로 구성된다.

최대대립자질 접근법은 후기에 발달하는 상대적으로 산출하기 어려운 음소를 먼저 습득하면 좀 더 단순한 조음운동을 요구하는 음소는 쉽게 습득될 것을 가정하는 것이다. 목표대조쌍을 선정할 때는 아동의 음소 목록에 없는 말소리 가운데 변별자질의 차이가 가장 많이 나는 것을 2개 선택한다. 최소대립자질 접근법과는 달리 지각훈련을 실시하지 않으며, 모방단계, 자발적인 단계로 구성된다. 이 치료법은 고도에서 최고도의 조음·음운 장애를 보이는 아동에게 적용하면 효율적인 것으로 알려져 있다(김수진, 신지영, 2015).

변별자질 접근법은 변별자질이론을 기초로 한다. 변별자질(음소를 이루는 구성 성분)의 습득은 정상적인 말소리를 습득하는 데 필수조건이며, 변별자질의 습득 실패는 조음·음운 장애를 야기할 수 있다고 가정한다. 변별자질 접근법은 여러 오류음에서 나타나는 공통적인 변별자질을 중재하는 것이다. 이는 변별자질별로 중재함으로써 새로이 습득한 변별자질을 가지는 다른 음소에도 긍정적인 영향을 미치게 된다는 것이다. 변별자질이란 음성들과 음성 유목들 간의 언어학적 대립을 결정하는 음소의 하위요소로 한 언어에서 음소를 구별 짓는 독특한 변별자질의 묶음이다(김시영, 1999). 이 치료기법은 아동이 효과적으로 학습할 수 있는 자질을 최소단어짝 형태로 제공함으로써 목표음소에 대한 습득이 가능하게 한다. 이 치료기법의 장점은 여러 오류에 기인하는 단 하나의 자질을 습득시켜 여러 오류음을 교정할 수 있다는 것이다. 이 접근법 역시 대조짝을 이용하여 중재한다. 치료 절차는 단어의 검토, 대조짝에 있는 변별자질의 청각적 변별, 발음훈련, 전이를 포함하는 점진적 접근방법을 사용한다(석동일, 2004).

(2) 음운변동 치료기법

음운변동(음운학적 환경에 따라서 음소의 실현 형태가 변하는 것)에 기초를 둔 접근법으로, 1개의 음운과정의 제거로 여러 개의 오류음을 동시에 치료한다고 가정한다. 훈련 단위는 음절과 단어로 시작한다. 일반화를 전제로 한 치료접근법을 사용하고, 음운변동의 특성을 분석하여 치료의 효율성이 가장 큰 것, 즉 전이의 가능성이 가장 큰 음운 변동률을 목표음소로 선택한다(석동일, 2004; 김영태 외, 2012).

(3) 주기법

주기법은 개별 음소들의 정확도보다는 전반적인 구어명료도 개선에 목표를 둔다. 구어명료도가 낮은 아동에게 실시하면 유용한 접근방법으로 40% 이상의 음운변동률을 나타내는 아동에게 실시하는 것이 효율적이며 구어명료도가 매우 낮은 최고도의 조음·음운 장애 아동에게 적용하는 것이 효과적이다. 주기법의 치료 절차는 다음과 같다. 첫째, 아동이 목표음소의 청각적 특징에 집중할 수 있도록 목표음소를 청각적으로 증폭시켜서 제시한다. 둘째, 아동이 새로운 운동감각을 습득할 수 있도록 산출훈련을 한다. 셋째, 목표음소를 단어에서 발음할 수 있도록 그림 및 사물 이름대기 과제를 포함하는 경험적 놀이활동을 실시한다. 넷째, 한 주기는 일련의 목표 음운 패턴을 끝낼 때 종료되며, 한 주기 내 목표음소는 음운 패턴에 관련되는 목표음소들을 중심으로 훈련한다. 각 회기는 복습, 청각적인 자극, 목표단어 산출 연습하기, 경험놀이를 이용한 산출훈련, 자극반응도 검사, 청각적인 자극, 가정프로그램 순으로 훈련을 실시한다(석동일, 2004).

(4) 음운인식 치료기법

상위언어 능력이란 언어의 본질과 기능에 대하여 사고하고 반영하는 능력으로, 언어의 주요성분에 대한 인식능력이며 언어의 음운 구조에 관해 사고하고 반영하는 능력이라고도 할 수 있다. 음운인식 치료기법은 상위음운 능력, 즉 음운인식 능력을 향상시켜 조음·음운 능력을 개선시켜 주는 치료방법이다. 음운인식 능력을 측정하는 음운인식 과제에는 단어탈락, 단어합성, 단어변별, 음절탈락, 음절합성, 음절변별, 각운변별, 각운산출, 두운변별, 두운산출, 초성분리, 중성분리, 종성분리, 음소분절, 음소탈락, 음소 합성, 음소 수 세기 등이 포함된다(석동일, 2004; 김수진, 신지영, 2015).

(5) 의사소통 중심법

인간중심주의 사상을 배경으로 한 치료기법으로 실제 의사소통 상황과 유사한 상황을 설정하여 치료한다. 언어발달장애 치료접근법의 화용론적 접근과 철학적 배경 및 대두 시점이 유사하다. 아동을 훈련시킨다는 차원이 아니라 아동이 능동적인 주체가 되는 즐겁고 재미나는 학습원리를 추구한다. 실제 의사소통 장면과 가능한 유사한 상황에서 연습하며 탈훈련 및 자발성, 활동성, 실용성 및 사회화를 강조한다. 인간중심주의, 자발성, 사회성, 활동성, 통합성, 자연적 귀결성, 전이를 강조한다(석동일, 2004).

(6) 하이브리드 접근법

하이브리드 접근법은 그림물감의 기본 색을 팔레트에 섞어 다양한 색을 창출하듯이 조음·음운 장애 치료에서 기존의 치료기법을 연합하여 새로운 기법을 개발하는 용어이다. 기존의 조음·음운 장애 치료기법이 단색이라면 하이브리드 접근법은 두 가지 이상의 기존 색을 섞어 다양한 새로운 색을 내듯이 기존의 한정된 조음·음운 장애 치료기법으로 새로운 모형을 제시하고 있다. 가족교육, 음운인식 과제, 음소 발음훈련, 최소단어짝 대조와 집중적 청각훈련, 가정 연습을 포함한 모형이 Bowen과 Cupples(2004)에 의해 제시된 바 있다(석동일, 2007). 이 치료에서는 양육자의 태도가 중요하며, 조음·음운 장애가 있더라도 정상적인 언어발달 과정에 의한 음운습득을 강조하고 있다. 이 치료접근법에 포함되어 있는 함의는 정상적인 음운발달 과정에서 치료가 이루어지도록 가정치료를 강조하고 있으며, 음운인식 과제를 거쳐서 말소리 산출훈련을 하고, 다지선다형의 표적단어 듣기와 다지선다형의 듣고 말하기 훈련, 가정 연습으로 구성되어 있다.

요/약

이 장에서는 조음·음운 장애와 관련된 용어를 설명하고 조음·음운 장애의 원인, 기능적인 조음·음운 장애와 기질적인 조음·음운 장애, 조음·음운 진단 및 평가, 조음·음운 치료에 관해 간략하게 기술하였다.

1. 조음·음운 장애는 조음산출 기관의 기질적 또는 기능적 문제로 정확한 말소리를 산출하는 데 어려움을 나타내는 것을 의미한다.

2. 기능적인 조음·음운 장애는 일반적으로 뚜렷한 원인이 밝혀지지 않은 말소리의 문제를 말하고, 기질적인 조음·음운 장애는 조음기관의 해부학, 생리학 및 신경학적인 문제로 인한 구개열, 뇌성마비, 청각손실 등의 명백한 원인이 밝혀진 말소리의 문제를 의미한다.

3. 조음·음운 장애는 조음기관의 해부학적인 요인, 운동 및 감각적 요인, 신경학적인 요인, 인지-언어학적인 요인, 심리-사회적인 요인 등의 다양한 원인에 의해 나타난다.

4. 조음·음운 장애 진단 및 평가의 목적은 아동의 음운능력이 또래 아동과 비교하여 정상인지 또는 비정상인지를 판정하고, 조음·음운 치료 유무 결정, 조음·음운 장애의 원인, 예후 등을 기술하기 위함이다.

5. 조음·음운 장애를 치료하기 위해 음성학적인 접근법과 언어학적인 접근법을 적용한다. 음성학적 치료접근법은 개별 오류음소를 정확하게 산출시키기 위해 조음자를 조정하여 한 음소씩 조음을 치료하는 방법이다. 언어학적 치료접근법은 여러 음운 오류에 공통적으로 나타나는 음운 패턴을 치료하는 방법이다.

연/습/문/제

1. 조음·음운 장애의 해부학적 요인은 무엇인가?
2. 조음장애와 음운장애의 차이는 무엇인가?
3. 기능적인 조음·음운 장애와 기질적인 조음·음운 장애의 차이는 무엇인가?
4. 조음과정의 동시조음은 무엇인가?
5. 조음평가를 할 때 오류음의 유형에는 어떤 것이 있는가?
6. 조음·음운 장애의 선별검사와 정밀검사의 차이는 무엇인가?
7. 구어명료도에 영향을 미치는 변수에는 어떤 것이 있는가?
8. 조음·음운 치료를 결정할 때 고려해야 하는 요인에는 어떤 것이 있는가?
9. 조음·음운 치료의 목표음소를 선정할 때 고려해야 하는 것은 무엇인가?
10. 조음·음운 치료방법 중 음성학적 치료접근법과 언어학적 치료접근법의 차이는 무엇인가?

💬 **참고문헌**

권도하(2001a). 언어치료학개론. 대구: 한국언어치료학회.

권도하(2001b). 언어치료학사전. 대구: 한국언어치료학회.

권도하 외(1995). 구개파열 언어치료. 대구: 한국언어치료학회.

권도하 외(2005). 언어 진단법. 대구: 한국언어치료학회.

김민정(2006). '아동용 조음검사'에 나타난 취학 전 아동의 음운 오류 패턴. 언어청각장애연구, 11(2), 17-31.

김민정, 배소영(2005). '아동용 조음검사'를 이용한 연령별 자음정확도와 우리말 자음의 습득 연령. 음성과학, 12(2), 139-149.

김성희, 이연희, 황주희, 오미애, 이민경, 이난희, 강동욱, 권선진, 오혜경, 윤상용, 이선우 (2014). 2014년 장애인 실태조사. 세종: 한국보건사회연구원.

김수진, 신지영(2015). 말소리장애. 서울: 시그마프레스.

김시영(1999). 언어장애아의 음성 및 조음명료도 개선을 위한 변별자질접근 전략. 대구대학교 대학원 박사학위논문.

김영태(1996). 그림자음검사를 이용한 취학전 아동의 자음정확도 연구. 언어청각장애연구, 1(1), 7-33.

김영태, 신문자(2004). 우리말 조음음운평가. 서울: 학지사.

김영태, 심현섭, 김수진(2012). 조음 · 음운장애(제6판). 서울: 박학사.

박은숙, 이란, 이은주(2017). 자음정확도에 따른 말소리장애아동의 어중자음연쇄조건에서의 어중종성 정확도. 언어치료연구, 26(1), 77-89.

박혜숙(2005). 구개열의 언어임상. 서울: 영문출판사.

배소영(1994). 정상 말소리 발달(Ⅰ): 1;4세부터 3;11세 아동. 한국언어병리학회 편. 아동의 조음장애치료. 서울: 군자출판사.

석동일(2004). 조음음운장애치료. 대구: 대구대학교출판부.

석동일(2007). 조음음운장애 치료를 위한 하이브리드 접근법 개발의 기초 연구. 언어치료연구, 17(2), 89-104.

석동일, 박상희, 신혜정, 박희정(2008). 한국어 표준 그림 조음음운 검사. 서울: 학지사.

신지영(2005). 3세~8세 아동의 자유 발화 분석을 바탕으로 한 한국어 말소리의 빈도 관련 정보. 한국어학, 27, 163-199.

엄정희(1994). 정상 말소리 발달(Ⅱ): 3, 4, 5세 아동. 한국언어병리학회 편. 아동의 조음장애치료. 서울: 군자출판사.

이규식 외(2004). 의사소통장애 치료교육. 서울: 학지사.

American Psychiatric Association. (2013). *Diagnostic and statistical manual of mental disorders* (5th ed.). Arlington, VA: American Psychiatric Publishing.

Ball, E. W., & Blachman, B. (1991). "Does phoneme awareness training in kindergarten make a difference in early word recognition and developmental spelling?" *Reading Research Quarterly, 26*(1), 49-66.

Bankson, N. W., & Bernthal, J. E. (1990). *Bankson-Bernthal phonological process survey test*. Tucson, AZ: Communication Skill Builders.

Bernthal, J. E., & Bankson, N. W. (1988). *Articulation and phonological disorders* (2nd ed.). Englewood Cliffs, NJ: Prentice-Hall.

Bosley, E. C. (1981). *Techniques for articulatory disorders*. Springfield, IL: Charles C. Thomas.

Compton, A. J., & Hutton, S. (1978). *Compton-Hutton phonological assessment*. San Francisco, CA: Carousel House.

Creaghead, N. A., Newman, P. W., & Secord, W. (1989). *Assessment and remdiation of articulatory and phonological desorders* (2nd ed.). Columbus, OH: Merrill.

Darley, F. L., Aronson, A. E., & Brown, J. R. (1975). *Motor speech disorders*. philadelphia, PA: W. B. Saunders.

Drumwright, A. F. (1971). *Denver articulation screening examination*. Denver, CO: University of Colorado Medical Center.

Elbert, M., & Gierut, J. (1986). *Handbook of clinical phonology: Approaches to assessment and treatment*. San Diego, CA: College-Hill Press.

Emerick, L. L., & Haynes, W. O. (1986). *Diagnosis and evaluation in speech pathology* (3rd ed.). Englewood Cliffs, NJ: Prentice-Hall.

Fisher, H. B., & Logemann, J. A. (1971). *The Fisher-Logemann test of articulation competence*. Boston, MA: Houghton Mifflin.

Fluharty, N. B. (1978). *Fluharty preschool speech and language screening test*. Boston, MA: Teaching Resources Corporation.

Fudala, J. B., & Reynolds, W. M. (1986). *Arizona articulation proficiency scale* (2nd ed.). Los Angeles: Western Psychological Services.

Goldman, R., & Fristoe, M. (1986). *Goldman-Fristoe test of articulation*. Circle Pines, MN: American Guidance Service.

Haynes, W. O., Pindzola, R. H., & Emerick, L. L. (1992). *Diagnosis and evaluation in speech pathology* (4th ed.). Englewood Cliffs, NJ: Prentice-Hall.

Hegde, M. N. (1991). *Introduction to communicative disorders*. Austin, TX: PRO-ED.

Hodson, B. W. (1986). *Assessment of phonological processes* (rev. ed.). Danville, IL: Interstate Printers & Publishers.

Hodson, B. W., & Paden, E. P. (1991). *Targeting intelligible speech: A phonological approach to remediation* (2nd ed.). Austin, TX: PRO-ED.

Ingram, D. (1981). *Procedures for the phonological analysis of children's language.* Baltimore, MD: University Park Press.

Lowe, R. J. (1986). *Assessment link between phonology and articulation (ALPHA).* East Moline, IL: Lingui Systems.

Lowe, R. J. (1989). *Workbook for the identification of phonological processes.* Danville, IL: Interstate Printers & Publishers.

McDonald, E. T. (1976a). *A screening deep test of articulation with longitudinal norms.* Tucson, AZ: Communication Skill Builders.

McDonald, E. T. (1976b). *A deep test of articulation.* Tucson, AZ: Communication Skill Builders.

Neidecker, E. A. (1987). *School programs in speech-language: Organization and management* (2nd ed.). Englewood Cliffs, NJ: Prentice-Hall.

Nemoy, E. M., & Davis, S. F. (1980). *The correction of defective consonant sounds* (16th printing). Londonberry, NH: Expression Co.

Pendergest, K., Dickey, S., Selmar, J., & Sudar, A. (1984). *Photo articulation test* (2nd ed.). Danville, IL: Interstate Printers & Publishers.

Peterson, H. A., & Marquardt, T. P. (1990). *Appraisal and diagnosis of speech and language disorders* (2nd ed.). Englewood Cliffs, NJ: Prentice-Hall.

Shriberg, L., & Kwiatkowski, J. (1980). *Natural process analysis.* New York: Wiley.

Stoel-Gammon, C., & Dunn, C. (1985). *Normal and disordered phonology in children.* Austin, TX: PRO-ED.

Taylor, J. S. (1992). *Speech-language pathology services in the schools* (2nd ed.). Needham Heights, MA: Allyn and Bacon.

Templin, M. C., & Darley, F. L. (1969). *Templin-Darley test of articulation* (2nd ed.). Iowa City, IA: University of Iowa.

Van Riper, C., & Erickson, R. L. (1973). *Predictive screening test of articulation* (3rd ed.). Kalamazoo, MI: Western Michigan University.

Weiner, F. F. (1979). *Phonological process analysis.* Austin, TX: PRO-ED.

제6장

음성장애

| 유재연 |

핵심 용어

- **음성**(voice): 후두에 있는 성대가 진동하여 나오는 목소리를 말한다. 음성은 성대 진동음이 공명강(성도)을 거치면서 만들어진다. 음성의 세 가지 구성요소는 음도, 강도, 음질이다.
- **음성장애**(voice disorder): 목소리에 이상이 생긴 상태를 말한다. 음성장애는 음성을 만들어 내는 후두나 성대의 구조적 또는 기능적 문제로 인해 나타나기도 하며 신경지배 이상으로 발생하기도 한다. 음성장애의 원인에 따라 기능적 음성장애, 기질적 음성장애, 신경학적 음성장애로 구분한다.
- **주관적 음성평가**(subjective voice assessment): 음성평가를 주관적으로 하는 방법이다. 주관적 음성평가는 크게 설문지 평가와 지각적 평가로 나눌 수 있다. 설문지 평가는 음성설문을 통해 음성 상태를 평가하며 지각적 평가는 청각적 · 시각적 · 후각적 방법을 통해 음성을 평가한다. 주로 청지각적 평가가 많이 이루어진다.
- **객관적 음성평가**(objective voice assessment): 주로 기기를 사용하여 음성을 객관적으로 평가하는 방법이다. 음향학적 평가는 음성의 높이, 크기, 음질과 관련된 측면을 분석하며 공기역학적 평가는 폐활량, 기류율, 성문하압 등을 측정한다.
- **음성위생**(vocal hygiene): 건강한 음성을 유지하기 위해 실생활에서 준수해야 하는 간접적인 음성치

료법이다.
- **음성촉진 기법**(voice therapy facilitating approaches): 음성의 음도, 강도, 음질 등을 향상시키기 위해 실시하는 행동적 음성치료법이다.
- **공명장애**(resonance disorder): 성대 진동음은 공명강을 통해 목소리의 공명이 이루어진다. 공명장애는 구강공명 및 비강공명의 문제를 의미한다. 종류로는 과다비성, 과소비성, 무비성, 맹관공명, 동화비성 등이 있다.

1 음성장애

음성은 의사소통에서 중요한 기능을 한다. 의사소통에서 어떤 내용을 말하는가와 어떻게 말하는가는 둘 다 중요하지만 이 중 어떻게 말하는지가 의사전달에서 큰 비중을 차지하고 있다. 가령, 회사원이 인사발령 결과를 가족에게 알리는 상황에서, 밝고 유쾌한 음성으로 "나 ○○부서로 발령이 났어."라고 말한다면, 자신이 간절히 원했던 부서로 발령이 났다는 것을 의미할 것이다. 반면, 다소 어둡고 무거운 음성으로 말할 경우, 자신이 원하지 않았던 부서에서 일하게 되었다는 것을 나타낸다. 이처럼 음성은 의사소통에서 상대방에게 자신의 메시지를 전달하는 데에 중요한 역할을 한다. 최근 음성에 대한 관심이 많이 증가하였다. 가수, 교사, 전화교환원, 성우 등 직업적으로 음성을 사용하는 사람들은 자신의 음성에 대해 상당한 관심을 가지고 있으며, 이들 이외에 정치인이나 회사의 최고경영자 등도 음성 상담에 대해 높은 관심을 가지고 있다. 이는 자신이 생각하는 정치적 견해나 전략 그리고 회사의 경영 방침 등을 대중이나 직원들에게 더욱 호소력 있게 전달하기 위해서뿐만 아니라 자신의 이미지를 관리하는 데 있어 어떻게 말하는지가 매우 중요하기 때문이다.

음성은 성도의 공명작용에 의해서 변화되는 성대에서 산출된 소리이다. 즉, 성대 수준에서의 후두 음원과 이 음원이 거치는 동안에 나타나는 공명작용에 의해 음성이 만들어진다. 이 장에서는 음성장애와 공명장애에 대한 개관과 평가 및 치료에 대해 알아보고 마지막으로 구개열에 대해 살펴보고자 한다.

1. 음성

음성은 사전적으로는 광범위하게 '사람의 말소리'를 의미한다. 음성은 폐에서 나오는 기류가 후두와 성도를 거치면서 만들어진다. 한편, 바람소리, 동물의 울음소리, 환경적인 소음 등은 인간의 말에 사용되는 소리가 아니므로 음성이라 하지 않고 음향이라 한다.

인간은 언어적인 방법과 비언어적인 방법을 사용하여 의사소통하는데, 언어적인 의사소통 방법으로 말과 언어를 사용하고 비언어적인 의사소통 방법으로 제스처, 그림,

얼굴표정 등을 사용한다. 대부분의 의사소통은 언어적인 방법으로 이루어지는데 이 중에서도 말을 통한 의사소통이 많은 비중을 차지한다. 말(speech)은 호흡, 발성, 조음, 공명을 통해 만들어지는 음성언어를 말하는데, 여기에서 음성은 중요한 위치를 차지한다. 음성은 발성과 공명 두 가지로 이루어지는데, 발성은 성대의 떨림에 의해 소리가 만들어지는 것을 의미하고, 공명은 발성에 의해 만들어진 소리가 공명강을 거치면서 증폭되는 것을 말한다. 따라서 음성에 문제가 있다는 것은 발성이나 공명에서 한 가지 이상에 문제가 발생할 경우이다.

음성의 여러 특징을 요약해 보면, 음성은 눈으로 볼 수 없으며, 호흡, 발성, 공명 등의 신체 여러 기관의 복잡하고 협조적인 움직임을 통해 산출되고 신체적 및 심리적인 상태에 따라 변화할 수 있으며, 연령, 성별, 문화적 차이에 따라 다소 차이가 있고 음도, 강도, 음질로 구성되어 있다고 할 수 있다.

2. 정상음성과 음성장애

음성에 있어 과연 '정상음성'이란 무엇인가? 많은 연구자는 정상음성에 대한 기준을 제시하였다. 일반적으로 정상음성을 정의하자면 음도, 강도, 음질이 적절하고 그 사람의 성별, 연령, 체구, 언어·문화적 차이에 어울리는 음성을 정상음성이라고 규정한다. 유재연, 황영진, 한지연, 이옥분(2014)은 정상음성을 다섯 가지 측면에서 특징지었다. 첫째, 음성의 강도이다. 정상음성은 들을 수 있을 만큼의 적절한 소리의 크기여야 하며 인간의 음성 강도는 구어명료도(구어이해도)와 상당히 관련이 있다. 둘째, 정상음성은 성대의 외상이나 후두 병변 없이 적절한 성대의 움직임을 통해 산출되어야 하는데, 이것은 건강한(또는 위생적인) 음성과 관련된다. 셋째, 정상음성은 음질이 깨끗해야 한다. 넷째, 정상음성은 감정을 표현하는 데 적절하게 변화해야 한다. 즉, 화자의 기분, 정서, 감정과 같은 심리 상태에 따라 음성이 적절히 바뀌어야 한다. 다섯째, 정상음성은 연령, 성별, 체구 등에 적합한 음성이어야 한다. 즉, 강도, 위생, 유쾌함, 유동성, 표현성(representation) 등의 요소에 적합한 음성을 정상음성이라고 간주할 수 있다.

여러 연구자가 정상음성에 대해 설명해 왔지만, 정상음성을 판단하기란 상당히 어려운 일이다. 이는 음성을 판단하는 것이 실제적으로 매우 주관적이기 때문이다. 예를 들면, 탁하고 거친 음질을 가진 가수가 노래를 부를 경우, 그 가수의 음성을 음성장애로 볼 수 있을 것인가? 그 가수는 자신의 독특한 음색으로 노래를 하고 많은 사람에게 인기와 사랑을 받아 오고 있는데 자신이 음성장애를 가졌다고 생각할까? 불과 10여 년 전만 해도 음질이 깨끗하지 않고 목쉰 음성을 나타내는 방송인이 라디오 음악프로그램을 진행하는 것은 상당히 어려운 일이었지만 최근에는 독특한 음성을 가진 사람들이 많은 방송을 진행하고 있다는 사실 등을 생각해 본다면, 정상음성에 대한 정의를 내린다는 것이 그리 쉬운 일이 아니다.

정상음성에 대한 일반적인 정의를 토대로 음성장애를 규정해 본다면, 음성장애란 음도, 강도, 음질이 부적절하며 이 세 가지 변수가 연령, 성별, 체구, 문화적 배경 등에 적합한 정상 범위에서 벗어난 경우이다. [그림 6-1]에 음성을 구성하는 3대 매개변수가 제시되어 있고 이러한 매개변수에 문제가 있을 경우 음성에 문제가 있다고 간주할 수 있다.

음성의 문제를 일으키는 원인은 여러 가지가 있다. 그 원인에 따라 음성장애를 기능적 음성장애, 기질적 음성장애, 신경학적 음성장애로 구분할 수 있는데, 일반적으로 음성문제가 나타나는 원인을 발성문제와 공명문제의 측면에서 몇 가지로 요약해 볼 수 있다. 성대폴립, 결절, 부종 등과 같이 성대의 무게를 증가시키는 병변이 발생할 경우, 성대 암과 같이 성대 자체가 너무 딱딱해져 성대 점막운동이 잘 이루어지지 않을 경우, 성대의 부드럽고 완전한 접촉이 잘 이루어지지 않는 경우, 마지막으로 연인두 기능부전으로 인한 공명장애 발생 등이 음성장애 발생과 관련이 매우 높다.

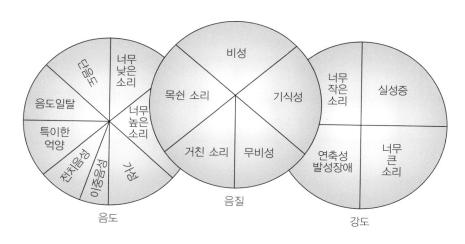

[그림 6-1] **음성장애 유형**

3. 원인 및 분류

1) 음성장애의 원인

음성장애의 원인은 매우 다양하다. 음성장애의 발생은 연령, 성별 등에 따라 차이가 있으며, 특히 직업과 관련하여 음성을 어느 정도 사용하는지도 음성장애 발생과 매우 밀접한 관련이 있다. 또한 뇌손상, 파킨슨병, 뇌성마비, 다발성 경화증 등과 같은 신경학적 원인과 심리적인 원인으로도 음성장애가 발생할 수 있다. 심현섭(2004)은 음성장애의 원인으로 세균전염 및 염증, 성대의 오용 및 남용, 양성종양 또는 악성종양, 신경근육질환, 심리적 상태 등이 있으며, 또한 이러한 원인들이 서로 결합하여 작용하기 때문에 음성의 진단 및 치료에서는 기저요인에 대한 파악이 매우 중요하다고 제안하였다. 또한 음성장애의 병리는 성대의 불완전 폐쇄, 성대 점막의 경도(stiffness)와 유동성(mobility), 성대 간의 비대칭 등과도 관련이 있다.

2) 음성장애의 분류

전통적인 방법으로 음성장애는 두 가지 병인(원인)적 분류법에 의해 기능적 음성장애와 기질적 음성장애로 나뉜다. 기능적 원인은 대개 음성의 남·오용과 같이 정상적인 음성 메커니즘을 잘못 사용하는 것과 관련이 있고, 기질적 원인은 음성산출과 관련된 신체기관의 구조적 또는 기능적 비정상성과 관련이 있다. 하지만 이런 이분법의 전통적인 음성장애 분류방법은 다소 문제점이 있을 수 있다. 예를 들면, 부적절한 호흡지원, 지나친 성대 접촉, 발성 시 과도한 후두의 긴장 등의 기능적인 문제로 인해 성대결절이 발생할 경우 후두 구조의 기질적인 변화가 나타나게 된다. 이러한 성대결절의 발생 원인은 기능적인 것으로 볼 수 있지만, 성대결절이 발생하게 되면 음도가 낮아지고 기식적인 음성이 산출되거나 또는 심한 목쉰 음성이 나타나게 되는데, 이러한 기질적인 변화(성대결절)가 발생하게 되면 실질적으로 성대결절로 인해 음성의 문제가 나타나게 된다.

표 6-1 음성장애의 원인별 분류

기능적	기질적	신경학적
• 근긴장성발성장애 • 가성대발성장애 • 성대결절 • 성대폴립 • 라인케부종 • 후두염 • 변성발성장애 • 기능적 실성증 • 기능적 부전실성증	• 후두연화증 • 성문하협착증 • 위산역류질환 • 접촉성 궤양(육아종) • 낭종 • 내분비선 변화 • 혈관종 • 과각화증 • 백반증 • 후두유두종 • 성대구증 • 후두암 • 후두횡격막	• 성대마비 • 연축성발성장애 • 본태성 음성진전 • 파킨슨병 • 대뇌혈관사고 • 외상성 뇌손상

안철민(2004)은 기능성 음성질환(functional voice disorders)은 해부학이나 생리학적으로 정상 후두를 가진 상태에서 후두근육을 지나치게 긴장 또는 이완시키면서 음성을 혹사하거나 남·오용함으로써 음성 변화가 생기는 질환이며, 때로 부적절한 보상작용을 일으켜서 성대결절이나 성대폴립, 라인케부종과 같은 기질적인 2차 질환을 만들어 내기도 한다고 설명하였다. 또한 발성할 때 성대가 어떻게 움직이느냐에 따라 음성장애를 세 가지 유형으로도 나누는데, 발성 시 과도한 후두의 긴장과 성대 접촉이 나타나는 과기능적(hyperfunctional) 음성장애, 성대마비나 파킨슨병으로 인해 성대의 움직임 문제로 성대 접촉이 잘 이루어지지 않는 과소기능적(hypofunctional) 음성장애, 심인성 음성장애나 변환 음성장애와 같이 정상적인 음성 산출이 가능하지만 성대의 움직임을 적절히 나타나지 않는 비기능적(dysfunctional) 음성장애로 분류하기도 한다.

음성장애의 분류는 연구자들마다 다소 차이가 있다. 음성장애를 기능적·기질적·신경학적 음성장애로 분류하기도 한다.

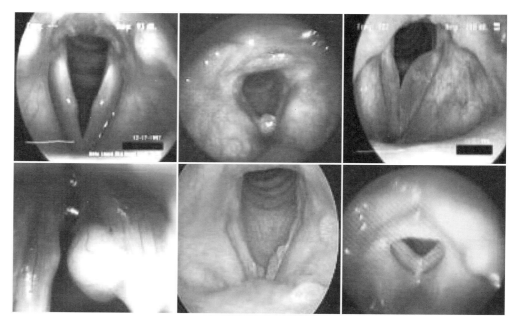

[그림 6-2] 여러 가지 기질적 음성장애 후두질환

* 왼쪽 상단에서부터 시계방향으로 성대결절, 성대용종, 성대부종, 후두횡격막, 유두종, 낭종

4. 진단 및 평가

1) 음성선별

음성평가 절차에서는 가장 먼저 음성선별을 실시해야 한다. 음성선별 항목은 음성의 문제가 있는지를 알아보는 데 필요한 항목(음도, 강도, 음질, 비강공명, 구강공명)들로 구성되어 있다. 음성선별 절차에서 치료사는 환자의 음성에 귀 기울여 주의 깊게 듣고 관찰해야 한다. [그림 6-3]은 임상현장에서 주로 사용되는 선별검사 양식이다.

2) 음성평가

음성평가 단계에서는 일반적으로 사례사 수집, 음도와 주파수 측정, 음압과 강도 측정, 음질과 음파의 복잡성 측정, 이비인후과 기록과 기타 의학적 정보 분석, 적절한 임상 프로브 시연, 기류율 측정, 후두내시경을 통한 성대 관찰, 전기성문검사 등을 실시한다. 음성평가는 기기를 사용하는 평가와 기기를 사용하지 않는 평가로 구성된다. 기기적 평가는 주로 음성을 물리적 측면에서 측정하는 것으로, 주파수, 음압, 음파의 복

아동 음성선별 양식

이름: 성별: 남/여   학년:

학교: 교사:

검사자: 검사일:

음성평정 척도

해당란에 동그라미 하시오.

음도   – 정상 +   설명:

강도   – 정상 +   설명:

음질   – 정상 +   설명:

비강공명   – 정상 +   설명:

구강공명   – 정상 +   설명:

S/Z 비율

〔s〕와 〔z〕 발성시간을 두 번 기록하시오.

가장 긴 s 시간÷가장 긴 z 시간= S/Z 비율:

결론

☐ 추가적인 음성평가가 필요함

☐ 추가적인 음성평가 필요하지 않음

☐ 차후 선별검사가 필요함

의견:

[그림 6-3] **음성선별 양식**

잠성, 기류율, 성문하압 등에 초점을 둔다. 반면, 비기기적 평가는 검사자의 지각에 의존하여 음도, 강도, 음질, 공명 등에 초점을 두어 평정척도로서 평가한다. 가장 이상적인 음성평가는 기기적 평가와 비기기적 평가를 둘 다 실시하여 보다 정확한 음성평가를 실시하는 것이며, 가장 중요한 기술은 비평적이고 주의 깊게 음성을 듣고 객관적으로 분석하는 것이다. 일반적으로 언어재활사가 실시하는 음성평가 항목은 〈표 6-2〉와 같다.

표 6-2 **음성평가 항목**

- 청각 및 시각 상태 평가
- 사례사
- 행동 관찰
- 청지각적 평가
- 음성과 관련된 삶의 질
- 구강말초 검사
- 후두내시경 검사
- 음향학적 평가
- 공기역학적 평가
- 성문파형 평가
- 발성-호흡 효율성 평가
- 음성 관련 설문

(1) 주관적 평가

음성의 주관적 평가는 지각을 통해 음성을 평가하는 것인데, 여기에는 청각적 평가, 시각적 평가, 후각적 평가, 촉각적 평가 등이 있다. 지각적 평가는 기기적 평가에 비해 객관적이고 과학적인 측정이란 면에서 다소 제한점을 가지고 있지만, 기기를 사용한 음성평가를 통해 얻을 수 없는 중요한 정보를 얻을 수 있다. 이 장에서는 시각적 평가와 청각적 평가를 중심으로 설명하고자 한다.

① 시각적 평가

시각적인 평가에서는 환자의 외형(신체적 미성숙, 외형, 섭식문제, 표정 등)을 관찰하고 말할 때 환자의 자세와 근긴장의 유무를 확인하고 신경학적 문제를 유추할 수 있는 보행 특성을 관찰한다. 언어재활사는 대상자가 말을 할 때 신체 전반적인 자세와 특히 머리 위치는 어떠한지, 긴장을 많이 하는지 눈 맞추기를 하지 않는지, 이를 악물고 말하고 무표정한 얼굴로 말하는지 등을 관찰해야 한다.

② 청각적 평가

주관적인 음성평가에서 가장 널리 사용되는 청각적 평가는 검사자가 피검자의 음성을 듣고 음도, 강도, 음질, 비강공명, 구강공명, 구어속도, 억양 변화 등을 주의 깊게 관찰하여 평가한다. 음성의 청지각적 평가에서 널리 사용되는 검사방법 중 하나는 GRBAS 척도이다. 이 척도는 환자의 모음연장발성, 읽기, 대화 시의 음성을 듣고 거친 음성(rough), 기식적인 음성(breathy), 힘이 없는 음성(asthenic), 억압적인 음성(strained) 정도를 4점 척도(0: 정상, 1: 경도, 2: 중등도 3: 고도)로 평정하여 전체적인 음성장애의 정도(grade)를 알아보는 검사방법이다.

CAPE-V(consensus auditory-perceptual evaluation of voice)는 GRBAS 척도의 측정매개 변수 이외에 음도, 강도, 공명 그리고 기타 음성 특징 등을 포함하여 시각적 아날로그 척도를 사용하여 음성을 평가한다. 음성의 여섯 가지 측면(전체적인 음성의 심한정도, 거친 음성, 기식성, 긴장성, 음도, 강도)에 대해 100mm의 연속선상에 표시한다([그림 6-4] 참조).

음성의 문제는 삶의 질과 관련이 있다. 음성장애를 가진 사람의 의사소통과 관련된 삶의 질을 알아보기 위한 평가로는 한국어판 음성과 관련된 삶의 질(Korean-version of voice-related quality of life: K-V-RQOL)이 있다.

음성장애지수(voice handicap index: VHI)는 대상자가 직접 평가하는 설문지 형식의 음성평가 도구이다. 이 검사는 음성장애가 생활에 어떤 영향을 미치는지를 알아본다. VHI는 총 30문항으로 구성되어 있으며 5점 척도로 평가한다. VHI는 음성의 기능적·신체적·정서적 측면의 3개 하위영역에 각각 10문항으로 구성되어 있다.

(2) 기기적 평가

음성평가에서 음성분석 장비를 사용하여 음성을 검사하는 방법을 기기적 평가라 한다. 기기적 평가에는 성대의 운동성을 알아보는 시각적 분석, 주파수, 강도, 음파의 복잡성 등을 알아보는 음향학적 분석 그리고 발성과 관련된 기류량 및 기압 등을 측정하는 공기역학적 분석 방법 등이 있다.

CAPE-V(consensus auditory-perceptual evaluation of voice)

이름: 검사일자:

다음 과제를 수행하는 동안 각 음질 관련 변수의 척도를 평가하시오.

1. 모음/a/와 /i/를 각 3~5초간 연장발성

2. 문장 발화
   - a. The blue spot is on the key again.
   - b. How hard did he hit him?
   - c. We were away a year ago.
   - d. We eat eggs every Easter.
   - e. My mama makes lemon muffins.
   - f. Peter will keep at the peak.

3. 자발화(질문에 대한 답변): "당신의 음성문제에 대해 말해 주세요." 또는 "당신의 음성이 어떻게 기능하고 있는지 말해 주세요."

Legend: C=일관된	I=간헐적
MI=약간 비정상적인	MO=중간 정도로 비정상적인
SE=매우 비정상적인	

전반적인 중증도 _____ C1/100
              경도   중등도   고도

거친 음성 _____ C1/100
              경도   중등도   고도

기식성 _____ C1/100
              경도   중등도   고도

긴장성 _____ C1/100
              경도   중등도   고도

음도 _____ C1/100
              경도   중등도   고도

강도 _____ C1/100
              경도   중등도   고도

_____ C1/100
              경도   중등도   고도

_____ C1/100
              경도   중등도   고도

공명에 대한 소견: 정상기타(설명)
다른 증상(예: 이중음성, 음성 프라이, 가성, 실성증, 불안정 음도, 진전, 가래 끓는 소리, 기타)

[그림 6-4] CAPE-V

① 성대의 운동성 평가

후두의 병변 및 발성 시 성대의 움직임을 알아보는 대표적인 장비로는 후두스트로보스코피(화상회선경검사, laryngostroboscopy), 초고속영화촬영법(ultra high speed cinematography), 그라토그라피(glottography), 카이모그라피(kymography)와 전류의 흐름 정도를 통해 성문 접촉 양상을 알아보는 전기성문검사(electroglottography) 등이 있다. 이 중 스트로보스코피는 후두의 질환을 알아보기 위해 현재 가장 많이 사용하는 검사방법 중 하나이다. 스트로보스코피는 일종의 눈의 착시 현상을 이용한 것으로 사람의 눈에 영상이 노출되었을 때 0.2초 동안은 망막에 잔상이 남는다는 이른바 탈보트(Talbot) 법칙에 따라 단속되는 광원 아래서 진동하는 물체를 관찰하는 것이다(최홍식, 2001). 이러한 시각적 관찰 장비를 사용하여 얻을 수 있는 정보로는 기본주파수, 양측 성대의 대칭성, 성대진동의 규칙성, 성문폐쇄 양상, 진폭, 성대점막파동(mucosal wave), 성대마비 유무 등이 있다.

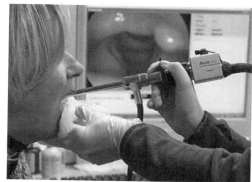

[그림 6-5] 후두스트로보스코피와 전기성문검사

② 음향학적 평가

음성의 음향학적 분석 장비를 통해 언어재활사는 주로 주파수, 강도, 스펙트럼, 주파수변동률(jitter), 진폭변동률(shimmer), 소음대 배음비(noise to harmonics ratio) 등을 측정한다(유재연, 2004a). 임상현장에서 사용되는 대표적인 장비로는 CSL, MDVP, Dr. Speech, Visi-Pitch, Praat 등이 있다.

CSL(computerized speech lab)은 컴퓨터를 기반으로 한 가장 종합적인 음성분석기로서 목소리를 분석하고 편집 및 분석된 결과를 그래프와 수치로 볼 수 있는 음성분석

시스템이다. MDVP(multi-dimensional voice program)는 최근 들어 가장 많이 활용되고 가장 많이 인용되는 음성 분석기구 중의 하나이다. MDVP는 음성을 다양한 측면에서 분석하는 것이 가장 큰 장점이다. '음성'의 특성이 매우 가변적이고 다변적임을 고려할 때, 이를 분석함에 있어 다차원적인 접근방법을 사용한다는 것은 매우 유용하고 MDVP의 정확하고 적절한 활용은 음성장애 환자의 병적 음성뿐 아니라 정상 음성의 특성을 파악하는 데에도 도움을 줄 수 있다(표화영, 최홍식, 2001). Dr. Speech 소프트웨어는 말/음성을 광범위하게 측정하기 위해 고안된 장비로 음성의 분석 및 치료용으로 개발된 프로그램이다. Visi-Pitch는 발성/발화 시 음원인 성대 진동을 계량적으로 측정하여 음성 분석 및 언어치료 시 객관적인 데이터를 제공하므로 전 세계적으로 임상 언어병리 연구와 언어치료 분야에서 가장 많이 사용되고 있는 장비이다(김현기, 2001). Praat는 현재 인터넷을 통해 무료로 다운로드받을 수 있는 프로그램으로서 음성의 스펙트로그램 분석, 주파수, 강도, 음질 분석 등에 활용된다. 마지막으로, Nasometer와 NasalView 등의 비음측정기는 사용이 간편하고 비침습적이어서 성인뿐만 아니라 아동 환자들에게 이르기까지 검사 및 치료 장비로 활용된다. 비음측정기는 구개열 환자, 악교정 환자, 마비성구어장애 환자, 음성장애 환자, 청각장애 환자 등과 같이 공명에 문제를 나타낼 수 있는 말장애 환자들의 비성치(nasalance)를 평가하고 치료하는 데 유용하게 사용된다(유재연, 2004b).

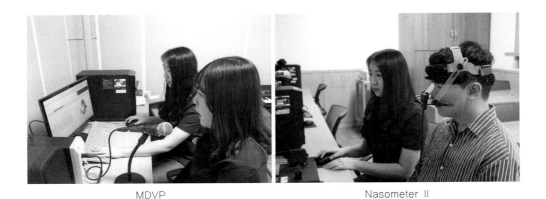

MDVP   Nasometer II

[그림 6-6] 음향학적 분석 장비

③ 공기역학적 평가

음성의 공기역학적 평가는 호흡기능과 발성 시 기류량, 공기압력 등을 측정하는 방법인데, 호흡기능 평가에서 가장 일반적으로 측정되는 매개변수로는 1회 주기량(tidal volume), 흡기 예비 용량(inspiratory residual volume), 호기 예비 용량(expiratory residual volume), 총폐용적(total lung capacity), 폐활량(vital capacity) 등이 있다.

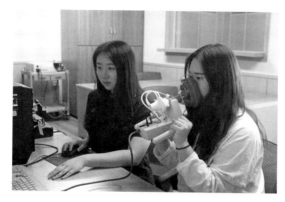

[그림 6-7] PAS

5. 치료

음성치료에는 만병통치약 같은 치료방법이 없다. 즉, 음성장애의 원인과 증상에 따라 적용되는 음성치료 방법은 매우 다양하다. 음성장애의 재활은 크게 수술과 약물에 의한 의학적 접근과 언어재활사에 의한 행동적 음성치료로 나눌 수 있다. 또한 음성재활 방법은 의료적 처치와 행동적 음성치료를 병행하는 경우도 많이 있다. 음성장애인의 음성재활에 있어 후두전문의와 언어재활사의 역할은 매우 중요하며 이들 전문가 간의 긴밀한 협조가 무엇보다 중요하다.

음성장애 환자의 음성치료 목표는 음성장애의 유형에 상관없이 환자의 사회적 욕구와 직업적인 욕구를 충족시킬 수 있도록 가능한 한 최상의 음성으로 회복시키는 데 있다. 그러므로 음성치료의 궁극적인 목표는 정상적인 음성으로의 회복이 아니며 음성장애의 원인에 따라 음성의 개선 정도는 차이가 있다. 음성치료에서 어떤 전략을 사용하든지 간에 치료의 효과에 영향을 줄 수 있는 요인으로는 음성장애인의 음성문제 인식의 정도, 음성 오·남용 습관의 유무, 체계적인 치료의 진행 여부, 음성 변화에 대한 음성장애인의 태도, 치료사와 환자의 친밀감 정도 등이 있다.

음성치료 종결의 기준은 음성이 향상됨과 동시에 성대에 생긴 기질적 장애가 없어지거나 감소된 경우, 환자 스스로가 음성이 향상되었다고 느끼는 경우, 신체적인 다른 증상(예: 목의 통증)들이 소멸될 때, 환자가 바람직한 음성 사용을 모든 상황에 적용할 때 등이다.

1) 음성치료 방법

음성치료 방법은 외과적 수술(phonosurgery), 약물치료(medication), 행동적 음성치료(behavioral voice therapy) 등으로 나눌 수 있다.

(1) 음성수술

음성수술에는 후두미세수술, 레이저 수술, 성대 내 주입술(intracordal injection), 갑상연골성형술(thyroplasty) 등이 있다. 후두미세수술은 일반적인 수술기구를 사용하여 시술하는 방법으로 현재 가장 많이 시행하는 수술방법이다. 이 수술법이 시행되는 병리는 성대결절, 성대폴립, 성대부종, 성대낭종, 후두횡격막 등 매우 다양하다. 레이저 수술은 레이저를 이용하여 성대에 발생한 병변을 제거하는 방법이다. 성대 내 주입술은 성대 내에 테프론(teflon), 실리콘(silicone), 지방조직(fat tissue), 콜라겐(collagen), 젤폼(gelfoam) 등의 물질을 주입하여 성대의 위치를 바깥쪽에서 안쪽으로 밀어 넣어 주는 성대내전술을 말한다. 마지막으로, 갑상연골성형술이란 갑상연골을 조작하여 성대의 형태나 위치 등에 변형을 주어 음성을 교정하는 시술법을 말한다. 갑상연골성형술 I형은 성대를 내전시키는 시술로서 갑상연골성형술 중 가장 많이 시행되는 술식이다. 갑상연골성형술 II형은 I형과 반대로 성대를 외전시키는 술식이며, 갑상연골성형술 III형은 갑상연골의 일부를 제거하여 성대의 전후 길이를 줄여 주는 성대이완술로서 음도를 낮추는 술식이다. 갑상연골성형술 IV형은 III형과는 반대로 성대의 전후 길이를 늘여 줌으로써 음도를 높이는 술식이다.

(2) 약물치료

음성장애를 가진 환자들에게 대표적으로 사용되는 약물로는 위산역류(GER) 현상을 감소시키기 위한 위산억제제와 연축성발성장애 환자의 한쪽 회귀성 후두신경을 마비

시키기 위해 주입하는 보툴리눔 독소(botulinum toxin)가 대표적이다. 현재 연축성발성
장애의 가장 효과적인 증상 완화법은 보톡스(BOTOX) 주입이다.

(3) 행동적 음성치료

행동적 음성치료는 음성산출의 방법을 변화시키는 방법이다. 즉, 음성산출 행동을
바꾸어 줌으로써 음성을 개선시키는 것을 의미하는데, 음성수술 또는 약물치료와 같
은 다른 음성치료 전략과 함께 실시할 수도 있다. 행동적 음성치료는 직접적 음성치료
와 간접적 음성치료의 두 가지 범주로 나누어 볼 수 있으며, 이 두 가지 치료방법을 병
행함으로써 효과적으로 음성을 개선시킬 수 있다.

① 간접적 음성치료

간접적 음성치료에는 음성휴식과 음성위생 준수가 있다. 음성을 많이 사용하는 대
부분의 음성장애인에게 음성휴식을 실시하는 것은 힘들다. 하지만 음성수술 이후의
음성휴식은 필수적이다. 모든 음성장애 환자에게는 음성위생 권고가 필수적인데 음성
위생 준수사항은 적절한 신체 건강을 유지하기, 물을 충분히 섭취하기, 마이크를 사용
하여 말하기, 충분한 휴식을 취하기 등의 '해야 할 것'과 흡연, 큰 소리로 말하기, 목청
가다듬기, 카페인 함유 음료 섭취 등의 '하지 말아야 할 것'으로 구성된다.

② 직접적 음성치료

직접적 음성치료는 음성효율성을 향상시키고 음질을 개선시키는 시도로 환자의 음
성산출 방법을 바꾸는 것을 말한다. 음성치료는 일반적으로 짧은 기간 동안 집중적으
로 이루어지며, 음성수술과 같은 특별한 경우에는 시도적인 음성치료가 이루어지고
수술 후 1~2주 후에 음성치료가 실시된다. 일반적으로 임상현장에서 많이 사용되는
음성치료 방법에는 청각적 피드백, 강도 변경, 노래조로 말하기, 저작하기, 비밀스러
운 음성, 상담, 손가락 조작법, 남용 제거, 새로운 음도 확립, 음성 배치, 성대 프라이,
머리 위치 변경, 계층적 분석, 흡기 발성, 후두 마사지, 차폐, 비음/유음 자극, 구강개방
접근법, 음도 억양, 발성 변경, 이완, 호흡훈련, 혀 내밀기, 시각적 피드백, 하품-한숨
접근법 등이 있다. 이들 25가지의 음성촉진 기법들이 발성에 어떤 영향을 주는지에 대
한 내용은 〈표 6-3〉에 제시하였다.

표 6-3 음성촉진 기법 25가지

음성촉진 기법	영향을 미치는 음성 파라미터		
	음도	강도	음질
1. 청각적 피드백	–	O	O
2. 강도 변경	O	O	O
3. 노래조로 말하기	–	O	O
4. 저작하기	O	O	O
5. 비밀스러운 음성	–	O	O
6. 상담(문제 설명)	O	O	–
7. 손가락 조작법	O	–	O
8. 남용 제거	–	O	O
9. 새로운 음도 확립	O	–	O
10. 음성 배치	O	O	O
11. 성대 프라이	O	O	O
12. 머리 위치 변경	O	–	O
13. 계층적 분석	O	O	O
14. 흡기 발성	O	O	–
15. 후두 마사지	O	–	O
16. 차폐	O	O	–
17. 비음/유음 자극	–	–	O
18. 구강개방 접근법	–	O	O
19. 음도 억양	O	–	–
20. 발성 변경법	O	O	O
21. 이완	O	O	O
22. 호흡훈련	–	O	O
23. 혀 전방화 /i/	O	강도	음질
24. 시각적 피드백	O	O	O
25. 하품-한숨	O	O	O

출처: 유재연 외(2014).

새로운 음도 확립

차폐

[그림 6-8] 행동적 음성치료 방법의 예

(4) 총체적 음성치료

총체적 음성치료(holistic voice therapy)란 음성산출과 관련된 호흡, 발성, 조음, 공명 등 음성산출의 전반적인 측면을 중재하는 것이다. 총체적 음성치료법에는 액센트 기법(accent method: AM), 성대기능훈련(vocal function exercises: VFEs), 공명음성치료 (resonant voice therapy: RVT), 리실버만 음성치료(Lee Silverman voice treatment: LSVT) 등이 있다.

① 액센트 기법

음성치료의 액센트 기법은 말소리는 끊임없이 억양이 변하면서 이루어진다는 측면에서 치료활동 동안에 리드미컬한 억양을 넣어 음성을 부드럽게 산출하도록 하는 데 초점을 둔다. 이 기법을 통해 호흡량이 증가하고 후두 근육의 긴장도가 떨어지며 발성 동안에 정상적인 성대의 진동 패턴이 나타나게 된다. 이 기법은 안정적인 복부 횡격막 호흡을 하면서 액센트가 포함된 리듬 있는 발성과 동시에 신체적인 움직임을 조화롭게 사용한다. 치료의 단계는 호흡훈련, 모음놀이 활동(라르고 리듬, 안단테 리듬, 알레그로 리듬), 조음훈련(연결구어로의 전이), 일상 대화의 순으로 진행된다. 이 기법은 과기능적 및 과소기능적 음성장애 환자들에게 유용하게 사용될 수 있다.

② 성대기능훈련

성대기능훈련은 후두근육의 부피 증가, 근력 개선, 후두근육 간의 협응능력을 향상시키기 위한 체계적인 훈련활동으로, 일련의 후두근육의 에어로빅 활동으로 볼 수 있다. 프로그램은 4단계로 이루어져 있으며 준비운동 단계, 신전 단계(낮은 음에서 높은 음), 수축 단계(높은 음에서 낮은 음), 내전 근력운동 단계로 진행된다. 발성훈련 동안 환자는 힘을 빼고 공명음성(resonant voice)으로 각 활동을 정확하게 수행하는 것이 중요하다. 이 프로그램은 과기능적 및 과소기능적 음성장애 환자의 치료에 효과적이다.

③ 공명음성치료

공명음성치료는 성악 발성지도에서 시작되었는데, 최소한의 성문하압과 근력으로 공명음성을 산출하도록 하는 훈련이다. 이 치료기법의 핵심은 공명음성(resonant voice) 산출인데 공명음성은 안면 부위와 치조 부위의 진동은 /m/를 허밍함으로써 쉽게 느낄 수 있고 성대가 약간 외전되거나 거의 내전되려는 위치에서 산출된다. 이러한 후두의 자세(모양)는 발성 시 후두의 과기능이나 과도한 성대 내전으로 인해 힘이 들어간 음성(pressed voice)을 산출하는 음성장애 환자의 치료에 유용하다. 공명음성치료는 종종 기질적 병변, 기능적 음성장애, 경중의 성대위축(mild vocal fold atrophy)뿐만 아니라 경중의 성대마비의 음성치료에 적용되기도 한다.

④ 리실버만 음성치료

리실버만 음성치료는 파킨슨병과 관련된 과소운동형 마비성구어장애 환자의 말명료도를 개선시키기 위해 개발되었다. 이 기법의 목표는 발화의 전반적인 강도를 증가시키는 데 초점을 두고 있다. 환자에게 적절한 복부횡격막 호흡을 지도해야 한다. 복부횡격막 호흡을 통해 호기 시 후두 수축(laryngeal constriction)을 최소화하는 적절한 성문하압이 생성될 수 있다. 또한 환자로 하여금 '크게 말하는 느낌'을 가지면서 강도를 증가시켜 말하도록 유도한다. 음성치료는 또한 적절한 음도로 발성하도록 지도한다. 이러한 활동을 통해 음성 강도의 증가와 성대 접촉의 개선을 통해 말명료도가 향상된다.

2 공명장애

1. 공명장애

음성공명이란 성대진동에 의해 만들어진 후두음원이 성도를 거치면서 선택적으로 여과되거나 증폭되는 것을 말한다. 이는 성대 진동에 의해 만들어진 소리가 구강, 인두강, 비강 등을 거치면서 후두음원의 강도가 증가하는 것인데, 소리의 증폭과 여과는 공명강의 모양과 음파의 진동수에 의해 달라진다. 일반적으로 공명장애는 과다비성(hypernasality), 과소비성(hyponasality), 동화비성(assimilative nasality) 등이 있다.

1) 과다비성

과다비성은 음성이 산출되는 동안 지나친 비강공명이 나타나는 것이다. 이는 일반적으로 연인두 기능부전(velopharyngeal incompetence 또는 velopharygeal insufficiency)으로 인해 발생한다. 연인두 기능부전은 기능적인 문제나 구조적인 문제 또는 둘 다에 의해 영향을 받을 수 있다. 연구개와 인두벽의 폐쇄에서의 문제가 발생할 경우 후두 진동에 의해 만들어진 소리는 지나친 비강공명을 받게 되는데 이 경우 부적절한 비강 기류 유출(nasal air emission), 구강압의 감소, 지나친 과다비성이 나타나게 된다.

2) 과소비성

과소비성은 비성자음(/m/, /n/, /ŋ/)의 비강공명 결핍을 말한다. 과소비성은 비정상적인 아데노이드의 비대, 비중격의 변형, 후비공의 막힘, 알레르기 비염 등으로 인해 나타나며 /m/, /n/, /ŋ/이 /b/, /d/, /g/로 대치되는 현상이다.

3) 동화비성

동화비성은 모음이 비성자음과 인접해 있을 때 비음화되어 발음되는 것이다. 이는 모음을 발음하는 데 있어 연인두가 열려 있기 때문에 발생하며 비성자음 앞뒤에 위치한 모음과 유성자음이 비음화되는 것을 말한다.

2. 진단 및 평가

공명장애의 평가는 일반적으로 음성장애의 평가 절차 및 내용과 유사하다. 우선적으로 환자에 대한 의학적 정보, 사례사 등에 대한 자료가 필요하며 환자와의 상담 시에 환자의 음성을 면밀히 검토해야 하며 기기를 사용한 객관적인 검사가 필요하다.

치료사는 자연스러운 대화 상황에서 환자의 대화 음성을 주의 깊게 듣고 평가해야한다. 이를 통해 환자가 과다비성을 나타내는지, 과소비성을 나타내는지 혹은 동화비성을 나타내는지에 대한 정보를 얻을 수 있다. 치료사는 환자의 공명문제를 알아보기 위해 특정한 문장을 사용할 수도 있다. 과다비성 평가에서는 환자에게 비성자음이 포함되지 않은 문장을 읽게 하고 과소비성 평가에서는 비성자음이 많이 포함된 문장을 읽게 하는 것이 유용하다. 공명의 문제를 객관적으로 측정하는 데 유용하게 사용되는 장비로 Nasometer와 NasalView가 있다. 이들 장비는 구강과 비강으로 산출되는 전체 음향에너지에서 비강으로 산출되는 음향에너지의 비율을 측정하는 비성치(nasalance) 를 통해 비강공명 문제의 정도를 확인할 수 있다. 공명평가에는 음성평가 이외에 조음검사, 구강검사 등을 함께 실시해야 한다.

3. 치료

1) 과다비성

과다비성은 모음을 발성하는 동안에 감지되는 비강공명이 지나치게 많은 것으로 구개열, 뇌성마비 등에서 잘 나타난다. 과다비성의 치료에는 외과적 치료, 치과적 치료, 음성치료 등이 있다. 외과적 치료는 구강검사나 연인두 기능검사를 통해 입천장에 발생한 기공, 구개열, 점막하 파열, 연구개의 구조적 또는 기능적 문제를 해결하기 위해 실시되는 수술로 구개봉합술과 인두피판술을 통해 과다비성을 줄일 수 있다. 치과적 치료는 다양한 보철장치를 통해 구개의 결함을 막아 음성과 조음을 개선시킬 수 있다. 치과적 치료에 사용되는 대표적인 기구는 구개거상기(palatal lift prosthesis)와 폐쇄기 (speech obturator)이다.

과다비성의 음성치료 방법으로 혀 위치 변경, 강도 변화, 청능훈련, 새로운 음도의 확립, 구강개방, 피드백, 음성배치, 호흡훈련 등을 통해 과다비성을 줄일 수 있다.

2) 과소비성

편도의 비대, 비인두 감염, 비강 내에 발생한 폴립 등으로 인해 비인두 폐쇄가 발생할 경우 과소비성으로 인해 모음의 왜곡과 비성자음(/n/, /m/, /ŋ/)의 다른 음소(/d/, /b/, /g/)로의 대치가 나타난다. 과소비성에 유용한 음성치료 방법으로는 청각적 피드백, 상담, 비음-유음 자극, 음성 배치 등이 있다.

3) 동화비성

일반적으로 동화비성은 기능적 원인과 관련되어 있다. 동화비성의 치료는 구강공명의 촉진에 초점을 두며, 청각적 피드백, 상담 그리고 Nasometer나 NasalView 등을 이용하여 효과적으로 동화비성을 줄일 수 있다.

요/약

이 장에서는 음성장애의 특성, 평가방법, 치료방법에 대해 알아보았다. 언어재활사는 음성진단 및 음성치료에서 이비인후과 의사와의 협력이 필요하다. 음성치료에서 언어재활사는 음성산출의 원리에 대해서 충분히 이해하고 있어야 하며 음성장애인에게 음성산출의 원리와 음성치료의 방법 및 효과 등에 대해 설명하는 것이 치료에 유용하다.

1. 음성은 구어 의사소통에서 매우 중요한 역할을 한다. 음성은 음도, 강도, 음질의 세 가지 구성요소로 이루어져 있다. 구두언어에서 메시지 전달력은 말하는 내용도 중요하지만 어떻게 말하느냐가 더 중요하다.
2. 정상음성은 음도, 강도, 음질이 성별, 체구, 지리적 요소 등에 적절한 경우이며, 상황에 맞게 음성을 유연성 있게 잘 사용하는 것이 필요하다.
3. 음성장애의 종류는 대개 음성장애를 발생시키는 원인에 따른 분류가 일반적이며 기능적 음성장애, 기질적 음성장애, 신경학적 음성장애 등으로 구분한다.
4. 음성평가는 크게 주관적 평가와 객관적 평가로 나눌 수 있다. 주관적 평가는 설문을 이용하는 것과 지각적(특히 청지각적) 평가가 있다. 음성평가에서 우선적으로 성대

를 관찰하는 후두내시경 평가가 실시된다. 객관적인 평가는 주로 음성분석 장비를 사용하는데 음성의 높이, 크기, 질을 평가하는 음향학적 평가와 음성산출과 관련한 호흡기능, 호기류, 연장발성시간, 성문하압 등을 측정하는 공기역학적 평가가 있다.

5. 음성치료는 의학적 · 약물적 · 행동적 치료법 등이 있다. 행동적 음성치료는 음성위생과 관련된 간접적인 음성치료법과 언어치료사가 직접 음성산출 방법을 변경하는 행동적 음성치료 접근법이 있다. 행동적 음성치료는 나타나는 음성증상에 따른 증후별 음성치료와 호흡, 발성, 공명 등의 전체적인 음성산출 하위체계를 개선시키는 데 초점을 두는 총체적 음성치료법이 있다.

6. 공명의 문제는 음성문제와 관련이 있다. 공명장애로는 과다비성, 과소비성, 무비성, 맹관공명, 동화비성 등이 있다.

7. 공명장애 평가는 청지각적 · 음향학적(비음측정기) · 시각적 방법으로 실시한다.

8. 공명장애 치료는 외과적 치료, 치과적 치료, 음성치료 등이 있다.

연/습/문/제

1. 음성언어 산출에서 호흡과 발성은 무엇인가?

2. 정상음성이란 무엇인가?

3. 음성장애가 발생하는 원인은 무엇인가?

4. 일반적으로 언어재활사가 담당하는 음성평가 항목은 무엇인가?

5. 주관적 평가인 GRBAS 척도와 CAPE-V의 차이는 무엇인가?

6. 자기보고식 음성설문평가 방법은 어떤 것이 있는가?

7. 음성을 음향학적으로 평가할 때 주로 사용되는 기기와 평가항목은 무엇인가?

8. 후두내시경을 통해 관찰해야 하는 후두 양상은 무엇인가?

9. 공기역학적 평가도구인 PAS를 사용하여 측정하는 내용은 무엇인가?

10. 음성치료 방법에는 어떤 것이 있는가?

11. 간접적 음성치료의 내용은 무엇인가?

12. 직접적 음성치료의 내용은 무엇인가?

13. 공명장애의 종류는 무엇인가?

14. 공명장애의 평가방법은 무엇인가?

📢 참고문헌

권순복(1999). 근육이완 음성치료프로그램이 성대결절 환자의 음성 개선에 미치는 효과. 대구대학교 재활과학대학원 석사학위논문.

권순복, 김용주, 조철우, 전계록, 이병주, 왕수건(2001). 성대결절환자에서 액센트 치료기법의 효과. 음성과학, 8(4), 87-98.

김성태(2004). 다중음성치료기법이 성대결절 환자의 음성개선에 미치는 효과: 액센트 기법과의 비교 연구. 대구대학교 재활과학대학원 석사학위논문.

김현기(2001). Visi-Pitch 작동 및 활용법. 고도홍, 정옥란 외 공편. 음성 및 언어 분석 기기 활용법. 서울: 한국문화사.

대한후두음성언어의학회(2016). 후두음성언어의학(2판). 서울: 범문에듀케이션.

박혜성, 박만호, 남순열(1999). 성대 결절 환자의 음성치료 효과. 대한이비인후과학회지, 42(10), 1304-1310.

손진호(2000). 음성장애 환자의 의학적 중재. 권도하 편. 언어치료. 대구: 한국언어치료학회.

신혜정(2000). 음성장애의 개관 및 증후적 음성치료기법. 권도하 편. 언어치료. 대구: 한국언어치료학회.

신효근(2003). 구순구개열의 발생. 신효근, 김현기 공편. 비인강폐쇄부전 연구. RISS.

심현섭(2004). 음성장애의 정의 및 유형. 고도홍 편. 2004 언어·청능장애 여름연수회 자료집. 한국언어청각임상학회.

안철민(2004). 음성질환의 진단과 치료. 서울: 도서출판 대한의학서적.

유재연(2004a). 음성분석기기와 장애음성 사례 데이터. 권도하 편. 언어치료. 대구: 한국언어치료학회.

유재연(2004b). 구개열의 음향학적 특성 분석. 권도하 편. 언어치료. 대구: 한국언어치료학회.

유재연, 황영진, 한지연, 이옥분(2014). 음성과 음성치료. 서울: 시그마프레스.

이무경(2003). 음성장애치료기법. 권도하 편. 언어치료의 기초. 대구: 한국언어치료학회.

최홍식(2001). Laryngo stroboscopy 활용법. 고도홍, 정옥란 외 공편. 음성 및 언어분석 기기 활용법. 서울: 한국문화사.

표화영, 김명상, 최홍식(1997). 성대결절환자를 대상으로 한 음성치료의 효과. 대한음성 언어의학회지, 8(2), 178-184.

표화영, 최홍식(2001). MDVP의 실제와 활용. 고도홍, 정옥란 외 공편. 음성 및 언어 분석 기기 활용법. 서울: 한국문화사.

Boone, R. B., & McFarlane, S. C. (2000). *The voice and voice therapy* (6th ed.). Boston, MA: Allyn and Bacon.

Van Riper, C., & Erickson, R. L. (1995). *Speech correction: An introduction to speech pathology and auditory* (9th ed.). Boston, MA: Allyn and Bacon.

제7장

유창성장애

| 신명선 |

이 장의 목표

- 말더듬의 정의 및 특성을 이해한다.
- 말더듬의 진행 과정과 발생 이론을 인지한다.
- 말더듬과 속화, 정상적인 비유창성과 말더듬을 감별한다.
- 말더듬 아동 및 성인의 진단 및 평가 방법을 학습한다.
- 말더듬 아동 및 성인의 치료방법을 습득한다.
- 속화의 정의 및 특성을 이해한다.
- 속화의 치료방법을 학습한다.

핵심 용어

- **유창성**(fluency): 말의 흐름이나 비율에 대한 일반적인 현상으로 어떤 노력이나 머뭇거림 없이 쉽고 자연스럽게 말하는 것이다.
- **도피행동**(escape behavior): 말더듬 핵심행동에서 빠져나오려고 하는 자신만의 비정상적인 행동이다.
- **회피행동**(avoidance behavior): 말더듬 행동에 대한 두려움으로 해야 할 말이나 상황을 피하는 행동이다.
- **자연회복**(spontaneous recovery): 비유창성을 나타내는 아동이 치료를 받지 않아도 자연스럽게 정상으로 돌아가는 현상이다.

1 유창성장애 개관

1. 정의

유창성이란 말의 흐름이나 비율에 대한 일반적인 현상으로 어떤 노력이나 머뭇거림 없이 쉽고 자연스럽게 말하는 것을 의미한다. 유창성장애란 말의 정상적인 흐름이 방해를 받아서 시간 맞추기(timing)와 리듬(rhythm)이 부적당한 패턴으로 되는 현상으로 말더듬(stuttering)과 속화(cluttering)가 있다.

말더듬은 전 세계의 모든 민족과 사회에서 나타나며, 대략 전 인구의 1%가 말을 더듬는다. 성경에서는 모세가 말을 더듬었으며, 다윈, 뉴턴, 처칠 그리고 할리우드 스타인 마릴린 먼로와 브루스 윌리스도 말을 더듬었다(Natke, 2000). 이처럼 말더듬은 우리 주변에서 쉽게 찾을 수 있는 의사소통장애이다. 말더듬은 음, 음절, 단어 등의 반복, 연장, 막힘 등으로 말의 흐름이 방해를 받아서 유창성이 깨지는 것이며, 구어장애뿐만 아니라 다양한 부정적인 정서도 동반한다. 일반적인 사람들은 말을 더듬는 화자를 보고 "왜 저렇게 머뭇거리고 있을까?" "왜 저렇게 같은 말만 반복하면서 힘을 주고 있을까?" "왜 지금까지는 자연스럽게 말하다가 갑자기 자신의 이름을 말하지 못할까?" "왜 동생하고는 말을 잘하는데 아버지와 말을 할 때는 호흡을 멈추고 가만히 있을까?"라고 의문을 가질 수 있다. 하지만 이러한 질문에 정답이 없을 정도로 말더듬은 매우 가변적이며, 다양한 요인에 영향을 받는다.

말을 더듬는 사람도 항상 말을 더듬는 것이 아니며, 일반 사람들도 가끔씩 말을 반복하거나 머뭇거림을 나타낸다. 예를 들면, 상반되는 감정이나 스트레스를 받는 상황일 때, 어떤 어려운 생각을 하면서 말할 때, 말을 하는 도중에 적절한 단어가 생각나지 않거나 하고자 하는 단어를 잊어버렸을 때 음절, 단어 또는 구를 반복하거나 비유창성을 나타낸다. 특히 언어발달기에 있는 아동들은 더 많은 머뭇거림으로 비유창하거나 말을 더듬는 것을 종종 볼 수가 있다. 이 시기에 시작된 비유창성은 여러 가지 요인이 상호작용하면서 몇 주일 혹은 몇 달 동안 나타나다가 사라지기도 하고 지속적으로 나타나면서 점차 심화되어 심각한 형태의 말더듬으로 진행될 수도 있다. 따라서 아동기에 나타나는 비유창성이 정상적 비유창성인지 또는 병리적 비유창성인지를 감별하는 것이 중요하다. 아동기 초기 말더듬은 며칠이나 몇 주 동안 말을 더듬다가 말더듬이 사라지기도 하고, 어떤 경우에는 심하게 나타나기도 한다. 이러한 비유창성이 심해지면서 심리적 부담감이 가중되며 때로는 상황공포나 단어공포로 이어지기도 한다. 정상적 비유창성은 청자로부터 비정상적으로 느껴지지 않는 것이 특징이며, 말을 할 때 '어' '음'과 같은 불필요한 말을 삽입하거나 단어나 구를 반복하거나, 말을 수정하거나 부적절하게 쉼을 갖거나 끝을 흐리기도 한다. 이러한 비유창성 유형으로 말의 흐름이 깨어지지만 말을 할 때 근육의 긴장이나 불안이 느껴지지 않는다. 그러나 병리적 비유창성은 음이나 음절의 반복과 연장 그리고 막힘이 자주 나타나면서 근육의 긴장이 동반된다. 또한 말더듬 행동에 대한 자각으로 불안, 좌절, 공포 등을 느끼면서 도피행동(escape behavior)과 회피행동(avoidance behavior)이 동반된다.

　유창성장애의 또 다른 형태인 속화는 말의 속도가 지나치게 빨라서 유창성이 깨지는 것이며, 말더듬에 비해 출현율이 낮다. 반복이나 머뭇거림을 나타내며, 문법적으로 부자연스러운 말이나 부정확한 조음 등으로 청자에게 내용 전달이 잘 되지 않는다.

2. 말더듬 발생

　말더듬은 2~6세경에 시작되어 점진적으로 진행된다는 것이 일반적인 견해이다. 말더듬 연구를 종합해 보면 현재 얼마나 많은 사람이 말을 더듬고 있는지를 보여 주는 출현율(prevalence)이 1%로 보고되고, 살아오는 동안 얼마나 많은 사람이 말을 더듬은 적이 있는지를 보여 주는 발생률(incidence)은 5~15%까지로 보고된다. 많은 요인이 말더듬의 발생과 관련이 있어서 나라와 문화에 따라 말더듬이 발생하는 상대적인 빈도와 형태가 다를 수 있고, 말더듬에 대한 정의와 대상 선정방법, 말더듬 진단기준 등에 따라 다를 수 있지만 출현율과 발생률 간에 차이가 크다. 이러한 차이가 나는 것은 말더듬이 어릴 때 시작되지만 성장하면서 회복되는 비율이 높다는 것을 시사해 준다. 비유창성을 나타내는 아동들이 모두 심한 말더듬이가 되는 것은 아니다. 비유창성을 나타내는 아동의 대부분에 해당하는 80%는 치료를 받지 않아도 자연스럽게 정상으로 돌아가는데 이것을 자연회복(spontaneous recovery)이라고 한다.

　말더듬 출현의 남녀 간의 비율은 4:1로 남자가 더 높은 비율을 차지하고 있다. 이러한 남녀 비율의 차이는 연령이 증가할수록 더 커진다. 이러한 차이는 남자가 여자보다 말에 대하여 갖는 환경적인 압박이 크고 사회적 기대 수준이 높아서라는 환경적 해석, 남성보다 여성이 언어능력이 우세하다는 생리적 해석, 말더듬과 관련된 잠재적 소인이 존재하여서 발생 빈도가 성별에 따라 차이를 나타낸다는 유전적 해석 등으로 설명할 수 있다.

3. 말더듬 행동

1) 말더듬 핵심행동

말더듬에서 구어의 흐름이 방해를 받아 말소리가 깨어지는 외현적인 현상을 핵심행동이라고 한다. Guitar, Guitar와 Fraser(2006)는 핵심행동을 반복, 연장, 막힘으로 분류하였고, Van Riper(1982)는 반복과 연장으로 분류하면서 막힘을 소리 없는 연장에 포함시켰다. 일반적으로 말더듬의 핵심행동은 반복으로 시작해서 증상이 심해지면 연장이 나타나고 더 심해지면서 막힘이 나타난다.

(1) 반복

음, 음절, 단어, 구의 일부나 전체를 여러 번 되풀이하는 현상을 반복이라고 한다. 정상인들도 말을 하다가 반복을 하는 경우가 있으나 반복하는 단위와 빈도가 말더듬인들과는 차이가 많다. 따라서 언어적인 길이가 짧은 단위를 반복할수록, 반복횟수가 많을수록, 단위반복수가 많을수록 말더듬일 가능성이 높다.

반복행동에 대해서는 우선 반복이 나타난 반복횟수와 단위반복수를 관찰해야 한다. 반복횟수는 음, 음절, 단어 등의 반복이 나타난 단어의 수를 의미한다. 단위반복수는 각각의 반복이 일어난 단어에서 되풀이한 수를 의미한다. 즉, 각각의 반복에서 정상적인 발음이 나오기 전에 되풀이한 단위(음, 음절, 단어 등)의 수를 의미한다. 말더듬 발생 초기에는 반복횟수와 단위반복수가 적고 말더듬이 심해질수록 증가한다. 반복행동에서 또 관찰해야 할 부분은 반복속도와 반복의 규칙성이다. 말더듬 초기에는 일상 대화에서 조음속도와 반복속도가 유사하게 나타나다가 말더듬이 심해지면서 반복속도가 빨라진다. 말더듬 초기에는 반복 간격이 규칙적이다가 심해지면서 같은 단위를 반복하더라도 반복 간격이 불규칙해진다.

(2) 연장

한 번의 호기에서 같은 말소리가 지속되는 것을 연장이라고 한다. 따라서 연장이 될 수 있는 말소리는 마찰음, 비음, 모음이다. 연장을 나타낼 때는 대부분의 경우 조음기관이 움직이지 않으며, 하나의 말소리가 0.5초 이상 지속된다. 근육들 간의 협응과 시간 조정, 동시조음의 문제로 연장이 나타난다.

(3) 막힘

막힘(폐쇄)은 호기와 발성이 정지되고 조음기관 및 후두의 근육들이 고정되어 있는 상태를 말한다. 특히 파열음과 파찰음을 발음할 때 긴장을 동반한 이러한 막힘이 많이 나타난다. 막힘은 조음기관이나 후두에서 주로 일어난다. 양 입술을 붙인 상태에서, 혀를 윗니나 구개에 접근시킨 상태에서, 성대를 강하게 접촉시킨 상태 등에서 막힘이 일어날 수 있다. 어떤 말더듬인은 막힘을 경험한 당시의 상태를 "두 입술을 강력한 접착제로 붙여 놓은 것 같고, 혀를 구개에 붙여서 시멘트를 발라 놓은 것 같다."라고 표현하였다.

2) 말더듬 부수행동

말더듬이 점차 심해지면 핵심행동과 더불어 부수행동이 나타난다. 부수행동은 일반적으로 핵심행동에 뒤따라서 발생되기 때문에 이차행동 또는 수반행동이라고도 한다. 핵심행동은 일반적으로 말더듬이 진행되면서 반복, 연장, 막힘 순으로 나타나지만 부수행동은 개인에 따라 그 양상이 천차만별이다. 부수행동은 크게 핵심행동에서 빠져나오려는 도피행동과 말을 더듬을 것이라고 예측되는 음/단어, 상황을 피하려는 회피행동으로 나뉜다.

(1) 도피행동

일반인들은 말을 하다가 머뭇거림이 나타나면 멈추거나 통제를 할 수 있지만, 말더듬인들은 말더듬이 한번 시작되면 의도적으로 말을 멈추거나 말더듬 행동에서 쉽게 빠져나올 수가 없게 된다. 이러한 말더듬 행동에서 빠져나오려고 하는 자신만의 비정상적인 행동을 도피행동이라고 한다. 이러한 도피행동의 양상은 말더듬인들마다 다르며 믿기 어려울 만큼 매우 다양하다. 예를 들면, 한숨을 쉬는 행동, 흡기를 하는 행동,

호흡을 멈추는 행동, 눈을 꼭 감는 행동, 혀를 밖으로 내미는 행동, 입술을 뾰족하게 내미는 행동, 머리나 사지를 흔드는 행동, 발로 바닥을 차는 행동 등과 같은 신체행동의 힘을 빌어 말더듬 행동에서 빠져나오려고 한다.

이러한 도피행동이 말더듬에서 빠져나오는 보상을 가져오지만 그 효과가 오래가지 못하므로 또 다른 도피행동을 찾게 된다. 이러한 과정을 거치다 보면 도피행동이 점점 더 복잡해지고 말더듬 행동은 점차 악화된다.

(2) 음/단어 공포 및 상황공포

말더듬인들이 두려워하는 것은 말을 더듬은 후 주위 사람들의 부정적인 반응이다. 부정적인 반응의 유형은 놀리는 사람, 동정하는 사람, 무시하는 사람, 고개를 돌리는 사람, 야단치는 사람, 흉내 내는 사람 등 다양하다. 이러한 모든 반응이 말더듬인들에게는 당황스럽고 견디기 어려운 벌로 다가온다. 주위의 이러한 부정적인 반응들은 말더듬인들에게 음/단어 공포, 상황공포를 싹트게 한다.

말더듬인들이 특정 단어를 자주 더듬게 되면 그 단어를 말할 때마다 더듬을 것이라는 강박관념이 생기고 단어에 대한 공포심이 생긴다. 말더듬이 심화되면서 공포심이 생기는 단어의 수가 증가하게 되어 공포화된 단어를 시작하는 어두음으로 이루어진 모든 단어로 공포가 확대된다.

어떤 사람은 동성과 이야기할 때는 말을 더듬지 않지만 이성과 말을 할 때는 더듬고, 어떤 사람은 윗사람과 이야기할 때, 아버지와 이야기할 때, 읽기를 할 때, 음식을 주문할 때, 전화할 때, 특정 주제에 대해서 이야기할 때 더 더듬는다. 이와 같이 특정 대상, 주제, 시간, 장소 등에서 말더듬이 자주 발생하면 이와 관련한 상황공포가 생긴다.

(3) 회피행동

말더듬 초기에는 회피행동이 나타나지 않지만 말더듬이 점차 심화되면서 도피행동이 시작되고 더 진전되면서 회피행동이 나타난다. 회피행동은 음/단어 공포, 상황공포에 직면하지 않기 위해 하는 다양한 행동을 말한다. 가능한 한 사람들을 만나지 않으려고 하고, 부득이하게 사람을 만나야 할 때는 가능한 한 말을 적게 하려고 한다. 다른 사람들이 말을 걸거나 질문을 하지 않도록 시선을 피하거나, 눈을 감고 생각에 잠겨 있는 것처럼 행동하거나 딴전을 피운다. 부득이하게 자기가 말을 해야 하는 상황이면 웃는 표정으로 동의를 표하거나, 간단한 몸짓이나 제스처로 의사표시를 하거나, '예' '아니요'와 같은 간단한 표현을 한다. 질문에 대한 답을 알고 있더라도 말더듬 행동에 대한 두려움으로 모르는 것처럼 행동한다.

말을 더듬는 사람들은 어디에서 누구를 만나든 극도의 긴장으로 다가오는 상황과 말더듬이 나타날 가능성이 있는 사건들을 미리 예측하고 대비하는 데 온 신경을 집중한다. 말을 하면서는 내용보다는 말을 하려는 문장 속에 공포화된 음이나 단어가 있는지에 집중하게 되고, 그러다가 공포화된 음이나 단어가 나오면 온갖 방법과 수단을 동원하여 회피한다.

회피행동은 개인에 따라 그 양상이 매우 다양하다. 회피행동을 통하여 말더듬을 모면하는 경우도 있지만, 회피행동은 말더듬을 정면으로 대적하는 것이 아니라 말더듬에서 도망가는 것이다. 도망갈수록 말더듬은 더욱 무섭고 두렵게 된다. 말더듬인들이 자주 나타내는 회피행동의 몇 가지 유형은 다음과 같다.

① 거부행동

자기가 말을 할 기회를 거부하고 회피하는 행동을 의미한다. 알면서도 모르는 척하는 것이나 시선을 회피하는 행동들이다. 심한 경우에는 전화를 받지 않거나 의도적으로 휴대전화를 갖지 않고, 처음 만난 사람들과 말을 할 때 청각장애인인 것처럼 행동한다.

② 바꾸어 말하기

말을 더듬을 것 같은 단어를 다른 표현으로 바꾸어 말하는 것을 의미한다. 동의어로 대치하기(밥 먹었니? → 식사했니?), 에두르기(물 좀 주세요. → 목이 많이 마르네요.), 순서 바꾸어 말하기(집이 어디야? → 어디야 집이?), 전보문식 표현하기(오늘은 금요일이라서 학교에 갔어. → 오늘 금요일 학교.) 등이 있다.

③ 연기책략

더듬을 것 같은 단어를 말하기 전에 시간을 끄는 방법을 동원하는 것을 말한다. 말을 하는 도중에 삽입어를 많이 사용하거나 정상적으로 말한 단어나 구를 반복한다. 물론 정상인들도 삽입어를 사용하지만 말을 더듬는 사람들은 말더듬을 감추고 방지하기 위한 책략으로 사용한다. 어떤 말더듬인은 이러한 연기책략을 능숙하고 자연스럽게 사용하기 때문에 다른 사람들이 말더듬을 회피하려는 의도에서 사용한다는 것을 인지하지 못할 때가 있다.

4. 말더듬 진행 과정

말더듬 발생 시기에 대한 많은 연구결과에 의하면 말더듬은 두 단어를 조합하여 문장을 사용하는 18개월부터 사춘기(11~12세)까지 발생할 수 있다. 이 시기가 지난 이후에 말더듬이 처음으로 나타나는 경우는 기질적인 원인이 아니라면 극히 드물다. 말더듬이 발생하는 시기 가운데서도 특히 2세에서 5세까지가 말더듬이 발생할 가능성이 가장 높다. 이 시기는 언어발달에서 어휘력이 급격히 증가하고 두 단어를 연결하여 문장 속에 문법적인 기능이 나타나는 시기와 일치한다는 사실에 주목하여야 한다.

말더듬 발달단계에 대한 많은 연구자의 공통적인 의견은 초기 말더듬 아동들은 구어를 산출하기 위해 어떠한 노력을 하거나 정서적인 문제를 수반하지 않고 단순히 음, 음절 혹은 단어의 반복으로 시작한다는 것이다. 점차 음/음절반복 및 단어부분반복의 단위반복수가 증가하면서 연장과 막힘을 보이고 긴장이 수반된다. 초기 말더듬 아동은 자기의 말에 문제가 있다고 생각하지는 않고 이따금씩 말이 잘 이어지지 않으면 약간 놀라는 경우는 있으나 심리적인 부담을 갖지 않는 것이 일반적이다. 이러한 초기 말더듬이 자연회복이 되지 않을 경우 말더듬이 점점 심해질 수 있다(Van Riper, 1982). Guitar(2018)는 일반적인 말더듬 아동의 진행 단계를 정상적 비유창성 단계와 4개의 말더듬 진행 단계로 설명하였다.

1) 정상적 비유창성 단계(normal disfluency)

이 시기의 아동은 정상적인 단계에 해당하며, 삽입, 수정, 미완성 구, 쉼, 단어나 구의 반복을 나타낸다. 이러한 비유창성이 100단어당 10개 미만이고, 반복을 하더라도 한 단어에서 단위반복수가 1회이며 때때로 2회가 나타난다. 말을 할 때 말에 대한 부담감이나 근육의 긴장이 느껴지지 않는다.

2) 경계선 말더듬 단계(borderline stuttering)

경계선 말더듬 단계에서는 수정이나 삽입보다 반복이나 연장이 더 많이 나타난다. 이러한 비유창성이 100단어당 10개 이상이고, 단어전체반복을 보이다가 점차 음이나 음절반복이 나타나며 단위반복수가 2회 이상이다. 처음에는 이러한 반복이 간헐적으로 보이다가 흥분하거나 경쟁적인 상황이나 스트레스를 받는 상황에서 증가하다가 점차 상황에 관계 없이 반복이나 연장이 나타난다. 자기 말의 비유창성에 대해 순간적으로 놀라기도 하지만 의식하지 않으며 이차행동인 부수행동도 보이지 않는다.

3) 초기 말더듬 단계(beginning stuttering)

초기 말더듬 단계에서는 반복의 속도가 빨라지고 불규칙적이고 긴장이 수반되면서 막힘이 나타난다. 자신의 유창성 붕괴를 자각하면서 당황하게 되고 말하는 것을 두려워하게 된다. 반복이나 연장에서 벗어나기 위해 고개를 다른 곳으로 돌리거나 얼굴을 찡그리거나 눈을 깜빡이는 도피행동을 보이게 된다. 이러한 행동은 일시적으로는 도움을 주는 것처럼 보이지만 더 심한 말더듬으로 진행된다.

4) 중간 말더듬 단계(intermediate stuttering)

반복과 연장보다 막힘이 많이 나타나고, 말더듬 행동에 대한 공포, 두려움, 좌절, 수치심 등으로 다양한 도피행동과 회피행동을 보인다.

5) 심화된 말더듬 단계(advanced stuttering)

막힘의 지속시간과 긴장이 길어지고, 도피행동과 회피행동을 매우 정교하고 빠르게 습관처럼 사용한다. 이러한 회피행동으로 말더듬이 점차 악화되어서 공포심, 좌절감, 수치심, 죄의식 등이 매우 강해지고, 부정적인 자아개념을 가지게 된다.

5. 말더듬 발생 이론

말더듬의 원인은 바라보는 관점에 따라 매우 다양하다. 말더듬의 원인으로는 말을 더듬는 사람 모방, 심리적 충격, 신경외과적 질환, 언어발달의 강요, 왼손잡이를 오른손잡이로 강요, 이중언어의 강요, 조음기관의 이상, 호흡기관의 잘못된 협응, 정서적인 갈등 등이 있다. 그러나 현재까지 수많은 말더듬의 본질에 대한 과학적인 연구와 임상조사에도 불구하고 말더듬의 원인이 무엇인가에 대한 질문에 절대적인 대답을 찾지 못하고 있다. 말더듬의 원인에 대한 많은 학자의 연구들을 종합해 보면 아동의 심리를 포함한 가정환경과 관련된 심리사회적 요인, 유전을 포함한 생리적 요인, 언어발달과 유창성 간의 상호작용과 관련된 심리언어학적 요인 등이 있다. 최근에는 이러한 요인들의 복합적인 관점으로 접근하고 있다. 말더듬의 원인과 관련된 많은 이론을 바탕으로 말더듬 증상을 더 잘 이해할 수 있다.

1) 심리사회적 요인

(1) 심리역학적 이론

Freud의 정신분석이론을 바탕으로 말더듬인들의 성격이나 심리 구조가 정상인들과 달라서 말을 더듬는다는 이론이다. Coriat(1943)는 구강기 고착과 유아기 욕구 충족의 실패로 말더듬이 발생한다고 보았고, Glauber(1958)는 충동과 초자아 사이의 불균형으로 말더듬이 발생한다고 하였다. 그러나 많은 학자는 말을 더듬기 때문에 사회에 적응하기 힘든 것이지 말더듬인들의 성격이나 심리 구조의 문제로 말더듬이 발생하는 것은 아니라고 본다.

(2) 진단기인론(진단착오이론)

Johnson 등(1959)은 "말더듬은 아동의 입에서가 아니라 부모의 귀에서 시작된다."라고 하였다. 말더듬은 아동의 정상적인 비유창성을 아동과 가까운 환경에 있는 사람들, 즉 부모나 형제, 친구가 말더듬으로 인식하는 데서 시작된다는 이론이다. 아동의 정상적 비유창성에 대한 부정적인 평가가 아동을 말더듬으로 만든다는 것이다. 말더듬이라고 진단받기 전에는 초기 아동들이 경험하는 정상적인 비유창성을 나타내지만 아동의 구어에 민감한 부모가 아동의 구어를 변화시키려고 관심을 가지거나 반응을 할수록 비유창성 행동이 더 심해질 수 있다.

(3) 학습이론

말에 대해 생긴 부정적인 감정이 조건화되어 말더듬이 학습된다는 이론이다. 예를 들면, 어떤 부모가 어린 동생에게만 관심을 주고 아동 자신에 대해 소홀하다고 느끼고 있는데, 어느 날 아동이 우연히 말을 더듬자 평소 무관심을 보였던 부모가 아동에게 관심을 보였다면, 이 아동은 부모의 관심을 끌기 위하여 말더듬 행동을 나타낼 수 있다. 즉, 아동의 말더듬 행동은 부모의 관심이라는 보상작용에 의해 더 심해질 수 있다.

2) 생리학적 요인
(1) 뇌기능분화의 장애(대뇌반구 우세이론)
일반 화자들은 구어 산출 시 좌측 대뇌의 지배를 받지만 말더듬인들은 양측 대뇌의 지배를 받을 수 있다. 이때 언어와 관련된 중추신경계의 충돌로 구어 산출을 담당하는 근육이 방해를 받거나 말 정보처리의 불균형으로 구어의 흐름이 깨어지게 된다는 이론이다. 좌반구가 정상적으로 언어기능을 담당할 때보다 뇌신경망의 효율성이 떨어지게 되고 구어 산출에서 비유창성의 가능성이 높아진다.

(2) 구어 산출 시스템의 불협응이론
말더듬이 호흡, 발성, 조음 등으로 이루어지는 구어 산출 시스템의 불협응으로 나타난다고 보는 이론이다(Perkins, 1976). 얕은 호흡, 반대 호흡, 불규칙적인 호흡의 문제와 후두를 포함한 조음기관들의 협응과 시간 맞추기의 문제로 말의 흐름이 방해된다.

(3) 유전적 요인
말더듬은 유전적인 소인으로 발생하는가에 대한 이론을 뒷받침하는 가계력 및 쌍둥이에 대한 연구들이 있다. 많은 연구결과가 일치하는 것은 아니지만 말더듬은 한 가계 내에서 나타나는 경향이 있다. 이는 말더듬을 일으킬 수 있는 잠재적 소인을 가지고 태어나서 말더듬이 발생한다고 보는 관점으로 말을 더듬는 사람들의 가계에 속한 친척들 가운데 말을 더듬는 사람의 수가 말을 더듬지 않는 사람들의 친척들 가운데 말을 더듬는 사람보다 많았다고 보고되었다. 또 다른 연구결과에서는 이란성 쌍둥이보다 일란성 쌍둥이에게서 말더듬의 일치성이 더 높게 나타났다.

그러나 가족이나 친척 중에 말을 더듬는 사람이 없는 경우에도 말을 더듬을 수 있고, 쌍둥이 중 1명이 말을 더듬더라도 다른 1명이 말을 더듬지 않을 수도 있기에 잠재적인 소인 이외에 발달과정에서 경험하는 환경적 요인이 말더듬을 악화 또는 감소시키는 데 영향을 미친다는 점을 간과해서는 안 된다.

3) 심리-언어학적 요인

말더듬은 언어발달이 왕성하게 이루어지는 시기에 발생한다. 내재된 언어 수준과 언어 산출능력 간의 차이로 비유창성이 나타난다. 언어 산출능력의 결함이 있는 아동은 언어 계획과 구어 산출에서 말더듬이 발생할 가능성이 높다. 유창성장애라 하더라도 항상 말을 더듬는 것은 아니기에 언어학적인 요소에 따라, 즉 음운론, 의미론, 구문론, 화용론 측면에서 언제 어떤 위치에서 비유창성 행동이 더 많이 나타나는지에 따라 말더듬의 요인을 살펴볼 수 있다. 말더듬은 단어 내에 어두음에서, 모음으로 시작하는 단어보다 자음으로 시작하는 단어에서, 기능어보다는 내용어에서, 문장 내에서는 첫 단어에서, 길이가 긴 단어에서, 단어의 목적성이나 정보하중이 높은 단어에서, 구조화된 상황에서 더 많이 나타난다.

4) 다중 요인

(1) 역동적 모델

말더듬 발생은 선천성과 양육의 관점을 통합해서 보아야 한다. 중추신경계의 유전적·생리적 양상이 말더듬의 원인으로 제시되었지만 대뇌피질은 계속해서 변하고 환경적 자극에 의해 반응한다. 따라서 말더듬을 기질적인 요소와 학습적인 요소의 복합체로 인식하는 것이 필요하다.

(2) 요구용량 모델

선천적 소인과 후천적 요소들의 상호작용에서 말더듬이 발생한다고 보는 이론으로, 유창성에 대한 외부적 압력이나 요구가 아동의 능력보다 과도하게 높을 때 말더듬이 발생한다. 자신의 언어를 계획하고 조정하는 능력이 개인의 내적·외적으로 요구되는 환경에 비해 부족할 때 말더듬이 발생할 가능성이 높다.

2   말더듬 진단 및 평가

말더듬 진단 및 평가 과정은 사례지 양식 및 면담을 통한 사전 정보수집, 말더듬 행동, 말더듬인의 의사소통과 관련된 감정과 의사소통 태도 등에 대한 공식적·비공식적 검사를 통하여 말더듬의 유무 및 심한 정도를 정확하게 진단하는 것으로 이루어진다. 말더듬으로 진단된 후, 말더듬의 심한 정도를 평가하기 위해서는 관찰하고자 하는 말더듬 행동, 구어표본 유도 방법, 행동 결과 분석 및 기록 방법, 채점 및 해석 방법 등을 고려해야 한다.

치료사는 말더듬인을 평가하고 진단한 결과를 바탕으로 치료를 계획하고, 치료 결과를 다시 평가하여 진전 정도, 부족한 부분을 통한 새로운 치료계획, 종결 시기 등을 결정해야 하므로 지속적으로 평가를 실시해야 한다.

1. 사전 정보수집

1) 사례지에 의한 정보수집

언어치료사가 말더듬 아동 또는 보호자에게 사례지를 작성하도록 한 다음, 사례지를 검토하고 면담함으로써 대상자의 말더듬을 좀 더 잘 이해하도록 준비해야 한다. 사례지는 표준화된 양식이 있지는 않지만 일반적으로 병력 및 가족력, 사회력, 말더듬 발생 시기, 발생 후 말더듬의 변화, 말더듬의 현재 상태, 치료 경력, 의사소통 태도 등에 대한 정보를 얻을 수 있다.

2) 면담에 의한 정보수집

유능한 치료사는 말더듬 아동이나 성인 및 보호자와 의사소통하는 데 능숙해야 한다. 사례지를 살펴서 아동에 대한 대략적인 정보를 알고 면담을 실시하며, 가능한 한 개방형 질문을 통하여 사례지에서 얻은 정보를 더욱 자세하게 살펴보는 것이 좋다. 대상자의 문제를 더 잘 이해하기 위해서는 대상자에 따라 적당한 질문들을 선정해야 한다. 면담을 하는 대상자가 아동일 경우에는 아동의 이름을 사용하는 것이 신뢰감과 친근감을 준다. 말더듬 아동이나 보호자에게 다음과 같은 질문들을 할 수 있으나 말더듬 성인에게도 일부 수정하여 적용할 수 있다.

① 언제부터 말을 더듬기 시작했습니까?
② 말더듬이 점진적으로 진행되었습니까? 갑자기 발생하였습니까?
③ 누가 아동의 말에 처음으로 주의를 기울였습니까?

④ 처음보다 말더듬이 호전되었습니까? 아니면 더 악화되었습니까?

⑤ 말더듬 행동이 일관적입니까? 혹은 다양합니까?

⑥ 말더듬 문제로 다른 곳에 의뢰한 적이 있습니까? 문제를 해결하는 데 도움이 되었습니까?

⑦ 말더듬을 해결하기 위해 어떤 노력을 했습니까? 가족들은 도움을 주기 위해 어떤 노력을 했습니까?

⑧ 왜 말을 더듬는다고 생각하십니까?

⑨ 가족들 중 아동 외에 말을 더듬은 사람이 있습니까(부모, 형제, 자매, 조부모, 삼촌, 숙모, 조카 등)? 그들은 지금도 말을 더듬습니까?

⑩ 말을 더듬을 때 어떤 느낌이 듭니까?

⑪ 말더듬에 대하여 가족이나 친구들의 반응은 어떠합니까?

⑫ 어떤 상황에서 가장 많이 더듬습니까(전화할 때, 많은 사람과 얘기할 때, 친구, 가족, 부모 또는 권위적 지위를 가진 사람과 말할 때 등)?

⑬ 말을 할 때 특정 상황이나 단어를 회피합니까?

⑭ 말더듬 행동이 나타날 때 말을 더듬지 않기 위해 어떤 노력을 합니까?

⑮ 말더듬 때문에 학교나 가정에서 어려움이 있습니까?

⑯ 말더듬에 대하여 치료사가 알아야 한다고 생각되는 것이 더 있습니까?

⑰ 치료사에게 말더듬에 관하여 궁금한 것이 있습니까?

⑱ 오늘 치료실에서 한 말이 일상생활에서 하는 말과 비슷합니까? 아니면 평소보다 더 더듬었습니까? 덜 더듬었습니까?

2. 말더듬 행동 평가 변수

대상자의 구어를 대표하는 표본을 얻은 후에 말더듬 행동을 평가하기 위하여 다음과 같은 변수들을 분석해야 한다.

1) 말을 더듬은 단어 수(말더듬 빈도)

말을 더듬은 단어는 어떤 특정한 단어의 발화 바로 앞에 혹은 동시에 1개 이상의 말더듬 행동이 일어나는 것을 말하며, 말을 더듬었는지 또는 더듬지 않았는지의 이원적인 결정을 한다. 이원적인 판단시스템은 측정이 용이하고, 객관도와 신뢰도를 높일 수 있다는 장점이 있지만 대충적인 계수이기 때문에 말더듬 현상을 정확히 기술하기는 어렵다. 어떤 단어를 말하기 전이나 말을 할 때 여러 가지 말더듬 행동이 일어날 수도 있지만 그렇다고 하더라도 단지 말을 더듬은 단어는 한 단어로 계산한다. 예를 들면, "자자자전 자전거 자전거 타요."라는 발화에서 말을 더듬은 단어는 '자전거' 한 단어 이다.

2) 말더듬 비율

말더듬 빈도를 측정할 때는 대상자가 말한 시간을 측정해야 한다. 말한 시간을 잴 때 는 말더듬인이 말한 시간만을 측정하며, 치료사가 말을 할 때나 말더듬인이 발화를 시 작하기 전에는 초시계를 멈춘다. 치료사가 대화를 이끌어 가면서 자연스럽게 초시계를 작동하여 말더듬인이 말한 시간만을 재는 것을 훈련해야 한다. 시간을 측정하면서 동 시에 말을 더듬은 단어의 빈도를 센다. 말더듬 비율(stuttering words/minute: SW/M)은 1분 동안 더듬은 단어 수를 측정하는 것으로 정확도를 높이기 위하여 녹음을 하거나 녹화를 하는 것이 좋다.

3) 말더듬 백분율

말더듬 백분율은 구어표본에 나타난 말더듬 빈도를 총 음절이나 단어 수로 나누어 서 100을 곱한 것을 말한다. 말더듬 백분율을 산출하는 방법은 구어표본에 나타난 전 체 음절 수에 대한 비유창한 빈도의 백분율(%)을 말하며 임상현장에서 가장 많이 사용 한다. 예를 들면, 500음절표본에서 반복 75, 연장 25라면 총 말더듬 빈도를 총 말한 음 절 수로 나누어서 100을 곱한다[(100/500)×100=20%].

4) 말더듬 형태

말더듬 형태는 어떻게 더듬었는가에 해당하며, 심한 정도를 결정하는 데 도움이 된 다. 예를 들면, 매우 자주 막힘을 보이는 아동은 똑같은 빈도로 단어반복을 하는 아동 보다 더 심한 것으로 평가된다. 형태 분석을 통하여 치료를 계획하고, 진전과정을 평 가하고, 종료 시기를 결정할 수도 있다. 말더듬 형태를 분류하는 데 있어서 정상적인 비유창성의 형태와 말더듬 형태를 구분할 필요가 있다.

5) 지속시간(머무르는 시간)

비유창한 단어를 발화하면서 가장 오랫동안 머무른 3개의 시간을 평균하여 산출하는 데 지속시간이 길수록 심한 경우이며, 치료 후 말더듬 빈도는 같더라도 지속시간이 단축되었다면 진전이 되었다는 것을 시사한다.

6) 구어속도

구어속도를 평가하는 것은 말더듬 평가에 매우 중요한 요소이다. 구어속도는 분당 말한 단어(word of saying/minute: WS/M)나 음절 수(SS/M)를 측정하는 것이며, 분당 읽은 단어(word of reading/minute: WR/M)나 음절 수(SR/M)로 측정할 수도 있다.

7) 부수행동

많은 말더듬인은 비유창성과 관련하여 외적인 신체운동을 나타낸다. 이러한 행동들은 단지 비유창한 구어를 산출하는 동안에만 나타나며, 모든 말더듬인이 부수행동을 나타내지는 않는다. 부수행동에는 눈 깜빡임, 이마 찌푸리기, 과다한 호기, 인상 찡그리기, 입 뒤틀기, 머리 움직이기, 콧구멍 떨기와 같은 것들이 있다. 또한 팔이나 손 움직이기, 다리, 발, 몸통 등의 움직임과 같이 구어와 관계가 없는 신체 일부의 움직임을 나타내기도 한다. 치료사는 평가를 하는 동안에 대상자가 나타내는 모든 특이한 부수행동의 유형과 빈도를 기록해야 한다. 또한 이러한 요인들이 말을 하는 동안 항상 나타나는지 또는 비유창한 구어를 하는 동안에만 나타나는지 주의 깊게 관찰해야 한다.

8) 감정 및 의사소통 태도

말더듬이 지속되거나 악화될 경우 말더듬인은 많은 고통과 좌절, 불안, 적의 등의 부정적 반응과 태도를 갖게 된다. 말더듬 행동으로 다시 말하도록 지적받거나, 놀림, 조롱, 비난, 회피, 고립, 동정, 꾸중 등을 받을 수도 있다. 말더듬인들은 이러한 다양한 부정적인 경험을 하기 때문에 치료목표가 단지 유창하게 의사소통할 수 있는 것 이상일 수 있다. 그러므로 치료를 계획하거나 치료 효과를 평가하기 위해서는 말더듬인들의 정서적 특성을 파악할 수 있어야 한다.

3. 말더듬 진단도구

1) 파라다이스 유창성 평가(paradise-fluency assessment: P-FA-Ⅱ)

P-FA-Ⅱ(심현섭, 신문자, 이은주, 2010)는 우리나라에서는 처음으로 표준화된 유창성 검사도구이다. 검사대상은 취학전, 초등학생, 중학생 이상으로 나뉘어져 있으며, 검사를 실시하기 전 사례지와 의사소통 태도 평가지를 작성하게 한 후 구어평가를 위하여 발화 및 반응을 기록한다. 구어평가 영역은 2개의 연습 문항과 10개의 본 문항으로 이루어진 낱말 그림카드 말하기, 따라 말하기, 읽기, 장면 그림 보고 말하기, 대화를 통하여 검사가 이루어진다. 검사가 끝나면 곧바로 부수행동 평가를 평가지에 기록한다.

검사결과를 해석하기 위해서는 평가지에 기록된 구어평가 영역의 각 과제들의 비유창성 점수, 부수행동 정도, 의사소통 태도 평가 점수를 기록한다. 구어평가 영역의 각 과제들의 점수를 합하여 필수 과제 점수를 산출한 후 점수분포표를 이용하여 백분위 점수의 범위와 말더듬의 심한 정도를 알 수 있다. 구어평가 영역의 비유창성 점수, 부수행동 점수, 의사소통 태도 점수에 따른 말더듬의 심한 정도를 각각 따로 살펴보는 것은 말더듬의 여러 측면을 통합적으로 해석하여 치료의 방향을 어떻게 설정할 것인가에 대한 임상적 결정을 하는 데에 도움이 된다.

2) 아동 및 성인 말더듬 정도 측정검사(stuttering severity instrument for children and adults, 4th ed.: SSI-4)

Riley(2009)가 개발한 검사도구로 검사대상은 읽기 수준이 3학년 이하인 아동은 연속적인 그림 자료로 발화를 유도하고, 3학년 수준 이상인 대상자는 읽기 자료와 학교 또는 직업 관련 과업을 통하여 발화를 수집한다. 말더듬 빈도, 머무르는 시간, 부수행동을 통하여 말더듬의 심한 정도를 측정한다. 국내에서는 번안하여 임상현장에서 사용하고 있다. 말더듬 빈도는 더듬은 음절의 백분율로 계산하고, 머무르는 시간은 말더듬 행동 중에서 가장 긴 지속시간 3개를 평균하여 평가하며, 부수행동은 말을 더듬은 구어에 수반되는 행동에 대해 신체적인 특징(얼굴, 머리, 사지)과 주의를 끄는 소리에 입각한 네 가지 범주를 각각 0~5 사이의 척도로 평가한다. 읽기와 과업을 통한 발화는 각각 200음절 정도를 수집하며, 발화 자료의 음절 수를 계산할 때는 말을 더듬지 않고 산출한 음절 수만을 계산한다. 취학전 아동, 학령기 아동과 성인으로 나누어져 있으며, 각각의 매개변수의 점수를 더한 총점을 표준 데이터에 있는 점수와 비교함으로써 백분위로 나타내거나, 최경도(very mild), 경도(mild), 중도(moderate), 고도(severe), 최고도(very severe) 등으로 심도를 나타낸다.

3) 유창성 인터뷰(fluency interview: FI)

Ryan(1974)이 개발한 SI(stuttering interview)를 2001년 유창성 인터뷰(fluency interview)로 개정한 것이다. 다양한 과업에서 말더듬 행동을 측정할 수 있으며, 말더듬을 선별 및 진단하고 치료프로그램을 계획하는 데 정보를 제공한다. 인터뷰 양식은 숫자를 헤아리는 자동적인 구어에서부터 읽기, 독백, 대화에 이르기까지 다양하다. 인터뷰 시 대상자가 말한 각 과업별 시간을 측정하고, 말더듬 빈도 및 형태를 분석한다. 이 검사도구의 검사항목은 말더듬 비율, 구어속도, 말더듬 형태이다. 인터뷰 절차를 실시하는 데는 약 40분이 소요되며, 비교적 실시 및 채점 방법이 쉽고 인터뷰에 필요한 자료 또한 간단하다. 다양한 환경에서 대상자의 구어를 관찰하고, 과업에 따른 유창성 정보를 알 수 있어서 말더듬 평가뿐만 아니라 실제적인 치료를 계획하는 데도 유용하다.

3 말더듬 치료

말더듬 치료는 긴 역사 속에서 다양한 방법이 시도되었다. 과거의 치료방법 중에서는 위험한 것도 있고, 별 효과가 없었거나 한 시대나 특정 개인에게만 효험이 있는 치료법도 있었다. 현재도 모든 말더듬인에게 효과적인 치료방법은 없다. 말더듬에는 너무나 많은 복합적인 요인이 작용하기 때문에 한 가지 치료방법이 모든 말더듬인에게 효과적일 수는 없다. 말더듬인의 연령, 성별, 말더듬 발생 시기, 현재 상태, 자신의 말더듬에 대한 인식여부, 말더듬에 대한 태도, 생활환경 등과 같은 다양한 요인이 치료방향에 영향을 미칠 수 있다. 따라서 말더듬인들이 나타내는 여러 현상 중 특별히 어떤 요인들이 중요하게 영향을 미치고 있는가를 개별적으로 파악하고 가장 효과적인 치료방법으로 접근해야 한다.

1. 아동 말더듬 치료

1) 부모중재

부모는 학령전기 및 학령기 아동의 언어, 인지, 심리, 운동, 학습, 사회성 등의 발달에 매우 중요한 역할을 한다. 부모중재의 목표는 부모가 자녀의 구어 유창성 및 의사소통 발달에 기여하고 있다는 점을 인식하게 하고, 부모의 행동에 변화가 필요하다는 것을 이해시켜 치료에 적극 참여하게 하는 것이다.

부모를 비롯한 주위의 사람들이 초기 말더듬 아동을 도와줄 수 있는 방법은 다음과 같다.

첫째, 아동이 자신의 비유창성에 주의집중을 하지 않도록 상호작용한다. 아동의 비유창성에 대하여 걱정스러워하거나 부정적으로 반응하지 않고 아동이 말하고자 하는 내용에 긍정적으로 반응하게 한다. 아동은 말더듬 행동이 증가하면서 당황과 좌절을 경험할 수 있으므로 비단 구어뿐만 아니라 일상생활에서도 어머니가 아동에게 "안돼."라는 금지어보다는 "잘했다."라는 칭찬어의 사용빈도를 증가시켜서 아동이 좌절을 경험하는 빈도를 감소시키도록 도와주어야 한다. 초기 말더듬 아동일수록 자기가 사랑을 받고 있으며 자신의 구어가 타인에게 받아들여지고 있다는 안도감을 필요로 한다.

둘째, 유창성의 기준을 낮추고 부드럽고 느린 구어 모델을 제공한다. 부모나 가족 구성원들이 아동의 능력 이상으로 유창성에 대한 기준을 세운다면 아동의 말이 유창하게 느껴지지 않는 것은 당연하다. 부모들은 아동들이 원하든 그렇지 않든 모든 행동에서 모델이 되므로 아동에게 기대하는 구어 유창성의 기준을 낮추고, 쉽고 느린 구어 모델을 제공하고, 아동의 수준에서 아동이 어떻게 말하는가보다는 무엇을 말하는가에 초점을 두어야 한다.

셋째, 의사소통 요구를 감소시켜야 한다. 부모들은 아동이 유치원을 다녀오거나 친구들과 놀고 온 직후에 아동들에게 "오늘 유치원에서 무엇을 했니?" "유치원에서 무엇을 배웠어?"와 같은 추상적이거나 광범위한 질문들을 많이 하게 되는데, 아동들은 많은 것을 하였지만 기억하지 못해서 머뭇거리기도 하고, 부모가 의도적으로 질문을 한다고 생각하면 의사소통에 부담을 갖게 된다.

넷째, 아동 스스로 발화를 계획하고 표현할 수 있는 시간적인 여유를 충분히 주어야 한다. 아동이 말이 막혀서 이어 가지 못할 때, 도와주는 목적으로 하지 못한 나머지 말을 대신 해 주어서는 안 된다. 말더듬 아동들이 제일 싫어하는 일이 남이 자기를 대신해서 말을 해 주는 것이며 이러한 일이 잦아지면 말을 할 용기가 더욱 없어지게 된다.

다섯째, 유창하게 말하는 경험을 많이 갖게 한다. 말더듬 초기 단계에는 말더듬이 간헐적으로 나타나기 때문에 말더듬이 심하게 나타나는 기간에는 가능한 한 발화를 적게 하도록 유도하고 유창하게 말을 할 때는 말을 연습하는 기회로 말을 많이 하도록 해야 한다. 혼잣말을 할 때 더듬는 아동은 거의 없기 때문에 놀이시간이나 가정에서 혼잣말을 격려한다. 의사소통 요구보다는 부모들이 일상생활 가운데 나타나는 행동이나 느끼는 것을 아동의 언어 수준으로 말해 줌으로써 아동의 혼잣말을 촉진할 수 있다. 또 느리게 말하기, 부드럽게 말하기 등의 활동들도 초기 말더듬 아동의 유창성을 증진시킬 수 있다.

2) 간접치료

가족 간의 상호작용 형식이 치료의 목표가 된다. 아동이 말을 더듬었을 경우, 가족들이 말더듬을 고쳐 주는 것이 아니라 가족이 말 속도를 느리게 하거나 편안한 언어 환경으로 아동의 긴장을 줄여 주어야 한다. 결국 간접치료는 아동과 상호작용하는 가족들의 태도와 행동이 '치료'의 대상이 되는 것이다. 가족 구성원들이 구어속도가 빠른지, 쉼 없이 대화를 진행하는지, 아동의 말에 끼어들기를 자주 하는지, 개방형 질문이 잦은지, 아동의 수준보다 높은 어휘나 구문을 사용하는지를 파악한다. 문제가 있다면 느리게 말하기, 대화를 주고받을 때 충분한 쉼을 갖기, 아동의 말에 긍정적으로 반응하기, 의도적 질문과 개방형 질문 줄이기 등으로 가족들이 아동의 유창성을 강화하게 할 수 있다.

3) 직접치료

상호작용치료 또는 간접치료를 시도하였는데도 안정된 유창성을 보이지 않는 아동의 경우 직접치료를 실시한다. 직접치료에서는 치료사가 아동에게 아동에게 직접 유창성 모델을 주고, 느리게 말하기, 부드러운 조음 접촉 등 다양한 기법을 통하여 아동의 말더듬을 유창한 구어로 변화시킨다.

2. 성인 말더듬 치료

말더듬 치료에 효과적인 방법은 여러 가지가 있지만 가장 좋은 치료란 도움을 받으러 온 대상자의 요구에 치료사가 명확하고 정확한 반응을 보여 주는 것이다. 치료사가 치료를 시작할 때 전체적인 중재전략을 세우고 대상자에 따라 다양한 기법 중에서 선택을 해야 한다. 말더듬을 치료하기 위한 다양한 절차가 시도되었으나 모든 방법이 성공적인 것은 아니었다. 치료 효과에 대한 결과는 대상자에 따라 다를 수 있으므로 각 대상자에게 알맞은 치료프로그램을 계획하기 위하여 여러 가지 치료 절차를 효과적으로 통합하여 사용할 수 있어야 한다.

현재까지 사용하고 있는 많은 말더듬 치료법으로는 유창한 발화를 가르치기 위한 유창성 형성법(fluency shaping), 말더듬 수정법(stuttering modification), 심리학적 근거에 기초한 인지적 재구성법(cognitive restructuring), 유창성 형성법과 말더듬 수정법을 절충한 통합치료법, 컴퓨터나 기기를 이용한 프로그램 등이 있다.

1) 유창성 형성법

유창성 형성법은 말더듬의 외현적 특징에 초점을 맞추는 경향이 있다. 즉, 호흡, 발성, 조음체계의 정상적 기능이 치료의 중심이 된다. 주요 치료목표는 말더듬의 외현적 증상의 수정이며, 말더듬과 관련된 공포, 부정적인 태도 등과 관련된 내면적인 문제를 직접적으로 다루지 않는다. 유창성 형성법의 가장 기본적인 가정은 대상자가 유창한 발화를 하는 새로운 방법을 배워서 유창하게 되면 말더듬과 관련된 인지적 · 정서적 문제들은 자연스럽게 회복된다는 것이다. 유창한 발화를 유도하기 위하여 치료사는 유창성을 유지하는 구체적인 기술들을 가르친다. 대상자는 이러한 기술을 배우고 연습함으로써 훨씬 유창한 발화를 유지하게 된다. 기류 조절(modified airflow), 부드러운 발성(gentle phonatory onset), 느린 구어(slow rate speech), 부드러운 조음 접촉(soft articulatory contact) 등으로 유창한 발화를 유도한다. 기류 조절은 흡기가 이루어진 직후에 발화를 시작하여 고른 기류 조절을 발화 내내 유지함으로써 유창한 발화를 이끈다. 부드러운 발성은 말더듬의 유형이 후두 차원에서 긴장된 발화로 야기될 때 부드럽고 편안하게 발성을 시작하도록 하여 말더듬을 줄여 나가게 한다. 느린 구어는 음절을 길게 연장하여 발화하게 함으로써 비정상적인 말더듬 행동이 나타나지 않게 하고, 점차 보통의 구어속도로 유도한다. 부드러운 조음 접촉은 조음기관의 부드럽고 편안한 접촉을 통하여 긴장된 비유창한 형태를 유창한 발화로 이끈다. 이러한 기법들은 단어에서 점차 발화의 길이를 늘여 나가고 유창성 기술이 숙달됨에 따라서 궁극적인 목표가 되는 일상 대화로 진행한다. 대상자에 따라 말더듬 행동 형태가 다양하므로 치료사는 대상자에게 적합한 기법을 사용할 수 있다.

2) 말더듬 수정법

이 접근법은 말더듬인이 더 쉽게 말을 더듬도록 자신의 말더듬 형태를 수정하게 한다. 말더듬에 대한 공포와 관련된 회피행동을 줄여서 말하는 것에 대해 긍정적인 태도를 갖도록 하는 데 중점을 두고 있다. 치료프로그램은 여섯 단계로 구성되었으며, 각 단계의 내용이 구조화된 것이 아니므로 치료사가 대상자에 따라 융통성 있게 진행할 수 있다.

(1) 동기(motivation)

말더듬인이 자신의 비유창성을 직시하고 앞으로 나아가야 할 방향을 제시한다. 치료사는 말더듬인의 고통을 함께 해결하고자 하는 동료이며, 말더듬에서 빠져나올 수 있도록 돕는 안내자이며, 의사소통 스트레스를 잘 알고 이해할 수 있는 사람이라는 것을 느끼게 한다. 치료사가 말더듬인의 말을 허용적으로 들어주고, 비유창성을 객관적으로 평가하고, 다른 사람 또한 비유창성을 가지고 있다는 것을 인식하게 한다.

(2) 확인(identification)

말더듬인이 말더듬 행동에 작용하고 있는 여러 가지 요인을 확인하고 평가하게 한다. 치료사는 말더듬인이 말을 더듬고 있을 때의 현상을 다양한 측면에서 자각하게 하고, 자신의 말을 더 유창하게 또는 더 비유창하게 만드는 여러 가지 요인이 있음을 제시함으로써 자신의 문제를 인식하게 한다. 구어 과제, 중요한 주변인 혹은 낯선 사람과의 대화, 전화하기 등에서도 벌, 좌절, 의사소통 스트레스, 상황공포, 단어공포, 자신감 등에 대한 요인을 확인하고 직면하게 한다.

(3) 둔감(desensitization)

말더듬인이 자신의 말더듬 빈도와 심한 정도를 증가시키는 요인에 둔감해지도록 함으로써 불안, 좌절, 죄의식 등의 악영향을 더 적게 받고, 의사소통 방해 및 공포가 예전처럼 말더듬을 촉진시키지 않는다는 것을 발견하게 한다. 치료사는 둔감이 일어날 수 있도록 점진적으로 스트레스 상황을 제시하여서 말더듬인이 자신감을 얻도록 한다.

(4) 변화(variation)

이 단계는 말하는 방법이 다양하다는 것과 심한 말더듬 행동을 여러 가지 말더듬 형태로 바꾸는 새로운 반응이 필요하다는 것을 인식하게 한다.

(5) 접근(approximation)

말더듬인이 말을 더 악화시키는 요인들에 대한 습관적인 반응을 바꿀 수 있다는 것을 인식하면 말더듬 행동을 변화시킬 새로운 반응에 접근하게 한다. 말더듬 행동에 대하여 새롭게 대처하는 하위기법으로 취소(cancellation)는 말을 더듬은 후 바로 멈추고, 더듬은 단어를 다시 느리게 말하게 한다. 빠져나오기(pull-out)는 말더듬 순간에 멈추었다가 다시 느리게 말하게 하고, 예비책(preparatory set)은 더듬을 가능성이 있는 단어를 미리 예측하고 잠시 멈추었다가 느리게 말하도록 유도하는 기법이다. 취소, 빠져나오기, 예비책 등을 통하여 말더듬 행동을 자기통제를 통한 쉬운 말하기 기법으로 변화시켜 나간다.

(6) 안정(stabilization)

말더듬인이 새로 습득한 유창한 행동을 실제 생활에 유지 및 안정화시키도록 한다. 이 단계에서는 어떤 상황에서 의도적으로 말을 더듬고 취소하는 훈련과 의사소통 스트레스 상황에서도 유창하게 말하는 것을 유지하는 훈련을 한다.

4   속화

속화는 유창성장애의 한 유형으로 구어속도가 지나치게 빠르고 반복과 머뭇거림이 나타난다. 문장이 비조직적이고 조음오류가 나타나지만 자신의 구어에 문제가 있다는 것을 인식하지 못하며, 종종 언어장애와 주의력결핍장애 및 학습장애를 동반한다. 말더듬과는 다른 특성을 보이는 유창성장애로 출현율은 말더듬에 비해서 낮다.

1. 특성

속화도 구어의 흐름이 깨지지만 말더듬과는 다른 특성을 가지고 있다. 비유창성 형태도 음이나 음절반복보다는 단어전체반복이 많으며, 지나치게 구어속도가 빨라서 다양한 구어문제를 야기하지만 자신의 구어속도를 자각하지 못하므로 진전이 어렵다. 다음은 속화의 일반적인 특성들인데, 이러한 증후가 모든 속화인들에게 나타나는 것은 아니다.

첫째, 빠르고 불규칙적인 구어속도, 비조직적인 문장 구조, 단어와 구반복, 조음오류, 2개 이상의 단어를 축약해서 발화하는 스코핑(scoping, 예: 내가 어제 집에 갈 때 그랬다→내어집가따), 2개 이상의 단어에서 어두음을 무의식적으로 바꾸어서 발화하는 스프너리즘(spoonerisms, 예: 바지 다려→다지 바려), 문장에서 단어를 우스꽝스럽게 잘못 사용하거나 부정확하게 사용하는 말라프로프리즘(malaproprisms), 제한된 어휘, 장황한 발화, 단조로운 억양 등과 같은 구어문제를 나타낸다.

둘째, 읽기에서도 문자를 앞뒤 바꾸어서 읽거나 음절 및 단어를 생략하며, 받아쓰기에서도 철자 오류가 많이 나타난다.

셋째, 지속적인 주의집중이 곤란하여 한 가지 활동이나 한 가지 주제에 오랫동안 주의를 기울이는 것이 힘들고, 간단한 음정이나 멜로디를 모방하는 데도 어려움이 있다.

속화와 말더듬은 모두 유창성장애이지만 그 원인과 증상 및 치료방법이 다르기 때문에 치료사들은 속화와 말더듬을 감별 진단할 수 있어야 한다. 속화와 말더듬을 감별할 수 있는 차이점을 〈표 7-1〉에 간략하게 제시하였다.

표 7-1 속화와 말더듬의 차이

속화	말더듬
구어속도가 매우 **빠름**	구어속도가 느리거나 정지됨
구어문제를 자각하지 못함	구어문제를 민감하게 의식함
단어공포, 상황공포가 없음	단어공포, 상황공포가 있음
당황, 불안, 회피가 나타나지 않음	좌절, 죄의식, 불안, 회피가 나타남
단어 및 구의 반복이 주로 나타남	음, 음절의 반복, 연장, 막힘이 주로 나타남
조음 생략, 대치, 왜곡이 나타남	조음오류가 없음
비조직적 문장 구조와 문법적 오류가 나타남	구문론적 문제는 거의 없음

2. 치료

속화인들은 구어에 대한 자기모니터링(self-monitoring)이 어렵기 때문에 다른 사람들이 자신의 말을 이해하지 못하는 것을 보고 놀란다. 천천히 말하면 정확하게 잘 말할 수 있지만 자신의 구어속도를 조정하고 정상 발화를 계속 유지하기가 매우 어렵다. 속화 치료에는 속화자 스스로 자신의 구어를 인식하도록 하는 인지적 접근법, 속화자의 구어속도를 점진적으로 늦추는 구어적 접근법, 자신의 구어에서 문법적 오류를 찾아내서 수정하도록 하는 언어적 접근법 등이 있다. 어떤 접근법을 사용하든 비정상적으로 빠른 구어와 왜곡된 발화를 자각하도록 자신의 발화 장면을 반복적으로 보고 듣게 해야 한다. 치료사의 구어속도 따라 말하기(빠른 속도에서 점차 느리게), 박자에 맞추어서 발화하기, 제스처를 하면서 말하기, 그림을 그리면서 말하기, 쓰면서 말하기 등과 같은 활동을 통하여 구어속도를 조정하고 통제하게 한다.

이 장을 끝냄에 있어서 독자들이 말더듬과 속화를 더 잘 이해하고 유창성장애를 가진 사람들과 가족들에게 보다 더 가까이 갈 수 있기를 바란다.

요/약

　이 장에서는 유창성장애와 관련된 용어인 유창성, 유창성장애, 정상적 비유창성과 병리적 비유창성의 정의를 알아보았다. 유창성장애의 대표적인 말더듬의 특성과 원인을 살펴보고, 말더듬의 진단 및 평가와 임상현장에서 주로 사용하는 치료방법들을 다루었다. 그리고 유창성장애의 또 다른 유형인 속화의 특성과 치료방법을 간단하게 기술하였다.

1. 유창성장애는 말의 정상적인 흐름이 방해를 받아서 말의 타이밍(timing)과 리듬(rhythm)이 부적당한 패턴으로 되는 현상이다.
2. 정상적 비유창성은 청자로부터 비정상적으로 느껴지지 않는 것이 특징이며, 말을 할 때 삽입, 수정, 미완성, 단어나 구의 반복 등이 나타나지만 근육의 긴장이나 불안이 느껴지지 않는다.
3. 말더듬은 일반적으로 2~6세경에 시작되며, 남녀 간의 발생 비율은 4:1로 남자가 더 높다.
4. 말더듬의 핵심행동은 반복, 연장, 막힘이 있으며, 부수행동은 핵심행동에서 빠져나오려는 도피행동과 회피행동이 있다.
5. 말더듬의 원인은 아동의 심리를 포함한 가정환경과 관련된 심리사회적 요인, 유전을 포함한 생리적 요인, 언어발달과 유창성 간의 상호작용과 관련된 심리언어학적 요인이 있다. 최근에는 이러한 요인들의 복합적인 관점에서 다중 요인으로 접근하고 있다.
6. 말더듬 진단 및 평가로 사례지 양식 및 면담을 통한 사전 정보수집, 말더듬 행동 평가, 말더듬인의 의사소통과 관련된 감정과 의사소통 태도 등에 대한 공식적 · 비공식적 검사를 통하여 말더듬의 유무 및 심한 정도를 정확하게 진단한다.
7. 말더듬 진단도구는 파라다이스 유창성 평가(P-FA-II), 아동 및 성인 말더듬 정도 측정검사(SSI-4), 유창성 인터뷰(FI) 등이 있다.
8. 아동 말더듬 치료는 부모상담, 간접치료, 상호작용치료, 직접치료 등으로 중재할 수 있다.

9. 성인 말더듬 치료는 겉으로 드러나는 말더듬 문제뿐만 아니라 말더듬에 대한 인지적 · 정서적 측면의 변화도 고려해야 한다. 다양한 접근법이 있지만 치료의 초점을 어디에 두느냐에 따라 유창성 형성법과 말더듬 수정법을 적용할 수 있다.

10. 속화는 유창성장애의 한 유형으로 구어속도가 지나치게 빠르고, 문장이 비조직적이고 조음오류가 나타난다. 자신의 구어에 문제가 있다는 것을 인식하지 못하며, 종종 언어장애와 주의력결핍장애 및 학습장애를 동반한다.

11. 속화 치료에는 대상자 스스로 자신의 구어를 인식하도록 하는 인지적 접근법, 대상자의 구어속도를 점진적으로 늦추는 구어적 접근법, 자신의 구어에서 문법적 오류를 찾아내서 수정하도록 하는 언어적 접근법 등이 있다.

연/습/문/제

1. 말더듬의 출현율과 발생률 간에 차이가 나는 이유는 무엇인가?

2. 말더듬의 발생 원인과 관련된 이론 중에서 진단기인론이란 무엇인가?

3. 말더듬이 유전적인 소인으로 발생하는가를 밝히기 위하여 어떤 연구들이 이루어졌는가?

4. 말더듬 핵심행동은 어떤 것이 있는가?

5. 말더듬 부수행동 중 도피행동과 회피행동의 차이는 무엇인가?

6. 정상적인 비유창성과 말더듬을 감별하는 요인들은 어떤 것이 있는가?

7. 아동 말더듬을 치료하는 방법은 어떤 것이 있는가?

8. 말더듬 비율, 구어속도, 지속시간은 어떻게 측정하는가?

9. 유창성 형성법과 말더듬 수정법의 차이는 무엇인가?

10. 속화와 말더듬의 증상은 어떻게 다른가?

💬 **참고문헌**

권도하, 김시영, 김효정, 박진원, 신명선, 안종복, 장현진, 전희숙, 정훈(2012). 유창성장애. 서울: 학지사.

심현섭, 신문자, 이은주(2010). 파라다이스-유창성 검사(P-FA-II). 서울: 파라다이스복지재단.

이승환(2007). 유창성장애. 서울: 시그마프레스.

Andrews, G. (1984). Epidemiology of stuttering. In R. F. Curlee & W. H. Perkins (Eds.), *Nature and treatment of stuttering: New directions.* San Diego, CA: College-Hill Press.

Bloodstein, O. (1995). *A handbook on stuttering.* San Diego, CA: Singular Publishing Group.

Bousten, F., & Brutten, G. (1990). Stutterers and nonstutterers: A normative investigation of children's speech-associated attitudes. Paper presented at the American Speech-Language and Hearing Association Convention.

Coriat, I. H. (1943). The psychoanalytic concept of stammering. *Nervous Child, 2,* 167-171.

Glauber, I. P. (1958). The psychoanalysis of stuttering. In J. Eisenson (Ed.), *Stuttering: A symposium.* New York: Harper & Brothers.

Guitar, B. (2011). *Stuttering: An integrated approach to its nature and treatment* (3rd ed.). Baltimore, MD: Williams & Wilkins.

Guitar, B. (2018). 말더듬: 본질 및 치료에 관한 통합적 접근(*Stuttering: An integrated approach to its nature and treatment,* 4th ed.). 안종복, 김시영, 김효정, 박진원, 신명선, 장현진, 전희숙, 정훈 공역. 서울: 박학사. (원저는 2014년에 출판)

Guitar, B., Guitar, C., Fraser, J. (2006). *Stuttering and your child: Help for parents.* Memphis, TN: Stuttering foundation of America.

Johnson, W., & Associates (1959). *The onset of stuttering.* Minneapolis, MN: University of Minnesota Press.

Natke, U. (2000). Reduction of stuttering frequency using frequency-shifted and delayed auditory feedback. *Folia Phoniatrica et Logopaedica, 52*(4), 151-159.

Perkins, W. H. (1976). Replacement of stuttering with normal speech II : Clinical procedures. *Journal of speech and Hearing Research, 38,* 295-303.

Perkins, W. H. (1992). *Stuttering Prevented.* San Diego, CA: Singular Publishing Group.

Riley, G. D. (2009). *A stuttering severity instrument for children and adults* (4th ed.).

Austin, TX: PRO-ED.

Ryan, B. (1974). *Programmed therapy for stuttering in children and adults.* Springfield, IL: Charles C. Thomas.

Van Riper, C. (1982). *The nature and treatment of stuttering* (2nd ed.). Englewood Cliffs, NJ: Prentice-Hall.

Van Riper, C., & Erickson, R. L. (1996). *Speech correction: An introduction to speech pathology and audiology.* Needham Height, MA: A Simon & Schuster Co.

제3부

언어문제의 원인에 따른 장애

제8장

지적장애

| 황보명 |

- 지적장애의 정의, 원인, 분류기준을 이해한다.
- 지적장애인의 의사소통 특성을 이해한다.
- 지적장애인의 의사소통 능력 평가방법을 학습한다.
- 지적장애인의 의사소통 중재방법을 습득한다.

핵심 용어

- **적응행동**(adaptive behavior): 개인 및 사회적 요구에 대처하는 개인의 능력을 말한다.
- **근접발달영역**(zone of proximal development): 아동이 혼자 숙련하기에는 어려우나 성인이나 보다 기술이 뛰어난 다른 아동의 안내와 지지를 통해 배울 수 있는 과제의 범위이다.
- **일반화**(generalization): 새로운(배우지 않은) 방법으로 기술을 사용하는 것이다.

지적장애 개관

1. 정의

지적장애(intellectual disability)는 정신박약, 정신지체 등의 용어로 사용되었으나 최근에는 지적장애 혹은 지적발달장애(intellectual developmental disorder)로 불린다. 지적장애는 전반적인 정신기능의 결함으로 인하여 부적응을 초래하게 되고 의사소통, 사회적 참여, 학업 또는 직업 기능, 가정 혹은 공동체에서 개인적으로 자립하는 것과 같은 일상 영역에서 어려움을 보이게 된다. 『정신질환의 진단 및 통계 편람 제5판 (Diagnostic and Statistical Manual of Mental Disorders-5th ed.: DSM-5)』에서 지적장애의 진단기준은 〈표 8-1〉과 같다.

표 8-1 지적장애의 진단기준

지적장애는 발달 시기에 시작되며, 개념, 사회, 실행 영역에서 지적 기능과 적응 기능 모두에 결함이 있는 상태를 말한다. 다음의 세 가지 진단기준을 충족해야 한다.
A. 임상적 평가와 개별적으로 실시된 표준화된 지능검사로 확인된 지적 기능(추론, 문제 해결, 계획, 추상적 사고, 판단, 학업, 경험 학습)의 결함이 있다.
B. 적응 기능의 결함으로 인하여 독립성과 사회적 책임 의식에 필요한 발달학적·사회문화적 표준을 충족하지 못한다. 지속적인 지원 없이는 적응 결함으로 인하여 다양한 환경(가정, 학교, 일터, 공동체)에서 한 가지 이상의 일상 활동(의사소통, 사회적 참여, 독립적 생활) 기능에 제한을 받는다.
C. 지적 결함과 적응 기능의 결함은 발달 시기 동안에 시작된다.

지적장애를 진단하기 위하여 다양한 정의가 있어 왔지만 현재의 진단적 특징은 크게 세 가지로 요약될 수 있다.

1) 지적 기능의 결함

추론, 문제 해결, 계획, 추상적 사고, 판단, 가르침과 경험을 통한 학습, 실질적인 이해와 같은 지적 기능에서의 손상을 의미하는 것으로, 이는 지능검사를 통하여 측정할

수 있다. 지적장애인의 지능지수는 오차 범위(일반적으로 +5점)를 포함해서 대략 평균
에서 2 표준편차 이하에 해당된다. 평균이 100이고 표준편차가 15인 지능검사에서는
65~75점(70±5점)을 의미하며 이 점수 이하일 경우 지적장애의 진단요소 중 하나인 지
적 기능의 결함을 보인다고 할 수 있다.

2) 일상의 적응기능에 손상

적응기능은 개념적(conceptual), 사회적(social), 실행적(practical) 영역에서의 적응적
추론을 포함한다. 적응기능의 손상이라는 진단기준을 충족하려면 위의 세 가지 영역
중 하나 이상의 영역에서 충분한 손상을 보여 학교, 직장, 가정, 지역사회 등의 환경에
서 적절한 기능을 수행하기 위한 지속적 지원이 필요한 경우를 의미한다.

개념적 영역은 기억, 언어, 읽기, 쓰기, 수학적 추론, 실질적인 지식의 획득, 문제 해
결, 새로운 상황에서의 판단이 포함된다. 사회적 영역에는 타인의 생각이나 감정, 경
험 등을 인지하는 능력, 공감, 의사소통 기술, 친화력, 사회적 판단 등이 포함된다. 실
행적 영역은 학습과 개인적 관리, 직업적 책임의식, 금전 관리, 오락, 자기 행동 관리,
학교나 직장에서의 업무 관리 등과 같은 삶에서의 자기관리를 포함한다. 지적장애의
진단기준을 충족하려면 이러한 적응기능의 결핍이 지적 손상과 직접적인 연관이 있어
야 한다.

3) 발달 시기 동안 시작

이 진단기준은 발달 시기 중에 발병해야 한다는 것으로, 지적 결함과 적응결함이 아
동기, 청소년기 동안에 존재하는 것과 관련이 있다. 발달 시기 동안 지적장애를 야기
할 수 있는 원인들은 매우 다양하다.

2. 원인

지적장애 유병률은 대략 1% 정도이며 유전 및 염색체 요인, 환경적 요인 등으로 인
하여 발생할 수 있다(〈표 8-2〉 참조).

표 8-2 지적장애의 원인

요인		증상
유전 및 염색체 요인	상염색체 우성장애	결절경화증, 신경섬유종증 등
	상염색체 열성장애	선천적 대사이상(갈락토스혈증, 후를러 증후군, 단풍나무시럽병, 페닐케톤뇨증, 테이삭스병 등)
	성염색체 이상	취약 X 증후군, 레쉬-니한 증후군, 레트 증후군 등
	반성장애	클라인펠터 증후군, 터너 증후군 등
	염색체 수의 이상	다운 증후군, 에드워드 증후군, 파타우 증후군 등
	염색체 구조의 이상	울프-허쉬호른 증후군, 윌리엄스 증후군, 묘성 증후군, 제이콥슨 증후군, 프래더윌리 증후군 등
	뇌 기형	소두증, 수두증, 대두증 등
환경적 요인	출산 전 요인	감염(풍진, 매독, 톡소플라즈마증 등), 방사선, 임신기 산모의 영양실조, 흡연, 음주(태아알코올 증후군) 등
	출산 전·후 요인	무산소증, 질식, 미숙, 출생 시 저체중, 호흡계 문제, 출혈, 신진대사 장애(고빌리루빈혈증 등), Rh 혈액형의 불일치, 저혈당 등
	출생 후 원인	뇌염, 수막염, 납 중독, 영양실조, 외상성 뇌손상, 학대 및 방임 등

이러한 원인들이 각 아동에게 미치는 영향은 다양할 수 있으며 예방 가능한 요인들도 있으므로 최대한 예방을 위한 노력을 기울여야 할 것이다.

3. 분류

대부분 지능지수에 근거하여 지적장애를 분류하게 되는데, 한국특수교육학회(2008)의 분류는 〈표 8-3〉과 같다.

표 8-3 지적장애 분류

지적장애 정도	IQ 점수 범위	IQ 표준편차	적응행동 제한 범위
경도	55~70	-2SD	2개 또는 그 이상의 영역
중등도	35~54	-3SD	2개 또는 그 이상의 영역

| 중도 | 20~34 | -4SD | 모든 영역 |
| 최중도 | 20 미만 | -5SD | 모든 영역 |

「장애인복지법 시행규칙」에 따르면 지적장애인의 장애 등급은 〈표 8-4〉와 같다.

표 8-4 지적장애 등급

장애 등급	내용
제1급	지능지수가 35 미만인 사람으로서 일상생활과 사회생활에 적응하는 것이 현저하게 곤란하여 일생 동안 다른 사람의 보호가 필요한 사람
제2급	지능지수가 35 이상 50 미만인 사람으로서 일상생활의 단순한 행동을 훈련시킬 수 있고 어느 정도의 감독과 도움을 받으면 복잡하지 아니하고 특수 기술이 필요하지 아니한 직업을 가질 수 있는 사람
제3급	지능지수가 50 이상 70 이하인 사람으로서 교육을 통한 사회적·직업적 재활이 가능한 사람

2 지적장애 의사소통 능력 진단 및 평가

1. 의사소통 특성

지적장애 아동들은 자신의 인지 수준보다도 더 낮은 수용언어 및 표현언어 수준을 보이는 경향이 있다(Miller, 1981). 언어의 내용, 사용, 형식 측면 모두에 결함을 보일 수도 있고 특정 영역에 더욱 심각한 결함을 보일 수도 있다. 이는 지적장애의 심한 정도, 의사소통 환경 등 다양한 요소에 의하여 영향을 받는다.

언어의 내용적인 측면에서, 지적장애 아동은 일반 아동에 비하여 첫 낱말 발화 시기가 늦다. 그러나 일상생활 경험과 관련된 구체물일 경우 일반 아동과 비슷한 어휘발달을 보인다. 하지만 추상적 개념은 늦게 습득되는 등 친숙도에 따라 어휘습득 수준에 차이를 보이기도 한다. 두세 낱말을 조합하여 발화하는 수준에 오래 머물러 있을 수도 있으며 특정한 의미관계만 보이는 경우도 있다.

　언어의 사용적인 측면을 살펴보면, 지적장애 아동은 일반 아동보다 발달속도가 느리며 대화 시에 주도적인 역할을 하지 못하는 것으로 보인다. 다양한 의사소통 의도를 나타내지 못하고 전체적으로 소극적인 의사소통 형태를 보이므로 의사소통 시도보다는 반응의 비율이 높게 나타난다. 인지적 결함, 사회인지적 장애, 정서적 요인 등이 화용능력과 관련이 있는 요인이므로 지적장애의 정도가 심할수록 사용 측면에서 심한 결함을 보일 수 있다.

　언어의 형식적인 측면에 해당하는 음운론, 형태론 및 구문론에서도 지적장애 아동들은 어려움을 보인다. 중증의 지적장애일수록 말산출에 더 많은 문제를 가질 수 있으며 두 낱말 이상을 연결하여 발화하기가 쉽지 않다. 다운증후군 아동들의 음운인식능력은 일반 아동들과 동일한 발달 양상을 보이지만 초기 단계에 오래 머무르는 경향이 있다(황보명, 2008). 지적장애 아동들은 새로운 구문형식을 학습하는 데 오랜 시간이 걸리며 복잡한 형태의 구문 학습이 가능하다 하더라도 자발적으로 그 구문을 잘 사용하지 않는다. 또한 지적장애 아동은 언어규칙을 일반화하는 데 어려움이 있으므로 일반 아동에 비하여 융통성이 부족한 언어 구조를 보인다.

　지적장애 아동은 문해발달에 어려움을 보이는데, 일반 아동들과 마찬가지로 음운처리 기술을 통하여 지적장애 아동의 단어 및 비단어 읽기를 예측할 수 있다(Wise et al., 2010). van der Schuit 등(2009)은 지적장애 아동의 부모들이 다른 가정과 유사한 문해환경을 제공해 주더라도 지적장애 아동은 이러한 활동에 잘 참여하지 못한다고 하였다.

2. 의사소통 능력 진단 및 평가

　지적장애 아동 및 성인의 의사소통 능력을 진단할 때는 생활연령과 정신연령을 모두 고려한 평가가 이루어져야 한다. 지적장애의 정도가 심할 경우 생활연령은 높다 하더라도 발화를 전혀 산출하지 못할 수도 있다. 그러나 학령전기 아동의 인지 수준을 보이는 성인 지적장애인의 경우에는 그들의 삶의 경험에 대한 고려를 할 필요가 있다. 지적장애인은 반복된 실패경험으로 인하여 자신의 실제 능력보다 낮은 수행 수준을 보이는 경우가 많다. 역동적 평가에서 강조하는 바와 같이 근접발달영역에 대한 고려를 한다면 이들의 의사소통 능력을 진단하는 데 도움이 될 것이다. 또한 지적장애인의 언어 수준마다 평가목표가 상이하므로 공식 검사도구만으로 평가하기란 쉽지 않다(Wetherby

& Prizant, 1993)는 것을 염두에 두고 다양한 비공식적 절차를 활용할 필요가 있다.

1) 언어 이전 단계 지적장애인의 의사소통 능력 평가

발성이나 제스처 등을 나타내지만 자신의 환경을 통제하기 위한 발화 사용이 어려운 지적장애인의 의사소통 능력을 평가하기란 쉽지 않다. 표준화된 공식검사 사용이 어려울 수 있으므로 비공식적 평가 절차에 초점을 맞출 필요가 있다.

사례사 수집, 보호자와의 인터뷰, 관찰 등을 통하여 일반적인 발달 수준이나 적응행동 수준을 파악하고 생리학적 선행 조건들에 관한 정보를 수집한다. 어떠한 검사를 실시하기 전에 가능한 한 많은 정보를 수집할수록 사용할 검사도구 선정 및 결과 해석과 치료 결정에 도움이 된다.

언어는 사회적 맥락 안에서 발달하므로 지적장애 아동과 보호자와의 상호작용을 평가하는 것이 매우 중요하다. 주변 환경에서의 언어 사용 패턴, 즉 언어 모델의 양과 질적인 측면을 분석하고 양질의 자극을 제공하도록 해 주어야 한다. 뿐만 아니라 발화 이전에 나타나는 발성의 형태나 패턴을 분석하고 사용하는 제스처나 의사소통 의도의 유형 및 빈도, 놀이를 통한 인지 수준, 수용어휘 수준 등을 분석해야 한다.

국내에서는 아직 표준화 과정 중에 있지만 활용 가능한 검사도구로, 의사소통과 상징행동 척도(communication and symbolic behavior scales: CSBS; Wetherby & Prizant, 1993)를 사용해 볼 수 있다.

2) 한 낱말 단계 지적장애인의 의사소통 능력 평가

앞의 내용에 덧붙여 자발화 표본 분석을 통한 발화길이, 발화의 형태, 의사소통 의도, 두 낱말 이상으로 진전될 만한 어떠한 과도기적 요소들에 대한 분석, 표현어휘 수준, 음운변동 패턴 등을 분석에 추가하여야 한다. 한국판 맥아더 베이츠 의사소통 발달 평가(Korean version of M-B CDI; 배소영, 곽금주, 2011), 영·유아 언어발달검사(sequenced language scale for infants: SELSI; 김영태, 김경희, 윤혜련, 김화수, 2003)와 같은 표준화된 공식검사도 활용할 수 있다.

3) 초기 낱말 조합 단계 지적장애인의 의사소통 능력 평가

낱말 조합을 하는 경우 상징체계 사용을 위한 기본적인 인지능력이 존재한다고 볼 수 있다. 따라서 이러한 경우에는 앞에서 언급한 평가 요소들에 덧붙여 산출하고 있는 발화의 형태와 발화기능에 초점을 맞추어 평가해야 한다. 지적장애인들의 경우 수반하고 있는 다양한 증후군이나 안면 특징들로 인하여 발화의 명료성이 떨어질 수 있다. 자신이 산출한 발화가 불명료하여 타인에게 잘 전달되지 않으면 의사소통하고자 하는 욕구가 감소될 뿐만 아니라 소극적인 의사소통자가 되기 쉬워진다. 따라서 조음능력과 의미관계의 형태, 빈도 등에 대한 분석 등을 수반해야 한다. 수용 · 표현어휘력검사(김영태, 홍경훈, 김경희, 장혜성, 이주연, 2009), 취학전 아동의 수용언어 및 표현언어 발달 척도(김영태, 성태제, 이윤경, 2003) 등과 같은 검사도구도 활용할 수 있다.

4) 문장 발화 단계 지적장애인의 의사소통 능력 평가

문장 수준으로 발화하더라도 불완전한 구문규칙을 보이거나 의미론, 화용론, 형태론, 읽기 및 쓰기, 상위 언어학적 개념 등에 어려움을 보일 수 있다. 대화를 통하여 이들이 보이는 구문적 오류들을 쉽게 알아차릴 수 있지만 표준화 검사들로는 이러한 오류들을 잘 찾아내지 못할 수 있으므로 비표준화 과정과 자발화 표본을 분석할 필요가 있다.

일반적으로 지적장애 아동들은 전형적인 발달 경로를 따라가지만 그 속도가 훨씬 느리다. 특정한 언어 형식을 습득하였다 하더라도 사회적으로 적절하게 그 형식을 사용하지 못할 수도 있다. 따라서 개개인이 처하는 서로 다른 환경적 맥락에서 평가할 필요가 있으며 일상적인 의사소통 상황에서의 성공 및 실패의 경험에 대하여 가족 및 주보호자와 면밀하게 살펴보아야 할 것이다.

3 지적장애 언어치료

1. 언어치료 접근법

지적장애 아동의 의사소통 능력에 따라 언어치료 목표는 상이할 수 있다. 하지만 이들의 정보처리 특성이나 학습 특성을 고려하여 몇 가지 치료접근법에 대한 제안을 할 수 있다.

　　Owens(2002)는 지적장애 아동들의 인지능력이나 정보처리 능력은 단지 지능지수가 낮기 때문이라고 말하기 어려울 만큼 정신연령이 동일한 일반 아동과는 다른 것 같다고 하였다. 이러한 차이는 학습에 있어서 결정적인 영향을 미치게 된다. 일반적으로 학습이 이루어지는 과정은 주의집중, 변별, 조직화, 기억, 전이라고 할 수 있는데 지적장애인들은 이 과정에 어려움을 보인다.

　　Karrar, Nelson과 Galbraith(1979)는 지적장애 아동들은 정신연령이 동일한 일반 아동처럼 주의집중(attention)을 유지할 수 있지만 주의집중해야 할 자극을 훑고 선택하는 데 어려움이 있다고 하였다. 이들의 주의집중을 유도하기 위해서는 시청각적으로 강조된 자극 단서를 사용하는 것이 좋다.

　　지적장애 아동들은 경쟁 자극들 중 해당 자극을 확인하는 능력인 변별(discrimination)에도 어려움을 겪는데, 특히 선택 자극 차원들이 현저한 차이를 보이지 않을 경우 새로운 정보와 저장된 정보를 변별하고 비교하는 데 어려움을 보인다. 이들의 변별을 돕기 위하여 유사점과 차이점을 강조하여 설명하는 방법을 사용할 수 있는데, 예를 들어 '같다'와 '다르다'를 이해하지 못한다면 '동그라미가 있다.'와 '동그라미가 없다.'와 같은 예를 보여 주고 설명해 주어야 한다. 실제 사물을 활용하여 분류 과제를 실시하는 것이 도움이 될 수도 있다.

　　조직화(organization)는 정보를 저장하기 위하여 목록화하는 것으로 이후 기억을 하기 위하여 매우 중요한 단계이다. 지적장애 아동들은 정보를 저장하고 기억하기 위한 조직적 전략을 만드는 데 어려움이 있으며 일반 아동들에 비하여 이러한 전략들을 잘 사용하지 못한다. 따라서 미리 정보를 구조화시켜서 연관 전략들을 제시해 주는 방법들[예: '소금과 (설탕)' '해와 (달)' 등)]을 활용하는 것이 좋다.

　　지적장애 아동들은 일반 아동에 비하여 열악한 회상능력을 보인다. 이전에 저장된 정보를 복구하는 기억(memory)은 지적장애의 정도가 심하면 심할수록 더욱 열악하게 된다. 지적장애 아동들의 기억을 돕기 위하여 신체 모방과 같은 시연(rehearsal) 과제부터 시작하여 점차 상징적인 것으로 전환해 가는 것이 좋다. 또한 회상이 잘 이루어지도록 하기 위하여 신호(소리, 냄새, 맛, 시각적인 자극 등)와 상징을 사용하는 것도 좋다.

　　전이(transfer)는 이전에 학습한 내용을 새로운 문제 해결에 혹은 이전과 유사하지만 새로운 상황에 적용하는 것을 의미한다. 지적장애 아동들이 학습한 내용을 잘 전이할 수 있도록 도와주기 위해서는 치료 상황을 일반화 상황과 매우 유사하거나 동일하게 만들어 주는 것이 좋다. 그리고 치료 시에도 가능한 한 실제 사물을 활용하는 것이 도움이 되며 상황 간 유사점을 강조해 주고 치료 시 아동이 매일 만나는 사람들을 활용하는 것도 도움이 될 것이다.

Bernstein과 Tiegerman-Farber(1989)는 지적장애인에게 적용할 수 있는 방법론으로 ① 새롭거나 관련이 있는 자료에 밝게 표시하기, ② 더 쉽게 학습하고 그 내용을 상기할 수 있도록 정보를 미리 조직화하기, ③ 관련이 있거나 유사한 자극으로 전이를 촉진하기 위하여 과제를 훑어보도록 훈련하기, ④ 인지적 조직화와 기억 촉진을 위하여 시연전략들을 훈련하기, ⑤ 전이 촉진을 위하여 유사한 상황과 자료들을 사용하기, ⑥ 훈련 초기에는 구체적이고 친숙한 사물, 사람, 상황들을 사용하기, ⑦ 자극 단서는 점진적으로 변화시키고 연속 회기 동안 한 번에 하나씩만 제시하기, ⑧ 기억과 전이를 촉진하기 위하여 과잉학습과 반복을 사용하기를 제시하였다.

2. 심한 정도에 따른 언어치료

지적장애 아동이 보이는 의사소통 단계에 따라 적절한 평가와 치료가 이루어질 수 있지만 발화를 전혀 산출하지 못하는 어린 지적장애 아동들이나 최중도 지적장애인의 경우에는 치료목표를 설정하는 데 어려움을 겪을 수 있다. 그러나 장애의 정도가 심각하다 하더라도 의사소통 의도가 전혀 없다고 단정 지을 수 없으며, 최대한 의사소통할 수 있도록 수단을 찾아 주는 것이 언어치료사의 소임이라 할 수 있다.

전상징기 수준(presymbolic level)이나 초기 상징 수준(early symbolic level)에서 치료를 시작할 수 있을 것이며 일반화를 최대화하기 위하여 자연스러운 의사소통 환경 속에서 치료하는 것이 좋다. 소리가 나는 위치를 알고 청각자극에 주의를 기울이기, 사물이나 사람을 쳐다보고 주의집중하고 응시하기, 가시적 혹은 가시적이지 않은 운동들도 모방하기, 반복행동이나 순차적인 행동을 기억하고 모방하기, 사물을 이용한 행동을 모방하기, 가려진 물건을 찾는 활동을 통하여 사물영속성 개념 기르기, 사회적 놀이를 통하여 의사소통 차례 지키기, 사물을 기능적으로 사용하기, 의사소통적인 제스처하기, 이해하는 낱말의 수를 늘리기, 소리를 모방하기 등과 같은 다양한 과제를 활용하여 전상징기적 행동을 증가시킬 수 있다.

이러한 전상징기 훈련을 실시할 시에 고려해야 할 사항들이 몇 가지 있는데, ① 가능한 한 간단한 활동들로 하되, 아동을 속이는 활동은 하지 않기, ② 간단한 도구들을 활용하여 아동의 흥미를 유도하기, ③ 잊어버리지 않도록 반복하기, ④ 각 장난감별로 치료목표를 정하고 부모나 관련 전문가 등에게 설명해 주기, ⑤ 아동의 흥미가 덜하면 장난감을 섞어 가며 다양한 활동을 하기, ⑥ 한 번에 두세 가지가 넘는 장난감을 사용하지 않기, ⑦ 청각, 시각, 후각, 촉각, 미각 등 모든 감각을 자극하기, ⑧ 산책하기, 용변 보기, 기다리기 등 일상의 모든 활동을 언어활동으로 연결하기, ⑨ 활동을 다소 과장되고 흥분되며 재미있게 이끌기, ⑩ 치료시간은 재미있고 언어는 흥미로운 것이 되도록 이끌기 등이 있다.

중증의 지적장애인들을 위해서 보완대체의사소통(alternative and augmentative communication: AAC)도 고려해 볼 수 있는데 최근에는 전자기술의 발달 등으로 AAC 도구도 매우 다양해지고 있다. 비전자적 도구는 의사소통 판, 의사소통 책, 의사소통 팔찌 등과 같이 언어치료사들이 직접 제작하거나 가볍고 이동성이 좋으므로 유용하게 사용할 수 있다. 최근에는 스마트폰이나 태블릿 PC 등을 활용하여 다양한 애플리케이션을 적용하는 AAC가 많이 활용되고 있다. 자세한 내용은 제16장의 보완대체의사소통 부분을 참조하기 바란다.

요 / 약

이 장에서는 지적장애를 유발하는 원인과 심한 정도에 따른 분류 그리고 진단을 위한 정의를 살펴보았다. 전체 인구의 1%에 해당하지만 실제 언어치료 임상현장에서 많이 만날 수 있는 지적장애인들의 의사소통 특성을 언어 영역별로 알아보고 의사소통 능력을 진단하기 위하여 어떠한 내용들을 살펴보아야 하는지도 정리하였다. 경도 지적장애의 경우 언어 양상에 따라 치료목표를 정하고 언어발달장애 아동에게 하는 치료기법들을 적용할 수 있지만, 지적장애에 특징적인 정보처리 능력을 감안한 치료접근법을 고려해 볼 필요가 있다.

1. 지적장애는 지적 능력, 적응행동의 결함이 발달기에 발현되는 신경발달장애의 한 유형이다.

2. 지적 능력은 지능검사를 통하여 측정할 수 있지만, 특정 검사 점수가 개인의 능력을 절대적으로 나타내는 것이 아님을 이해해야 한다.

3. 지적장애를 야기하는 원인으로 알려진 것 중 예방 가능한 요인들에 대하여 최대한 예방할 수 있도록 노력해야 할 것이다.

4. 지적장애의 의사소통 능력 평가 시 의사소통 단계에 따라 포함될 수 있는 비공식 절차 및 공식검사들을 활용하여 현재 수준을 정확히 파악해야 한다.

5. 지적장애의 정보처리 혹은 인지 특성, 개개인의 수준 등을 고려하여 주의집중, 변별, 조직화, 기억을 도울 수 있는 방법을 모색할 필요가 있다.

연 / 습 / 문 / 제

1. 지적장애의 진단기준에 포함되는 핵심요소 세 가지는 무엇인가?
2. 지적장애인이 적응기능에 결함을 보인다는 것은 무엇을 의미하는가?
3. 염색체 수의 이상으로 지적장애를 야기할 수 있는 장애 유형에는 어떤 것들이 있는가?
4. 지능지수에 근거하여 지적장애를 어떻게 분류할 수 있는가?
5. 언어의 의미론적 측면에서 지적장애 아동이 나타낼 수 있는 특징은 무엇인가?
6. 언어 이전 단계의 지적장애 아동의 의사소통 능력 평가에 포함될 수 있는 요소들은 무엇인가?
7. 지적장애인의 정보처리 특성은 어떠한가?
8. 지적장애인의 기억을 돕기 위한 전략들은 무엇인가?
9. 전상징기 수준의 지적장애인을 훈련할 시 고려할 사항들은 무엇인가?

💬 참고문헌

김영태, 김경희, 윤혜련, 김화수(2003). 영 · 유아언어발달검사. 서울: 특수교육.

김영태, 성태제, 이윤경(2003). 취학전 아동의 수용언어 및 표현언어 발달 척도. 서울: 서울장애인복지관.

김영태, 홍경훈, 김경희, 장혜성, 이주연(2009). 수용·표현어휘력검사. 서울: 서울장애인복지관.

배소영, 곽금주(2011). 한국판 맥아더 베이츠 의사소통발달 평가. 서울: 마인드프레스.

한국특수교육학회(2008). 특수교육대상자 개념 및 선별기준.

황보명(2008). 다운증후군 학생의 음운인식 능력. 음성과학, 15(3), 79-94.

Bernstein, D. K., & Tiegerman-Farber, E. (1989). *Language and communication disorders in children* (2nd ed.). Boston, MA: Allyn and Bacon.

Karrar, R., Nelson, M., & Galbraith, G. (1979). Psychophysiological research with the mentally retarded. In N. Ellis (Ed.), *International review of research in mental retardation* (Vol 7.). New York: Academic Press.

Miller, J. F. (1981). *Assessing language production in children: Experimental procedures*. Baltimore, ML: University Park Press.

Owens, R. E. (2002). *Language development: An introduction*. Boston, MA: Allyn and Bacon.

van der schuit, M., Peeters, M.. Segers, E., van Balkom, H., & Verhoeven, L. (2009). Home literacy environment of pre-school children with intellectual disabilities. *Journal of Intellectual Disability Research*, *53*(12), 1024-1037.

Wetherby, A. M., & Prizant, B. M. (1993). *Communication and Symbolic Behavior Scales (CSBS)*. Baltimore, MD: Paul H. Brookes Publishing.

Wise, J. C., Sevcik, R. A., Romski, M., & Morris, R. D. (2010). The relationship between phonological processing skills and word and nonword identification performance in children with mild intellectual disabilities. *Research in Developmental Disabilities*, *31*(6), 1170-1175.

제9장

자폐범주성장애

| 박선희 |

이 장의 목표

- 자폐범주성장애의 정의를 설명할 수 있다.
- 자폐범주성장애 아동의 언어 특성을 설명할 수 있다.
- 자폐범주성장애 아동 언어치료기법 중 그림교환 의사소통 체계의 단계를 설명할 수 있다.

핵심 용어

- **반향어**(echolalia): 이전에 들은 낱말이나 문장을 의미나 의도 없이 반복하는 현상이다.
- **즉각반향어**(immediate echolalia): 대뇌과정을 거치지 않고 바로 반복되는 반향어이다.
- **지연반향어**(delayed echolalia): 일단 저장되었다가 어느 정도의 시간이 경과한 후에 상기되어 반복되는 반향어이다.
- **그림교환 의사소통 체계**(Picture Exchange Communication System: PECS): 자폐범주성장애 아동들이 원하는 사물을 얻기 위하여 사물을 교환하도록 지도하는 것으로 6단계로 구성된다.
- **상황이야기**(social stories): 특정 사회적 상황과 관련한 사회적 단서와 적절한 반응을 설명해 주는 방법으로 설명문, 지시문, 통제문, 조망문의 구성요소가 포함된다.

1 자폐범주성장애 개관

1. 역사적 배경

자폐증(autism)이라는 용어는 자기 자신(self)을 의미하는 'aut'라는 용어와 상태(state)를 의미하는 'ism'이 결합된 형태로, 즉 자기 자신만의 세계 속에 있는 상태를 지칭하는 것이다.

1943년 Kanner는 생애 초기부터 사람 또는 상황에 대하여 정상적인 방법으로 관계를 맺지 못하는 일련의 아동들을 기술하기 위하여 'early infantile autism(초기 유아 자폐증)'이라고 명명하고, 관찰했던 유아들의 특징을 의사소통 결함, 인지기능의 비정형성, 강박적 행동, 반복적 행동, 상상놀이 결여 등으로 설명하였으며, 이들의 근본적인 결함이 생애 초기부터 다른 사람이나 상황과 관계를 맺는 능력이 부족한 데 있음을 강조하였다(이승희, 2015).

2. 정의

1943년 Kanner에 의하여 자폐증(autism)이라는 용어가 등장하고 자폐 정의에 대한 논의가 이루어지면서, 2006년 미국자폐협회에서는 다음과 같이 정의하였다.

> 자폐는 일반적으로 생후 3년 이내에 나타나는 복잡한 발달장애로 두뇌의 정상적인 기능에 영향을 미침으로써 사회적 상호작용과 의사소통 기술 영역에 영향을 미친다. 자폐를 지닌 아동과 성인은 일반적으로 구어 및 비구어 의사소통, 사회적 상호작용, 여가나 놀이활동에서의 어려움을 보인다. 그러나 자폐는 범주성장애로 각 개인마다 다양한 정도로 영향을 미치는 사실을 고려해야 한다.

우리나라에서는 2007년 제정된 「장애인 등에 대한 특수교육법」에서 다음과 같이 정의하고 있다.

자폐성장애를 지닌 특수교육대상자는 사회적 상호작용과 의사소통에 결함이 있고, 제한적이고 반복적인 관심과 활동을 보임으로써 교육적 성취 및 일상생활 적응에 도움이 필요한 사람을 말한다.

이후 『정신질환의 진단 및 통계 편람 제5판(Diagnostic and Statictical Manual of Mental Disorders-5th ed.: DSM-5)』(American Psychiatric Association, 2013)에서부터 공식적 진단 명칭으로 자폐범주성장애(자폐스펙트럼장애, autism spectrum disorder: ASD)가 소개되기 시작하였다.

2 자폐범주성장애 의사소통 및 언어 특성

1. 의사소통 특성

자폐범주성장애 아동의 시선 응시(eye gaze) 행동은 전형적인 발달을 보이는 일반 또래 아동들과 다르다. 자폐범주성장애 아동은 사람이 있는 방향을 응시하지만, 그 사람이 없는 것처럼 보는 것으로 보일 수도 있다. 이러한 시선 응시에 있어서의 문제점은 자폐범주성장애 아동들의 의사소통 발달을 저해한다. 또한 자폐범주성장애 아동은 말소리보다는 말소리가 아닌 소리를 더 좋아한다고 알려져 왔다(신현기, 이성봉, 이병혁, 이경면, 김은경, 2007).

자폐범주성장애 아동들은 주의를 공유하는 데 있어서도 어려움을 보이는데, 이러한 주의 공유하기 능력의 어려움은 사회적·인지적 언어발달에 여러 의미를 지니고 있을 뿐 아니라, 이후 표현언어의 발달을 예측할 수 있게 해 주는 것으로 알려졌다(Mundy, Sigman, & Kasari, 1990; Sigman & Reskin, 1999). 자폐범주성장애 아동들은 주의 공유하기에서의 어려움 때문에 주의 공유하기를 위한 다른 사람들과의 시도에 반응할 가능성이 낮고, 사회적인 목적을 위해 다른 사람들로 하여금 어떤 물체나 사건을 바라보게 하려 하지 않는다(McArthur & Adamson, 1996).

자폐범주성장애 아동들은 모방하기에 대한 어려움을 지니고 있는 것으로 알려졌다(Williams, Whiten, & Singh, 2004). 모방이 일어날 때 어떤 자폐범주성장애 아동은 그들이 본 그대로 행동을 모방함으로써, 가령 누군가 자신에게 손을 흔드는 것을 모방할 때 손바닥을 자신의 얼굴 쪽으로 향하게 하는 것과 같은 오류를 보이기도 한다(Ohta, 1987). 자폐범주성장애 아동들은 기능적 놀이는 물론 상징놀이에도 어려움을 보인다. 자폐범주성장애 아동들은 하나의 물건을 다른 물건으로 가장하지 못할 수 있고, 상상놀이에도 참여하지 못할 수 있으며, 그들이 의도하는 대로 장난감을 이용하지 못할 수도 있다. 예를 들면, 어떤 자폐범주성장애 아동은 장난감 동물들이 동물원에 있는 것처럼 배치하거나 그 장난감들이 상호작용하는 것으로 놀이하는 대신, 그 장난감을 일렬로 늘어놓을 수 있다(Sigman & Ruskin, 1999).

2. 언어 특성

자폐범주성장애 아동들의 약 35~40% 정도가 어떠한 기능적 혹은 의사소통을 위한 언어를 발달시키지 못하고 있다(신현기 외, 2007; Mesibov, Adams, & Klinger, 1997).

1) 반향어

반향어(echolalia)란 이전에 들은 낱말이나 문장을 의미나 의도 없이 반복하는 현상이다. 자폐범주성장애 아동들은 화자의 구어를 분석하지 않는 통합체로 외워 버리기 때문에 융통성 있는 구어를 습득하지 못한다. 이러한 반향어는 즉각반향어와 지연반향어로 구분된다. 즉각반향어(immediate echolalia)는 대뇌과정을 거치지 않고 바로 반복되는 반향어로 정의하고, 지연반향어(delayed echolalia)는 일단 저장되었다가 어느 정도의 시간이 경과한 후에 상기되어 반복되는 반향어로 정의한다.

Schuler와 Prizant(1985)는 말을 할 수 있는 자폐범주성장애 아동의 약 85% 정도에서 반향어가 나타난다고 하였다. 반향어는 아동의 이해 수준과 전반적인 발달 수준과 연관이 있어서 인지기술 및 언어기술이 증가함에 따라 반향어의 비율이 일반적으로 감소한다.

반향어에 대한 언어치료를 시도하기 위해서는 자폐범주성장애 아동의 반향어가 보이는 역할 및 기능 그리고 반향어가 나타나는 상황을 평가하는 것이 중요하다(Tiegerman-Farber, 2002). 이러한 반향어는 자폐범주성장애 아동이 다른 사람과 의사소통을 할 수 있는 방법으로 이해되고 있고, 이후 언어로 발달하기 위한 중요한 사전행

동으로 이해되고 있다(박현옥, 2005). 만약 자폐범주성장애 아동의 반향어로 표현된 의
도를 이해하고 내용에 적절하게 반응한다면 그 아동은 수단과는 관계 없이 의사소통
능력을 보여 준 것으로 예측된다. 자폐범주성장애 아동들이 반향어를 사용한다는 것
은 아동이 이해가 부족할 수도 있고, 새로운 단어나 표현을 연습하는 기능이 있을 수도
있으며, 행동에 방해를 받거나 불안할 때 사용하는 것일지도 모른다(Rydell & Mirenda,
1994).

2) 의미론적 특성

자폐범주성장애 아동들은 단어 폭발기 이전에 습득한 단어가 부족하여 표현어휘 발
달이 늦은 편이고, 단어를 의미 있는 사람이나 사물에 대하여 느리게 그리고 제한적으
로 습득하기도 한다. 단어의 일반화 과정으로 넘어가지 못하고 특정 사물을 특정 낱말
로만 명명하는 단계에 머무르는 경우가 많다. Tiger-Flusberg와 Thurber(1993)에 의하
면 자폐범주성장애 아동들은 자신이 알고 있는 어휘를 매우 제한적으로 사용하며, 상
황에 적절하고 다양한 어휘를 구사하는 데 관심을 보이지 않는다고 하였다. 자폐범주
성장애 아동들은 비정상적인 의미로 단어를 사용하기도 하고, 대부분의 청자에게 익
숙하지 않은 사건이나 관심에 대하여 관련된 언어를 사용하기도 한다.

자폐범주성장애 아동들은 낱말 품사에 따라 어휘 산출능력에 차이를 나타내는데
(Menyuk & Quill, 1985), 명사에 비해 동사, 형용사, 부사와 같은 수식어 그리고 전치사
와 같은 기능어를 더 적게 산출하는 경향을 보인다.

Lee, Hobson과 Chiat(1994)에 따르면 자폐범주성장애 아동들은 대명사 반전 현상을
보인다. 예를 들면, 다른 사람을 '너'라고 부르기보다는 그 사람의 이름을 주로 부르고,
자신을 지칭할 경우에도 '나'보다는 자신의 이름을 주로 사용한다. 이러한 대명사 반
전은 연령이 증가함에 따라 완화되기는 하지만 일생 동안 지속적으로 나타난다고 하
였다.

3) 화용론적 특성

자폐범주성장애 아동들의 의사소통 의도는 사회적 상호작용을 위한 것이라기보다
는 주로 자신의 요구를 충족시키기 위해 다른 사람의 행동을 조절하는 도구적 기능을
위한 것이며, 이러한 기능을 표현함에 있어서도 자기 나름의 독특하고 비습관적인 방

법을 사용한다. 자폐범주성장애 아동들의 언어문제는 사회적이고 화용론적인 영역에서 가장 잘 나타난다(Tiger-Flusberg, 1989). 일반 아동은 초기 언어발달 단계에서 음성과 제스처를 주로 사용하다 점차 음성과 제스처는 줄어들고 구어 사용이 증가하는데, 자폐범주성장애 아동의 경우 비구어적 언어 수단에 머무르는 경우가 많은 것으로 나타났다(김라엘, 2015).

이들은 사회적 정보를 이해하는 데 특별한 어려움을 겪기 때문에 의사소통에서 절대적으로 필요한 요소인 사회적 상호작용 능력을 제대로 발휘하지 못하는 것이다 (Wicks-Nelson & Israel, 2003). 이러한 사회적 결함은 의사소통 능력을 제한하여 다른 사람들과 상호작용을 하는 데 어려움을 가지게 한다(Bufkin & Alman, 1995; Watson, Baranek, & DiLavore, 2003).

4) 구문론적 특성

일반적으로 자폐범주성장애 아동들은 일반 아동들에 비하여 말하는 시기와 발달의 속도가 느린 편이다. 대개 첫 낱말 시기가 일반 아동들보다 늦게 나타나며, 옹알이의 형태도 일반 아동들과는 다소 다르다. 이들 중 일부 아동은 처음에는 무발화를 보이다가, 점차 반향어 형태의 구어를 사용하기도 한다. 자폐범주성장애 아동의 약 35~40% 정도가 구어가 나타나지 않고(Mesibov et al., 1997), 약 25%가 12~18개월 수준의 말을 가지거나 아니면 상실된 수준을 보인다.

3 자폐범주성장애 언어진단

자폐범주성장애 아동의 언어진단에서는 언어재활 현장에서 일반적으로 많이 적용하고 있는 진단도구를 중심으로 설명하고자 한다.

1. DSM-5의 자폐범주성장애 진단기준

DSM-5(American Psychiatric Association, 2013)에서 자폐범주성장애가 소개되면서 〈표 9-1〉과 같은 진단기준을 제시하였다.

표 9-1 **자폐범주성장애 진단기준**

A. 다양한 분야에 걸쳐 나타나는 사회적 의사소통 및 사회적 상호작용의 지속적인 결함으로 현재
또는 과거력상 다음과 같은 특징으로 나타난다.

1. 사회적-감정적 상호성의 결함(예: 비정상적인 사회적 접근과 정상적인 대화의 실패, 흥미나
감정 공유의 감소, 사회적 상호작용의 시작 및 반응의 실패)

2. 사회적 상호작용을 위한 비언어인 의사소통 행동의 결함(예: 언어적, 비언어적 의사소통의
불완전한 통합, 비정상적인 눈 맞춤과 몸짓 언어, 몸짓의 이해와 사용의 결함, 얼굴표정과 비
언어적 의사소통의 전반적 결핍)

3. 관계 발전, 유지 및 관계에 대한 이해의 결함(예: 다양한 사회적 상황에 적합한 적응적 행동
의 어려움, 상상놀이를 공유하거나 친구 사귀기가 어려움, 동료들에 대한 관심 결여)

현재의 심각도를 명시할 것:

심각도는 사회적 의사소통 손상과 제한적이고 반복적인 행동 양상에 기초하여 평가한다.

B. 제한적이고 반복적인 행동이나 흥미, 활동이 현재 또는 과거력상 다음 항목들 가운데 적어도 두
가지 이상 나타난다.

1. 상동증적이거나 반복적인 운동성 동작, 물건 사용 또는 말하기(예: 단순 운동 상동증, 장난감
정렬하기 또는 물체 튕기기, 반향어, 특이한 문구 사용)

2. 동일성에 대한 고집, 일상적인 것에 대한 융통성 없는 집착 또는 의례적인 언어나 비언어적
행동 양상(예: 완고한 사고방식, 의례적인 인사, 같은 길로만 다니기, 매일 같은 음식 먹기)

3. 강도나 초점에 있어서 비정상적으로 극도로 제한되고 고정된 흥미(예: 특이한 물체에 대한
강한 애착 또는 집착, 과도하게 국한되거나 고집스러운 흥미)

4. 감각 정보에 대한 과잉 또는 과소 반응 또는 환경의 감각 영역에 대한 특이한 관심(예: 통증/
온도에 대한 명백한 무관심, 특정 소리나 감촉에 대한 부정적 반응, 과도한 냄새 맡기 또는
물체 만지기, 빛이나 움직임에 대한 시각적 매료)

현재의 심각도를 명시할 것:

심각도는 사회적 의사소통 손상과 제한적이고 반복적인 행동 양상에 기초하여 평가한다.

C. 증상은 반드시 초기 발달 시기부터 나타나야 한다(그러나 사회적 요구가 개인의 제한된 능력을
넘어서기 전까지는 증상이 완전히 나타나지 않을 수 있고, 나중에는 학습된 전략에 의해 증상이
감춰질 수 있다).

D. 이러한 증상은 사회적, 직업적 또는 다른 중요한 현재의 기능 영역에서 임상적으로 뚜렷한 손상
을 초래한다.

E. 이러한 장애는 지적장애 또는 전반적 발달지연으로 더 잘 설명되지 않는다. 지적장애와 자폐범
주성장애는 자주 동반된다. 자폐범주성장애와 지적장애를 함께 진단하기 위해서는 사회적 의
사소통이 전반적인 발달 수준에 기대되는 것보다 저하되어야 한다.

주의점: DSM-IV의 진단기준상 자폐성장애, 아스퍼거장애 또는 달리 분류되지 않는 광범위성 발달
장애로 진단된 경우에서는 자폐범주성장애의 진단이 내려져야 한다. 사회적 의사소통에 뚜렷
한 결함이 있으나 자폐범주성장애의 다른 진단 항목을 만족하지 않은 경우에는 사회적(실용적)
의사소통장애로 평가해야 한다.

출처: American Psychiatric Association (2013).

DSM-5에서는 자폐범주성장애의 필수적인 특징은 상호 간의 사회적 의사소통과 사회적 상호작용의 지속적인 손상, 제한적이고 반복적인 양식의 행동, 관심 분야 또는 활동이다.

자폐범주성장애의 진단기준에서 심각도를 설명하면서 심각도 수준을 3단계로 구분하면서 사회적 의사소통 및 제한적이고 반복적인 행동 특성에 대하여 〈표 9-2〉와 같이 기술하였다.

표 9-2 자폐범주성장애의 심각도 수준(DSM-5)

심각도 수준	사회적 의사소통	제한적이고 반복적인 행동
3단계 '상당히 많은 지원을 필요로 하는 수준'	언어적·비언어적 사회적 의사소통 기술에 심각한 결함이 있고, 이로 인해 심각한 기능상의 손상이 야기된다. 사회적 상호작용을 맺는 데 극도로 제한적이며, 사회적 접근에 대해 최소한의 반응을 보인다. 예를 들어, 이해할 수 있는 말이 극소수의 단어뿐인 사람으로서, 좀처럼 상호작용을 시작하지 않으며, 만일 상호작용을 하더라도 오직 필요를 충족하기 위해 이상한 방식으로 접근을 하며, 매우 직접적인 사회적 접근에만 반응한다.	융통성 없는 행동, 변화에 대처하는 데 극심한 어려움, 다른 제한적이고 반복적인 행동이 모든 분야에서 기능을 하는 데 뚜렷한 방해를 한다. 집중 또는 행동 변화에 극심한 고통과 어려움이 있다.
2단계 '많은 지원을 필요로 하는 수준'	언어적·비언어적 사회적 의사소통 기술의 뚜렷한 결함, 지원을 해도 명백한 사회적 손상이 있으며, 사회적 의사소통의 시작이 제한되어 있고, 사회적 접근에 대해 감소된 혹은 비정상적인 반응을 보인다. 예를 들어, 단순한 문장 정도만 말할 수 있는 사람으로서, 상호작용이 편협한 특정 관심사에만 제한되어 있고, 기이한 비언어적 의사소통이 뚜렷하게 나타난다.	융통성 없는 행동, 변화에 대처하는 극심한 어려움, 다른 제한적이고 반복적인 행동이 우연히 관찰한 사람도 알 수 있을 정도로 자주 나타나며, 다양한 분야의 기능을 방해한다. 집중 또는 행동 변화에 고통과 어려움이 있다.
1단계 '지원이 필요한 수준'	지원이 없을 때에는 사회적 의사소통의 결함이 분명한 손상을 야기한다. 사회적 상호작용을 시작하는 데 어려움이 있으며, 사회적 접근에 대한 비전형적인 반응이나 성공적이지 않은 반응을 보인다. 예를 들어, 완전한 문장을 말할 수 있는 사람으로서 의사소통에 참여하지만, 다른 사람들과 대화를 주고받는 데에는 실패할 수 있으며, 친구를 만들기 위한 시도는 괴상하고 대개 실패한다.	융통성 없는 행동이 한 가지 또는 그 이상의 분야의 기능을 확연히 방해한다. 활동 전환이 어렵다. 조직력과 계획력의 문제는 독립을 방해한다.

출처: American Psychiatric Association (2013).

2. 아동기 자폐증 평정척도

아동기 자폐증 평정척도(children autism rating scale: CARS; 김태련, 박랑규, 1996)는 2세 이상의 아동을 대상으로 자폐범주성장애와 기타 발달장애를 구별하고 자폐범주성 장애의 정도를 판별하고자 하는 검사도구이다. 전체 15개 문항(사람과의 관계, 모방, 정서반응, 신체사용, 물체사용, 변화에 대한 적응, 시각반응, 청각반응, 미각 · 후각 · 촉각반응 및 사용, 두려움 또는 신경과민, 언어적 의사소통, 비언어적 의사소통, 활동 수준, 지적 반응의 수준과 항상성, 일반적 인상)으로 구성되어 각 문항은 1점에서 4점까지 평정된다. 문항 점수는 해당 연령에서 정상 범위 내에는 '1점', 해당 연령에서 매우 경미한 정도로 비 정상은 '1.5점', 해당 연령에서 경증 비정상은 '2점', 해당 연령에서 경증-중간 비정상 은 '2.5점', 해당 연령에서 중간 비정상은 '3점', 해당 연령에서 중등-중간 비정상은 '3.5 점', 해당 연령에서 중증 비정상은 '4점'으로 평정된다. CARS의 전체 점수를 근거로 하여 진단적 범주를 제공하는데 결과 해석은 〈표 9-3〉과 같다.

표 9-3 CARS의 진단적 범주

전체 점수	진단적 분류	기술적 수준
15~29.5	자폐증 아님	자폐증 아님
30~36.5	자폐증	경증, 중간 정도 자폐증
37~60	자폐증	중증 자폐증

4 자폐범주성장애 언어치료

1. 그림교환 의사소통 체계

그림교환 의사소통 체계(picture exchange communication system: PECS; Frost & Bondy, 1994)는 표현언어가 부족한 자폐범주성장애 아동이나 기타 장애를 가진 아동 을 대상으로 고안된 보완 의사소통 프로그램으로, 아동들이 원하는 사물을 얻기 위하여 사물을 교환하도록 지도한다. 그러므로 자폐범주성장애 아동들에게 기능적인 의사소통 기술을 지도하고 잠재적으로 구어습득을 하도록 하는 체계로 자발적 의지를 표현하고자 할 때 효과적이고, 다른 사람들에 대한 사회적 접근을 우선 지도하고 난 이후에 요구하기를 지도한다(Bondy & Frost, 2011). 그림교환 의사소통 체계를 통한 치료는 각 아동들이 선호하는 강화물을 진단하는 것으로 시작하는데, 이때는 각 아동의 강화 선호도를 결정하기 위하여 몇 가지 조합된 물건이 각각의 아동들에게 반복적으로 제공된다.

언어를 사용하지 못하거나 최소한의 정도로만 사용하는 아동들에게 그림교환 의사소통 체계를 적용했을 때의 장점은 융통성이다. 즉, 그림교환 의사소통의 경우 체계가 매우 보편적인 언어에 해당하는 그림을 이용하기 때문에 아동은 어떤 상황에서든 누구와도 의사소통을 할 수 있다. 또한 이 체계는 구어 연습 및 수어처럼 아동들에게 구어나 운동기능의 움직임을 모방하도록 요구하지 않고, 아동들에게 눈 맞춤을 유지하도록 요구하지도 않아서 시선 맞춤은 교환의 과정에서 자연스럽게 나타난다.

그림교환 의사소통 체계 훈련에서는 6개의 단계가 포함된다(Frost & Bondy, 1994). 단계 I에는 그림이나 물건의 교환과 함께 항목이나 활동의 요청이 포함된다. 단계 II에서는 해당 아동과 의사소통을 위한 공책이나 판 혹은 그림 사이의 거리가 멀어지고 학생은 그 그림이나 물건을 찾아서 주위에 있는 누군가와 그것을 교환함으로써 의도를 표현하도록 배운다. 단계 III에서 아동들은 더 많은 선택권을 가질 수 있도록 그림들 사이의 차이를 변별하도록 배운다. 단계 IV에는 요청하기, 단계 V에는 '뭘 원하니?'라는 질문에 대답하기가 포함된다. 단계 VI에서는 질문에 대한 반응에 의견을 말하게 된다. 새로운 어휘를 획득하고, 자발적인 의견을 말하며, 질문에 '예/아니요'로 반응할 기회들도 있다. 그림교환 의사소통 체계는 어휘를 향상시켜 주고, 일반적인 의사소통 기능을 개선해 주며, 다양한 상황 및 사람에 대한 의사소통 자발성을 증가시켜 준다(신현기 외, 2007).

2. 상황이야기

상황이야기(social stories)는 특정 사회적 상황과 관련된 분명한 사회적 단서와 적절한 반응을 설명해 주는 개별화된 인지적 중재방법으로, 사람들이 주어진 상황에서 무엇을 하고, 무엇을 생각하고 느끼는지에 대한 정보, 사건의 연속, 중요한 사회적 단서와 의미의 파악, 무엇을 이야기해야 하는지에 대한 형식을 가지게 한다(Attwood, 2000). 이를 중심으로 상황이야기는 특정 상황에서 발생하는 일의 내용, 이유와 관련된 정확하고 특정한 정보를 아동에게 제공하고, 관련된 사회적 단서와 일반적인 반응에 대한 상황을 설명하는 짧은 이야기를 의미한다(Gray, 2004). 상황이야기는 자폐범주성장애 아동들이 사회적 단서 및 상황, 다른 사람의 생각 등을 이해하는 것과 같은 사회적 관계에 대한 적절한 반응이 부족하기 때문에 자폐범주성장애 아동의 사회적 상황을 예측하도록 하는 데 효과적인 방법이다. 상황이야기는 사회적 이야기들에서 기대되는 행동과 상황을 묘사하는 데 사용될 수 있고, 어떤 결과나 목표 성취에 대한 간단한 단계들을 설명할 수 있으며, 또한 예상된 행동들과 새로운 일과를 지도할 수 있다(Gray & Garand, 1993).

상황이야기의 구성요소를 살펴보면 설명문, 지시문, 통제문, 조망문의 네 가지가 포함된다. 이를 구체적으로 기술하면 다음과 같다.

첫째, 설명문(진술문, descriptive sentence)은 상황, 장소, 대상, 행동, 기대(누가, 무엇을, 언제, 어디에서)에 대한 정보를 제공하고, 현실을 진술하는 것으로 상황이야기에서 요구되는 유일한 형태의 문장이며 가장 자주 사용된다. 예를 들면, '내 이름은 김철이입니다.' '편의점은 첫 번째 건물입니다.'의 문장 형태이다.

둘째, 지시문(directive sentence)은 아동의 적절한 행동반응, 기대행동을 기술하기 위한 것으로 온화하게 자폐범주성장애 아동의 행동을 지시할 때 사용한다. 예를 들면, '나는 의자에 앉을 것이다.'의 문장이다.

셋째, 통제문(control sentence)은 관련 행동 및 반응과의 유사성을 제공하는 것으로 아동의 회상을 돕기 위해 사용되는 문장이며, 주변의 진술들의 의미를 향상시키는 것과 관련된다. 예를 들면, '이건 너무 중요해.' '차례대로 줄을 서야 해.'의 문장이다.

넷째, 조망문(관점문, perspective sentence)은 목표 상황에서의 다른 사람들과의 감정과 반응을 설명하는 것으로 사람들의 느낌, 믿음, 알고 있는 것을 기술하기 위한 관점의 문장이다. 예를 들면, '많은 아이가 아이스크림 먹는 것을 좋아해.'라는 문장이다.

이러한 상황이야기를 적용할 때는 모두 2~5개 정도의 설명문, 조망문, 통제문과 1개 정도의 지시문이 가장 효율적이다.

요/약

이 장에서는 자폐범주성장애의 역사적 배경을 기반으로 하여 자폐범주성장애의 정의를 살펴보았다. 이러한 역사적 배경을 통한 정의에서 일반적으로 언급되는 특성들이 포함되어 있음을 알 수 있다. 자폐범주성장애는 용어에서도 알 수 있듯이 다양하고 폭넓은 증상이 특성으로 소개되고 있다. 이들의 언어치료에서는 의사소통을 이해하기 위한 그림교환 의사소통 체계가 효율적으로 활용되고 있고, 화용론적인 어려움을 위한 상황이야기 기법이 적용되고 있다.

연/습/문/제

1. 「장애인 등에 대한 특수교육법」에서의 자폐범주성장애는 무엇인가?
2. 자폐범주성장애 아동의 의사소통 특성 중 주의 공유하기의 특성은 어떠한가?
3. 자폐범주성장애 아동이 보이는 반향어는 어떻게 구분되는가?
4. 자폐범주성장애 아동의 어휘 산출능력에 대한 특성은 어떠한가?
5. 자폐범주성장애 아동이 보이는 사회적 결함으로 인한 의사소통의 어려움은 무엇인가?
6. DSM-5에서 자폐범주성장애가 보이는 필수적인 특징은 무엇인가?
7. DSM-5에서 자폐범주성장애의 심각도 수준은 어떻게 구분하는가?
8. 아동기 자폐증 평정척도의 진단적 분류에서 자폐증으로 분류되는 점수는 몇 점인가?
9. 그림교환 의사소통 체계는 몇 단계로 구성되는가?
10. 상황이야기의 구성요소는 무엇인가?

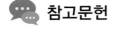 **참고문헌**

김라엘(2015). 언어사용목록평가(UDL)를 통한 자폐범주성장애의 화용언어 평가. 이화여자대학교 대학원 석사학위논문.

김태련, 박랑규(1996). 아동기 자폐증 평정척도. 서울: 특수교육.

박현옥(2005). 자폐증 개론. 서울: 시그마프레스.

신현기, 이성봉, 이병혁, 이경면, 김은경(2007). 자폐 범주성 장애 아동 교육의 실제. 서울: 시그마프레스.

이승희(2015). 자폐스펙트럼장애의 이해(2판). 서울: 학지사.

American Psychiatric Association. (2013). *Diagnostic and statistical manual of mental disorders* (5th ed.). Arlington, VA: American Psychiatric Publishing.

Attwood, T. (2000). Strategies for improving the social integration of children with Asperger syndrome. *Autism, 4*(1), 85-100.

Bamhill, G. P. (2001). Social attribution and depression in adolescence with asperger syndrome. *Focus on Autism and Other Development Disabilities, 15,* 46-453.

Bondy, A. S., & Frost, L. A. (2001). *A picture's worth: PECS and other visual communication strategies in autism.* Bethesda, MD: Woodbine House.

Bufkin. L. J., & Altman, R. (1995). A developmental study of nonverbal pragmatic communication in students with and without mild mental retardation. *Education and Training in Mental Retardation, 30*(3), 199-207.

Frost, L. A., & Bondy, A. S. (1994). *The picture exchange communication system training manual.* Cherry Hill, NJ: Pyramid Educational Consultants, Inc.

Gray, C. A. (2004). Social Stories™ 10.1: The new defining criteria and guidelines. *Jenison Autism Journal: Creative Ideas in Practice, 15*(4), 2-21.

Gray, C. A., & Garand, J. (1993). Social stories: Improving responses of students with autism with accurate social information. *Focus on Autistic Behavior, 8*(1), 1-10.

Lee, A. Hobson, R. P., & Chiat, S. (1994). I, you, me, and autism: An experimental study. *Journal of Autism and Developmental Disorders, 24,* 155-176.

McArthur, D., & Adamson, L. B. (1996). Joint attention in preverbal children: Autism and developmental language disorder. *Journal of Autism and Developmental Disorders, 26*(5), 481-496.

Menyuk, P., & Quill, K. (1985). Semantic problems in autistic children. In E. Schopler & G. Mesibov (Eds.), *Communication problems in autism* (pp. 105-116). New York: Plenum.

Mesibov, G. B., Adams, L. W., & Klinger, L. G. (1997). *Autism: Understanding the disorder.* New York: Plenum.

Mundy, P., Sigman, M., & Kasari, C. (1990). A longitudinal study of joint attention and language development in autistic children. *Journal of Autism and Developmental Disorders, 20,* 115-129.

Ohta, M. (1987). Cognitive disorders of infantile autism: A study employing the WISC, spatial relationship conceptualization, and gesture imitations. *Journal of Autism and Developmental Disorders, 17*(1), 45-62.

Rydell, P. J., & Mirenda, P. (1994). The effects of high and low constraint utterances on the production of immediate and delayed echolalia in young children with autism. *Journal of autism and Developmental Disorders, 24*, 719-730.

Schuler. A., & Prizant, B. (1985). Echolalia. In E. Schuler & G. Mesibov (Eds.), *Communication problems in autism* (pp. 163-184). New York: Plenum.

Sigman, M., & Ruskin, E. (1999). Continuity and change in the social competence of children with autism, down syndrome, and developmental delays. *Monographs of the Society in Research in Child Development, 64*, 1-14.

Tiger-Flusberg, H. (1989). A psycholinguistic perspective on language development in the autistic child. In G. Dawson (Ed.), *Autism: Nature, diagnosis, and treatment* (pp. 92-115). New York: Guilford.

Tiger-Flusberg, H., & Thurber, C. (1993). Pauses in the narratives produced by autistic, mentally retarded, and normal children as an index of cognitive demand. *Journal of autism and Developmental Disorders, 23*, 209-322.

Tiegerman-Farber, E. (2002). Autism spectrum disorders: Learning to communicate. In D. K. Bernstein & E. Tiegerman-Farber (Eds.), *Language and communication disorders in children* (5th ed., pp. 510-564). Boston, MA: Allyn and Bacon.

Watson, L. R., Baranek, G. T., & DiLavore, P. C. (2003). Toddlers with autism: Developmental perspectives-Infants and young children: An interdisciplinary. *Journal of Special Care Practies, 16*(3), 201-214.

Wicks-Nelson, R., & Israel, A. C. (2003). *Behavior disorders of children* (5th ed.). Upper Saddle River, NJ: Pearson Education.

Williams, J. H. G., Whiten, A., & Singh, T. (2004). A systematic review of action imitation in autistic spectrum disorder. *Journal of Autism and Developmental Disorders, 34*, 285-299.

청각장애

| 박상회 |

이 장의 목표

- 청각장애의 개념에 대해서 설명할 수 있다.
- 청각장애의 원인과 특성에 대해서 설명할 수 있다.
- 청각장애의 진단 및 치료방법에 대해서 이해하여 설명할 수 있다.

핵심 용어

- **외이**(outer ear): 귀의 바깥쪽에 있는 부분으로, 귓바퀴와 바깥귀길로 이루어지며, 소리를 모아서 고막에 전하는 역할을 한다.
- **중이**(middle ear): 외이와 내이 사이에 있으며, 고막, 고실, 이소골, 유스타키오관으로 이루어졌다. 외이를 통하여 들어온 소리가 고막을 진동시키면 이 진동이 고실 안에 있는 3개의 청소골을 거쳐 내이로 전달된다.
- **내이**(inner ear): 귀의 가장 안쪽에 위치하며, 청각과 평형감각을 담당하는 부분이다. 중이의 안쪽에 단단한 뼈로 둘러싸여 있으며 달팽이관, 전정, 반고리관으로 이루어져 있다.
- **난청**(hearing loss): 청력이 저하되어서 듣기 어렵게 된 상태이다.
- **청각장애**(hearing disorder): 어떠한 원인에 의해 소리를 받아들여서 전달해 주고 분석하는 청각기관이 정상적으로 기능을 발휘하지 못하는 상태이다. 소리를 들을 수 있는 능력이 상당히 떨어져 있거나 전혀 들리지 않는 상태의 장애이다.
- **순음청력검사**(puretone audiometry): 단일한 주파수만으로 구성된 음(순음)을 이용해서 소리의 크기(강도)를 올리거나 내려가면서 가장 작은 크기에서 소리를 들을 수 있는 역치를 찾는 검사이다.

- **기도청력검사**(air conduction puretone audiometry): 종합적 청력을 조사하는 검사로, 헤드폰을 장치시켜, 거기에서 나오는 소리의 크기와 주파수를 바꿈으로써 실시하는 청력검사이다. 청력에 좌우차가 있을 때에는 잘 들리는 귀부터 검사를 시작한다. 검사음은 1,000Hz에서 시작해, 2,000, 4,000, 8,000Hz 이어서 다시 1,000Hz으로 되돌아가 500, 250Hz를 측정한다. 역치 이하의 강도의 음에서 상승시키고 최소가청역치를 구한다. 정상자의 평균을 0dB로 한다. 좌우의 청력차가 40dB 이상일 때에는 아픈 귀의 검사 시 정상으로 들을 우려가 있으므로 정상 귀를 차폐해야 한다.
- **골도청력검사**(bone conduction puretone audiometry): 중이 전음계를 통하지 않고 음이 직접 내이(內耳)로 들어가 들을 수 있는 것이고 두개골(일반적으로 유돌부)에 골도레시버를 장착해 이곳에서 음을 주어 역치를 측정하는 방법이다.
- **보청기**(hearing aid): 잘 들리지 않는 귀의 청력을 보강하기 위해 귀에 끼우는 기구로, 귀에 삽입하기 좋게 점차 끝이 좁아져서 좁은 구멍이 되는 관으로 되어 있다. 현대의 보청기는 전자식이다. 이는 소리를 다양한 전류로 바꾸는 마이크로폰, 전류를 증폭하는 증폭기, 증폭된 전류를 원래보다 더 큰 강도로 변환시키는 이어폰 등으로 구성되어 있다.

청각장애란 소리를 듣고 의사소통하는 데 어려운 사람들을 말한다. 이 장에서는 청각장애의 정의, 원인, 특성, 진단, 청능훈련 및 언어재활에 대해서 살펴보도록 하겠다.

1 청각장애 개관

1. 정의

청각장애를 이해하기 위해서는 정의에 대해서 정확하게 알아야 한다. 흔히 청각장애는 소리를 못 듣는 사람으로 생각하지만 소리를 못 듣는 정도에 따라서 청각장애도 구별이 된다. 「장애인복지법 시행령」의 장애인의 종류 및 기준에서는 청각장애에 대해서 다음과 같이 정의하고 있다.

가. 두 귀의 청력 손실이 각각 60데시벨(dB) 이상인 사람
나. 한 귀의 청력 손실이 80데시벨 이상, 다른 귀의 청력 손실이 40데시벨 이상인 사람
다. 두 귀에 들리는 보통 말소리의 명료도가 50퍼센트 이하인 사람
라. 평형 기능에 상당한 장애가 있는 사람

청각장애를 농이나 난청이라는 말로도 표현하는데, 난청이 소리를 못 듣는 것을 말한다면 농은 소리를 거의 못 듣는 것을 말하며 이는 교육적 측면의 용어이다. 즉, 난청과 농은 청력손실 정도를 가지고 이야기한다. 예전에는 농이라는 용어를 보다 보편적으로 사용하였고, 미국에서는 '농문화'라는 용어도 보편적으로 사용하고 있다. 그러나 최근 들어서는 농(deaf)보다는 심도(profound)라는 용어를 더 많이 사용하고 있다. 그래서 난청이 90dB HL 이상이 되면 심도난청이라는 용어를 사용한다. 보다 세분화하여 청각장애의 정의를 청력손실 정도를 기준으로 해서 보면 〈표 10-1〉과 같다.

표 10-1 청각장애의 정도에 따른 분류

ISO 기준(1964)	표현법
10~25dB	정상역(normal limits)
26~40dB	경도난청(mild hearing loss)
41~55dB	중등도난청(moderate hearing loss)
56~70dB	중등고도난청(moderately severe hearing loss)
71~90dB	고도난청(severe hearing loss)
91dB 이상	심도난청(profound hearing loss)

이렇게 평균 청력손실 정도를 가지고 청각장애를 분류해서 볼 경우 이들의 발화 특징을 예측하는 것이 가능하다. 일반적으로 회화음역이 500, 1,000, 2,000Hz 범위에 있으며 일반적인 회화강도가 약 65dB 정도이다. [그림 10-1]은 일반적인 자음의 주파수 및 강도 특성을 나타낸 것이다. 평균 청력손실치와 청력형을 근거로 하여 말소리주파수 특성과 연결하면 청각장애인의 말소리 특성을 일부 예측할 수 있다.

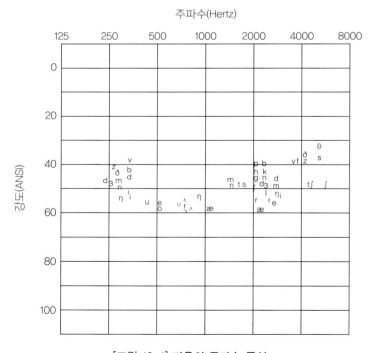

[그림 10-1] 자음의 주파수 특성

따라서 청력도와 평균 청력손실치와 연결하여 청각장애를 살펴볼 수 있고, 정의 내릴 수 있겠다. 청력손실치, 역치라는 용어들이 모두 생소하게 느껴지겠지만 청각장애를 이해하기 위해서는 익숙해져야 하는 용어들이다.

2. 원인

청각의 손상은 여러 가지 원인에 의해서 발생할 수 있으며 원인을 이해하기 위해서는 청각구조에 대한 정확한 이해가 필수적이다. 청각장애는 결국 소리를 듣지 못하여 발생하는 것이므로 다양한 원인에 대해서 살펴보도록 하겠다.

1) 귀의 구조

귀는 매우 복잡한 신체기관이며 크게 외이, 중이, 내이로 나뉜다.

외이는 외부에 돌출된 귓바퀴(이개)와 귀 내부의 고막, 고막까지의 통로인 외이도로 구성되어 있다. 귓바퀴는 소리를 모으는 역할을 하며, 고막은 소리가 닿으면 진동하는 얇은 막으로 소리의 진동을 중이로 전달한다. 중이는 3개의 작은 뼈가 연결된 이소골 (ossicles)과 중이강으로 되어 있으며, 고막의 진동을 이소골에서 증폭시켜 난원창에 전

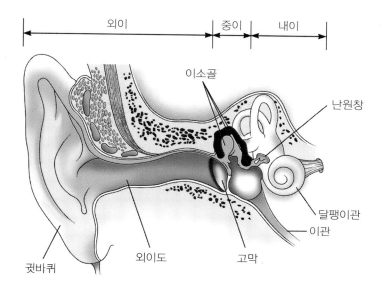

[그림 10-2] **귀의 구조**

달함으로써 내이로 연결시키는 기능을 한다. 내이는 작은 기관이지만 매우 정밀한 여러 조직이 모여 있는 곳이다. 그리고 균형감각을 주로 담당하는 전정기관과 청각에 중요한 역할을 하는 달팽이관이 있다. 달팽이관에서는 중이의 기계적 에너지를 전기적 에너지로 전환하여 청신경에 전달해 주는 역할을 한다. 중이의 이소골의 영향으로 난원창이 흔들리게 되면 달팽이관 내의 액체가 흔들리게 되며, 이것이 코르티 기관의 유모세포와 섬모세포의 움직임을 일으켜 와우신경, 즉 청신경에서 전달된다. 이러한 청신경의 자극이 두뇌 측두엽에 위치한 청각중추에 도달하게 되면 이곳에서 청각정보를 지각, 기억, 분석한다. 우리가 소리를 들을 때 이개, 외이도, 고막, 이소골, 난원창의 순서로 소리를 듣게 되는 것을 기도 전도라고 하고, 소리를 내이로 바로 듣게 되는 것을 골도 전도라고 한다.

2) 청각구조 이상

청각구조의 이상이 발생하면 전도성 난청, 감각신경성 난청, 혼합성 난청이 된다. 전도성 난청은 청각구조 중 외이와 중이에 손상으로 청력손실이 있는 경우를 말하고 감각신경성 난청은 내이와 신경에 이상이 있는 경우 말한다. 혼합성 난청은 외이와 중이 중 한 군데 또는 두 군데 모두와 내이와 신경 중 한 군데 또는 두 군데 모두 손상이 있을 때 발생된다.

외이는 소리를 중이와 내이로 전달하는 기관으로 질환이나 장애가 있을 경우 기도 청력만 손상을 받게 되며, 그 정도는 최대 60dB을 초과하지 않는다. 만약 60dB 이상의 강한 소리가 자극될 경우에는 골도전도를 유발시켜 외이를 거치지 않고, 내이를 통해 중추 신경으로 전달된다. 따라서 외이에만 문제가 있을 경우 난청은 전도성 난청이 생기며, 골도에도 손실이 있다면 내이와 신경의 장애가 혼합된 것으로 보아야 한다(허승덕, 유영상, 2002). 외이도 장애의 대표적인 예가 소이증, 무이증이며, 외이도 감염, 외이도 폐쇄증 등과 같은 원인으로 청각장애가 된다.

중이의 이상은 대개 외이의 경우보다 심각한 청력손실을 가져온다. 중이질환도 외이질환과 마찬가지로 대부분 기도 청각장애를 발생시키며, 대표적인 중이질환은 중이염, 이관기능부전증, 이경화증 등이 있다. 어떠한 경우는 의학적인 치료나 수술 등으로 교정이 가능한 경우도 많다.

내이의 손상은 치명적이며 다시 회복되기 어려운 경우가 많다. 내이의 이상으로 인한 청각장애는 그 정도도 심하고 의학적·교육적으로도 큰 문제가 된다. 최근 들어 많이 발생되는 소음성 난청은 내이의 손상으로 발생하는 것이다. 내이의 형성 이상은 고도 난청의 원인이 된다. 유전성으로 증후군이 있을 경우에도 내이의 이상이 발생하고 이로 인하여 청각장애가 된다.

이상과 같은 말초 청각기관의 장애가 없어도 청각중추의 손상에 의하여 청각적 지각과 기억에 결함을 보일 수 있으며, 그 원인은 뇌막염이나 뇌염, 그 밖의 세균에 의해서 뇌세포가 파괴당하는 경우이며 뇌의 발육이 제대로 되지 않은 데서 문제가 발생할 수도 있다(송준만, 유효순, 1990).

3) 약물에 의한 난청

약물에 의해서 난청이 일어나는 것은 그 발현 기전에 따라 두 가지 유형으로 나눌 수 있다. 하나는 중추신경계 전반에 걸친 신경독으로서 청각에 작용하며 일반적으로 의식장애를 비롯하여 광범위한 신경증상 중에서 난청이나 이명을 호소하게 된다. 다른 하나는 난청, 이명, 현기증 등의 청신경 영역의 장애만을 단독으로 일으키든지 또는 이것이 주 증상의 하나로 나타나는 경우이다. 전자의 대표적인 예로는 일산화탄소, 수은 등이 있고, 후자의 예로는 아미노글리코사이드계 항생제, 아스피린, 이뇨제 등이 있다(석동일, 이규식, 박상희, 신혜정, 박희정, 2002).

4) 소음성 난청

소음이 난청을 발생시키는 경우는 귀의 역동 범위(dynamic range)를 벗어나 강대한 소리에 의해서 청기가 손상되어 발생하는 급성 음향 외상과 오랫동안 소음이 있는 작업장에 종사하면서 귀의 이상 소견을 전혀 호소하지 않던 사람이 같은 소음하의 작업장에서 갑자기 한쪽 귀에 고도의 난청이 발생하는 소음성 돌발성 난청이 있다. 급성 음향 외상은 일측성 혹은 양측성에 영구적인 청기의 손상이 발생하는 경우가 있고, 난청의 예후 역시 좋지 않다. 소음성 돌발성 난청은 보통 편측성으로 50~60dB 정도의 난청이고 청력도는 수평형, 고음점경형 또는 곡형 등을 나타내며, 장애 부위는 내이이다(조정연, 박상희, 김영숙, 2008). 반면, 단시간이나 단기간의 노출로 청각장애를 일으키는 경우는 없으나 이것을 매일 몇 년 동안 계속해서 듣고 있는 동안 난청이 발생한 경우는 대부분 직업에 의한 경우이므로 직업성 난청이라고도 한다.

5) 외상에 의한 난청

청각기관에 가해지는 외부 압력에 의해서 청각기관이 손상되는 경우이다. 외부 압력으로는 직접 외상과 청각기관을 내포하고 있는 두개골에 가해진 외상에 의한 경우 그리고 기압의 변화가 청각기관을 손상시키는 경우 등이다.

6) 노인성 난청

고령화가 원인이라고 생각되는 상황에서 생기는 난청을 노인성 난청이라고 한다. 노인성 난청은 뚜렷한 특징이 없기 때문에 임상적으로 나이가 먹는 것 외에 원인이 될 요인을 찾아볼 수 없는 감각신경성 난청으로 되어 있다. 다시 말하면, 노인성 난청이란 고령자에게 보이는 원인 불명의 감각신경성 난청이라고 할 수 있다. 그러나 이와 같은 원인 불명의 감각신경성 난청은 젊은 사람의 경우도 그리 다르지 않게 나타난다. 그래서 노인성 난청과 전 연령층에 걸쳐서 나타나는 원인 불명의 감각신경성 난청은 깊은 관련이 있는 것이다(석동일 외, 2002).

3. 분류

청각장애 아동은 청력손실치, 손실 부위, 청력형, 손실 시기에 따라서 분류할 수 있다.

1) 청력손실치에 의한 분류

앞의 〈표 10-1〉에서 설명한 바와 같이 청각장애 아동의 순음청력검사 결과에 따라 평균 청력손실치를 산출하게 되고, 이에 따라서 청각장애 아동을 분류하게 된다.

2) 청력형에 의한 분류

순음청력검사에 의해 얻어진 청력도(audiogram)에 의해 분류하면 다음과 같다([그림 10-3] 참조).

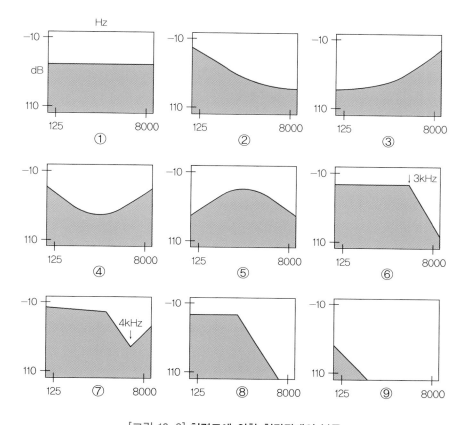

[그림 10-3] **청력도에 의한 청각장애의 분류**

① 수평형(flat): 각 주파수의 최소가청역치가 ±20dB 범위 내의 청력도이다.

② 고음점경형(sloping): 주파수가 증가함에 따라 청력손실이 증가하는 청력도이다.

③ 저음장애형(rising): 주파수가 증가함에 따라 청력손실이 감소하는 청력도이다.

④ 곡형(scoop or trough shape): 중주파수대역의 청력손실이 가장 크고, 저주파수대
　역과 고주파수대역의 청력손실은 작다.

⑤ 산형(inversed scoop or trough shape): 저주파수대역과 고주파수대역의 청력손실
　이 가장 크고, 중주파수대역의 청력손실은 작다.

⑥ 고주파수형(high frequency): 청력손실이 어음역(2,000~3,000Hz)에서 크게 나타
　난다.

⑦ 4,000~6,000Hz notch(dip): 극히 국한된 주파수대, 특히 4,000~6,000Hz 범위에
　서 급격한 청력손실(sharp drop)이 나타나고, 저주파수대역에서 3,000Hz까지의

청력손실은 나타나지 않거나 작게 나타난다.

⑧ 고음급추형(precipitous): 저주파수대역의 청력손실은 수평형으로 나타나지만, 2,000Hz 이상에서는 급격히 청력손실 정도가 높아진다.

⑨ 전농(fragmentary): 저음역의 일부 주파수만 청력이 측정되나 다른 주파수대는 거의 청력이 나타나지 않는다.

이와 같이 청력형에 의하여 분류하는 방법은 여러 가지 편리한 점이 많다. 즉, 청력도를 보면 청력손실의 대체적인 원인을 추정할 수 있다.

3) 청력손실 시기에 따른 분류

청각장애 아동의 교육 및 재활에서 청력손실 정도와 청력형도 중요하지만, 청력손실의 시기는 청각장애인의 의사소통 양식을 결정하는 데 중요할 뿐만 아니라, 교육 및 청각재활의 방법, 기간 및 예후를 결정하는 데도 중요한 역할을 한다. 의학적 측면에서는 유전적 원인, 임신과 출산 시의 원인으로 발생한 선천성 난청(congenital hearing loss)과 출생 이후에 발생하는 뇌수막염, 메니에르병, 돌발성 난청 등으로 발생하는 후천성 난청(acquired hearing loss)으로 분류하지만, 교육적 측면에서는 언어습득 시기를 기점으로 언어전 청력손실(prelingually hearing loss)과 언어후 청력손실(postlingually hearing loss)로 분류하는 것이 더 일반적이다. 청각장애인 중 95%가 언어전 농이고, 언어전 청각장애아 10명당 1명은 청각장애 부모를 가지고 있는 것으로 나타났다(Commission on the Education of the Deaf, 1988). 언어후 청각장애인 중 많은 사람은 말을 사용하고 구두로 의사소통하는 능력을 가지고 있으며(Smith & Luckasson, 1995), 정상청력이었던 기간이 길수록 이미 발달된 언어지식을 계속 유지하고 듣기를 통한 의사소통을 할 가능성이 더 높다(석동일 외, 2002 재인용).

4) 청각기관 손상 부위에 따른 분류

청각기관 손상 부위의 손상에 따라 전도성 청각장애, 감각신경성 청각장애, 혼합성 청각장애, 중추성 청각 정보처리장애, 기능성 청각장애 등의 유형으로 분류할 수 있다. 전도성 난청, 감각신경성 난청, 혼합성 난청은 앞서 설명하여 중추성 청각 정보처리장애와 기능성 청각장애에 대해서 추가적으로 설명한다. 중추성 청각 정보처리장애

(central auditory processing disorder)란 청각신경이 연수에 들어가서부터 대뇌피질 사이의 중추신경 계통에 장애가 있어 초래되는 청각장애로 말초계 손상의 청각장애나 지적장애에 의하지 않은 청각신호의 정보처리 과정(information processing)에 결함이 있는 경우를 말한다. 특히 중추성 청각 정보처리장애는 청각신호에 담긴 정보를 지속적으로 전송하고, 분석하고, 조직하며, 변형하고, 정교화하고, 저장하고, 회상하고, 사용하는 데 결함을 나타내는 청각장애를 말한다. 또한 청력검사에서 청력은 정상으로 나타난다. 기능성 청각장애(functional hearing loss)는 기질적인 청각장애 없이 심인성으로 발생하는 청각장애이다.

4. 특성

청각장애 아동의 말 특성을 볼 때 개별 말소리뿐만 아니라 초분절적인 요소인 말의 억양, 빠르기, 쉼, 강세 등과 같은 전반적인 특성에 대해서도 이해하여야 한다(석동일 외, 2002).

말명료도는 화자의 의사가 청자에게 전달되는 정도를 보여 주는 구어 의사소통 능력 평가의 효율적인 지표로, 청각장애 아동의 말산출능력을 나타내는 대표적인 방법이다(Osberger, 1992). McGarr(1983)는 청각장애 아동의 말명료도가 낱말 자료의 경우 17~31%, 문장 자료의 경우 30~50% 정도로 매우 낮은 수준의 의사만이 상대방에게 전달된다고 보고하였다. Carney(1986)에 의하면 청력손실의 수준 등에 따라 대상자가 보여 준 말명료도의 범위는 0%에서 100%까지 다양했으나, 90dB 이상의 청력손실이 있는 고도 이상 청각장애 아동의 말명료도의 평균은 약 20% 정도에 그쳤다(석동일 외, 2002 재인용).

청각장애 아동은 말에서 분절적인 오류가 심한 특징을 보이며 이러한 오류는 모음과 자음에서 모두 나타난다. 일반적인 조음·음운 장애 아동의 대부분은 모음의 오류는 보이지 않으나 청각장애 아동의 경우에는 모음에도 오류가 나타난다. 윤미선(1990)의 연구에 의하면 청각장애 아동의 모음에서 나타나는 특징은 첫째, 중립모음화와 둘째, 길이 연장에 있다. 또한 자음의 특성은 첫째, 입 앞쪽에서 만들어지는 자음이 뒤쪽에서 만들어지는 자음보다 더 정확히 산출되며, 둘째, 첫소리보다 끝소리에 오류가 많고, 셋째, 자음에 과도한 비성이 나거나 비강으로 공기가 유출된다. 오류 형태를 분석하여 보면 모음의 경우 조음위치에 대한 오류가 주를 이루고 중립모음으로 대치되는 경향이 두드러지며 탈락은 거의 나타나지 않는다. 또한 McGarr와 Whitehead(1992)의 연구에서는 청각장애인이 조음의 시각적인 면에 민감하여 시각적인 단서가 많은 말소리에서 오류를 적게 보이는 경향을 보인다는 결론을 얻었다.

한국어의 모음과 자음에 대한 연구결과에 따르면 음향학적 분석에서 6세 6개월에서 10세 사이의 심도 청각장애 아동이 산출한 모음 /이, 아, 우/가 이루는 모음공간은 같은 나이의 건청 아동이 산출한 모음 /이, 아, 우/가 이루는 모음공간보다 좁았다. 이러한 음향학적 특징은 청지각적으로는 모음의 발음이 정확하지 않고 중립모음과 유사하게 들리는 것으로 나타났다(오영자, 1999). 또한 심도난청 아동의 자음산출의 특성은 조음위치에서는 후두음과 양순음, 조음방법에서는 설측음과 비음, 폐쇄음의 자음정확도가 높았고, 부정확한 자음은 조음위치에서는 경구개음이었고 조음방법에서는 마찰음과 파찰음이었다(이지영, 이승환, 2000). 김선미(1996)는 낱말 내의 위치에 따른 자음정확도를 분석하였는데 어두초성과 어중초성에서 높은 수행력을 보인 소리는 양순파열음, 치조파열음, 후두마찰음이었고 어말종성에서는 설측음과 양순비음이었다.

청각장애인의 음성은 높은 음도, 쉰 목소리, 과다비성, 쥐어짜는 듯한 소리 등으로 특징지을 수 있다. 음도에 있어서는 비정상적으로 높은 음도나 음도의 불안정성 등이 특징적으로 나타난다(윤미선, 2004; 허명진, 1996). 건청인 화자는 청각적인 피드백을 받고 음도를 조절하나 청각장애인의 경우 이러한 조절기능을 하지 못해 음도의 왜곡이 오는 것으로 보인다. 따라서 음도 이상은 어린 청각장애 아동에게서는 나타나지 않다가도 성장과 함께 청각적 피드백의 부족이나 결핍이 지속되면서 더욱 심해진다.

청각장애 아동이 보이는 언어의 특징은 몇 가지로 요약된다. 첫째, 낱말의 분류에 대한 지식의 부족으로 명사와 동사를 과다 사용하고 기능어를 생략한다. 둘째, 구문구조에 대한 지식의 부족으로 '주어-목적어-동사'의 문장 구조를 과다하게 사용한다. 셋째, 구문발달의 지체와 발달의 한계를 보인다. 넷째, 구문형태에 있어 발달의 지체가 아닌 일탈의 양상을 보인다(Osberger & Fisher, 1999).

청각장애 아동들의 사회-정서적 발달은 일반 학생들과 유사하다. 유아기에는 청각장애 아동과 일반 아동 간에 차이가 별로 없이 잘 어울리지만, 연령이 높아질수록 서로 간의 상호작용과 친밀한 친구관계의 유지가 어려워진다. 이는 점차로 언어를 이용한 의사소통이 친구관계의 형성과 사회-정서적 발달에 큰 역할을 하게 되기 때문이다.

청각장애인들은 언어발달 지체를 가지고 있으므로 많은 사람이 인지 및 지적 발달에도 청각장애의 영향이 클 것이라고 여긴다. 청각장애는 지적장애를 동반할 수는 있지만 모든 청각장애가 지적장애를 가지고 있는 것은 아니므로 지능검사 시에도 동작성 검사와 언어성 검사를 모두 실시하여야 한다.

2 청각장애 진단 및 평가

청각장애를 평가하는 방법은 두 가지 측면으로 살펴볼 수 있다. 청각적인 평가와 언어적인 평가이다. 청각적인 평가는 소리를 얼마만큼 알아들을 수 있느냐 하는 부분이며 언어적인 평가는 언어능력을 알아보는 것이다. 청각적인 평가에는 객관적인 평가와 주관적인 평가가 있다. 객관적인 평가에는 뇌간유발반응검사, 청성지속유발반응검사, 임피던스 검사 등이 있으며, 주관적인 평가에는 순음청력검사, 어음청력검사가 있다. 이 중에서 특히 어음청력검사는 말소리의 지각능력을 평가하는 것이므로 청각재활에 중요한 단서를 제공해 준다. 어음청력검사에 사용되는 검사도구에는 어음청각검사(이정학 외, 2008), 말지각발달검사(국립특수교육원, 2011), EARS-K 검사(이상흔 외, 2000)이며, 전반적 듣기평가 점수(CAP 점수) 등이 있다. 언어능력 평가는 취학전 아동의 수용언어 및 표현언어 발달 척도(PRES; 김영태 외, 2003), 언어이해 · 인지력 검사(장혜성 외, 1994), 수용 · 표현 어휘력 검사(김영태 외, 2010), 구문의미 이해력 검사(배소영 외, 2004), 언어 문제 해결력 검사(배소영 외, 2002), 한국판 맥아더 베이츠 의사소통발달 평가(K-MB CDI; 배소영 외, 2006) 등을 이용하여 실시할 수 있다. 이외에 듣기능력 평가 중 체크리스트 방식으로 아동의 듣기능력을 알아볼 수 있는 청각통합능력검사(meaningfual auditory integration scale: MAIS)가 있다.

표 10-2 어음청력검사 예

한국어 2음절어 표

제1표		dB%								
첫째 줄	겨울	고향	세상	하늘	싸움	친절	나라	장군	방송	의견
둘째 줄	병원	큰집	불편	교통	농촌	활동	계획	소원	정말	필요
셋째 줄	청년	마을	유명	국군	행복	통일	생각	편지	대답	물건
넷째 줄	민족	까닭	운동	손님	글씨	기차	귀신	외국	담배	지금
다섯째 줄	둘째	건설	이때	동생	사람	신문	종류	오빠	약속	안녕

제2표		dB%								
첫째 줄	글씨	하늘	오빠	외국	통일	불편	방송	계획	사람	친절
둘째 줄	병원	민족	대답	신문	겨울	지금	소원	활동	종류	청년
셋째 줄	필요	마을	세상	고향	생각	의견	물건	약속	교통	장군
넷째 줄	이때	손님	농촌	나라	행복	큰집	국군	동생	정말	안녕
다섯째 줄	기차	담배	싸움	편지	유명	큰신	둘째	운동	까닭	건설

제3표		dB%								
첫째 줄	통일	지금	귀신	의견	계획	마을	필요	불편	편지	병원
둘째 줄	교통	싸움	신문	청년	생각	하늘	대답	약속	사람	건설
셋째 줄	행복	동생	고향	유명	정말	손님	활동	나라	글씨	민족
넷째 줄	농촌	안녕	오빠	큰집	국군	소원	겨울	방송	외국	종류
다섯째 줄	이때	세상	까닭	물건	기차	운동	장군	친절	둘째	남매

제4표		dB%								
첫째 줄	물결	통일	안녕	고향	필요	싸움	신문	외국	의견	국군
둘째 줄	농촌	겨울	세상	방송	둘째	손님	불편	장군	기차	운동
셋째 줄	약속	병원	지금	동생	이때	활동	귀신	소원	담배	종류
넷째 줄	오빠	마을	계획	사람	하늘	편지	글씨	까닭	친절	유명

3　청각장애 치료

1. 보청기 및 인공와우

청각장애가 발견되고 나면 제일 처음 보청기에 대한 상담을 받게 되고, 보청기 재활의 정도에 따라서 인공와우에 대한 상담도 받게 된다. 보청기는 소리를 증폭해 주는 기능을 하지만 인공와우는 소리를 전기적인 에너지로 전환하여 직접적으로 청신경을 자극하는 장치이다. 보청기의 종류는 박스형, 안경형, 귀걸이형, 귓속형으로 나누어지고 박스형과 안경형은 현재 거의 사용하지 않는다. 귀걸이형의 사용이 가장 보편적이고, 귓속형은 형태에 따라 갑개형, 외이도형, 고막형으로 나누어진다. 인공와우는 수술을 통해 시술을 받는 것이므로 언어재활사 단독으로 사용 여부를 결정하는 것은 아니다.

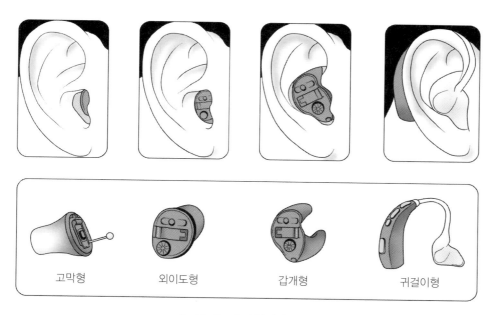

| 고막형 | 외이도형 | 갑개형 | 귀걸이형 |

[그림 10-4] **보청기의 종류**

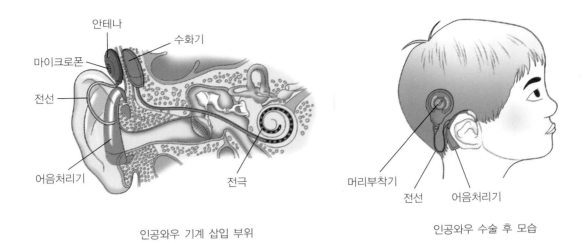

인공와우 기계 삽입 부위   인공와우 수술 후 모습

[그림 10-5] **인공와우**

　보청기나 인공와우 같은 외부적인 기기를 착용시켜 주지 않으면 청각장애인들은 이미 손상된 청력에 대한 어떠한 보상도 받을 수 없다. 최근에는 BAHA와 같은 골도보청기도 개발되어 국내에서도 시술이 되고 있다. 일반 보청기의 가장 큰 문제점은 하우링과 소음의 증폭이다. 그러나 골도보청기의 경우에는 하우링과 소음의 증폭을 개선하여 전도성 난청자들에게는 긍정적인 효과를 보고 있다. 그러나 감각신경성 난청과 같이 청력손실치가 많은 청각장애인들은 보청기로 재활을 약 3~6개월 정도 실시한 후 효과가 없을 때에는 인공와우를 시술받게 된다. 2005년부터 인공와우 시술이 의료보험법의 적용을 받아 2005년 이전보다 약 1/4 가격으로 수술을 받을 수 있게 되었다.

2. 치료방법

　청각장애 아동 지도의 가장 기초는 청능훈련이라고 할 수 있다. 이러한 청능훈련 및 언어치료를 위해서는 협력이 중요하다. 협력에 참여하는 사람들은 청각사, 특수교사, 사회복지사, 부모, 의사 등 관련 전문가들이다. 청각장애의 난청 정도에 따라서 청능훈련, 수화지도, 보완대체의사소통 활용을 고려해야 하는 경우도 있다.

　모든 언어치료가 마찬가지이지만, 특히 청각장애 아동은 조기 발견, 조기 중재가 아주 중요하다. 따라서 조기 발견이 이루어져야 하며, 이렇게 조기 발견된 아동들은 첫째 소리를 들을 수 있는 기본 조치를 해 줘야 한다. 그것이 보청기와 인공와우와 같은 것이다. 이러한 조치를 해 준 후, 청능훈련이 이루어지고 발성훈련 및 언어치료도 함께 이루어진다. 청각장애는 특히 부모에 대한 교육이 굉장히 중요하며 부모교육이 중심이 되는 청능훈련 방법이 바로 청각구화법이다. 듣기를 통해 가장 자연스럽고 명료한 구어를 습득할 수 있다는 데에 초점을 둔 청각구화법은 Pollack(1985)의 청각교육프로그램(acoupedic program)에서 발전된 재활방법이다. 청각구화법에 의한 치료는 청각장애 아동들이 말로 대화할 수 있도록 구어를 듣고 이해하는 것을 배우는 데 필요한 기술, 방법, 절차 등을 제공하고 관리하는 것이다. 청각구화법에서는 아동이 구어를 이해하고 발달시킬 수 있도록 자기 목소리뿐만 아니라 다른 사람의 말소리 및 주의의 환경음을 들을 수 있는 보청기나 인공와우의 사용법을 익히게 하고 또한 아동의 진전을 치료 세션마다 진단하고 평가한다(김수진, 김리석, 이규식, 2000). 이것은 이전의 구화주의보다 발전적인 구화주의에 가까운 청능훈련 방법이다. 청능훈련을 하면서 유의해야 할 점은 다음과 같다.

① 청각장애가 발견되는 즉시 청능훈련을 실시한다. 청능훈련이 자연스럽게 이루어지도록 하기 위하여 귀 가까이서 부르고, 말을 걸고 노래를 불러 주며 소리나는 완구와 악기를 가지고 놀도록 한다.

② 청능훈련은 특정 시간에만 행하지 않고 생활 전반에 걸쳐 행한다. 물론 특별지도를 위하여 특정 시간을 설정하여 지도할 필요도 있다. 만약 특별지도를 할 경우에는 시간을 너무 길게 끌어서 싫증을 느끼지 않도록 해야 하며, 가급적 흥미롭게 이끌어 가야 한다.

③ 훈련의 성과를 너무 성급하게 기대해서는 안 된다. 따라서 처음부터 소리에 대한 반응을 강요하지 않는 것이 좋다.

④ 아동이 예기치 못한 큰 소리를 갑작스레 들려주지 않도록 주의한다.

⑤ 아동의 청력의 질과 정도 및 장애의 상태에 맞추어 훈련한다.

⑥ 귀걸이형 보청기의 경우 귀에 맞는 이형을 갖추어서 보청기를 착용하고 처음에는 볼륨을 작게 하여 시작한다.

⑦ 아동에게 가장 쾌적하고 아동이 가장 잘 들을 수 있는 음량을 확인하여 들려주는

것은 부모와 교사의 중요한 역할이다.

⑧ 청각장애 아동의 듣기능력 발달에는 개인차가 있다. 앞에서 지도내용을 단계별로 제시하였으나, 이것은 어디까지나 하나의 기준에 불과하다. 따라서 중요한 것은 아동의 듣기능력 발달 수준에 맞도록 지도내용을 재구성하여 지도하는 것이다. 그러므로 어떤 아동에게는 앞에서 제시한 내용을 1년 동안 모두 지도할 수 있고, 또 다른 경우에는 1년치의 지도 분량을 3년에 걸쳐 지도할 수도 있다. 어느 쪽이든 조기의 청능훈련을 통한 청각적 경험은 매우 귀중하다.

⑨ 청능훈련은 지각한 소리를 해석하고 판단하는 능력을 발달시키는 것이다. 그러므로 잔존 청력이 아무리 적더라도 조기에 정상적인 훈련을 받으면 아동에 따라 다르기는 하지만 듣고 변별할 수 있는 능력이 얼마든지 발달할 수 있다.

청능훈련을 하면서 유의해야 할 점에서 세 번째에 해당하는 기대치에 관하여 부모교육 때 꼭 자세히 이야기해 주어야 한다. 이러한 청능훈련과 연계하여 어휘, 문장, 대화에 대한 언어치료를 실시하며 재활하도록 한다.

요/약

이 장에서 살펴본 청각장애에 대해서 정확하게 이해하기 위해서는 새로운 용어의 용어적 정의에 대해서 아는 것이 중요하다. 그러기 위해서는 무엇보다 청각구조에 대해 정확하게 설명할 수 있어야 한다. 귀는 외이, 중이, 내이로 구성된다. 외이는 이개와 외이도로 이루어져 있으며, 소리진동에 의해 고막이 진동한다. 진동된 공기는 고막과 이어진 추골, 침골, 등골로 된 3개의 이소골의 연쇄반응을 통해 난원창으로 소리를 전달한다. 난원창을 통해 전달된 진동은 달팽이관 속의 림프액에 전달되어 내이로 소리가 전해진다. 달팽이관 내부에는 림프액과 청각 세포인 유모세포가 림프액의 진동을 감지하고 청신경을 통해 뇌까지 도달하게 된다. 청각구조를 근거로 장애 원인과 분류가 이루어지고 검사 역시 청각구조에 대한 검사로 이루어지기 때문이다. 청각장애는 난청과 농으로 나누어질 수 있다. 청각장애라 하면 소리를 들을 수 있는 능력이 상당히 떨어져 있거나 전혀 들리지 않는 상태의 장애를 말하며 이로 인해서 의사소통이 불편해진다. 이러한 청각장애를 다양한 측면에서 나누어서 보게 되는데, 그것은 청각장애의 교육, 치료, 재활의 계획 및 서비스 후 예측을 위한 것이라고 볼 수 있다. 청각장애는 청력손실 정도, 청력형, 손실 시기와 손실 부위에 따라서 나눈다. 재활적인 측면은 개별적인 특성에 따라서도 달라진다. 이 장은 청각장애가 무엇인가에 대한 기본 개념을 아는 것이 목적이다. 따라서 용어의 정의를 설명할 수 있기 바란다.

연/습/문/제

1. 외이에 포함된 구조에는 어떤 것이 있는가?
2. 청력손실 정도에 따라서 청각장애를 분류하시오.
3. 청각장애를 손실 부위에 따라서 분류하시오.
4. 중이의 기능은 무엇인가?
5. 소리의 전달 경로에 대해서 설명하시오.
6. 객관적인 청력검사와 주관적인 청력검사의 차이점은 무엇인가?
7. 청능훈련을 할 때 유의점에 대해서 세 가지 이상 설명하시오.
8. 청각장애인의 언어능력을 검사하기 위한 검사도구는 무엇인가?
9. 보청기와 인공와우의 차이점은 무엇인가?
10. 난청과 농의 차이점은 무엇인가?

참고문헌

국립특수교육원(2011). 말지각발달검사. 서울: 교육과학사.

김수진, 김리석, 이규식(2000). 전기뇌간유발반응의 유무에 따른 인공와우이식 아동의 말인지력. 난청과 언어장애, 23(1), 3-17.

김영태, 성태제, 이윤경(2003). 취학전 아동의 수용언어 및 표현언어 발달척도(PRES). 서울: 서울장애인종합복지관.

김영태, 홍경훈, 김경희, 장혜성, 이주연(2010). 수용 · 표현 어휘력 검사. 서울: 서울장애인종합복지관.

배소영, 곽금주(2006). 한국판 맥아더 베이츠 의사소통발달 평가(K-MB CDI). 서울: 마인드프레스.

배소영, 임선숙, 이지희(2002). 언어 문제 해결력 검사. 서울: 서울장애인종합복지관.

배소영, 임선숙, 이지희, 장혜성(2004). 구문의미 이해력 검사. 서울: 서울장애인종합복지관.

석동일, 박상희, 허승덕, 이규식, 신혜정, 박희정, 이상희, 김수진(2007). 청각학개론(개정판). 대구: 대구대학교출판부.

석동일, 이규식, 박상희, 신혜정, 박희정(2002). 청각재활. 대구: 대구대학교출판부.

송준만, 유효순(2011). 특수교육학 개론. 서울: 교문사.

유은정, 백무진, 안성우, 최상배, 최영숙, 서중현, 이광렬, 서유경(2011). 청각장애아동의 이해와 교과교육. 서울: 학지사.

윤미선(1990). 난청 아동의 말소리, 언어, 심리 및 행동 특징. 한국언어병리학회, 4, 52-64.

윤미선(2002). 청능장애아동의 듣기와 언어지도방법과 사례. 2002년 언어 · 청능장애 겨울연수회. 한국언어청각임상학회, 324-340.

윤미선(2004). 청력수준에 따른 초등학교 아동의 기본주파수 비교. 말소리, 52, 49-60.

이상흔, 박미혜, 허명진(2000). EARS-K 검사. 대구: 경북대학교.

이정학, 조수진, 김진숙, 장현숙, 임덕환, 이경원, 김형종(2008). 어음청각검사. 서울: 인싸이트.

이지영, 이승환(2000). 심도 감각신경성 청각장애아동의 자음지각 및 자음산출 연구. 언어청각장애연구, 5(2), 159-175.

장혜성, 임선숙, 백현정(1994). 언어이해 · 인지력 검사. 서울: 서울장애인종학복지관.

조정연, 박상희, 김영숙(2008). 특수아동의상담. 서울: 박학사.

한국청각학교수협의회(2011). 청각학 개론. 서울: 학지사.

허명진(1996). 정상인과 청각장애인 음성의 음향학적 특성. 미간행 대구대학교 재활과학대학원 석사학위 청구논문.

허승덕, 유영상(2002). 청각학(3판). 부산: 동아대학교출판부.

Osberger, M. J., & Fisher, L. (1999). SAS-CIS preference study in postlingually deafened adults implanted with the CLARION® cochlear Implant. *Annals of Otology, Rhinology and Laryngology (supple), 177,* 74-79.

Pollack, D. (1985). *Educational audiology for the limited-hearing infant and preschoolers* (2nd ed.). Springfield, Il: Charles C. Thomas Publisher.

제11장

신경언어장애

| 안종복 |

- 신경언어장애 및 실어증의 개념과 유형에 따른 특성을 구별할 수 있다.
- 실어증을 평가하기 위한 고려사항과 절차를 숙지할 수 있다.
- 실어증 치료에 관한 전반적 개념을 이해할 수 있다.

핵심 용어

- **우성반구**(dominant hemisphere): 사람의 정신 혹은 신체 기능과 관련하여 대뇌에서 우세한(주된) 역할을 담당하는 반구이다(예: 음악, 미술과 같은 예술적 기능은 우반구가 주된 역할을 담당하는 반면, 말과 언어 기능은 좌반구가 주된 역할을 담당한다).
- **내용 없는 구어**(empty speech): 베르니케 실어증 환자의 주된 결함 중 하나로, 말소리는 유창하게 산출되는 것 같지만 의미가 착어된 낱말, 신조어, 문장 간 의미 연결 결함, 일관되지 않은 내용 전개 등으로 인해 청자가 이해할 수 없는 구어를 말한다.
- **실독증**(dyslexia): 뇌손상으로 인해 읽기 유창성 및 이해(력)에 결함이 나타나는 것을 말한다.
- **실서증**(dysgraphia): 뇌손상으로 인해 쓰기에 결함이 나타나는 것으로, 언어(기호)를 서기소로 나타내는 데 어려움을 겪는 것을 말한다.
- **우측 동명 반맹**(right homonymous hemianopsia): 좌반구 언어 피질 영역들의 손상으로 인한 실어증 대상자에게 동반되어 나타날 수 있는 시지각적 결함으로, 좌 · 우측 시야에 있는 사물의 각 우측이 보이지 않는 현상을 말한다.

• **잉여성**(redundancy): 실어증 대상자가 목표 낱말을 이해하는 데 도움이 되는 특정 자극을 말한다. 예를 들면, 실어증 대상자에게 속옷을 설명하여 이해할 수 있도록 자극들을 제시하는 과정에서 'TRY' 라는 특정 자극을 제시하여 대상자가 이해하게 되면 이런 경우 'TRY'라는 자극이 속옷에 대한 잉여성을 가진다고 말할 수 있다.

1 신경언어장애 개관

신경언어장애(neurogenic language disorder)는 언어를 통제하는 대뇌 우성반구(dominant hemisphere)의 피질 및/혹은 피질하 영역들의 손상으로 인해 언어 이해 및 사용의 결함을 나타내는 총칭이다. 여기서 언어의 대뇌 우성반구는 오른손잡이의 경우 90% 이상이 좌측 반구이며, 왼손잡이도 70% 이상은 좌측 반구이다. 특히 좌측 반구의 피질 언어 영역들(cortical language areas) 혹은 피질하 언어 영역들(subcortical language areas)이 손상되어 언어결함을 나타내는 사람을 흔히 실어증 대상자라 하는데, 전자를 피질 실어증, 후자를 피질하 실어증이라 한다. 피질 영역은 브로카 영역과 베르니케 영역으로 대표되는 중심 언어 센터(실비아열 주위 영역, perisylvian language areas)와 피질연결 언어 영역(transcortical language areas)이며, 피질하 영역은 시상(thalamus), 피각(putamen) 등이 해당된다.

1. 실어증 정의

Chapey(2008)는 '실어증'이란 대뇌손상으로 인한 후천적 언어장애로 언어 양식, 즉 말하기, 듣기, 읽기 그리고 쓰기 결함을 나타내는 것으로, 감각 혹은 운동 장애, 지적 장애, 정신질환의 결과는 아니라고 하였다. Chapey의 정의에서는 실어증을 신경손상과 관련된 것, 후천적인 것, 언어에 영향을 미친 것 그리고 일반적인 감각 및 정신 결함과는 다른 것의 네 가지 측면으로 설명하고 있다. 부연 설명하면 첫째, 실어증은 신경손상과 관련된 것이다. 즉, 대상자에게서 나타나는 언어결함이 뇌손상에 기인한 것이다. 여기서 뇌손상은 뇌졸중(stroke)에 의해 가장 많이 발생하지만 종양, 뇌조직 제거 수술, 감염 등에 의해서도 발생할 수 있다. 둘째, 실어증은 후천적인 것이다. 실어증은 발달장애의 특성을 나타내지 않는다. 이미 언어능력이 발달된 사람에게서 언어와 관련된 기능들이 부분적으로 혹은 전반적으로 손상되는 것이다. 이런 측면에서 아동기 실어증이라는 개념 자체에 대해 논란이 될 수 있다. 셋째, 실어증이란 언어장애를 나타낸다. 일부 학자는 실어증을 상징처리장애(symbolic processing disorders), 언어학적 기호의 형성, 해석, 산출 장애라고 설명하기도 한다. 넷째, 실어증은 인지, 감각, 운동

기능 혹은 지능문제가 아니다. 특히 실어증 대상자는 뇌손상이 있기 때문에 기본적으로 인지능력이 떨어지는 것이지만 인지결함 자체를 실어증이라고 해서는 안 된다.

2. 실어증 원인

실어증을 일으킬 수 있는 신경학적 문제들로는 뇌졸중(중풍, stroke), 즉 대뇌혈관사고(cerebral vascular accident: CAV), 외상(trauma brain injury: TBI), 종양(tumor), 감염(infection), 신진대사장애 등이 있다. 이러한 문제들이 언어를 지배하는 뇌 영역에서 발생한다면 실어증이 나타날 수 있다.

1) 뇌졸중 혹은 대뇌혈관사고

(1) 폐쇄성 뇌졸중

폐쇄성 뇌졸중(ischemic stroke)은 흔히 뇌경색(infarction)으로 더 많이 알려져 있는데, 혈관의 내부에 찌꺼기 혹은 침전물이 지속적으로 축적되어 피의 이동을 막음으로써 발생하는 뇌졸중을 말한다. 여기서 혈관 내부의 쌓인 찌꺼기 혹은 침전물을 혈전(thrombus)이라 하며, 이 혈전 때문에 뇌의 특정 영역에 피가 공급되지 않아 나타나는 병리적인 문제를 혈전증(thrombosis)이라 한다. 반면, 다른 문제로도 혈관이 막힐 수 있다. 바로 색전(embolus)으로, 혈관 내부를 돌아다니는 피의 찌꺼기 혹은 불순물을 말한다. 색전이 좁고 작은 혈관으로 들어가 혈류의 이동을 막음으로써 병리적인 문제를 일으키는데, 이를 색전증(embolism)이라 한다. 이처럼 혈전과 색전이 언어를 담당하는 뇌 피질(혹은 피질하) 영역의 혈관, 주로 중대뇌동맥(middle cerebral artery: MCA)에서 발생하여 혈류를 방해한다면 폐쇄성 뇌졸중이 발생하게 되고, 그 결과 실어증이 나타날 수 있다.

한편, 혈관이 막혀 피가 이동하지 못하여 뇌졸중의 일부 전조 증상들이 일시적으로 나타나는 경우가 있는데. 이를 '일시적인 뇌졸중(transient ischemic attack: TIA)'이라 한다. TIA가 발생하면 한쪽 혹은 양쪽 사지에 마비가 올 수 있고, 말이 불명료해질 수 있고, 시야에도 문제가 나타날 수 있다. 보통 TIA는 짧게는 수 시간, 길게는 하루(혹은 이틀) 만에 사라진다.

(2) 출혈성 뇌졸중

뇌졸중의 또 다른 유형으로 출혈성 뇌졸중(hemorrhagic stroke)이 있다. 노화 혹은 맵고 짠 음식의 장기섭취와 같은 식습관은 뇌의 혈관 벽을 약하게 만들 수 있는데, 혈압이 갑자기 높아질 경우 약해진 혈관이 풍선처럼 팽창하게 된다. 이렇게 풍선처럼 팽창된 부분을 동맥류(aneurysm)라 한다. 동맥류가 파열되면 출혈성 뇌졸중이 발생한다. 마찬가지로 출혈이 언어를 조절하는 뇌 피질(혹은 피질하) 영역에서 발생하면 실어증이 나타날 수 있다.

2) 외상성 뇌손상

교통사고, 낙상, 총상 등과 같은 외부 충격으로 인해 두개골 내의 뇌가 손상되는 것을 외상성 뇌손상(traumatic brain injury: TBI)이라 한다. 이 외상이 좌반구의 언어 영역에 발생할 때 외상성 뇌손상으로 인해 실어증이 발생하게 된다. 보통 뇌손상은 두 가지 양상, 즉 개방성 뇌손상(open head injury: OHI)과 폐쇄성 뇌손상(closed head injury: CHI)이 있다.

개방성 뇌손상은 말 그대로 두개골이 개방된 상태로 뇌가 손상되는 것을 말한다. 전쟁에서 총기 사고로 뇌손상이 된 경우가 대표적인 예이다. 개방성 뇌손상이 발생하면 대상자의 생명과 직결되는 경우가 많으며, 직결되지 않더라도 다른 심각한 문제들이 나타날 수 있다. 반면, 폐쇄형 뇌손상은 두개골이 개방되지 않은 상태에서 뇌가 손상되는 것을 말한다. 운동 중 넘어져 바닥에 머리를 부딪히는 경우가 대표적인 예이다.

3) 종양

실어증을 일으킬 수 있는 뇌손상의 또 다른 병리로는 종양(tumor)이 있다. 종양은 다른 뇌 조직으로 퍼져 나가는 악성 종양과 퍼져 나가지 않지만 크기가 커지는 양성 종양이 있다. 악성 종양이 뇌 속에서 발생한다면 실어증을 일으키는 것이 문제가 아니라 근본적으로 대상자의 생명 자체를 위협할 수 있다. 반면, 양성 종양은 종양이 커지면서 언어를 통제하는 뇌 피질(혹은 피질하) 영역들을 압박하게 되면 실어증이 나타날 수 있다.

3. 실어증 유형

1) 브로카 실어증

브로카 실어증(Broca's aphasia)은 전두엽의 브로카 영역(Brodmann 44, 45)의 손상으로 인해 발생한다. 브로카 실어증의 특성으로 비정상적인 노력(effort)을 해야만 말이 시작되는 경우가 많고, 비유창하며, 산출량도 감소한다. 가장 큰 특성은 비문법적(agrammatism) 언어가 표현되는 것으로, 조사와 같은 기능어가 감소하고 명사와 같은 내용어만 나열되는 전보문식의 구어가 나타난다. 언어 이해력은 상대적으로 언어 표현력보다 더 좋은 편이다. 그러나 특정 구문을 이해하는 데 어려움을 나타낼 수도 있다. 예를 들면, '어머니의 아버지는 엄하셨어.' '남편의 어머니는 남편만을 좋아해.' 와 같은 문장을 이해하는 데 어려움을 느낄 수 있다. 단어 혹은 문장에 대한 반복은 대부분 문제가 있으며, 대면 명명하기(사물 및 그림 보고 명명하기)도 문제가 있다. 읽기 유창성 및 이해력도 떨어진다. 쓰기는 철자를 잘못 쓰거나 생략하는 것과 같은 문제를 나타낸다.

브로카 실어증 대상자는 우측 사지에 편마비가 나타날 수도 있으며, 말실행증 혹은 마비말장애와 같은 운동구어장애(motor speech disorder)가 동반될 수도 있다. 또한 자신의 문제를 인식하기 때문에 심리적인 문제를 나타내기도 하는데, 소극적이고 답답해하고 습관적으로 한숨을 쉬기도 한다.

2) 베르니케 실어증

베르니케 실어증(Wernicke's aphasia)은 측두엽의 베르니케 영역(Brodmann 22)의 손상으로 인해 발생한다. 대표적인 특징은 언어를 이해하는 데 어려움을 나타내는 것이다. 물론 몇몇 단어의 경우 이해하기도 하지만 전혀 이해하지 못하기도 한다. 그렇지만 행동이나 제스처에 대한 이해력은 양호한 편이다. 반면, 구두 산출은 비교적 유창한데, 구(phrase)의 길이와 구문 구조는 정상에 가깝고, 조음도 정상이다. 그러나 그렇게 산출된 구어는 의미가 없는데, 이를 '의미 없는 구어' 혹은 '내용 없는 구어(empty speech)'라 한다. 또한 횡설수설하는 경우가 많은데, 이를 '자곤(jargon)'이라 한다. 또 다른 특성으로 단어나 문장을 반복하지 못하며, 대면 명명하기도 결함을 나타낸다. 읽기도 문제가 있으며, 이해력이 떨어질수록 읽기도 문제가 심하게 나타난다. 쓰기는 마치 달필처럼 쓰는 것처럼 보이지만 정상적인 단어나 문장이 아니며, 내용도 일관되지 않아 주제가 무엇인지 명확하지 않다.

베르니케 실어증 대상자는 우측 사지에 편마비가 동반되는 경우는 드물고 말실행증 혹은 마비말장애도 동반되지 않는 경우가 많다. 자신의 말에 대한 결함을 인식하지 못하기 때문에 심리적 문제를 나타내지 않는 반면, 가족은 대상자로 인해 심리적 문제를 가질 수 있다.

3) 전도성 실어증

전도성 실어증(conduction aphasia)을 일으키는 뇌손상 영역은 주로 궁형속(arcuate fasciculus)이다. 전도성 실어증 대상자는 대화에서 유창한 구어를 사용하기도 하지만, 자신의 문제를 인식하고 말을 수정하려고 할 때 쉼, 머뭇거림, 막힘 등이 나타날 수도 있다. 주요한 특성으로 단어 혹은 문장의 반복에 심한 결함을 나타내는데, 단어(혹은 문장)에 대한 이해능력과 반복능력 사이의 명확한 차이가 난다는 점은 전도성 실어증이라는 진단을 내리는 데 중요한 단서가 될 수 있다. 또한 대면 명명하기도 결함이 있다.

전도성 실어증 대상자에게서 읽기문제도 나타날 수 있고, 쓰기는 경미한 철자 오류부터 심각한 실서증(dysagrphia)까지 다양한 정도의 문제를 나타내는데, 보통 철자가 생략되거나 대치되는 문제를 나타내며, 문장은 단어들이 바뀌거나 생략되거나 잘못된 위치에 놓일 수 있다.

4) 피질연결 실어증

피질연결 실어증(transcortical aphasia)은 실비아열(fissure of Sylvius) 주변 영역 밖의 손상으로 인해 나타나는 실어증으로, 일반적으로 피질연결 운동성, 피질연결 감각성 그리고 피질연결 혼합성으로 나뉜다. 피질연결 실어증의 대표적인 특징은 바로 반복 능력이 보존된다는 점이다.

(1) 피질연결 운동성 실어증

피질연결 운동성 실어증(transcortical motor aphasia: TCMA)은 브로카 실어증에서 나타나는 문제들과 비슷한 양상을 나타낸다. 그러나 브로카 실어증에 비해 대화에서 더욱 비유창한데, 특히 말을 시작하는 동안 극단적인 노력을 하게 되는데, 이로 인해 발생 초기 입을 닫아 버리는 함묵 현상을 나타낸다. 주요 특성으로 '예/아니요' 질문에 정상적으로 대답을 할 수 있지만 개방형 질문에 대한 반응은 지연되고 불완전하며, 상대방의 발화를 반복하는 경향이 있다. 그러나 단어 혹은 문장의 반복능력과 언어 이해력은 정상에 가깝다.

(2) 피질연결 감각성 실어증

피질연결 감각성 실어증(transcorticla sensory aphasia: TCSA)은 베르니케 실어증에서 나타나는 문제들과 비슷한 양상을 나타낸다. 그러나 베르니케 실어증에 비해 의미적 및 신어적 대치가 더욱 많이 나타난다. 주요 특성으로 언어 이해력에 결함이 있고, 읽을 수는 있지만 이해하지는 못한다. 사물의 이름을 말하지 못하고, 이름을 제시해 주어도 확인하지도 못한다. 쓰기는 베르니케 실어증과 비슷한 양상을 나타낸다. 구어 산출 시 말이 너무 많으며 억제되지 않는데, 심지어 "그만하세요."라고 해도 끝까지 말하는 경향이 있다. 단어 혹은 문장의 반복과 언어표현 능력은 정상에 가깝다.

(3) 피질연결 혼합성 실어증

피질연결 혼합성 실어증(mixed transcortical aphasia: MTCA)은 드물게 볼 수 있는 실어증 유형이다. 주요 특성으로 언어 이해력이 떨어지며 언어표현은 비유창하지만 조음은 좋은 편이다. 시야 및 다른 신경학적 문제들이 나타날 수도 있다.

5) 전체성 실어증

전체성 실어증(전반 실어증, global aphasia)은 실비아열 주위 영역들이 전반적으로 손상되어 언어의 이해와 표현 둘 다 손상된 경우로, 보통 말을 하지 못한다. 주요 특성으로 가끔 발화가 아닌 발성을 하기도 하며, 때로는 무의미한 감탄사와 같은 단어를 반복적으로 말하기도 한다. 그러나 제스처, 얼굴표정, 체어 등을 통한 비구두적 의사소통을 해석하는 데는 문제가 없을 수도 있다.

전체성 실어증 대상자는 보통 단어 혹은 문장을 반복하지 못하는데, 만약 실어증 대상자가 반복을 할 수 있다면 피질연결성 실어증의 유형 중의 하나를 고려해 볼 필요가 있다. 대면 명명하기, 읽기 및 쓰기는 심각하거나 완전히 손상되어 있다.

6) 건망성 실어증

실어증 대상자가 나타내는 여러 가지 문제 중 가장 우세한 증상이 단어 재현력 결함일 때, 이를 건망성 실어증(anomic aphasia)이라 한다. 건망성 실어증 대상자는 단어 재현력에 결함을 나타내기 때문에 둘러말하기(circumlocution) 현상이 빈번하게 나타난다. 자발적으로 구어를 사용할 때는 보통 유창하지만 적절한 단어를 찾지 못해 유창성에 문제가 나타날 수도 있다. 그러나 언어 이해력은 거의 정상에 가깝고 단어 혹은 문장의 반복도 문제가 없다. 다만 읽기 및 쓰기는 심한 정도에 따라 다소 유동적으로 문제가 나타날 수 있는데, 쓰기에서도 단어 찾기 결함은 분명하게 나타난다.

학자들 간에 건망성 실어증을 하나의 독립된 실어증으로 간주할지 아니면 브로카 실어증과 같은 다른 실어증으로부터 회복되는 단계로 처리할 것인지에 대해서는 여전히 논쟁 중이다.

2 신경언어장애 진단 및 평가

1. 평가 목적

언어치료사가 실어증을 평가하고 진단하는 데 있어 목적은 첫째, 대상자가 실제로 언어결함을 나타내는지를 확인하기 위함이다. 둘째, 대상자가 겪고 있는 언어장애가 실어증으로 인한 언어문제인지 또는 다른 것으로 인한 언어문제인지를 구별해야 한다. 예를 들면, 치매 대상자가 기억문제와 같은 인지장애로 인해 언어장애를 나타낼 수도 있다. 셋째, 대상자가 나타내는 언어문제들이 실어증의 유형 중 어디에 속하는지를 확인해야 한다. 실어증 유형을 파악함으로써 그에 맞는 가장 적절한 치료방법 및 프로그램을 계획할 수 있다. 넷째, 대상자에게 손상되지 않고 잔존해 있는 감각 양식을 찾기 위해서이다. 이러한 잔존 양식을 이용함으로써 궁극적으로 더욱 효과적인 치료를 할 수 있다.

2. 평가 전 고려사항

언어치료사가 실어증 평가에서 기본적으로 대상자에 대해 먼저 알아야 할 사항들로는 뇌손상 위치 및 정도, 연령, 손잡이(handedness), 성별, 학력, 발병 전 직업, 동반장애, 동명 반맹, 병력, 평가 참여에 대한 동기 등이 있다. 먼저 뇌의 손상 위치 및 정도는 실어증 유형의 예측에 있어 중요하며, 차후 예후 측면에서도 중요한 요인이다. 연령 또한 치료 참여 및 예후와 관련하여 중요하다. 상당수의 대상자가 고령이기에 치료를 받으려는 동기가 약할 수 있고 예후도 좋지 못한 경향이 있다. 또한 학력과 직업 역시 실어증 치료에 영향을 미칠 수 있지만, 반드시 상관이 있는 것은 아니다. 대상자의 손잡이에 대한 정보도 평가 그리고 치료과정에서 중요한 요인이 될 수 있다. 또한 실어증과 동반되어 나타나는 문제(예: 실인증, 실행증 등)에 대한 정보도 평가 전 혹은 과정에서 파악되어야 한다. 그리고 우측 동명 반맹(right homonymous hemianopsia)과 같은 시지각적 결함이 있는지도 알아두어야 할 것이다. 마지막으로 실어증 평가에 참여하는 동기 혹은 의지도 중요한 부분이라 할 수 있다. 평가과정에서 대상자의 참여가 없다면 신뢰성이 낮은 결과가 나타나고, 그로 인해 언어능력을 정확하게 파악하기가 힘들게 된다.

3. 평가에 포함되는 주요 언어 양식

현재 국외 및 국내에서 사용되고 있는 실어증 검사도구에 포함되어 있는 검사 항목들은 대부분 비슷하다. 비슷할 수밖에 없는 이유는 의사소통 양식 혹은 언어 양식에 근거하여 검사도구의 항목들을 구성하였기 때문이다. 그렇게 해야만 대상자의 언어결함을 정확하게 파악할 수 있다. 결과적으로 실어증을 평가하는 대부분 검사도구는 언어의 양식, 즉 청각적 이해력(auditory comprehension), 구두표현(verbal expression), 쓰기(writing) 및 읽기(reading) 항목이 포함되어 있다.

청각적 이해력은 대상자가 청각적으로 제시되는 메시지를 이해하는 능력이 어떠한지를 평가하는 것이다. 이해력 문제가 있는지를 파악하기 위해 제시되는 청각적 자극들의 내용과 길이 둘 다를 고려하여 단순한 항목으로부터 복잡한 항목에 이르기까지 다양하게 구성하고 있다. 보통 실어증 검사도구에서 듣고 이해하는 능력을 평가하기 위해 사용되는 과업으로는 짝지어진 단어 변별하기, 지시 따르기, 일반적인 단어 인식하기, 사물의 기능 설명하기, 특정한 설명을 들려주고 사물 지적하기, 이름을 들려주고 사물 지적하기, 단어 변별하기, 신체 부위 확인하기, '예/아니요' 질문에 대답하기, 청각적 단어 재인하기, 연속적인 명령 따르기 등이 있다.

구두 표현력은 대상자가 전체적으로 '유창하게 말하는가?' 혹은 '머뭇거리거나 더듬거리는 것과 같이 비유창하게 말하는가?'를 평가하는 것이다. 자동화된 구어 산출 과업에서는 문제가 거의 나타나지 않고 쉽게 산출할 수 있지만, 그림 보고 설명하기와 같은 과업들은 어려울 수 있다. 현재 실어증 검사도구에서 구두 표현력을 평가하기 위해 사용되는 과업으로는 단어 및 구 반복하기, 자동적인 구어 발화하기, 문장 완성하기, 명명하기(대면 명명하기, 단어연관), 질문에 대답하기, 그림 설명하기, 사물의 기능 설명하기, 모방하기, 스스로 말하기 등이 있다.

읽기능력은 대상자가 읽고 있는 것을 이해하는지를 평가해야 하는 경우에 꼭 필요하다. 소리 내서 읽는 것과 읽은 것을 이해하는 것은 별개의 능력이므로 각각 평가하는 것이 바람직하다. 읽기능력을 평가하기 위해 사용되는 과업으로는 철자 맞추기, 단어 맞추기, 문장과 단락 읽고 이해하기, 글자로 쓰인 지시 따르기, 상징/단어 변별하기, 단어-그림 맞추기, 그림과 사물 맞추기, 철자 변별하기, 철자 말하기 등이 있다.

마지막으로, 실어증을 평가할 때 포함되어야 하는 것이 쓰기능력이다. 쓰기는 표현언어의 한 가지 유형으로, 메시지를 타인이 인식할 수 있는 시각적 형태, 즉 서기소(grapheme)로 표현하는 능력을 평가하는 것이다. 쓰기능력을 평가하기 위해 사용되고 있는 과업들로는 숫자 및 자/모음 쓰기, 철자 베껴 쓰기, 받아쓰기, 철자 쓰기, 문장 및 단락 쓰기, 사물의 기능 및 이름 쓰기, 글자로 쓰인 그림 설명하기, 개인정보 쓰기, 그림 설명을 문자로 쓰기 등이 있다.

4. 평가 절차

실어증 대상자에 관한 평가 절차는 크게 네 가지로 이루어질 수 있다. 첫째, 의료적 정보와 같은 사전 정보수집 단계, 둘째, 실제로 언어적 결함을 나타내는가를 평가하는 선별검사 단계, 셋째, 대상자가 나타내는 언어적 결함이 실어증에 해당하는 것인지 혹은 다른 신경학적 질환(예: 치매)으로 인한 것인지를 평가하는 감별검사 단계, 마지막으로 대상자가 나타내는 실어증이 어떠한 유형에 해당하는가를 판별하는 진단검사 단계로 이루어진다.

1) 선별검사

선별검사(screening test)는 대상자에게서 실제로 언어결함이 있는지를 파악하고, 더욱 자세한 평가를 필요로 하는지를 결정하는 것이다. 선별검사는 언어문제를 신속하고, 간편하고, 대략적으로 평가해야 한다. 선별검사를 필요로 하는 이유는 다양하지만, 그중 하나는 보호자 및 가족에게 대상자와 가장 효율적으로 소통하는 방법에 대해 알려 주기 위함이다. 또 다른 이유는 뇌손상을 입은 후 초기 며칠, 몇 달 동안 신경학적 상태 및 증상들이 급격하게 변화하기 때문이다. 따라서 선별 자체가 대상자의 변화 상태를 보여 주고, 의사소통할 수 있는 방법들을 수정할 수 있도록 해 준다. 이러한 이유로 표준화된 선별검사도구를 사용하기도 하지만, 보통 현장에서는 언어치료사 자신만의 선별검사도구를 고안하여 사용한다.

2) 감별진단

언어치료사는 실어증을 언어 및/혹은 구어에서 비정상을 나타내는 다른 장애로부터 구별할 수 있어야 한다. 즉, 감별진단(differential diagnosis)은 다른 신경학적 병리로 인한 언어문제로부터 실어증을 구별해 내는 것을 말한다. 여기서 다른 신경학적 병리에 해당하는 것은 외상성 뇌손상으로 인한 언어문제, 우반구 손상으로 인한 언어문제, 치매로 인한 언어문제, 경도인지장애로 인한 언어문제 등이 있다. 보통 감별진단에 사용되는 검사도구들은 언어 이외, 즉 기억, 인지, 지각, 감정, 행동 등에서 대상자의 장점과 단점을 평가하도록 되어 있다.

3) 진단검사

언어치료사는 실어증 유형을 판별하고, 현재 언어능력들을 포괄적으로 평가한다. 이를 위해 공식적인 방법과 비공식적인 방법을 사용할 수 있다. 전자는 표준화된 실어증 검사도구를 사용하는 것이고, 후자는 일상적인 생활에서 언어능력을 평가하는 것이다. 일반적으로는 표준화된 실어증 검사도구를 사용하는 공식적인 방법을 사용한다.

현재 국내에서 사용되고 있는 표준화된 실어증 검사도구로는 웨스턴 실어증 검사를 국내 실정에 맞게 변환하여 표준화한 파라다이스 · 한국판 웨스턴 실어증 검사(김향희, 나덕렬, 2001), 대구실어증진단검사(정옥란, 2006)가 있다. 파라다이스 · 한국판 웨스턴 실어증 검사는 구어언어(oral language), 문자언어(written language) 및 기타 인지기능 영역으로 나누어 검사하도록 되어 있다. 구어언어는 스스로 말하기, 알아듣기, 이름대기, 따라 말하기의 하위 영역으로, 문자언어 영역은 읽기와 쓰기의 하위 영역으로, 기타 인지기능은 동작과 구성 · 시−공간 · 계산 하위 영역으로 구성되어 있다. 대구실어증진단검사는 한국어를 기초로 제작된 검사도구로서, 평가 결과를 근거로 대상자에게 잔존되어 있는 언어능력에 대한 정보를 얻을 수 있으며, 치료 시 평가 결과 정보를 통해 가장 효율적인 치료 자극 양식 및 제시 순서를 파악할 수 있다. 검사는 크게 수용력, 표현력 그리고 우반구 기능검사로 구성되어 있으며, 영역마다 여러 하위 영역으로 구성되어 있다.

3 신경언어장애 치료

표준화된 검사도구를 사용하여 실어증 대상자의 전체적인 의사소통 능력, 언어에 있어서 특정 영역의 손상 여부, 잔존능력 등을 파악한 다음, 진단보고서를 작성한 후 치료가 시작되어야 한다. 여기서는 실어증 치료에 대한 내용을 유창성을 기준으로 분류한 실어증 유형에 따른 치료와 특정 실어증 치료프로그램에 관해 개괄적으로 설명한다.

1. 유창성 및 비유창성 실어증 치료

1) 유창성 실어증 치료

베르니케 실어증, 피질연결 감각성 실어증과 같은 유창성 실어증 대상자는 언어 산출력에 비해 상대적으로 언어 이해력이 더 많이 손상된다. 언어 이해력에 손상이 있는 실어증 대상자를 임상에서 실제로 치료하기 위해 언어치료사는 첫째, 치료를 할 때 반드시 문맥을 활용하라는 것이다. 다시 말해, 단어를 지도할 때 상황을 확실하게 재현시켜 주어야 한다. 예를 들면, '볼펜'이라는 단어를 지도할 때, 단순하게 볼펜 그림이나 사물을 보여 주고 '이것은 볼펜입니다.'라는 식의 지도보다 볼펜을 직접 만져 보고, 종이에 글씨를 써 보게 하는 것 등이 효율적일 수 있다. 둘째, 대상자에게 부분적인 자극이나 단순한 음소 자극을 사용하는 것보다 자극을 전체적으로 그리고 통합적으로 제시하는 것이 효율적이다. 셋째, 유창성 실어증 대상자의 이해력 손상은 주의집중과 밀접한 관련이 있다. 일반적으로 정상인도 주의집중이 떨어질 경우 학습에 있어 문제를 나타낸다. 따라서 자극을 제시할 때 제스처(예: 손 흔들기), 신체적 접촉 등을 통해 먼저 주의를 집중시키는 것이 치료자극을 제시할 때 더 효과적인 반응을 유도할 수 있다. 넷째, 목표단어와 관련된 정보를 제시할 때 잉여적으로 만들어 하나의 단어만 들어도 이해할 수 있도록 하는 것이 중요하다. 즉, 잉여성(redundancy)을 활용하는 것이다. 예를 들면, '칫솔'이라는 단어를 이해하는 것을 치료목표로 설정하였다면, '식사하고 치아를 깨끗이 할 때 사용하는 도구입니다.' '치약과 함께 사용합니다.'라는 자극들을 제시하면서 '빨간 오랄비 ○○'이라는 자극도 제시할 필요가 있다. 이때 '오랄비'라는 단어를 통해 '칫솔'이라는 목표단어를 이해할 수 있는데, '오랄비'라는 단어가 잉여성을 가지고 있는 것이다. 다섯째, 보조적 입력(supplementary input)을 활용할 필요가 있다. 이 방법은 두 번째 방법과 일맥상통하는 것으로, 예를 들면 '화가 났다'라는 개념을 이해시키기 위해, 치료사는 제스처(예: 얼굴을 찌푸린다), 문자 카드 제시(예: 글자를 쓴다), 음성조절(예: 강도를 크게 하여 말을 한다) 등의 자극들 함께 제시한다. 여섯째, 능동적으로 듣도록(active listening) 유도하라. 이것은 세 번째 방법과 일맥상통하는 것으로, 유창성 실어증 대상자는 이해력이 떨어지기 때문에 타인의 말에 귀를 기울이지 않는 경향이 있다. 따라서 치료에 들어가기 전 준비단계로 대상자로 하여금 능동적이고 적극적인 자세로 타인의 말을 듣도록 연습시키는 것이 중요하다. 또한 타인의 말을 이해하지 못할 경우, 한 번 더 반복해 달라는 요구를 반드시 하도록 지도하는 것이 중요하다. 바람직한 반응들이 나올 때 반드시 그 반응에 대한 강화를 주는 것이 필요하다. 마지막으로, 시연(demonstration)을 하라. 이 방법은 첫 번째 방법과 비슷한데, 특히 어떤 정보를 이해시킬 때 치료사가 먼저 시범을 보여 주는 것이 효과적이다.

2) 비유창성 실어증 치료

브로카 실어증, 피질연결 운동성 실어증, 전도성 실어증 등과 같은 비유창성 실어증은 언어 이해력에 비해 상대적으로 언어 산출력이 더 많이 손상되는 경향이 있다. 물론 이러한 손상도 대상자마다 다를 수 있다. 그러나 여기에서는 대상자의 개인적 특성이 아닌 비유창성 실어증 대상자의 공통적인 특성을 고려하여 일반적인 치료 접근방법에 대해 설명하고자 한다. 첫째, 대상자에게 가장 좋은 수행력을 유도하는 언어 양식을 선행자극으로 사용하여 구어 산출을 유도한다. 이러한 방법을 탈장애법(deblocking)이라 한다. 둘째, 문장완성 기법을 사용하라. 이 방법은 특히 경미한 브로카 실어증 대상자에게 유용한 방법이다. 예를 들면, '추워'라는 어휘를 산출하도록 유도할 때 '여름은 덥고, 겨울은 (　　　).'라는 문장을 사용하는 것이 효과적이다. 단, 난이도는 문장 길이, 반응 길이, 어휘 및 문장의 친숙도 등을 고려하여 조절될 수 있다. 셋째, 중다감각법을 사용하라. 이때 유의할 점은 자극들을 제시하는 순서가 중요하다는 것이다. 일반적으로 중증의 브로카 실어증 대상자에게 순차적으로 자극을 제시하는 것이 구어 산출에 더 효과적이다. 마지막으로, 음소(음절) 자극법을 사용하라. 이 방법은 건망성 실어증 대상자에게 특히 유용하다. 다시 말해, 목표단어를 산출하지 못하고 말을 돌려 말하는 실어증 대상자에게 적절하다. 예를 들면, '사과'라는 단어를 산출하지 못하고 있는 경우 /ㅅ/를 들려주면 '사과'를 쉽게 산출할 수 있다.

2. 특정 실어증 치료기법

1) PACE

PACE(promoting aphasics' communication effectiveness; Davis & Wilcox, 1985)는 일상생활의 의사소통 상황에서 기능적인 의사소통을 목표로 고안된 중재프로그램의 하나이다. PACE는 언어 사용을 개선시키는 것보다 의사소통 상황에서 자연스럽게 상호작용을 하도록 하는 것이 주된 목표이다. 따라서 경증보다 중증의 실어증 대상자에게 의사소통을 촉진시키는 데 유용한 방법이다.

PACE는 대상자와 치료사 사이에 한 꾸러미의 메시지 카드를 놓아둔다. 메시지 카드는 그림, 단어, 구, 문장, 짧은 담화 등을 포함할 수 있고, 정보교환을 위한 실제적인 방법 그 무엇이라도 상관없다. 실시방법은 먼저 치료사가 카드 하나를 대상자에게 보여주지 않고 그 카드의 메시지 내용을 의사소통 양식을 사용하여 전달하도록 하는 것이다. 이때 치료사는 의사소통 행동을 직접적으로 훈련해서는 안 되고, 대상자가 의사소통 양식을 선택하는 데 영향을 미쳐서도 안 된다.

2) MIT

MIT(melodic intonation therapy; Sparks, Helm, & Albert, 1974)는 구어활동에서 있어 비우성반구인 우반구의 참여를 증가시킴으로써 수의적 구어를 전혀 혹은 거의 산출할 수 없는, 말실행증을 동반하고 있는 중증의 실어증 대상자가 구어를 사용할 수 있도록 고안되었다. Sparks 등(1974)에 따르면 MIT는 첫째, 청각적 이해력이 구두 표현력보다 더 좋은 경우, 둘째, 정서적으로 안정되고 주의집중 시간이 좋은 경우, 셋째, 구두산출이 심하게 손상되거나 명명하고 반복하고 문장을 완성하는 능력이 없는 경우, 넷째, 자기교정(self-correction)을 스스로 하는 경우, 다섯째, 조음에는 문제가 없는 경우에 유용하다.

MIT를 이용한 치료에서, 먼저 치료사는 문장(혹은 단어, 구)에 특정 억양을 붙여 말한다. 그런 다음 대상자와 치료사는 함께 문장에 특정 억양을 붙여 말하며 강세 패턴에 따라 손 혹은 손가락을 두드린다. 그러고 나서 치료사의 도움을 받지 않고 억양 모델에 따라 말하며, 손가락을 두드린다면 치료사의 참여를 서서히 용암시켜 나간다. 만약 혼자 하지 못한다면 하지 못하는 부분에서 치료사와 함께 다시 실시한다. 문장에 억양을 붙여 말하고 손가락으로 두드리는 행동이 안정화된다면, 구어 산출을 자연스러운 억양으로 수정해 나간다.

3) VAT

VAT(visual action therapy; Helm & Benson, 1978)는 손상된 언어를 치료하는 것이 아니라 제스처, 얼굴표정과 같은 방법을 통해 의사소통을 촉진시키는 방법이다. 따라서 VAT는 전체성 실어증과 같은 중증의 실어증 대상자에게 유용하다. 그러나 이 방법을 통해 제스처와 같은 동작을 사용하여 의사소통을 적절하게 할 수 있다면 다음 단계로 넘어가 손상된 언어 영역을 개선시키는 것을 최종 목표로 한다.

VAT를 이용한 치료에서 모든 치료활동에 치료사와 대상자 모두 구어를 사용해서는 안 된다. VAT 프로그램은 크게 세 단계로 구성되며, 각 단계는 여러 하위 수준, 즉 모방하기, 그림 맞추기, 사물기능 표현하기, 동작 그림과 사물 연결하기, 팬터마임 시연하기, 사물에 따라 팬터마임 시연하기 등으로 구성되어 있다. 이러한 하위 수준에서 100% 성공을 해야 다음 수준으로 넘어간다.

4) LOT

LOT(language oriented therapy; Shewan & Bandur, 1986)는 실어증 대상자에게서 나타나는 언어 수용 및 표현 결함은 특정 처리 경로의 손상으로 인한 것이라는 전제에 근거한 치료프로그램이다. 다시 말해, '물'을 보고 '물'이라고 구두로 표현하지 못하는 것은 시각-구두 처리 경로에 손상이 있기 때문으로, 만약 '물'을 보여 주고 "무엇인지 한번 써 보세요."라고 요구하면 문어로 쓸 수도 있다. 이는 시각-쓰기 처리 경로에는 손상이 없다는 의미이다. 이러한 대상자의 경우 시각-쓰기 처리과정을 적극 활용함으로써 전반적인 언어처리 능력을 향상시키는 것이 바로 LOT의 주된 치료 초점이다.

LOT를 이용한 치료에서 이 프로그램은 크게 다섯 단계, 즉 청각적 프로세싱, 시각적 프로세싱, 제스처 및 제스처-구두 프로세싱, 구두표현 및 그래픽 표현으로 구성되어 있다. 먼저 평가를 통해 특정 단계에서의 수행력이 20~30%인 영역을 치료목표로 설정한다. 예를 들어, 청각적 이해력이 상대적으로 떨어질 경우 앞서 제시한 청각적 이해력 프로그램을 집중적으로 실시하면 된다. 단, 기존의 치료프로그램과 다른 점은 실어증 대상자에게서 정반응이 나타날 때까지 동일한 자극을 반복적으로 제시하지 않고, 처리의 난이도가 비슷한 다른 자극들을 제시한다는 것이다.

요/약

신경언어장애는 말과 언어를 담당하는 뇌손상으로 인해 나타나는 언어장애를 총칭하는 용어이다. 그런데 신경언어장애를 겪는 대부분의 대상자는 주로 좌반구의 손상으로 인해 언어결함을 겪게 되는데 이를 '실어증'이라 한다. 실어증에 관한 기본적 특성은 다음과 같다.

1. 실어증을 정의하는 데 있어 필요한 네 가지 요소는 첫째, 신경손상과 관련된 것, 둘째, 후천적인 것, 셋째, 언어에 영향을 미치는 것, 넷째, 감각 및 정신 결함과는 다른 것이어야 한다.
2. 실어증을 일으키는 뇌손상의 주된 병변으로 뇌졸중(대뇌혈관사고), 외상, 종양 등이 있다.

3. 실어증 대상자가 겪을 수 있는 동반 문제로는 마비말장애, 말실행증, 실독증, 실서증, 실행증 등이 있다.

4. 보스턴 학파의 분류체계에 근거한 실어증 유형은 브로카 실어증, 베르니케 실어증, 전도성 실어증, 연결피질 운동 및 감각실어증, 전체성 실어증, 건망성 실어증으로 나뉜다.

5. 실어증 평가는 보통 표준화된 검사도구를 사용하는 것이 원칙으로, 국내에는 파라다이스·한국판 웨스턴 실어증 검사와 대구실어증진단검사가 있다.

6. 실어증 진단 및 평가 절차는 기본적으로 선별검사, 감별검사 그리고 진단검사 순으로 진행된다.

7. 실어증 치료는 대상자가 유창하게 언어를 표현하는지 아닌지에 따라 기본적 접근방법이 달라지며, 대상자에게 자극력 있는 감각 양식을 치료에 적극적으로 반영해야 한다.

8. 중증의 실어증 치료는 언어 자체보다 의사소통에 초점을 두는 경향이 있으며, 주요 치료접근법으로 PACE, VAT 등이 사용될 수 있다.

연/습/문/제

1. 신경언어장애와 신경말장애의 차이는 무엇인가?
2. 실어증을 일으키는 뇌손상의 원인들 중 가장 중요한 뇌졸중(stroke)이란 무엇인가?
3. 브로카 실어증과 피질연결운동성 실어증의 주요 차이점은 무엇인가?
4. 실어증과 함께 동반되어 나타날 수 있는 결함으로는 어떤 것이 있는가?
5. 실어증 평가 시 고려할 사항 중 우측 동명 반맹과 같은 시지각적 결함의 동반 유무가 중요한 이유는 무엇인가?
6. 실어증 대상자의 읽기평가에 사용되는 과제로는 어떤 것들이 있는가?
7. MIT 치료를 적용하기에 유용한 실어증 대상자는 어떤 특징들이 있는가?
8. 비유창성 실어증의 치료접근법은 무엇인가?
9. 치매로 인한 의사소통장애와 실어증의 차이는 무엇인가?
10. 우반구 손상 대상자의 의사소통 결함은 어떻게 평가할 것인가?

참고문헌

김향희, 나덕렬(2001). 파라다이스·한국판 웨스턴 실어증 검사. 서울: 파라다이스복지재단.
정옥란(2006). 대구실어증진단검사. 서울: 시그마프레스.

Chapey, R. (2008). *Language intervention strategies in aphasia and related neurogenic communication disorders* (5th ed.). Baltimore, MD: Lippincott Williams & Wilkins.

Davis, G. A., & Wilcox, M. J. (1985). *Adults aphasia rehabilitation: Language pragmatics*. San Diego, CA: College hill.

Helm, N., & Benson, D. F. (1978). *Visual action therapy for global aphasia*. Paper presented to 16th annual meeting of the academy of aphasia. Chicago.

Robin, D. A., & Luschei, E. S. (1992). *IOPI Normative datavase, linear regression model*. Iowa City, IA: Laboratory of Speech and Language Neuroscience, University of Iowa.

Shewan, C. M., & Bandur, D. L. (1986). *Treatment of aphasia: A language-oriented approach*. San Diego, CA: College-Hill Press.

Sparks, R., Helm, N. A., & Albert, M. L. (1974). Aphasia rehabilitation resulting from melodic intonation therapy. *Cortex, 10*, 303-316.

제12장

말운동장애

| 남현욱 |

- 말실행증과 마비말장애의 차이를 설명할 수 있다.
- 말실행증의 말 특성을 설명할 수 있다.
- 마비말장애의 유형별 원인 및 말 특성을 설명할 수 있다.
- 뇌성마비의 정의, 운동 특성에 따른 분류 및 말산출 하위체계별 특성을 설명할 수 있다.
- 삼킴장애의 개념과 삼킴단계를 설명할 수 있다.

핵심 용어

- **말운동장애**(motor speech disorders: MSD): 신경계 손상으로 인한 말산출 관련기관의 운동장애를 의미한다.
- **말실행증**(apraxia of speech: AOS): 말운동장애에 포함되는 것으로, 신경계 손상으로 인해 말산출에 필요한 운동의 계획 및 프로그래밍 단계에 문제를 나타낸다.
- **마비말장애**(dysarthria): 말운동장애에 포함되는 것으로, 신경계 손상으로 인해 말산출에 필요한 계획 및 프로그래밍에 따른 운동의 수행단계에 문제를 나타낸다.
- **뇌성마비**(cerebral palsy: CP): 말운동장애를 일으키는 대표적인 병인으로, 미성숙한 뇌의 비진행성 병변 혹은 손상으로 인해 비일과성의(일시적으로 나타나는 것이 아닌) 운동 및 자세의 이상과 다양한 수반장애를 나타내는 자연치유가 불가능한 임상증후군을 의미한다.
- **삼킴장애**(dysphagia, swallowing disorders): 음식이 입 안에 들어오면서부터 위장까지 내려가는 데 어려움을 나타내는 증상을 의미한다.

말운동장애(운동구어장애, motor speech disorder)는 신경계 손상으로 인해 말산출에 문제가 있는 장애들을 일컫는 용어이며, 말실행증(구어실행증, apraxia of speech)과 마비말장애(마비성구어장애, dysarthria)의 두 가지 주요 증상이 있다. 이 장에서는 말운동장애의 주요 증상인 말실행증과 마비말장애, 말운동장애의 대표적인 병인인 뇌성마비, 말운동장애와 동반되어 나타날 수 있는 삼킴장애에 대해 알아보고자 한다.

1 말실행증

1. 개관

1) 실행증

실행증(apraxia)은 신경계 손상으로 인해 운동의 계획 및 프로그래밍에 이상을 나타내어 운동을 수행하는 데 필요한 운동요소들의 통합에 문제를 보이는 것이다. 이러한 실행증은 크게 관념실행증(개념실행증, ideational apraxia)과 관념운동실행증(개념운동실행증, ideomotor apraxia)으로 구분된다.

관념실행증은 운동 과제의 개념을 이해하지 못하여 운동에 적절한 일련의 동작을 수행하지 못하는 것으로, '무엇을 해야 하는지(what to do)'에 대한 문제를 나타낸다(김향희, 2012). 또한 관념실행증은 사물이나 제스처의 기능과 관련된 지식의 상실로 인해 사물이나 제스처를 적절하게 사용하지 못하는 것으로 알려져 있다(Freed, 2000).

관념운동실행증은 운동 과제의 개념은 정확하게 이해하나 개별적인 동작을 제대로 수행하지 못하는 것으로, '어떻게 해야 하는지(how to do)'에 대한 문제를 나타낸다(김향희, 2012). 즉, 관념운동실행증은 사물이나 제스처의 기능에 대한 지식의 상실 없이 나타나는 사물의 사용, 제스처 취하기 등에 필요한 운동수행력의 장애이다. 사지실행증(limb apraxia), 구강실행증(비구어구강운동실행증, oral apraxia) 및 말실행증은 관념운동실행증에 포함된다(Freed, 2013).

2) 말실행증

(1) 정의

말실행증은 말산출 근육들의 마비, 약중 및 불협응이 없음에도 불구하고 말산출을 실행하는 운동 프로그래밍의 이상으로 인해 나타나는 말운동장애이다. 말실행증은 마비말장애에서 보이는 근육의 약화, 근긴장의 이상, 운동 범위의 감소 등과는 관련이 없고, 자발적인 움직임을 수행하는 데 방해를 받아서 비의도적이고 자동적인 구어에서는 정상적인 구어를 산출할 수도 있으나 의도적이고 자발적인 구어에서는 문제를 나타내게 된다(이옥분, 2014).

(2) 원인

말실행증은 주로 좌반구 실비안열 주변영역(peri-sylvian area), 특히 좌반구 전두엽의 중추운동계획 영역인 브로카 영역(broca area), 브로카의 심층부(섬, insula) 그리고 보완운동영역(supplementary motor area)의 병변으로 인해 나타난다.

(3) 말 특성

말실행증 화자는 자신의 구어문제를 인식하고 있고, 느린 말속도와 발화 시작에 어려움을 나타낸다. 또한 명제적인 구어(propositional speech) 및 자발적이거나 지시적인 구어에는 어려움을 보이고, 자동적이고 반사적인 구어는 정확하고 유창하게 발화하며, 발화를 시작하고자 할 때 조음의 위치 및 방법을 찾기 위한 탐색행동(groping)을 나타내기도 한다.

말실행증은 말산출 하위체계 중 조음체계 및 운율체계에 주로 문제를 나타낸다. 조음 특성의 경우 첫째, 대치, 생략, 왜곡 및 첨가가 모두 나타나지만 대치가 가장 두드러진다. 둘째, 조음오류를 지각하고 수정하려고 하지만 오류가 지속되는 경향을 나타낸다. 셋째, 조음위치 중에서 양순음과 치경음이 더 정확하게 산출되며, 조음방법 중에서는 마찰음과 파찰음이 더 부정확하다. 넷째, 모음보다 자음에서 조음오류가 훨씬 많이 발생하며, 발화의 길이가 복잡성이 증가할수록 조음오류도 증가한다. 다섯째, 조음오류가 비일관적인데, 이는 조음오류가 일관적인 마비말장애와는 확연하게 구분되는 특성이다. 운율 특성으로는 느린 말속도, 억양의 이상, 제한적인 음도 및 강도의 변화, 단어 사이의 쉼(pause) 등을 들 수 있다(남현욱, 2013; Brookshire, 2014).

한편, 말실행증 화자들은 호흡, 발성 및 공명체계에서는 거의 문제를 나타내지 않는 것으로 알려져 있으나, 자발적으로 깊은 흡기를 할 때 어려움을 나타낼 수도 있으며, 발성에 문제를 나타내는 경우는 대부분 조음문제와 동반하여 나타나는 경향이 있다 (석동일, 박상희, 신혜정, 박희정, 이은선, 2004).

2. 진단 및 평가

1) 평가 요소

말실행증은 말산출 하위체계 중 주로 조음 및 운율에 문제를 나타내므로, 조음과 운율에 초점을 두고 평가를 실시해야 한다.

2) 평가 과제

(1) 구어 반복 및 모방

말실행증 화자는 발화의 길이와 복잡성이 증가할수록 오류가 증가하므로, 음절, 단어, 구, 문장 등의 언어학적 단위별로 반복과제를 실시할 필요가 있다. 또한 교호운동 (diadochokinesis) 중 일련운동검사(sequential motion rate: SMR)는 말실행증을 평가하기 위한 가장 중요한 평가 과제 중 하나인데, 많은 말실행증 화자가 입 안의 세 가지 다른 위치에 대한 연속적인 운동을 필요로 하는 이 과제를 정확하게 수행하는 데 어려움을 나타내기 때문이다.

(2) 자동적인 구어와 자발적인 구어

말실행증 화자들은 자발적인 구어보다 자동적인 구어에서 수행력이 우수하기 때문에, 이 두 가지 발화 조건에 대한 비교평가가 반드시 포함되어야 한다. 일반적으로 자동적인 구어를 평가하기 위한 과제에는 숫자 세기, 요일 말하기 등을 실시할 수 있으며, 자발적인 구어에는 읽기, 설명하기, 대화하기 등이 포함된다.

(3) 기타 실행증에 대한 평가

말실행증 화자들은 구강실행증이나 사지실행증을 동반할 수도 있고, 이에 따라 치료 시 고려사항에 차이가 있으므로 기타 실행증을 나타내는지도 살펴보아야 한다.

3. 치료

말실행증 치료의 일반적인 초점은 말산출 하위체제 중 주로 문제를 나타내는 조음 및 운율이 되어야 하며, 이러한 목표를 달성하기 위해 모델링, 지시하기, 단서 주기, 피드백, 리듬의 사용, 총체적 의사소통 등의 치료방법들을 사용할 수 있다. 또한 말실행증의 치료를 위해서는 언어학적 길이가 짧은 단어, 유의미 단어, 음소조합이 간단한 단어, 가시성이 높은 단어, 자동적이고 친숙한 단어 등을 우선 적용하는 것을 고려해야한다.

말실행증 치료의 원리를 살펴보면 첫째, 반복수행을 원칙으로 한다. 이는 명료한 말산출을 반복하면 말산출을 위한 운동 프로그래밍의 개선이 나타나기 때문이다. 둘째, 성공률이 높은 쉬운 활동부터 실시한다. 즉, 자동적인 구어에서부터 자발적인 말산출 과제 순으로 실시하는 것이 효과적이다. 셋째, 가능한 한 기능적이고 유용한 단어에 초점을 둔다. 이는 말실행증 화자들이 일상생활에서 사용하는 유의미 단어를 산출하기가 더 쉬우며, 유의미 단어가 조음정확성을 판단하는 데 더 용이하기 때문이다. 넷째, 말실행증 화자에게 자신의 구어에 대한 자기모니터링을 학습시킨다. 말실행증 화자들은 자신의 구어문제를 인식하고 있기 때문에 목표 음절, 단어 및 구가 적절하게 산출되었는지에 대해 자신의 발화를 판단하는 자기점검이 필요하다. 다섯째, 이러한 치료원리에 대한 정보를 말실행증 화자나 보호자들에게 반드시 제공해야 한다(남현욱, 2013).

2 마비말장애

1. 개관

1) 정의

마비말장애는 중추신경계 혹은 말초신경계의 손상으로 인해 말산출과 관련된 근육운동 조절의 실패로 나타나는 말장애로, 구어 근육군의 마비(paralysis), 약증(weakness), 불협응(incoordination) 등으로 인해 구어 의사소통에서 문제를 나타낸다(Darley,

Aronson, & Brown, 1969). 정리하면 마비말장애는 신경병리로 인한 말산출 관련 근육의 마비, 약증, 불협응 등으로 인해 말산출의 하위체계들, 즉 호흡, 발성, 공명, 조음 및 운율의 측면에 손상을 일으키는 장애이다.

2) 유형

일반적으로 마비말장애는 경직형(spastic dysarthria), 이완형(flaccid dysarthria), 실조형(ataxic dysarthria), 과소운동형(hypokinetic dysarthria), 과다운동형(hyperkinetic dysarthria), 혼합형(mixed dysarthria) 및 편측상위운동신경원(unilateral upper motor neuron dysarthria: UUMN)의 일곱 가지 유형으로 구분된다. 각 유형별 주요 원인 및 말 특성은 〈표 12-1〉과 같다(이명순, 2014; Darley et al., 1969; Duffy, 2005, 2016; Freed, 2000; Roseberry-McKibbin & Hegde, 2010).

표 12-1 마비말장애 유형별 특성

유형	주요 원인		말 특성
경직형	양측성 상위운동 신경원(추체로와 추체외로) 손상	호흡	감소된 흡기/호기 및 폐활량, 불협응적인 호흡 패턴
		발성	기식화된 음성, 거친 음성, 낮은 음도, 음도일탈, 억압된 음성, 짧은 구, 느린 말속도, 정상에 가까운 최대발성시간 등
		공명	간헐적인 과다비성
		조음	부정확한 자음, 모음왜곡
		운율	과도하거나 단조로운 강세(excess and equal stress), 느린 말속도, 단음도 및 단강도, 짧은 구(발화길이) 등
이완형	하위운동 신경원 손상	호흡	얕은 호흡
		발성	기식화된 음성, 소음이 들리는 흡기(가청흡기, audible inspiration), 짧은 구, 발성부전(phonatory incompetence), 이완된 음성 등
		공명	두드러진 과다비성
		조음	부정확한 자음, 특히 약한 압력자음(pressure consonants)
		운율	단음도 및 단강도, 짧은 최대발성시간, 정상적인 속도 및 약한 강도의 교호운동

실조형	소뇌 및 소뇌조절회로 손상	호흡	호흡근육의 과도한 운동 또는 역행성 운동(paradoxical movements)
		발성	거친 음성, 과도한 강도 변화, 음성 진전 등
		공명	간헐적인 과다비성
		조음	부정확한 자음, 모음 왜곡
		운율	과도하거나 동일한 강세, 느린 말속도, 단어나 음절 간의 비리듬적인 간격(불규칙성), 단음도 및 단강도
과소 운동형	기저핵조절회로 손상(파킨슨병, 도파민 부족 등)	호흡	폐활량 감소, 불규칙적인 호흡, 빠른 호흡속도 등
		발성	기식화된 음성, 거친 음성, 낮은 음도 등
		공명	간헐적인 과다비성
		조음	부정확한 자음, 발화 시작부분의 음소반복
		운율	부적절한 쉼, 말의 뭉침현상(short rushes of speech), 증가된 말속도, 짧은 구, 단음도 및 단강도 등
과다 운동형	기저핵조절회로 손상 [무도병(chorea), 근긴장이상 (dystonia), 도파민 과다 등]	호흡	소음이 있는 흡기, 힘이 들어가고 갑작스러운 흡기 및 호기 등
		발성	음성 진전, 억압된 음성, 음성 중지(voice stoppage), 거친 음성 등
		공명	간헐적인 과다비성
		조음	부정확한 자음, 모음 왜곡
		운율	느린 말속도, 과도한 강도 변화, 연장된 간격(prolonged intervals), 단조로운 강세 등
혼합형	두 가지 이상의 마비말장애 유형 혼합	호흡	감소된 폐활량, 호흡속도의 증가 등
		발성	거친 음성, 낮은 음도, 억압된 음성, 기식화된 음성, 소음이 들리는 흡기 등
		공명	과다비성, 비성방출
		조음	부정확한 자음, 모음왜곡
		운율	느린 말속도, 단음도 및 단강도, 짧은 구, 과도하거나 단조로운 강세, 연장된 간격, 부적절한 쉼 등
편측 상위 운동 신경원	좌측 또는 우측 상위운동신경원 손상	호흡	크게 문제 없음
		발성	거친 음성, 약한 강도, 억압된 음성 등
		공명	간헐적인 과다비성
		조음	부정확한 자음, 불규칙적인 조음붕괴
		운율	느린 속도, 과도하거나 동일한 강세, 단음도 및 단강도, 낮은 음도, 짧은 구 등

2. 진단 및 평가

1) 평가 요소

마비말장애는 말산출 하위체계에 전반적인 문제를 나타내므로, 호흡, 발성, 공명, 조음, 운율 및 명료도 등을 평가하는 것이 일반적이다.

2) 말산출 하위체계별 평가 내용

(1) 호흡

마비말장애의 호흡에 대한 평가에서는 말산출을 위한 호흡의 적절성에 초점을 두며, 자세, 말호흡 패턴(speech breathing pattern), 호흡유지, 호흡운동에 대한 평가를 실시하게 된다(남현욱, 2013). 이를 위해 모음연장발성에서의 최대발성시간, 한 호기에 발화한 수세기 또는 교호운동의 최대발화시간 및 최대발화음절수, 유압계(manometer)를 이용한 한 호기 동안의 물불기 지속시간, 세게 기침하기 등을 평가한다.

(2) 발성

마비말장애의 발성에 대한 평가에서는 후두(또는 성대)의 기능부전에 초점을 두며, 성대운동과 음도, 강도 및 음질의 음성에 대한 평가를 실시한다(남현욱, 2013). 이를 위해 모음연장발성하기에서의 최대발성시간과 음향학적 및 공기역학적 분석 결과, 한 호기에 발화한 수세기의 최대발화시간 및 최대발화음절수, 수세기 동안의 음도 및 강도의 변화, 교호운동 시 한 호기 동안의 최대반복시간 및 최대반복음절수, 세게 기침하기 등을 평가한다.

(3) 공명

마비말장애의 공명에 대한 평가는 연인두 기능부전에 초점을 두며, 공명음질, 특히 과다비성에 대한 평가를 실시하게 된다(남현욱, 2013). 이를 위해 모음산출 동안의 비공(콧구멍, nares)의 폐쇄 및 개방에 따른 공명음질의 변화와 비성도 측정, 교호운동에서의 비성도 측정, 파열음, 마찰음 및 파찰음의 압력자음 산출 동안의 비공 개폐에 따른 공명음질의 변화 측정, 혀 내밀고 볼 부풀리기(변형 혀-고정 검사, modified tongue-anchor test) 등을 실시한다(Duffy, 2005).

(4) 조음

마비말장애의 조음에 대한 평가는 구강조음기관의 구조 및 기능에 초점을 두며, 안면, 하악, 입술, 혀, 구개 등에 대해 대칭성이나 크기와 관련된 구조적인 평가와 세기(strength), 긴장성, 속도, 범위, 정확성 및 안정성과 관련된 기능적인 평가를 실시한다(남현욱, 2013). 이를 위해 교대운동검사(alternative motion rate: AMR) 및 일련운동검사(SMR)에서의 속도, 정확성 및 규칙성 측정, 공식적인 조음검사도구에서의 조음정확도 검사, 조음기관에 대한 구조 및 기능에 대한 검사를 실시한다.

(5) 운율 및 명료도

마비말장애의 운율 및 명료도에 대한 평가는 운율 이상과 명료도 저하가 의사소통에 미치는 영향에 초점을 두며, 이를 위해 운율 측면에서는 억양 및 강세 패턴과 같은 운율 패턴에 대한 평가를 실시하고, 명료도 측면에서는 화자의 발화에 대한 이해 정도를 평가하게 된다(남현욱, 2013). 이를 위해 읽기나 대화 같은 문맥적인 말산출에서의 운율 및 명료도 특성을 평가한다.

3. 치료

1) 치료 초점

마비말장애는 말산출 하위체계에 전반적인 문제를 나타내므로 호흡, 발성, 공명, 조음, 운율 및 명료도의 문제들을 개선하는 데 치료의 초점을 둔다.

2) 말산출 하위체계별 치료 내용

(1) 호흡

마비말장애의 호흡치료는 말산출을 위한 호흡량을 늘리고, 정상적인 흡기 및 호기의 패턴과 말호흡 패턴을 확립하는 것이 중요하다. 이를 위해 충분한 흡기량을 확보할 수 있는 바른 자세조정이 필요하다. 또한 모음연장발성하기 및 유압계를 이용한 물 불기의 최대지속시간을 점차적으로 증가시키고, 수세기 및 교호운동에서의 한 호흡의 최대발화시간 및 최대발화음절수를 증가시키며, 말산출을 위한 호흡 패턴인 짧고 깊은 흡기 후의 긴 호기의 패턴을 확립한다.

(2) 발성

마비말장애의 발성치료는 쉬운 발성의 시작, 단조로운 음도 및 강도의 개선, 최적의 음도 및 강도의 산출, 음질의 개선 등이 중요하다. 이를 위해 우선 발성에 대한 경험을 제공하기 위해 간질이기 등을 이용한 생리적인 발성을 유도할 수 있으며, 모음연장 발성하기에서의 최대발성시간 증가시키기와 다양한 음계로 모음 산출하기 등을 실시할 수 있다. 또한 약한 음성산출을 개선하기 위해 소리지르기, 세게 기침하기, 밀고당기기 접근법 등을 실시할 수 있으며, 거칠고 억압된 음성을 개선하기 위해 저작하기 및 구강개방 접근법, 하품-한숨 접근법 등의 부드러운 발성유도 접근법들을 적용한다. 더불어 너무 약한 음성을 산출하는 마비말장애 화자에게는 우선적으로 휴대용 음성증폭기를 고려해 볼 필요도 있다.

(3) 공명

마비말장애의 공명치료는 과다비성을 감소시키고, 연인두 폐쇄를 강화하며, 적절한 구강공명을 형성하는 것이 중요하다. 이를 위해 거울이나 Nasometer 등을 이용하여 비강기류와 과다비성에 대한 피드백을 제공하며, 구강공명 및 음성강도의 증가를 위해 구강개방 접근법을 실시하고, 비공의 폐쇄를 통해 압력자음의 명료도 향상과 이러한 명료도의 변화를 청지각적으로 인식하도록 하는 것이 필요하다.

(4) 조음

마비말장애의 조음치료는 구강조음기관의 기능 및 조음정확도를 향상시키는 것이 중요하다. 이를 위해 구강조음기관의 근긴장도 저하와 근력 향상을 위한 안면 및 구강 마사지를 실시한다. 또한 하악, 입술, 혀와 같은 구강조음기관의 운동 세기 및 범위를 향상시키기 위한 다양한 연습을 실시해야 하며, 조음점지시법을 통해 직접적인 오조음에 대한 피드백을 제공하는 것도 고려할 필요가 있다.

(5) 운율

마비말장애의 운율치료는 억양을 다양하게 하고, 말속도를 정상화하며, 적절한 간격으로 한 호흡의 발화길이를 증가시키는 것이 중요하다. 이를 위해 음도범위 확대하기, 억양 변화 선에 따른 다양한 억양의 변화, 강세대조 훈련 등을 실시하며, 메트로놈

(metronome), 손이나 손가락 두드리기(tapping) 등을 이용하여 말속도의 변화를 유도할 수도 있다. 또한 적절한 간격으로 한 호흡에 긴 발화를 유도하여 전반적인 명료도를 향상시킬 필요도 있다.

뇌성마비

1. 정의

뇌성마비(cerebral palsy)는 뇌손상으로 인한 운동에 필요한 근육조절의 이상을 의미한다(Mecham, 2002). 뇌성마비는 성장하는 과정에 있는 뇌(미성숙한 뇌)의 손상만을 의미하며, 더 이상 악화되지는 않는, 즉 퇴행성 질환(regressive disease)이 아닌 것으로 분류된다. 또한 뇌성마비는 증상이 일시적으로 나타나는 것이 아니며, 자연치유 또는 정상회복이 불가능한 것으로 알려져 있다(남현욱, 권도하, 2009; 이옥분, 2012; 전헌선, 한경임, 노선옥, 2005; Mecham, 2002; Workinger, 2005, 2010). 따라서 뇌성마비는 미성숙한 뇌의 비진행성 병변 혹은 손상으로 인하여 비일과성(non-transitory)의 운동 및 자세의 이상과 다른 수반장애를 나타내는 자연치유가 불가능한 임상증후군으로 정의할 수 있다.

2. 원인

뇌성마비의 원인은 다양하며 여러 가지가 겹쳐서 나타나므로 그 원인을 알 수 없는 경우가 많다. 산전(출산 전) 원인(prenatal factors)으로는 풍진(rubella) 등으로 인한 태아 감염, 태반조기박리(premature detachment) 등으로 인한 태아의 무산소증(anoxia), 모체의 출혈성 소인 등으로 인한 태아의 뇌출혈(cerebral hemorrhage)이 포함된다. 주산기(출산 중) 원인(perinatal factors)으로는 분만지연, 제대압박, 체중미달, 조산, 미숙 등이 포함되며, 산후(출산 후) 원인(postnatal factors)으로는 머리의 외상, 뇌수막염, 뇌염, 뇌종양, 허혈(ischemia) 등이 포함된다.

3. 운동 특성에 따른 분류

1) 경직형

경직형(spastic type)은 자발적인 운동을 담당하는 운동신경로, 즉 추체로(pyramidal tract)의 이상에 의해 나타나는 것으로, 전체 뇌성마비 중 약 50%가 이 유형에 속한다고 알려져 있다. 경직형 뇌성마비는 근군을 타동적으로 굽힐 때 신전하려는 저항이 나타나는 신전반사(stretch reflex)의 항진이 특징이며, 건(힘줄, tendon)반사나 바빈스키 반사의 지속, 간대성 경련 등을 나타내고, 고관절(articulatio coxae, hip joint)의 내전과 첨족(까치발, equinus)으로 인해 가위 모양의 걸음걸이를 나타낸다.

2) 불수의운동형

불수의운동형[무정위(운동)형, athetoid type]은 기저핵의 손상에 의해 나타나며, 전체 뇌성마비 중 약 25~30%가 이 유형에 속하는 것으로 알려져 있다. 불수의운동형 뇌성마미는 몸통과 사지의 불수의적인 움직임이 운동 시 현저하게 나타나며, 특히 상지와 머리에서 많이 나타나는 것이 특징이다. 또한 일련의 동작이 비틀리고(twisting) 뒤틀리는(writhing) 것으로 나타나는데, 이러한 운동은 웨이브 동작처럼 신체의 근위부에서 원위부로 진행되는 경향이 있다.

3) 실조형

실조형(ataxic type)은 소뇌의 이상으로 나타나며, 전체 뇌성마비 중 5~10%가 이 유형에 속한다. 실조형 뇌성마비는 운동감각이나 평형감각의 문제로 인해 자세조절 및 평형유지의 이상을 나타내고, 일어섰을 때 균형잡기가 어렵고 양쪽 발을 벌리고 서 있고 보행이 불안정하여 후방으로 넘어지려는 등의 비틀거리는 보행(stumbling gait)을 나타낸다.

4) 강직형

강직형(rigid type)은 기저핵 또는 시상의 이상으로 나타나며, 전체 뇌성마비 중 약 5~10% 정도가 해당된다. 강직형 뇌성마비 화자들은 관절 주위 근육들의 느리고 힘겨운 운동이 특징인데, 근긴장의 상태에 있어 경직형과 유사하나 주동근(agonist muscles)

과 길항근(antagonist muscles)이 동일하게 뻣뻣해져서(stiffness) 움직임이 거의 없고 느린 '납 파이프(lead pipe)'와 같은 운동을 나타낸다.

5) 기타 유형

혼합형(mixed type)은 두 가지 이상의 유형이 중복된 것으로, 일반적으로 불수의운동형과 경직형, 불수의운동형과 실조형의 혼합 유형이 많이 나타나는 것으로 알려져 있다.

진전형(tremor type)은 불수의적이고 역방향의 운동(reciprocal movements)이 특징이며, 종종 떠는(trembling) 혹은 진동하는(shaking) 동작을 나타낸다. 운동의 진폭이 작으며, 불수의운동형이 나타내는 운동보다 속도가 더 빠르고 율동적이다.

이완형(flaccid type)은 쓰지 않는 근육(resting muscle)의 긴장 감소, 자발적인 근력(muscle force)의 형성능력 감소, 과도한 관절의 유동성(joint flexibility), 자세의 불안정(instability), 경직형이나 불수의운동형으로의 일시적 변화(evolution) 등을 특징으로 한다(Workinger, 2005).

4. 말 특성

1) 호흡

뇌성마비 화자들이 나타내는 호흡의 이상은 호흡 관련 근육의 조절 이상과 근육의 약증, 마비, 위축(atrophy) 등으로 인한 것이다. 이러한 원인들로 인해 흡기 및 호기량의 감소, 폐활량의 감소, 휴식 시에도 빠른 호흡속도 등을 나타내며, 역호흡(reversed/oppositional breathing) 또는 비동시적인 호흡 패턴을 나타낸다. 이러한 부적절한 호흡 조절과 호흡량 부족은 궁극적으로 말호흡 패턴의 이상을 초래하게 된다.

2) 발성

뇌성마비 화자들이 나타내는 발성의 이상은 성대 내/외전 및 긴장조절의 이상으로 인한 것으로, 성대의 과소내전(hypoadduction) 및 저긴장 그리고 성대의 과다내전(hyperadduction) 및 과긴장으로 인해 뇌성마비 화자들은 음도, 강도, 음질, 즉 음성조절의 이상을 나타내어 비정상적인 음성을 산출한다. 또한 발성과는 상관없는 소리가 산출되는 불필요한 공기의 소모가 발생할 수도 있다.

3) 공명

뇌성마비 화자들이 나타내는 공명의 이상은 연구개와 인두의 구조 및 기능 이상으로 인해 연인두 폐쇄가 부적절하여 과다비성을 산출하며, 과도한 구강 개방 및 폐쇄가 나타나는 경우에는 공명강의 부적절한 크기 변화로 인해 비정상적인 공명을 산출한다.

4) 조음

뇌성마비 화자들이 나타내는 조음의 이상은 조음기관의 구조 및 기능 이상에 의한 것으로, 하악, 입술, 혀, 구개의 구조 및 기능의 문제로 인해 부정확한 자음과 모음 왜곡을 나타낸다. 또한 조음기관의 근육 긴장의 부적절한 변화와 불수의적인 운동으로 인해 비일관적인 조음오류 패턴을 나타낼 수도 있다.

5) 운율

뇌성마비 화자들은 운율적인 측면에서 음조의 변화가 단조로운 단음도와 단강도, 말산출기관의 운동력 감소로 인한 느린 말속도, 호흡조절의 이상으로 인한 짧은 발화 길이, 부적절한 쉼 및 연장된 발화간격 등을 나타낸다.

4 삼킴장애

1. 삼킴과 삼킴장애

삼킴(연하, swallowing)은 입 안에 음식물이 들어가서 삼킴의 구강(구강준비단계 포함), 인두 및 식도 단계를 거쳐 위장으로 내려갈 때의 전반적인 활동을 의미한다. 그리고 삼킴장애(연하장애, dysphagia, swallowing disorders)는 구강, 인두 및 식도 단계에서 흡인(aspiration) 등과 같은 원인으로 인해 음식물이 위장으로 내려가는 데 어려움이 있는 증상을 의미한다(이명순, 2012; Logemann, 2007).

2. 삼킴단계

일반적으로 삼킴의 동작은 구강준비단계(oral preparatory phase), 구강단계(oral phase), 인두단계(pharyngeal phase), 식도단계(esophageal phase)로 구분된다.

1) 구강준비단계

구강준비단계는 입 안에 음식이 들어오면 음식을 씹거나 조작하여, 이를 삼킬 수 있는 농도의 음식물(bolus)로 만드는 단계이다. 이 단계에서는 음식물이 입 밖으로 나가는 것을 방지하기 위해 입술이 폐쇄되고, 음식을 씹는 동안 비강호흡을 위해 연인두가 개방되며, 삼킬 수 있는 농도로 될 때까지 음식물을 어금니로 옮기는 혀의 측면 회전운동이 일어나고, 음식물이 양측의 아래턱과 볼 사이의 측면고랑(lateral slucus)으로 떨어지는 것을 방지하기 위해 볼근육의 수축 등이 일어난다.

2) 구강단계

구강단계는 음식물을 뒤로 이동시키기 위해 혀가 움직이기 시작하는 단계로, 음식물이 입술에서부터 하악지(ramus of mandible) 또는 전구협궁(anterior faucial pillars)까지 이동하는 단계이다. 이 단계에서는 음식물을 뒤로 보내기 위해 우선 입술이 폐쇄되며, 인두로 넘기기 위해 연인두가 폐쇄된다. 또한 음식물이 혀 위로 올려지면 혀의 끝과 양옆은 치조돌기에 고정된 채로 유지되고 혀 앞쪽 부분부터 순차적으로 경구개에 닿으면서 음식물을 눌러 구강 뒤쪽으로 보내는 압착행동(stripping action)이 일어난다.

3) 인두단계

인두단계는 인두삼킴(pharyngeal swallowing)이 유발되고 음식물이 인두로 넘어가는 단계로, 음식물이 하악지 또는 전구협궁에서부터 상부식도괄약근(upper esophageal sphincter: UES)까지 이동하는 단계이다. 이 단계에서는 연인두 폐쇄가 지속적으로 일어나며, 기도를 좁히고 식도를 넓히기 위해 설골후두의 거상운동(hyolaryngeal excursion/elevation)이 일어나고, 음식물이 기도로 들어가는 것을 방지하기 위해 기도가 폐쇄된다. 또한 음식물을 아래로 내리기 위해 인두의 연동운동이 일어나며, 음식물을 식도로 유도하기 위해 상부식도괄약근이 개방된다.

4) 식도단계

식도단계는 음식물이 식도로 들어와서 위장으로 내려가는 단계로, 음식물이 상부식도괄약근(UES)에서부터 하부식도괄약근(lower esophageal sphincter: LES)까지 이동하는 단계이다. 이 단계에서는 음식물이 식도로 들어온 후 역류(reflux)되는 것을 방지하기 위해 상부식도괄약근이 폐쇄되고, 식도의 연동운동이 일어나며, 하부식도괄약근은 개방되어 음식물을 위장으로 유도한다.

요/약

이 장에서는 신경계 손상으로 인해 말산출에 문제를 나타내는 말운동장애의 대표적인 증상인 말실행증과 마비말장애에 대해 알아보았고, 말운동장애를 일으키는 대표적인 병변인 뇌성마비와 말운동장애 화자가 동반할 수 있는 삼킴장애에 대해서도 살펴보았다.

1. 말운동장애는 중추신경계 및 말초신경계 손상으로 인해 말산출에 문제를 나타내는 장애이며, 크게 말실행증과 마비말장애로 구분된다.
2. 말실행증은 신경계 손상으로 인해 말산출 과정 중 말운동 계획 및 프로그래밍 단계에 문제가 있는 증상이다.
3. 마비말장애는 신경계 손상으로 인해 말산출 과정 중 말운동 수행단계에 문제를 나타내는 증상이다.
4. 뇌성마비는 뇌가 성장하는 시기의 병변 및 손상으로 인해 비일과성의 운동 및 자세의 이상과 다양한 수반장애를 나타내는 정상 회복이 불가능한 임상증후군을 의미한다.
5. 삼킴장애는 구강준비, 구강, 인두 및 식도 단계에서 음식물이 위장으로 내려가는 데 어려움이 있는 증상을 의미한다.

연 | 습 | 문 | 제

1. 말운동장애의 두 가지 주요 증상을 설명하시오.

2. 말실행증과 마비말장애의 차이는 무엇인가?

3. 말실행증은 말산출 하위체계 중 주로 어떤 체계에서 문제를 나타내는가?

4. 말실행증의 조음오류 특성은 무엇인가?

5. 경직형 및 이완형 마비성구어장애의 주요 원인을 설명하시오.

6. 마비말장애의 평가 요소는 무엇인가?

7. 마비말장애 호흡치료의 주요 내용은 무엇인가?

8. 뇌성마비의 정의를 쓰시오.

9. 경직형 뇌성마비의 운동 특성은 무엇인가?

10. 삼킴단계 중 인두단계의 삼킴과정은 어떻게 이루어지는가?

참고문헌

감향회(2012). 신경언어장애. 서울: 학지사.

남현욱(2013). 운동구어장애. 권도하, 신후남, 이무경, 전희숙, 김시영, 유재연, 신명선, 황보명, 박선희, 신혜정, 안종복, 남현욱, 이명순, 박상희, 김효정. 언어치료학개론(pp. 335-363). 대구: 물과 길.

남현욱, 권도하(2009). 뇌성마비 유형별 구어산출 하위체계 특성 비교. 언어치료연구, 18(2), 17-50.

석동일, 박상희, 신혜정, 박희정, 이은선(2004). 기질적 조음 음운장애치료. 대구: 대구대학교출판부.

이명순(2012). 삼킴장애. 권도하, 장현진, 박은실, 전희숙, 신후남, 김시영, 신명선, 유재연, 손은남, 권미지, 강은희, 이옥분, 이명순, 박희정, 한지연. 언어진단법(pp. 439-474). 대구: 물과 길.

이명순(2014). 마비성 구어장애 임상실습. 권도하, 신명선, 김효정, 박은실, 장현진, 신혜정, 황하정, 김수형, 이무경, 황보명, 박상희, 강은희, 손은남, 김영은, 이명순, 이옥분, 김선희, 황영진, 황상심. 언어치료 임상방법(pp. 373-402). 대구: 물과 길.

이옥분(2012). 뇌성마비. 권도하, 장현진, 박은실, 전희숙, 신후남, 김시영, 신명선, 유재연, 손 은남, 권미지, 강은희, 이옥분, 이명순, 박희정, 한지연. 언어진단법(pp. 327-364). 대구: 물과 길.

이옥분(2014). 구어실행증 임상실습. 권도하, 신명선, 김효정, 박은실, 장현진, 신혜정, 황하 정, 김수형, 이무경, 황보명, 박상희, 강은희, 손은남, 김영은, 이명순, 이옥분, 김선희, 황 영진, 황상심. 언어치료 임상방법(pp. 403-432). 대구: 물과 길.

전헌선, 한경임, 노선옥(2005). 뇌성마비아 언어 치료 교육. 대구: 대구대학교출판부.

Brookshire, R. H. (2014). 신경 의사소통장애(제7판, *Introduction to neurogenic communication disorders,* 7th ed.). 권미선, 이재홍, 하지완, 황민아 공역. 서울: 박학 사. (원저는 2007년에 출판)

Darley, F. L., Aronson, A. E., & Brown, J. R. (1969). Differential diagnostic patterns of dysarthria. *Journal of Speech & Hearing Research, 12*(2), 246-269.

Duffy, J. R. (2005). *Motor speech disorders: Substrates, differential diagnosis, and management* (2nd ed.). St. Louis, MO: Mosby.

Duffy, J. R. (2016). 말운동장애: 기질 · 감별진단 · 중재(3판, *Motor speech disorders: Substrates, differential diagnosis, and management,* 3rd ed.). 김향희, 서미경, 김윤 정, 윤지혜 공역. 서울: 박학사. (원저는 2012년에 출판)

Freed, D. B. (2000). *Motor speech disorder: Diagnosis and treatment.* San Diego, CA: Singular Publishing Group.

Freed, D. B. (2013). 말운동장애: 진단과 치료(2판, *Motor speech disorders: Diagnosis and treatment,* 2nd ed.). 권미선, 김정완, 이현정, 최현주, 하지완 공역. 서울: 박학사. (원저 는 2011년에 출판)

Logemann, J. A. (2007). 삼킴장애의 평가와 치료(*Evaluation and treatment of swallowing disorders,* 2nd ed.). 권미선, 김종성 공역. 서울: 학지사. (원저는 1997년에 출판)

Mecham, M. F. (2002). *Cerebral Palsy.* Ausin, TX: Pro-Ed.

Roseberry-McKibbin, C., & Hegde, M. N. (2010). 최신 언어치료학 개론(제2판, *Advanced review of speech-language pathology,* 2nd ed.). 정옥란, 김하경, 황영진 공역. 서울: 시 그마프레스. (원저는 2006년에 출판)

Workinger, M, S. (2005). *Cerebral palsy resource guide for speech-language pathologists.* New York: Thomson.

Workinger, M. S. (2010). 뇌성마비 언어치료: SLP를 위한 가이드북(*Cerebral palsy resource guide for speech-language pathologists*). 신후남, 이명순 공역. 서울: 박학사. (원저는 2005년에 출판)

제13장

구개열 언어장애

| 이명순 |

- 구개열의 발생률과 유형에 대해서 학습한다.
- 구개열의 의학적 문제와 치료에 대해서 학습한다.
- 구개열 의사소통 문제와 중재에 대해서 학습한다.

핵심 용어

- **구순구개열**(cleft lip or/and palate): 태아 발달단계에서 입술이나 구개, 입술과 구개가 융합하지 못하고 갈라져서 출생하는 것을 의미한다.
- **연인두 기능장애**(velopharyngeal incompetence): 비음이 아닌 말소리 산출을 위해 연구개와 인두가 폐쇄하지 못하는 것을 의미한다.
- **과다비성**(hypernasality): 연인두 폐쇄가 되지 않아 비음이 아닌 말소리에 비성이 섞여서 산출되는 것을 뜻한다.
- **성문 파열음**(glottal stop): 성문에서 조음하는 파열음으로 일반적으로 구개열 아동 보상조음으로 산출되는 것을 뜻한다.

구순 및 구개열 치료는 출생 당시부터 정확한 진단과 필요한 조치가 결정되어야 하고 장기적인 치료를 받을 수 있는 곳을 선정해야 한다. 구순 및 구개열은 복합적이고 여러 치료과정이 필요하므로 구개열 팀이 이를 관리해야 한다.

1 구순 및 구개열

1. 유형

구순열 및 구개열은 태아 발달기의 첫 3개월 동안 입술 또는 입천장이 완전하게 융합하지 못했을 때 갈라져 있는 틈을 말한다. 입술이나 구개가 갈라진 채로 발달하면 구순열, 구개열 또는 구순구개열이 되는 것이다. 입술은 임신 6주째 하나의 구조로 융합되고 구개는 3개월 말 태아에게서 융합된다.

구순 및 구개열의 유형을 나누는 조건은 편측 또는 양측, 파열의 범위에 따라 완전 파열 또는 불완전 파열로 나뉜다. 순수 구순열은 윗입술에 작은 v자형의 갈라진 틈만 생길 수도 있고(불완전 파열) 파열이 비공 바닥까지 확장될 수도 있다(완전 파열). 파열의 범위는 경구개에 또는 연구개에만 있을 수 있고 또는 경구개와 연구개 모두에 나타날 수 있다.

양측 완전 구개열

편측 완전 구개열

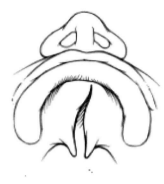
이차성 완전 파열

[그림 13-1] 구개열 유형

출처: http://cckids.org//assets/syndromebk_clp.pdf

2. 발생률

구개열 아동을 출산한 대다수의 어머니가 정상적인 임신 기간을 가졌다고 하며, 구개열의 가능성을 높일 수 있는 환경적인 요인은 임신 동안 흡연과 알코올, 영양실조, 특정 약물의 복용이다. 증후군이 없는 구순 및 구개열은 부모의 인종, 지리적 기원, 아기의 성별 및 가족의 사회경제적 상태에 따라 영향을 받을 수 있지만 일반적으로 신생아 500~1,000명 당 약 1명 발생한다(Wyszyński, 2002). 구순열은 여아에서, 구개열은 남아에서 자주 발생한다.

구순 및 구개열을 가지고 태어난 대다수의 아동은 구순구개열 외에는 정상이며 증후군과 연관되지 않는다. 이상이 없는 정상 부모에게 구순구개열 아동 또는 구개열 아동이 있으면, 다른 형제 아동이 구개열을 가질 확률은 3~5%이다. 부모 중 한 사람 이상이 있거나 자녀들이 구개열이라면, 미래 자손이 구개열일 가능성도 높아진다.

2 구순구개열 의학적 문제와 치료

구개열 아동의 치료는 1명의 전문가가 충족시킬 수 없는 광범위한 범위이기 때문에 팀 접근법이 가장 최선이다. 이러한 구개열 팀은 성형외과의, 언어치료사, 치과의사,

치과 교정의, 이비인후과의, 청력사, 유전학자, 소아과의, 섭식 전문가 등 여러 전문가로 구성되어 있다. 구개열 아동은 유아에서 청년기까지 4개에서 5개의 수술과정을 거치며 수술은 1차 입술 수술, 1차 구개 수술, 인두성형술, 치조골 이식, 상악 그리고/혹은 하악 수술, 코 성형술 등이다.

1. 섭식문제

구개열 영아와 가족들은 구개열 팀의 간호사 혹은 섭식 전문가로부터 초기 섭식에 대해 상담을 받게 될 것이다. 구개열 아동은 우유를 빨 때 젖꼭지에서 우유가 나올 수 있도록 구강 내 압력을 만들어 내야 하는데, 비강과 구강이 서로 분리되지 않아 압력 형성이 어렵다.

일반적인 젖꼭지로 섭식을 시작하였는데, 아기가 충분히 먹을 수 없다면 정상적인 젖꼭지보다 더 부드러운 미숙아 젖꼭지를 시도한다. 또는 젖꼭지에 칼로 십자 모양으로 구멍을 더 크게 내어서 유동식의 흐름이 많아지게 하면 먹기가 더 수월해질 것이며([그림 13-2] 참조), 젖꼭지가 좀 더 긴 특수 젖병을 사용하기도 한다. 구개열 아동은 구개열이 없는 아동보다 섭식 동안 공기를 더 많이 삼키기 때문에 자주 트림을 시킬 필요가 있다. 앉은 자세로 아기에게 섭식을 하게 하면 유동식이 코로 유출되는 것과 공기를 너무 많이 삼키는 것을 예방할 수 있다.

십자 모양 절개 젖병

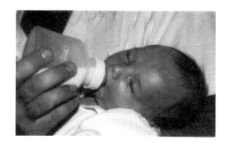
압축 젖병으로 우유를 먹는 아기

[그림 13-2] **구개열 유아의 섭식**

출처: http://www.med.umich.edu/surgery/plastic/clinical/ped_procedures/images/cleft_lip_brochure.pdf

2. 청력 및 귀 문제

구개열과 관련 없이 경미한 청력손실이라도 있다면 초기 구어발달 및 언어발달에 영향을 줄 수 있다. 구개열 아동들은 특히 귀 질환을 앓을 가능성이 높은데, 이것은 구개근육의 일부가 유스타키오관의 개폐를 담당하기 때문이다. 유스타키오관 한쪽 끝은 연인두 주위에 위치해 있기 때문에 구개열 아동의 파열 부위와 연인두 기능 저하가 유스타키오관의 기능과 연관되어 있을 것이라고 보고 있다.

3. 치과문제

부정교합과 치과적 문제는 대부분 성인기에 접어들기 전에 교정하지만 성인이 되어서도 치료가 가능하기는 하다. 치과 교정은 일정한 압력을 지속적으로 장기간 가하여 치아의 위치를 변경시키고 치아궁을 넓히게 하는 방법으로, 이는 구개열이 없는 아동들에게도 많이 시행되고 있다. 이러한 치과 교정법으로는 불가능하고 문제가 복합적일 때, 즉 부정교합이 매우 심하거나 치조골이 부족하다든지 할 때는 치과 교정 수술을 요하게 된다.

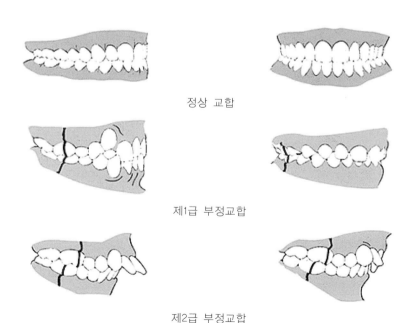

정상 교합

제1급 부정교합

제2급 부정교합

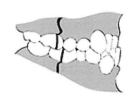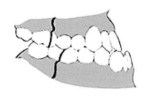

제3급 부정교합

[그림 13-3] **부정교합의 유형**

출처: http://good-smile.co.kr/

4. 구순구개열 수술

아동의 입술 수술은 대체로 10주에서 12주에 시작하지만 수술의 최적 시기는 아동마다 다를 수 있다. 입술 수술은 전신 마취하에 수술실에서 이루어진다. 의사는 여러 가지 구순열 수술방법 중에서 가장 적합한 수술 유형을 선택할 것이다. 구순열 수술은 완전한 입술을 만들기 위해 입술을 절개하고 각 조각을 합체한다.

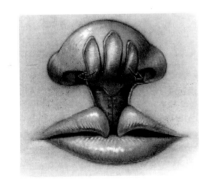

편측 입술 수술　　　　　　　　　　　　양측 입술 수술

[그림 13-4] **구순열 수술**

출처: http://www.med.umich.edu/surgery/plastic/clinical/ped_procedures/images/cleft_lip_brochure.pdf

구개 수술은 9개월에서 18개월의 시기에 이루어진다. 구개열 수술은 전신 마취하에 이루어지며 구개를 몇 부분으로 절개하여 나눠진 층들을 파열 부위에 모아서 봉합하는 데 여러 차례의 수술과정이 필요할 수 있다.

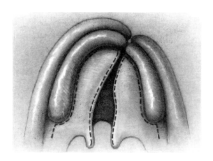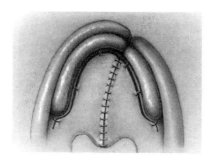

[그림 13-5] 구개열 수술 전과 후

출처: http://www.med.umich.edu/surgery/plastic/clinical/ped_procedures/images/cleft_lip_brochure.pdf

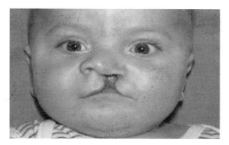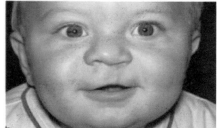

[그림 13-6] 구순구개열 수술 전과 후

출처: Hodgkinson et al. (2005).

5. 코의 교정

코 수술과 입술 수술은 초기 수술 이후 성장과정에서 왜곡되는 코와 입술의 외모와 기능을 향상시키기 위해서 필요하다. 코는 납작해 있거나 비대칭으로 되어 있을 수 있으며 작은 비공이나 편향된 중격 때문에 비강장애가 있을 수 있다. 입과 코의 외형을 바꾸는 수술은 성형외과의의 권고에 따라 학교를 시작하기 전이나 십 대에 시행될 수 있다.

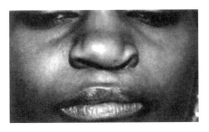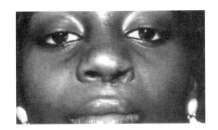

[그림 13-7] 코 수술 전과 후

출처: http://www.med.umich.edu/surgery/plastic/clinical/ped_procedures/images/cleft_lip_brochure.pdf

6. 인두판/인두성형술

구개 수술을 받은 아동은 '연인두 기능장애(velopharyngeal incompetence: VPI)'가 있을 수 있다. 연인두 기능장애로 과다비성이 나타나게 되는데, 수술한 연구개가 너무 짧거나 적절하게 움직이지 못하기 때문에 발생한다. 과다비성은 언어치료사가 먼저 진단하게 되고 비내시경과 비디오투시검사(videofluoroscopy)와 같은 특수 진단 절차를 통해 구어 산출 동안 연구개를 직접적으로 관찰할 수 있다.

연인두 기능장애에 대한 수술적 방법은 '인두판' 또는 '인두성형술'이다. 코를 통한 공기 누출을 막기 위해 인두와 구개에서 떼어 낸 조직들을 연결한다. 그러나 인두판의 폭이 너무 넓으면 호흡에 지장을 주거나 과소비성이 되고 인두판의 폭이 너무 좁으면 과다비성이 여전히 남아 있게 된다.

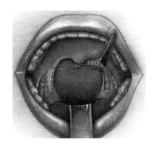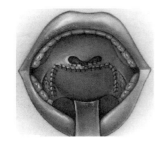

[그림 13-8] 인두판 수술 전과 후

출처: http://www.med.umich.edu/surgery/plastic/clinical/ped_procedures/images/cleft_lip_brochure.pdf

3 의사소통 특성과 치료

언어치료사는 공식적 또는 비공식적 검사도구를 사용하여 언어발달 검사, 어휘력 검사, 조음명료도 검사, 과다비성에 대한 검사 결과를 종합하여야 할 것이다. 예를 들면, nasometer의 경우 문단산출 시 비음이 없는 문장에서 비성도(nasalance)가 30% 이상이면 과다비성으로 지각되고 비음이 있는 문장에서 비성도가 50% 이하이면 과소비성으로 판단될 수 있다.

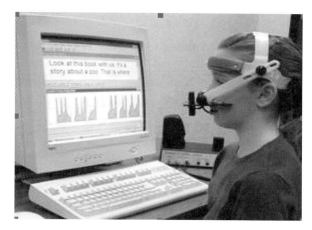

[그림 13-9] nasometer

출처: http://www.kayelemetrics.com/

제1차 구개 수술 후 구어문제를 나타내는 구순 및 구개열 아동의 비율에 대한 많은 연구가 있다. Witzel(1984)은 25%가 정상 구어를 자발적으로 발달시켰지만 75%는 아동기와 청소년기에 구어치료 및 언어치료가 필요하다고 보고하였다. Hall과 Golding-Kushner(1989)는 18개월 이전에 구개 수술이 시행되었던 비증후군 구개열 아동의 80%는 구어 및 언어 치료를 필요로 하지 않는다고 주장하였다. CSAG(1998)의 연구결과, 5세 아동의 약 33%와 12세 아동의 약 14%가 심각한 조음오류를 나타내었다. 비정상적인 구조(구강, 비강, 교합, 청각)와 같은 구조적 요인과 학습된 운동 패턴 및 심리사회적 요인 등의 비구조적 요인들이 구어장애에 복합적으로 영향을 미친다.

연인두 기능장애로 인한 과다비성이 심할 경우 인두판 수술을 시행할 수도 있지만

[그림 13-10]과 같은 구개 거상기를 사용하여 과다비성을 감소시키고 구어명료도를 높일 수 있다. 구개 거상기를 착용할 시 언어치료사는 구개 거상기의 사용과 적응에 대해 지도하여야 한다.

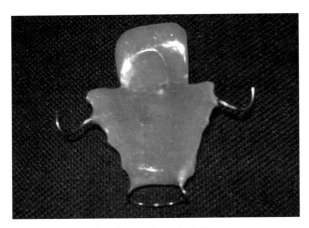

[그림 13-10] 구개 거상기

출처: Premkumar (2011).

다학문적 팀의 핵심 구성원으로서 언어치료사의 역할은 출생에서 치료의 종결까지 (약 20세) 구어 및 언어 발달을 점검하고 평가하며 부모 및 보호자에게 조언을 하고 다른 팀 구성원과 연락을 취하여 적절한 시기에 알맞은 중재를 제공받을 수 있도록 도와주는 것이다. 언어치료사는 출생에서 구개 수술까지는 의사소통 및 구어 발달에 대한 부모교육을 실시하고 구개 수술 후 5세까지 검사를 통해 상호작용, 의사소통, 언어, 말소리에 대한 발달을 분석하고 중재를 결정하며 필요하다면 아동의 교육기관과도 협조를 한다. 또한 5세 이상에서 20세까지는 지속적인 구어 자료를 수집하고 아동의 학습 및 취업과 관련된 중재 및 조언을 제공한다.

구개열 아동에게 음운장애, 학습장애, 지적장애, 청각장애가 병행된다면 조음의 정확도와 명료성은 더욱 악화될 것이다. 3세 이전의 구개열 영·유아들에게 어휘력 제한, 음소 목록 제한, 보상조음오류의 출현 등이 나타난다는 보고들이 있기 때문에 (Chapman, Hardin-Jones, & Halter, 2003; Salas-Provance, Kuehn, & Marsh, 2003; Scherer, 1999), 3세 이하의 구개열 아동에 대한 조기 중재 모델의 효율성을 증명하는 연구들이 나오고 있다(Pamplona, Ysunza, & Ramirez, 2004; Scherer, 1999). 이러한 연구들은 조기 중재 프로그램이 언어 및 구어 수행능력 둘 다를 촉진시키며 언어 및 음운 중재 프로그램이 부차적으로 어휘력 및 구어 산출을 향상시키는 데 효율적이라는 것을 증명하였다(Pamplona et al., 2004; Scherer, 1999).

보상조음오류들은 구개열 아동들 특유의 문제이다. 이는 구개열이 있는 사람들에게서 자주 들을 수 있는 비정상적인 구어 소리 패턴이며(Golding-Kushner, 2001) 성도에서 조음의 위치가 후부로 이동함으로써 만들어지는 소리이다. 초기 음성발달은 성문 파열음, 연인두 마찰음, 후비성 마찰음, 비음 대치 등 광범위한 보상조음 패턴 등(Chapman et al., 2001; Morris & Ozanne, 2003; Salas-Provance et al., 2003) 많은 보상조음오류가 밝혀졌다(Peterson-Falzone et al., 2006; Trost, 1981). 어린 아동에게서 가장 보편적이고 뚜렷한 보상조음오류는 많은 자음을 성문 파열음으로 대치하는 것이다(Kuehn & Moller, 2000; Peterson-Falzone et al., 2001). 성문 파열음은 성대에서 기류 흐름을 차단하여 유사 파열 자음을 만들어 내어 과다비성으로 약해지는 고압력 자음을 대체하는 것이다.

성문 파열음은 대부분의 언어에서 없는 음성이며 이러한 자음을 산출하면 화자에게 더 주목되기 때문에 특히 문제가 된다. 또한 성문 파열음 대치는 조음치료의 전통적인 형식에 맞지 않다(Peterson-Falzone et al., 2001). Golding-Kushner(2001)는 취학전 구개열 아동의 최소 25%가 가장 빈번한 보상조음오류 형태인 성문 파열음을 비롯한 보상조음오류에 대해 언어치료를 받았다고 하였다. 이러한 성문 파열음을 제거하는 것이 구개열 아동의 언어치료가 길어지는 원인이 되는 것이다. 문제는 구개열과 연관된 특이한 조음오류를 감소시키기 위한 효과적인 기법을 적용할 수 있는 경험이 풍부한 임상가가 적다는 사실이다. 경험이 많지 않은 임상가들은 비효율적인 중재를 시행하기 쉽다(Pannbacker, Lass, & Stout, 1990). 성문 파열음을 교정하는 데 있어서 어려움이 있기 때문에, 성문 파열음이 발달되어 확립된 후에 아동을 치료하는 것보다 어린 구개열 아동이 보상 구어 패턴을 습관화하는 것을 방지할 수 있는 중재 모델을 고려하는 것이 더 효율적일 수 있다. 부모가 조기 중재 프로그램을 시행하였을 때, 구어 및 언어에서 뚜렷한 효과가 나타났다는 연구가 있다(Kaiser & Hancock, 2003).

요/약

    구순구개열 아동은 출생에서부터 성장까지 다양한 문제를 나타내기 때문에 구개열 팀이 섭식 및 양육, 수술 및 치료 계획을 알려 주고 적절한 시기에 치료를 시행한다. 언어치료사는 팀의 일원으로서, 구순구개열 아동과 관련한 다양한 정보와 치료접근을 알고 있어야 하며 이러한 내용은 다음과 같이 요약할 수 있다.

1. 구순구개열 아동은 구조적 결함으로 인해 섭식, 청력, 치과 문제를 병행하며 섭식 문제는 부모교육 및 특수 젖병을 사용하고 청력은 만성 귀 질환을 지속적으로 점검하며 부정교합 교정 및 수술 등의 치과문제를 해결해 나간다.
2. 구순구개열 수술은 10주부터 입술 수술, 9개월부터 구개 수술을 할 수 있으며 수술은 여러 차례 이루어질 수 있고 다양한 수술법 중에서 아동의 상태에 따라 선택된다.
3. 구개열 수술 후 나타날 수 있는 연인두 기능장애는 인두판 수술이나 구개 거상기를 착용하여 구어명료도를 높일 수 있다.
4. 언어치료사는 출생 후부터 성장까지 구개열 아동의 언어발달 및 말소리 발달을 추적하고 적절한 시기에 부모 교육 및 중재를 시행하여야 하며, 집중적인 중재가 시행되지 않을 때에도 말소리에 대한 분석 자료를 수집하여야 한다.

연/습/문/제

1. 구개열의 정의를 쓰시오.
2. 구개열의 원인은 무엇인가?
3. 구개열의 유형은 무엇인가?
4. 구개열의 발생률은 얼마인가?
5. 구개열 팀의 구성은 어떻게 이루어지며 언어치료사의 역할은 무엇인지 설명하시오.
6. 구개열의 수술 절차와 유형에 대해 설명하시오.
7. 구개열의 치과적 문제와 치료는 무엇인가?

8. 구개열의 청각적 문제와 치료는 무엇인가?

9. 구개열의 의사소통 문제와 평가방법에 대해 설명하시오.

10 구개열의 의사소통 문제에 대한 치료를 쓰시오.

💬 참고문헌

Chapman, K., Hardin-Jones, M., & Halter, K. A. (2003). Relationship between early speech and later speech and language performance for children with cleft lip and palate. *Clinical Linguistics & Phonetics, 17*(3), 173-197.

Chapman, K., Hardin-Jones, M., Schulte, J., & Halter, K. A. (2001). Vocal development of 9-month-old babies with cleft palate. *Journal of Speech Language and Hearing Research, 44*(6), 1268-1283.

Clinical Standards Advisory Group (CSAG). (1998). *Cleft lip and/or palate. Report of a CSAG committee.* London, UK: The Stationery Office.

Golding-Kushner, K. (2001). *Therapy techniques for cleft palate speech and related disorders.* San Diego, CA: Singular.

Hall, C., & Golding-Kushner, K. J. (1989). Long term follow up of 500 patients after palate repair performed prior to 18 months of age. *Paper presented to Sixth International Congress on Cleft Palate and Related Craniofacial Anomalies.* Jerusalem, Israel.

Hodgkinson, P. D., Brown, S., Ducan, D., Grant, C., McNaughton, A., Thomas, D., & Mattck, C. (2005). Management of children with cleft lip and palate: A review describing the application of multidisciplinary team working in this conditions based upon the experiences of a regional cleft lip and palate centre in th United Kingdom. *Fatal and Maternal Medicine Review, 16*(1), 1-27.

Kaiser, A., & Hancock, T. (2003). Teaching parents how to shift and support their young children's development. *Infants and Young Children, 16*(1), 9-21.

Kuehn, D., & Moller, K. (2003). The state of the art: Speech and language issues in the cleft palate population. *Cleft Palate Craniofacial Journal, 37*, 348-361.

Morris, H., & Ozanne, A.(2003). Phonetic, phonological, and language skills of children with a cleft palate. *The Cleft Palate-Craniofacial Journal, 40*, 460-470.

Pamplona, M. C., Ysunza, A., & Ramirez, P. (2004). Naturalistic intervention in cleft palate children. *International Journal of Pediatric Otorhinolaryngology, 68*(1), 75-81.

Pannbacker, M., Lass, N., & Stout, B. (1990). Speech-language pathologists' opinions on the management of velopharyngeal insufficiency. *The Cleft Palate-Craniofacial Journal, 27*(1), 68-71.

Peterson-Falzone, S. J., Hardin-Jones, M. A., & Karnell, M. P. (2001). *Cleft Palate Speech* (3rd ed.). St. Louis, MO: Mosby.

Peterson-Falzone, S. J., Trost-Cardamone, J. E., Karnell, M. P., & Hardin-Jones, M. A. (2006). *The clinician's guide to treating cleft palate speech*. St. Louis, MO: Mosby.

Premkumar, S. (2011). Clinical application of palate lift appliances in velopharyngeal incompetence. *Case Report, 29*(6), 70-73.

Salas-Provance, M. B., Kuehn, D., & Marsh, J. (2003). Phonetic repertoire and syllable structure characteristics of 15-month-old babies with cleft palate. *Journal of Phonetics, 31*(1), 23-38.

Scherer, N. J. (1999). The speech and language status of toddlers with cleft lip and/or palate following early vocabulary intervention. *American Journal of Speech-Language Pathology, 8*(1), 81-93.

Trost, J. E. (1981). Articulatory additions to the classical description of the speech of persons with cleft palate. *The Cleft Palate Journal, 18*(3), 193-199.

Witzel, M. A. (1991). Speech evaluation and treatment. *Oral and Maxillofacial Surgery Clinics of North America, 3,* 501-16.

Wyszyński, D. F. (2002). *Cleft lip & palate. From origin to treatment*. Oxford, UK: Oxford University Press.

http://cckids.org//assets/syndromebk_clp.pdf

http://good-smile.co.kr/

http://www.kayelemetrics.com/

http://www.med.umich.edu/surgery/plastic/clinical/ped_procedures/images/cleft_lip_brochure.pdf

제14장

다문화와 언어

| 황상심 |

- 문화의 다양성을 설명할 수 있다.
- 이중언어발달을 설명할 수 있다.
- 우리나라 다문화와 언어 환경을 설명할 수 있다.
- 언어장애와 언어차이를 설명할 수 있다.

- **다문화**(multicultural): 문화는 집단 내 사람들의 가치관, 행동, 신념 등에 관한 것이며 다문화는 한 사회 안에 여러 문화가 혼재하는 것을 말한다.
- **이중언어**(bilingual): 출생부터 또는 3세 이전에 두 언어를 배우기 시작하는 동시적 이중언어와 3세 이후에 추가적으로 언어를 배우거나 모국어인 제1언어가 확립된 이후에 두 번째 언어를 배우는 순차적 이중언어를 말한다.
- **언어차이**(difference): 주류 문화에서 일반적으로 사용하는 방식과 다르게 언어를 사용하는 것으로 지역적 · 사회적 · 문화–인종적 요인에 의해 결정되고 영향을 받는다. 언어차이를 언어장애로 판단하지 않는다.
- **언어장애**(disorders): 구어와 비구어, 그림상징체계를 주고받고, 처리하며 이를 이해하는 능력의 결함이다.
- **언어지연**(delay): 정상발달 기준에서 언어나 말소리 습득이 또래보다 느린 경우를 의미하며, 언어발달 속도는 느리지만 정상적인 발달순서를 따라간다.

- **과대확인**: 언어장애 또는 학습장애로 부적절하게 진단받고 불필요한 서비스를 받거나 특수교육에 배치되는 것을 말한다.

우리나라는 2000년대 이후 결혼이주민이 증가하면서 다문화 사회로 변화하고 있다. 특히 다문화아동 인구가 전체 다문화인구 증가율보다 더 빠르게 늘어나고 있어 이들이 우리나라에서 건강한 사회 구성원으로 성장하기 위해서 언어발달에 대한 관심이 필요하다는 논의가 계속되고 있으며, 다문화아동의 언어발달과 관련하여 언어치료사의 역할을 여러 분야에서 강조하고 있다. 다문화와 의사소통을 이해하기 위해서는 문화 차이와 다양성에 대해 우선적으로 살펴보아야 하며, 우리말 발달과 이중언어 습득, 문화와 언어 간의 연관성, 평가에서 언어차이와 언어장애 등에 대한 이해가 필요하다.

1 다문화와 의사소통

문화는 집단 내 사람들의 가치관, 행동, 신념 등에 관한 것이며 사람들이 세상을 바라보고 해석하는 렌즈 역할을 한다(Vecoli, 1995). 언어처럼 문화도 다른 문화와 상대적으로 다르거나 유사할 수 있다. 다문화는 둘 이상의 문화가 모여서 이루어진 것을 의미하며, 언어는 문화의 틀 안에서 사용되고 해석된다. 나라에 따라서 언어, 아동양육 방식, 음식, 종교, 민속예술, 예의범절, 옷차림, 일과 등에서 문화 차이가 있으며, 다문화아동은 이중문화와 이중언어 환경에서 성장하고 있다. 아동은 부모나 주변 사람들의 행동을 보고 관찰함으로써 문화적 규준을 배우는데, 부모는 자녀에게 자신들이 속한 문화에 적절한 방식으로 상호작용하고 말하는 방법을 교육한다(Paradis, Genesee, & Crago, 2011). 우리나라 다문화가정에서도 식습관, 가족행사, 자녀양육 방식 등에서 문화 차이를 경험하고 있다(여성가족부, 2016).

1. 한국 사회에서 다문화인구의 변화

우리나라는 단일민족주의가 강한 사회였으나 2000년대 이후 이주민이 증가하면서 다문화 사회로 변화하고 있다. 다문화인구는 2016년 전체 인구의 3.9%를 기록하였다(행정안전부, 2016). 전체 다문화인구 수는 17개 시·도 인구와 비교하였을 때 광주광역시, 대전광역시보다 많은 수준이며, 조사를 시작한 2006년 이래로 지속적으로 증가하여 10년 동안 3배 이상 증가하였으며(행정안전부, 2016), 앞으로도 증가 추세는 더 빠를 것으로 전망하고 있다. 국적별로는 조선족을 포함하여 중국이 전체의 54.7%로 가장 큰 비중을 차지하고 있으며 이어서 베트남, 필리핀, 캄보디아, 인도네시아 등의 순이었다.

다문화 자녀의 인구는 전체 다문화인구 증가율보다 더 빠르게 늘어나고 있다. 2007년에 약 4만 4,000명이었던 자녀 인구가 2013년에는 약 19만 명, 2015년에는 20만 7,693명으로 외국인주민현황에서 11.9%에 해당하여 8.5%인 결혼이민자보다 더 많은 비율이다(행정안전부, 2016). 우리나라 일반 가정의 유·초·중등학생 수는 전년 대비 2.7%가 감소한 데 비하여 다문화학생 수는 전년 대비 20.2% 증가하였다(교육부, 2016). 다문화 자녀들의 연령에서도 변화가 있었다. 2007년 조사에서 6세 이하의 학령전기 아동이 약 60%, 초등학생이 약 32%로 주로 학령전기와 초등학생 연령이 주를 이루었다. 2015년에는 영·유아기를 포함한 학령전기 아동이 여전히 약 61%로 높은 비율을 보이나 중고등학생 비율도 약 15% 비율로 증가하였는데, 이는 영·유아 및 학령전기 아동의 연령이 증가하고, 중도입국 자녀가 늘어났기 때문인 것으로 보인다.

다문화인구 증가에 따라 다문화 정책 또한 변화하였다. 다문화 정책은 2006년 여성 결혼이민자 가족, 이주자의 사회통합을 시작으로 하여 결혼이민자의 한국생활 정착이 중심이었다. 2015년 이후 자녀들의 성장주기에 따른 지원 중심으로 변화하였으며(여성가족부, 2015) 자녀의 언어발달과 함께 이중언어의 중요성을 강조하고 있다. 이를 볼 때 언어치료 분야에서도 장기적 관점에서 다문화와 의사소통에 관한 접근이 필요하다.

2. 문화 차이와 다양성

언어치료 분야에서 문화적 차이와 다양성을 이해하는 것은 중요하다. 다문화아동에게 서비스를 제공하는 대부분의 언어치료사는 그 나라의 다수문화 출신인데, 대표적인 예로 미국의 언어청각협회(ASHA)에 가입한 언어치료사 중 영어 이외의 언어를 말할 수 있는 비율은 5% 이하이다(Battle, 2012). 우리나라도 거의 대부분의 언어치료사가 한국어를 사용하는 우리나라 출신이다. 따라서 언어치료 대상자는 문화, 인종, 성별, 연령, 사회경제적 수준, 종교 등이 다를 수 있으며 이것이 임상에서 영향을 끼칠 수 있다(Battle, 2012). 다문화 대상자의 문화 차이와 다양성에 대하여 문화와 관련된 요인과 언어 및 의사소통과 관련된 요인으로 나누어 살펴볼 수 있다.

1) 문화적 요인

문화에 따라 어떤 현상, 상황, 사건 등을 바라보는 인식, 태도에 차이가 있다. 문화에 따라 종교, 아동양육 방식, 음식, 민족예술, 예의범절, 옷차림 등에 차이가 있으며, 다문화아동의 환경에는 이중언어와 마찬가지로 두 문화가 공존할 수 있다. 문화에 따라 개인주의가 집단주의보다 우선시되기도 하는데, 개인주의 문화에서는 개인을 강조하며 가족(부모-자녀)과 자신을 돌보는 것을 중심으로 여긴다. 집단주의 문화에서는 집단의 목적이 개인의 목적에 선행되며 사회적 네트워크에 있는 전체 집단의 요구를 중요하게 생각한다. 모든 문화에서 개인주의와 집단주의가 다양한 정도로 존재하고 있으며, 계급/신분, 남녀 역할 등의 사회적 관계를 바라보는 관점이 문화에 따라 다를 수 있다. 또한 과거, 현재, 미래에 대한 시간적인 선호도가 문화에 따라 다르다. 어느 문화에서는 미래지향적인 경향이 있으며, 다른 문화에서는 노인과 조상을 숭배하는 과거지향적인 경향이 있다(Battle, 2012).

2) 언어 및 의사소통과 관련된 요인

언어 및 의사소통 특성은 문화, 인종, 민족과 밀접하게 관련이 있다. 모든 민족은 의사소통 스타일이 있으며, 이것은 구어와 비구어 모두에서 나타난다. 비구어적인 의사소통 스타일은 거리, 접촉, 시선, 침묵, 방향, 몸짓과 표정과 같은 준언어적인 요소(paralanguage)를 포함한 행동과 관련이 있다. 예를 들면, 의사소통 시 개인 간의 거리는 문화에 따라 차이가 있으며, 얼굴표정, 미소, 머리 위치, 끄덕임, 시선접촉, 악수하기 등의 몸짓이 문화에 따라 다르다. 또한 침묵, 소리 지르기, 억양, 강세 등도 문화에 따라 차이가 있다(Battle, 2012).

구어적 의사소통 스타일 역시 문화에 따라 다르다. 단어의 뜻은 문화에 따라 다양할 수 있으며, 인사하기, 칭찬하기, 사회적 규칙 등에 관련된 언어 사용도 문화에 따라 차이가 있다. 사회적 계층, 성별, 계급, 인종, 민족적인 특성 또한 개인이 의사소통을 하는 과정에 영향을 끼친다. 예를 들어, 서구 문화에서 대화는 수평적인 경향이 있지만, 다른 문화에서는 수직적인 경향이 있다(Battle, 2012).

2 이중언어 환경과 언어발달

1. 이중언어발달

아동의 언어습득이 단일언어에 한정되어 있다는 과학적인 근거는 없다. 이중언어 (bilingual)나 다중언어(multilingual)는 2개나 그 이상의 언어를 사용하는 개인을 말하며, 원어민이나 그에 가까운 수준으로 두 언어를 사용한다. 이중언어는 두 언어의 습득 시기에 따라 동시적 이중언어와 순차적 이중언어(또는 제2언어 습득)로 나눌 수 있다. 이 두 집단을 구분하는 발달상의 확정적인 시기는 없으나 대개 만 3세 연령을 기준으로 한다(Paradis et al., 2011). 또한 이중언어에서 두 언어가 가진 언어적 지위와 언어능력과 관련지어 부가적 이중언어 환경(additive bilingual environment)과 감가적 이중언어 환경(subtractive bilingual environment)으로 분류한다(Lambert, 1977). 부가적 이중언어 환경은 제1언어나 제2언어의 감소 없이 두 언어가 발달하여 잘 유지될 수 있는 환경에 해당한다. 이에 비하여 감가적 이중언어 환경은 제2언어를 습득하면서 다른 언어의 능력이 감소하거나 소멸되는 언어 환경을 말하며, 두 언어 중 가정에서만 주로 사용하는 소수언어는 언어능력이 유지되기 어렵다(Fillmore, 1991). 우리나라 다문화 어머니의 모국어는 대부분 언어적 지위가 높지 않고 지역사회에서 사용할 기회가 거의 없기에 감가적 이중언어 환경에 해당한다고 할 수 있다.

1) 동시적 이중언어발달

동시적 이중언어(simultaneous bilingual)는 태어나면서부터 또는 3세 이전에 두 언어에 노출되어 이중언어를 습득하는 아동을 의미하며, 주로 가정에서 두 언어를 습득한다. 동시적 이중언어아동이라 해도 두 언어에 노출된 정도에 차이가 있으며, 이런 노출의 차이가 두 언어 중 우세언어를 결정짓는 요인이 된다. 지금까지의 연구결과를 보았을 때 정상적으로 발달하는 동시적 이중언어아동은 언어이해에 어려움을 겪지 않으며, 첫 낱말 산출 시기, 두 낱말 조합 시기 등의 주요 언어발달 시기가 단일언어아동과 다르지 않다. 언어 환경과 언어적 상호작용은 이중언어 습득에서 중요하다(De Houwer, 2007). 즉, 누가 그 언어를 사용하는지, 아동이 각 언어에 얼마나 노출되는지

모두 아동의 이중언어발달에 주요한 잠재적 요인이다. 동시적 이중언어아동들의 언어
습득에 대하여 살펴보면 〈표 14-1〉과 같다(Paradis et al., 2011).

표 14-1　동시적 이중언어아동의 언어습득에 대한 요약

- 이중언어아동은 첫 낱말 산출과 첫 두 낱말 조합 시기가 지연되지 않는다.
- 이중언어아동의 초기 어휘는 각 언어에 있어 단일언어 또래 아동보다 어휘 수가 적은 경향이
있으나, 두 언어의 각 어휘를 합하였을 때에는 단일언어아동의 어휘량보다 더 많거나 단일언
어아동만큼 어휘발달을 한다.
- 두 언어의 평균발화길이(MLU)는 흔히 정상발달 범위보다 짧은 경향이 있으나 정상발달 범위
에 들며, 언어발달 지연이 있는 이중언어아동은 또래인 단일언어아동 및 이중언어아동보다 평
균발화길이가 더 짧은 경향이 있다.
- 이중언어아동은 단일언어아동과 유사한 발달단계로 다양한 문법형태소와 구문형식을 생산적
으로 사용하지만, 몇몇 세부적인 형태의 구문형식을 완벽하게 습득하기까지는 약간의 지연이
나타날 수 있다. 예를 들면, 단일언어아동과 동일한 연령 시기에 자발적인 구어에서 문법형태
소를 사용하기 시작하지만 양쪽 언어에서 모든 문법형태소를 90% 이상의 정확도로 사용하기
까지 더 많은 시간이 걸릴 수 있다.
- 이중언어아동의 우세언어 어휘량과 구문형태 능력은 단일언어아동과 동등할 수 있다. 비우세
언어에서는 때로 단일언어아동보다 낮은 언어능력을 보일 수 있다.
- 이중언어아동의 우세언어는 일반적으로 더 많이 노출이 된 언어이며, 양쪽 언어의 노출은 좀
처럼 동일할 수 없다. 한쪽 언어에 50% 또는 그 이상 노출이 된 이중언어아동은 그 언어의 단
일언어아동과 유사한 수준의 언어능력을 보일 수 있다.

2) 순차적 이중언어발달

제2언어(second language)를 습득하는 아동은 두 번째 언어인 제2언어를 배우기
전에 이미 하나의 언어를 습득한 아동을 말하며, 순차적 이중언어(sequential 혹은
successive bilingual)라고 한다. 순차적 이중언어아동은 습득 시기에 따라 두 집단으로
분류할 수 있다. 첫째는 3~4세 연령에 이중언어에 노출된 아동으로 그 이전에는 단일
언어를 사용하는 언어 환경에서 성장하였다. Tabor와 Snow(2001)는 유치원 시기 아동
의 제2언어 습득과정을 4단계로 설명하고 있다. 1단계에서는 아동들이 의사소통하기
위해서 모국어(home language)를 사용하는데, 주변의 다른 사람들은 그 언어를 사용하
지 않는다. 새로운 환경에서 모국어를 사용하려 하지만 다른 아동이나 성인이 그 언어
를 말하지 못한다는 것을 빠르게 알아차리기 때문에 이 기간이 짧게는 며칠, 길게는 몇

개월이 될 수 있다. 2단계는 비구어 단계로 이 시기에는 새로운 언어의 수용언어 능력은 증가하였지만 말할 수 있는 단어가 거의 없기에 주로 제스처 등을 이용하여 의사소통을 하려 노력한다. 이 시기는 몇 주에서 몇 달 동안 지속될 수 있다. 3단계에서는 새로운 언어를 전보문식으로 산출하거나 정형화된 구를 사용하여 의사소통하며, 이러한 형태로 사회적 상호작용을 기능적으로 할 수 있어서 아동이 새로운 언어에 더 많이 노출될 수 있다. 4단계에서는 제2언어를 생산적으로 사용할 수 있다. 문장에 단어를 자유롭게 넣어서 산출할 수 있으며, 유창성이 발달한다. 다문화아동들은 유치원 또는 학교 교육에 참여한 후 대개 1년 정도 지나면 이 수준에 도달하지만 아동에 따라 그 시기에 차이가 있다(Paradis et al., 2011).

한편, 다문화아동이 제2언어를 습득하는 기간 중 언어를 생산적으로 사용하기 시작하여 원어민과 유사한 수준으로 언어를 습득하기까지 그 기간을 중간언어(interlanguage)라고 한다(Paradis et al., 2011). 중간언어는 체계적이며 규칙이 있는 언어체계이지만 아동이 습득하고 있는 제2언어와 동일한 특성을 가지고 있는지는 않다. 대개 중간언어에는 발달성 오류와 전이 오류가 나타나며, 두 오류 유형으로 인해 목표언어와 차이가 있는 것처럼 보인다. 어린 아동들이 원어민과 같은 수준으로 제2언어를 습득한다는 것이 일반적으로 받아들여지고 있으나, 이런 수준에 도달하기까지는 2년 이상의 시간이 걸린다. 또한 몇몇 제2언어 습득 아동의 말소리 습득과정에서 그 지역사회의 다양성이 드러날 수 있으며, 이런 오류는 단일언어아동들의 언어발달기에 일반적으로 관찰할 수 있는 것이다. 문법형태소에서는 원어민 화자와 유사한 구어 유창성을 획득하는 데 3년에서 5년이 필요하며(Hakuta, Butler, & Witt, 2000), 그 언어를 습득하는 보다 어린 연령의 단일언어아동의 문법형태소 습득과 유사한 순서를 보인다.

학령기 순차적 이중언어아동은 학교에 입학하면서 이중언어를 습득하는 아동들이다. 학령기 순차적 이중언어는 인지가 발달해 있고 제1언어를 완전히 습득하여 그 위에 제2언어를 배운다는 장점이 있다. 학령기 아동의 제2언어 습득에는 외적 및 내적 요인이 영향을 줄 수 있다(Paradis et al., 2011). 내적 요인은 새로운 언어를 습득하려는 아동의 동기, 성격, 언어학습 소질, 인지적 성숙(연령), 제1언어와 제2언어의 구조 등이다. 외적 요인은 아동의 외부 환경에 관한 것으로, 가정에서의 언어 사용, 가정에서 아동과 부모 간 언어적 상호작용의 질, 학교 밖에서 노출된 제2언어의 양, 교실에서의 언어 사용 등이다.

3) 언어혼합

언어혼합(language mixing) 또는 부호혼합(code-mixing)은 동일한 발화나 대화에서 두 언어의 요소를 혼합하여 사용하는 것이다. 혼합은 구, 전체 절과 같은 큰 단위뿐만 아니라 작은 언어단위(음소, 굴절형태소, 단어)와도 관련이 있다. 아동이 얼마나 언어혼합을 하는가는 개인차가 있으며, 몇몇 아동은 혼합을 많이 하지만 어떤 아동들은 거의 하지 않는다. 실제로 대부분의 이중언어아동이 언어혼합을 한다. 아동의 발달단계에 따라 분명한 차이가 있겠지만, 한 낱말과 두 낱말 단계의 아동은 주로 발화 전체에서 혼합이 일어나며 언어가 발달함에 따라 감소하는 경향이 있다. 언어혼합은 Brown의 단계 1에서 약 20~30%, 단계 2에서 12~20%, 단계 3에서 6~12%, 단계 4에서 2~6% 정도 발생할 수 있으며(Redlinger & Park, 1980), 이러한 현상이 언어적 혼란이나 언어분화의 결함이 아니라는 것이 지금까지의 연구결과이다.

2. 이중언어 습득과 사회적응

다문화 부모들은 흔히 아이들이 자신의 모국어를 사용하며 성장하기를 바라는 마음과 자녀가 주류사회에서 적응하고 성공하기 위해서 가능한 한 빨리 그 나라의 다수언어(한국에서는 한국어)를 습득하기를 바라는 마음이 있다. 또한 이중언어 습득으로 인해 자녀들의 언어발달에 혼란이 일어나거나 한국어 습득에 문제가 발생하지 않을까 하는 염려 때문에 부모는 자신들이 아직 완전히 습득하지 못한 언어로(예: 베트남 다문화 어머니가 한국어로) 아이들과 상호작용하려 한다. 그 결과 부모는 더 이상 아이들에게 풍부한 모국어 언어 환경을 제공하지 않게 된다. 지금까지의 연구결과는 이중언어가 인지능력, 상위언어 능력, 어휘력, 사고력, 문제해결력 등에 긍정적인 영향을 주는 것으로 결론을 내리고 있다(Bialystok & Craik, 2010; Mohanty & Perregaux, 1997; Paradis et al., 2011). 부모가 유창하지 않은 언어로 자녀와 상호작용하였을 때 아이들에게 자신들의 가치, 신념, 경험의 지혜, 서로 간의 이해 등을 충분히 전달하기에 어려움이 발생한다(황상심, 2018; Fillmore, 1991).

표 14-2 다문화아동의 제1언어 손실

부모와 자녀가 서로 쉽게 의사소통하지 못할 때 잃는 것은 무엇인가? 부모들이 아이들과 대화하지 못할 때, 아이들에게 그들의 가치, 신념, 이해, 경험의 지혜 등을 쉽게 전달할 수 없다. 부모들은 직업의 의미, 개인적인 책임감 또는 이 세상에서 도덕적이고 윤리적인 인간이 되는 것이 무엇을 의미하는지 등에 대해서 자녀들에게 가르쳐 줄 수 없다. 대화는 부모와 자녀의 중요한 연결고리이다. 부모는 대화로 자녀들에게 그들의 문화를 전달해 주며, 부모가 원하는 그런 사람이 되는 것을 가능하게 해 준다. 부모가 자녀들에게 영향을 주고 사회화하는 방법을 잊어버릴 때, 틈이 생기고, 가족들은 서로 신념과 이해를 공유하는 데서 오는 친근감을 잃어버린다.

출처: Fillmore (1991).

3. 우리나라 다문화가정의 언어 환경

아이들에게 단일언어나 이중언어 환경을 제공하는 것은 지역사회, 교육기관, 또래 등이 있으나 가장 일반적인 것은 부모가 제공하는 언어 환경이다. 우리나라 다문화가족 중 외국출신 아내와 한국출신 남편이 66.7%, 부부 모두 외국출신이 25.6%, 외국출신 남편과 한국출신 아내가 7.7%이다(행정안전부, 2016). 조사에서는 우리나라 다문화 부모들이 중국어, 베트남어, 타갈로그어, 캄보디아어, 일본어 등 약 64개의 언어를 사용하고 있었다(황상심, 강복정, 2016). 또한 최근 중국, 베트남, 필리핀 등의 어머니 나라에서 우리나라로 중도 입국하여 한국어를 제2언어로 배우는 아동, 노동이주 가정의 아동이 증가하고 있어 다양한 이중언어 습득 형태가 나타나고 있다.

3 다문화아동의 평가

단일언어아동을 대상으로 만든 평가도구를 다문화아동에게 사용하는 것은 언어능력과 언어학습 능력을 과소평가할 수 있다. 그럼에도 불구하고 적절한 평가도구가 없기에 이러한 평가도구를 다문화아동에게 일반적으로 사용하고 있다(Caesar & Kohler, 2007; Gutiérrez-Clellen, Restrepo, & Simon-Cereijido, 2006; Roseberry-McKibbin, 2008). 따라서 다문화아동에게 단일언어아동을 대상으로 표준화된 평가도구를 사용할 때 발생할 수 있는 문제점을 이해해야 하고, 언어장애 확인과 평가를 위해서 몇 가지 점검이 필요하다(Paradis et al., 2011). 첫째, 언어평가 시 아동의 두 언어에 대한 정보를 입수해야 한다. 발달성 언어장애는 이중언어에 영향을 끼치므로 두 언어 모두에서 언어장애의 증상을 확인하는 것은 정확하게 문제를 살펴보기 위해서 필요하다. 둘째, 언어노출에 대한 정보를 입수해야 한다. 동시적 이중언어와 순차적 이중언어, 소수언어와 다수언어의 경험, 가정에서 이중언어를 사용하는 것과 가정과 학교에서 사용하는 언어 등 언어 사용에 따라 두 언어의 입력 패턴이 다를 수 있으며, 이것이 언어습득 속도에 영향을 끼친다. 셋째, 문화적 배경에 관한 정보를 입수한다. 문화적으로 다른 자녀양육 방식, 언어사회화 관습에 대하여 가능한 한 많은 정보를 얻어야 하며, 언어평가 내용과 평가 절차를 언제나 교차문화적인 시각에서 보는 것이 필요하다.

1. 언어장애 과대확인과 과소확인

평가에서 다문화아동이 언어장애와 학습장애로 과대확인되는 문제는 잘 알려진 위험요소이다(Paradis et al., 2011). 과대확인은 언어장애 또는 학습장애로 부적절하게 진단받고 불필요한 서비스를 받거나 특수교육에 배치되는 것을 말한다. 과대확인은 아동의 자아감, 학교교육에 대한 태도, 미래의 교육기회에 부정적인 영향을 줄 수 있다. 과대확인뿐만 아니라 과소확인 문제도 발생한다(Paradis et al., 2011). 다문화아동의 낮은 언어능력이 두 언어를 학습하고 있기 때문이라고 생각하기에 과소확인이 잘 감지되지 않으며, 진단되지 않는다. 과소확인은 학업수행에 필요한 언어기술을 중재받지 못하기 때문에 부정적인 영향을 줄 수 있다. 과대확인과 과소확인 모두 아동에게 부정적인 영향을 주기 때문에 여러 측면에서 현재 수준을 파악할 수 있도록 해야 한다.

2. 언어장애와 언어차이

언어장애와 언어차이는 다른 상황이며 다른 개념이다. 언어장애는 아동의 연령 또는 발달 수준을 고려하였을 때 의사소통 능력에서 상대적으로 많은 결함을 보이는 것이며, 언어차이는 주류 문화에서 일반적으로 사용하는 방법과 다르게 언어를 사용하는 데서 기인하는 문제이다. 아동의 언어발달 과정을 이해할 때 언어장애(disorder), 언어지연(delay), 언어차이(difference)의 개념을 구분할 수 있어야 한다. ASHA(1993)에서는 이 세 가지의 용어에 대하여 분명하게 정의를 내리고 있다. 첫째, 언어장애는 구어와 비구어, 그림상징체계를 주고받고, 처리하며 이를 이해하는 능력의 결함이다. 언어장애는 언어표현, 언어이해 그리고 말의 처리에서 분명하게 나타날 수 있으며, 발달성이나 후천적으로 발생 가능하다. 언어장애는 중도에서 경도까지 범위가 다양하며, 일차적인 결함에 의해서 발생하거나 다른 장애로 인해 부차적으로 발생할 수 있다. 둘째, 언어지연은 정상적 발달기준을 근거하였을 때 언어나 말소리 습득 정도가 기대했던 것보다 더 느린 경우를 의미하며, 속도는 느리지만 정상적인 발달순서를 따라간다. 셋째, 언어차이는 지역적·사회적·문화-인종적 요인에 따라 결정되고 영향을 받는 한 집단이 사용하는 변화된 상징체계이다. 이런 변화된 상징체계를 말소리장애나 언어장애로 보지 않는다. 다문화아동의 진단평가 절차에서 중요한 과제 중 하나가 언어장애와 언어차이를 구별하는 것이다.

4 다문화와 의사소통장애

1. 다문화아동과 의사소통장애

의사소통장애 분야에서 문화적 다양성에 대한 연구는 미국 흑인아동들에 대한 관심으로 시작되었다. 미국에서 흑인영어를 사용하는 아동들이 부적절하게 언어장애로 분류되면서 언어치료사와 사회언어학자들이 이들의 언어기술에 관해 관심을 갖게 된 것이다. 이후 1970년대부터 1980년대, 1990년대에 유럽에서 이민자 인구가 증가하면서 사용하는 언어가 매우 다양해지고, 문화접변, 동화 등의 문화적인 측면에서의 변화가 일어났다. 다문화아동의 의사소통장애 발생률에 대해서 아직 구체적인 자료가 거의 없으나 미국 인구 중 약 10%가 모국어로서 영어를 사용하는 데 어려움이 있는 것으로 추정하고 있으며(Cole, 1989), 일반 백인들의 의사소통장애 발생률보다 다문화인구의 의사소통장애 발생률이 더 높은 것으로 추정하고 있다(Benson & Marano, 1994).

우리나라에서 다문화아동의 언어발달과 언어발달장애에 대한 논의는 다문화아동 인구가 증가하면서 대략 2007년 이후부터 본격적으로 시작되었는데, 언어발달이 지연되었거나 고위험군 환경에 놓여 있다는 결과를 보고하고 있다(김정은, 김영태, 오소정,

2014; 황상심, 2010; 황상심, 정옥란, 2008a, 2008b). 다문화아동의 언어결함과 언어지연은 연령이 증가할수록 개선되는 경향이 있었으며(황상심, 2009; 황상심, 김수진, 2015), 학령기에 읽기 및 쓰기의 문제가 발생하고 있었다(정경희, 황상심, 배소영, 김미배, 2015). 다문화아동의 언어발달은 우리나라 일반 아동들에 비하여 개인차가 큰 특성이 있었다.

언어발달은 문해발달과 달리 선천적으로 타고난 능력이 강조되기에 특별한 기질적인 결함이 없다면 자연스럽게 모국어를 습득할 수 있으며, 이중언어 또한 자연스럽게 습득할 수 있다는 것은 이미 많은 연구에서 입증이 되었다. 따라서 우리나라 다문화아동 또한 태어나면서 우리말 환경에 자연스럽게 노출이 되기 때문에 언어발달에 어려움이 없을 것이라 기대할 수 있다. 그러나 지금까지의 연구결과를 볼 때 언어발달이 지연되어 있거나 고위험군에 해당한다는 비율이 외국의 다문화인구 비율에서 유추하고 있는 언어결함이나 언어지연의 비율보다 더 높다.

우리나라 다문화아동이 언어발달에서 어려움을 보이는 이유 중 하나는 주 양육자인 어머니가 서툰 한국어를 사용하기 때문에 자녀에게 구문, 음운 의미, 화용적인 측면에서 충분한 한국어 언어적 입력을 제공하지 못하고 어머니의 한국어 말투가 아이들의 말소리나 문장 구조 습득에 영향을 주고 있는 것으로 보고 있다. 대부분의 다문화 어머니들은 결혼하여 바로 임신을 하고 자녀를 양육하기 때문에 한국어 능력이 높다고 보기 어렵고 다문화가족 중 약 86%가 핵가족 형태를 이루고 있어 자녀양육은 어머니가 할 수밖에 없는 상황이다(황상심, 2017, 2018). 또한 우리나라 다문화가정이 대체로 사회경제적 수준이 낮고, 아버지의 자녀양육에 대한 낮은 관심, 질병, 장애 등으로 인해 어려움이 있어서 이러한 전반적인 상황들이 아동들의 한국어 발달과 이중언어발달에 영향을 주는 것으로 보고 있다.

2. 다문화와 언어치료사의 역할

미국에서 1964년 「민권법(Civil Right Act)」이 통과된 이후부터 다문화인구의 의사소통장애에 대한 이해가 필요하다는 인식이 시작되어 정상적으로 발달하는 다문화아동뿐만 아니라 자폐범주성장애, 지적장애 등의 장애를 동반한 아동의 이중언어와 문화에 관한 측면까지 연구를 진행하고 있다(Paradis et al., 2011). 미국 언어청각협회 (ASHA)에서는 언어치료 프로그램에서 다양한 문화와 언어적 배경을 가진 대상자들의 요구에 대처할 필요성을 인식하고 이를 위한 가이드라인(Clinical management of communicatively handicapped minority language populations; ASHA, 1985)을 마련하였다. 언어치료사는 대상자와 부모의 문화 및 언어적 배경을 근거로 언어장애와 언어차이를 확인하고, 평가, 진단, 중재 그리고 치료 종결을 포함한 모든 임상과정에서 문화와 언어적 배경을 고려할 것을 권고하고 있다. 또한 언어치료사 자신의 문화와 언어적 배경, 서비스 제공 환경, 인종, 사회경제적 수준, 지역 등에 상관없이 대상자와 부모의 문화 및 언어에 적절한 서비스를 제공해야 할 의무가 있음을 명시하고 있다(ASHA, 2004).

윤리강령에서는 언어와 문화적 배경이 다른 대상자들에게 적절한 서비스를 제공하는 데 필요한 지식과 기술을 개발하기 위해서 언어치료사가 평생학습을 할 것을 요구하고 있다(ASHA, 2004). 대상자들이 사용하는 언어로 서비스를 제공하기 어려울 경우 통역사와 협력하여 대상자와 그 가족에게 가장 적절한 언어로 서비스를 제공할 것을 권고하고 있다(ASHA, 2004). 우리나라에서도 다문화인구 증가에 따른 언어치료사의 역할에 대하여 논의가 이루어지고 있다.

요/약

이 장에서는 다문화와 의사소통에 관해 살펴보았다. 다문화와 의사소통을 이해하기 위해서는 문화 차이와 다양성에 대해 우선적으로 살펴보아야 하며, 최근 우리나라의 다문화인구 변화를 눈여겨보아야 한다. 특히 아동인구의 증가에 따라 이중언어발달과 언어평가 그리고 언어치료사의 역할에 대하여 이해가 필요하다.

1. 다문화는 둘 이상의 문화가 모여서 이루어진 것을 의미하며, 언어는 문화의 틀 안에서 사용되고 해석된다. 다문화아동은 이중문화와 이중언어 환경에서 성장하고 있으며, 문화에 따라 구어 및 비구어 의사소통 스타일에 차이가 있다.
2. 이중언어는 2개 이상의 언어를 사용하는 것을 말하고, 습득 시기에 따라 동시적 이중언어와 순차적 이중언어로 분류하며, 두 언어가 가진 언어적 지위와 언어능력과 관련지어 감가적 이중언어 환경과 부가적 이중언어 환경으로 분류한다.

3. 다문화아동의 언어평가 절차에서 언어 환경, 문화적 배경에 대한 정보를 파악한다. 대상자가 언어장애와 언어학습장애로 과소확인 또는 과대확인되는 문제를 점검하고, 평가 결과가 언어장애로 인한 것인지 또는 언어차이인지 구별해야 한다.

4. 대개 단일언어아동보다 다문화아동의 의사소통장애 발생률이 높은 것으로 추정하고 있으며, 다문화아동을 대하는 언어치료사는 대상자와 부모의 문화 및 언어적 배경을 고려하여 언어장애와 언어차이를 확인하고 필요할 경우 통역사와 협력하여 서비스를 제공하는 것이 필요하다.

연 / 습 / 문 / 제

1. 다문화의 정의를 쓰시오.
2. 2000년 이후 한국 사회에서 인구 구성원의 변화는 어떠한가?
3. 문화 차이와 다양성에는 어떠한 것들이 있는가?
4. 이중언어의 정의를 쓰시오.
5. 동시적 이중언어와 순차적 이중언어의 차이는 무엇인가?
6. 전형적인 초기 이중언어발달의 형태는 어떠한가?
7. 언어혼합 또는 부호혼합이란 무엇인가?
8. 다문화아동 평가에서 언어장애 과대확인과 과소확인이란 무엇인가?
9. 언어차이와 언어장애를 어떻게 구별할 수 있는가?
10. 다문화 사회에서 언어치료사의 역할에 대해 설명하시오.

참고문헌

교육부(2016). 2016년 교육기본 통계.

김정은, 김영태, 오소정(2014). 다문화가정 아동의 표현어휘 향상도에 따른 어휘발달 변인 종단연구. 언어청각장애연구, 19(1), 60-70.

법무부(2016). 체류외국인 통계현황 분석.

여성가족부(2015). 다문화가족 자녀지원 종합대책.

여성가족부(2016). 2015 전국 다문화가족 실태조사.

정경희, 황상심, 배소영, 김미배(2015). 다문화가족 자녀 언어촉진교육 효과에 관한 질적연구. 언어치료연구, 24(4), 361-378.

행정안전부(2016). 외국인주민 현황.

황상심(2009). 다문화가정 아동의 5세 전 후 집단 간 언어발달특성 비교 연구. 특수교육저널: 이론과 실천, 10(3), 265-281.

황상심(2010). 다문화가정 유아의 초기 표현어휘 발달과 성차. 언어치료연구, 19(1), 193-209.

황상심(2017). 이중언어 아동의 교육 서비스 지원을 위한 언어발달지도사의 요구 탐색. 언어치료연구, 26(1), 145-160.

황상심(2018). 다문화가정의 이중언어사용에 관한 질적 탐색. 언어치료연구, 27(1), 99-113.

황상심, 강복정(2016). 다문화아동의 이중언어사용 추이연구. 언어치료연구, 17(1), 81-102.

황상심, 김수진(2015). 베트남 다문화아동과 말소리장애 아동의 음운오류패턴. *Communication Sciences and Disorders, 20*(3), 456-468.

황상심, 정옥란(2008a). 농촌지역 다문화가정 아동의 언어특성 관련 연구. 언어치료연구, 17(1), 174-192.

황상심, 정옥란(2008b). 경상도 농촌지역 다문화가정 아동들의 언어특성. 언어청각장애연구, 13(2), 81-102.

American Speech-Language-Hearing Association (ASHA). (1985). *Clinical management of communicatively handicapped minority language populations*. Retrieved from https://pdfs.semanticscholar.org/27b7/8d1196a936c1b91857c2874150fcbe4ddac0.pdf

American Speech-Language-Hearing Association (ASHA). (1993). *Definition of communication disorders and variations*. Retrieved from https://www.asha.org/uploadedFiles/PP2004-00191.pdf

American Speech-Language-Hearing Association (ASHA). (2004). *Knowledge and skills needed by speech-language pathologists and audiologists to provide culturally and linguistically appropriate services*. Retrieved from http://www.asha.org/policy/KS2004-00215.htm

Battle, D. E. (2011). *Communication disorders in multicultural populations* (3rd ed.). Boston, MA: Butterworth-Heineman.

Benson, V., & Marano, M. A. (1994). *Current estimates from the national health interview survey*. National Center for Health Statistics Vital Health Stat. Hyattsville MD: National Center for Health Statistics.

Bialystok, E., & Craik, F. I. M. (2010). Cognitive and linguistic processing in the bilingual mind. *Current Directions in Psychological Science, 19*, 19-23.

Caesar, L. G., & Kohler, P. D. (2007). The state of school-based bilingual assessment: Actual practice versus recommended guidelines. *Language, Speech, and Hearing Services in Schools, 38*, 190-200.

Cole, M. (1989). Multicultural imperatives for the 1990's and beyond. *American Speech-Language-Hearing Association, 31*(2), 65-70.

De Houwer, A. (2007). Parental language input patterns and children's bilingual use. *Applied Psycholinguistics, 28*(3), 411-424.

Fillmore, L. W. (1991). When learning a second language means losing the first. *Early Childhood Research Quarterly, 6*(3), 323-347.

Gutiérrez-Clellen, V. F., Restrepo, M. A., & Simon-Cereijido, G. (2006). Evaluating the discriminant accuracy of a grammatical measure with Spanish-speaking children. *Journal of Speech, Language, and Hearing Research, 49*, 1209-1223.

Hakuta, K., Butler, Y. G., & Witt, D. (2000). *How long does it take English learners to attain proficiency?* (Policy Report 2000-1). Santa Barbara, CA: University of California Linguistic Minority Research Institute.

Lambert, W. E. (1977). The effects of bilingualism on the individual: Cognitive and socio-cultural consequences. In P. A. Hornby (Ed.), *Bilingualism: Psychological, social and educational implication* (pp. 15-27). New York: Academic Press.

Mohanty, A., & Perregaux, C. (1997). Language acquisition and bilingualism. In J. W. Berry, P. R. Dasen, & T. S. Saraswathi (Eds.), *Handbook of cross-culturalpsychology: Vol. 2. Basic processes and human development* (pp. 217-253). Boston, MA: Allyn and Bacon.

Paradis, J., Genesee, F., & Crago, M. B. (2011). *Dual language development and disorders: A handbook on bilingualism and second language learning* (2nd ed.). Baltimore, ML: Paul H. Brookes.

Redlinger, W. E., & Park, T. (1980). Language mixing in young bilinguals. *Journal of Child Language, 7*, 337-352.

Roseberry-McKibbin, C. (2008). *Increasing the language and academic achievement of children in poverty.* San Diego, CA: Plural Publishing, Inc.

Tabors, P. O., & Snow, C. E. (2001). Young bilingual children and early literacy development. In S. B. Neuman & D. K. Dickinson (Eds.), *Handbook of early literacy research* (pp. 159-178). New York: Guilford.

Vecoli, R. J. (1995). Introduction. In J. Galens, A. Sheets, & R. V. Young (Eds.), *Gale encyclopedia of multicultural America*. New York: Gare Research.

읽기장애

| 곽미영 |

이 장의 목표

- 읽기발달을 순서적으로 설명할 수 있다.
- 읽기장애의 세부 분류를 설명할 수 있다.
- 읽기장애인이 나타내는 특성을 설명할 수 있다.

핵심 용어

- **문어**(written language): 문자언어를 의미한다.
- **음운인식**(phonological awareness): 음운 자체에 대한 인식 혹은 말소리를 조작할 수 있는 능력을 의미한다.
- **단어재인**(word recognition): 문자를 소리로 전환하여 정확하게 읽고 그 의미를 파악하는 것을 말한다.
- **읽기 이해**(reading comprehension): 글로부터 의미를 파악하는 것을 말하며, 읽기의 고차원적 목표이다.
- **난독증**(dyslexia): 뇌신경의 생물학적 원인으로 인한 학습장애로, 철자인식과 해독의 문제로 인하여 문자언어 읽기의 정확성과 유창성이 낮다.
- **특정학습장애**(specific learning disorder): 학습기술을 배우고 사용하는 데 있어서의 장애로, 단어 읽기나 읽기 이해, 철자법, 쓰기, 수 연산, 수학적 추론 등의 어려움이 적절한 개입을 제공함에도 불구하고 최소 6개월 이상 지속된다.
- **언어학습장애**(language learning disability): 읽기와 쓰기 등을 포함한 언어학습의 장애를 말한다.

1 읽기장애 개관

1. 구어와 문어

우리말(한국어)과 한글은 다르다. 우리말은 언제, 누구에 의하여 만들어진 것인지 알 수 없지만 한글은 창제된 시기와 만든 이, 창제의 이유가 유일하게 밝혀진 언어이다. 우리말은 세대를 넘으면서, 사용 장소에 따라 다양한 변화를 거치고 있지만, 동일한 언어를 사용하는 사람들과는 국내외 어디서든, 성별, 연령에 관계없이 의식적인 노력을 크게 들이지 않고 우리말을 단숨에 알아듣고 이해할 수 있다. 그러나 한글은 쉽고 과학적으로 창제되었다고 세계의 극찬을 받을지라도 의식적인 학습을 통해 익힐 수 있다.

구어(口語, 음성언어)와 문어(文語, 문자언어)는 상호 밀접한 관계이다. 구어는 일차적인 의사소통 수단이며, 사람들은 태어나서 귀를 통하여 청각적으로 정보를 받아들이고(듣기), 입으로 다양한 정보와 생각을 표현한다(말하기). 그리고 쓰여 있는 문자를 시각적으로 읽고 정보를 받아들이거나(읽기) 자신의 생각과 지식을 글로 표현할 수 있다(쓰기). 문어는 구어에 비교하여 시간의 흐름에 덜 제한적이어서 글 쓰는 이가 충분히 준비하거나 수정할 여유가 있으며, 영구히 남길 수도 있다. 그러나 글 쓰는 이와 읽는 이가 다른 공간이나 시간에 존재하므로, 글 쓰는 이는 전달력을 높이고 읽는 이의 이해를 돕기 위해 노력하지만 읽는 이는 즉각적인 피드백을 받을 수 없다. 구어와 문어는 의사소통 상대자와 상호작용하려는 그 의도는 같지만 활용하는 감각정보가 다르고, 물리적 · 소통적 · 기능적 · 언어적 차이가 있다.

표 15-1 **구어와 문어의 차이**

구분	구어	문어
사용자	• 화자, 청자	• 저자, 독자
물리적 차이	• 시간에 따라 이어진다. • 상대적으로 준비할 시간이 적다. • 화자와 청자가 같은 시간에 존재한다.	• 이차원 공간에 존재한다. • 상대적으로 준비할 시간이 많다. • 저자와 독자가 다른 시간에 존재한다.

소통적 차이	• 대면적이다. • 화자가 말하는 속도를 조절한다. • 즉각적인 피드백이 있다.	• 글로 만난다. • 독자가 읽는 속도를 조절한다. • 즉각적으로 피드백할 수 없다.
산출과정 차이	• 시간적 압박이 있다. • 산출 시 약간의 수정이 가능하다. • 비구어적 행동이 추가될 수 있다.	• 충분히 수정할 수 있다. • 비구어적 행동이 없다.
기능적 차이	• 사라진다(필요시 녹음 이용). • 친화적 기능이 많다.	• 정확한 기록물로 남길 수 있다. • 정보전달의 기능이 많다.
언어적 차이	• 어휘가 반복적이다. • 단순한 문장을 주로 이용한다. • 운율에 따라 의미가 변화될 수 있다. • 주제가 변화 가능하다.	• 다양한 어휘를 사용한다. • 다양한 문장을 사용한다. • 밑줄, 이탤릭체를 활용하여 강조할 수 있다. • 특정 주제가 전체에 영향 미친다.

무너진 건물이나 침몰된 선박, 전쟁터에서 혼란이 휘몰아치고 지나간 자리에 벽을 때리는 소리가 들린다고 가정해 보자. '땅땅땅 쓰~쓰~쓰~ 땅땅땅'('... --- ...'). 반복적으로 들리는 이 소리가 무엇일까? 짧은 소리가 세 번 들리고, 긴 소리가 세 번 들리고, 다시 짧은 소리가 세 번 들린다. 무선전신에서 짧게 세 번 두드리는 소리는 모스 부호로 영어 알파벳 'S'를 의미한다. 길게 세 번 두드리는 소리는 'O'를 의미한다. 벽을 때리는 소리는 'SOS'이다. 'SOS'는 선박이나 항공기가 조난이나 중대한 위기에 처했을 때 알리는 'Save Our Ship'이라는 의미의 약자일 수 있다. 위급한 상황에서 말을 할 수 있었다면 "살려 주세요." 혹은 "Mayday."라고 외쳤을 것이다. 이를 듣는 사람은 해당 언어의 사용자일 경우에 보다 쉽고 빠르게 해독한 후 상황을 이해할 수 있을 것이다. 그러나 '땅땅땅 쓰~쓰~쓰~ 땅땅땅'('... --- ...')이라는 소리처럼 내가 잘 들어보지 못한 소리가 들린다면 그 각 소리의 길고 짧음, 횟수, 간격들을 따져서 해독할 수 있어야 한다. 그리고 그 신호들을 기호로 연결하여 단어를 떠올리고, 그 의미를 이해할 필요가 있다. 각 신호에 맞는 알파벳을 떠올리지 못하거나 'SOS'가 조난신호인 것을 이해하지 못한다면 상호 간의 소통이 되지 않고 신호를 보낸 사람은 구조를 받지 못할 수 있다.

여러 나라에 다양한 문자가 존재한다. 고대 언어이든 현대 언어이든 문자기호와 소리는 서로 일정한 관계를 맺고 있다. 모국어에 사용되는 문자(한글 자모나 알파벳 등)를

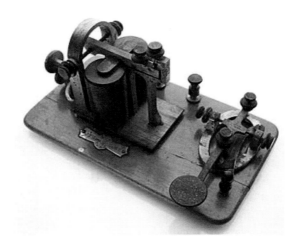

[그림 15-1] 무선 전신기

해독하고 내용을 이해할 수 없다면 시각적인 방법으로 소통이 곤란하다. 아동들은 자신을 표현하고 타인과 소통하기 위하여 모국어를 표현하는 문자를 학습하고 이해할 필요가 있다. 이를 위한 의식적 노력이 필요하다.

2. 읽기의 중요성

우리는 지식과 이론이 넘쳐나는 세상에 살고 있다. 세상의 지식들은 다양한 매체를 통해 존재하지만, 특히 시각적인 읽기 자료가 많이 사용된다. 사람들은 읽기를 통하여 새로운 지식과 정보를 얻는다. 시간과 공간의 제한 없이 과거와 미래, 옆 동네와 먼 나라의 정보를 읽기를 통하여 간접 경험할 수 있다. 그러나 정보화 시대에 쏟아지는 정보 중에서 정확하고 자신에게 필요한 정보를 선별하고 활용하는 것이 필요하다. 글쓴이나 다른 세상의 것들과 소통하고 상호작용하면서 자신이나 다른 사람들의 생각을 판단하고 조정하고 비판하면서 사고력이 증가한다. 정신적으로 성숙해지며 문제해결력이 향상된다.

또한 읽기를 통하여 다양한 어휘에 노출됨으로써 어휘의 양과 폭이 크게 증가하고 확장된다. 일상적이고 반복적인 어휘와 단순한 문장을 주로 사용하는 구어에 비교하여 문어는 보다 다양한 어휘를 사용하고 복잡한 문장을 사용하게 한다. 학령기에 접어들면 구어뿐만 아니라 문어의 발달이 중요하며, 이러한 요소들은 개인의 일상생활과 사회생활에 영향을 미치게 된다. 읽기기술의 습득은 사람들이 읽기 자체의 즐거움을 느끼거나 관심대상을 찾을 수 있게 한다. 타인의 삶에서 공감과 위안 등의 감동을 느끼고 정서 함양에 도움이 된다.

3. 읽기발달

사람들은 자라면서 양이 많든 적든 활자나 읽기 환경에 자연스럽게 노출된다. 책이나 텔레비전, 휴대폰, 가끔은 과자 봉지나 전단지, 티셔츠에서 그림과 활자를 볼 수 있다. 밖으로 나가면 활자로 쓰인 가게 간판이 있다. 가정에서 양육자나 형제가 잡지나 책을 읽는 모습을 관찰할 수 있다. 양육자는 자녀의 읽기능력을 향상시키기 위하여 집안 여러 물건에 명칭을 써서 붙여 놓기도 한다. 그리고 글을 읽지 못하는 자녀와 함께 글이 포함된 책을 읽는다. 아동들은 신문이나 책을 거꾸로 들고 읽는 흉내를 내거나 자주 가는 가게의 간판을 읽는 척하기도 한다.

사람들은 시각적 상징을 보고 그 단어를 읽기도 한다. 어린 시기의 아동들은 빨간 배경에 노란 M이 쓰여 있는 간판을 보고 '맥도날드'라고 읽거나 Lo를 보고 '롯데리아'라고 읽을 수도 있다. 'Pepsi'라고 쓰여 있는 빨간색 캔을 보고 '코카콜라'라고 읽는 것은 그림상징과 문자기호의 구분이 부족하기 때문이다.

[그림 15-2] 상품명 혹은 회사명 문자도형

공공교육에 접하면서 아동들은 문자를 지각하고, 글로서 의사소통할 수 있다는 것을 깨닫는다. 이와 더불어 전체적인 특성 이해에서 부분에 대하여 분석하는 단계에 이른다. 아동들은 음소와 소리의 일정한 관계를 파악한다. 음운인식(phonological awareness)은 음운 자체에 대한 인식 혹은 말소리를 조작할 수 있는 능력을 의미한다.

이는 라임을 활용한 노래(예: 리리리자로 끝나는 것은?)나 끝말잇기놀이 등을 통하여 일상생활에서 접할 수 있다. 아동들은 양육자의 말에서 문장 간, 단어 간, 음절 간의 쉼을 받아들이고, 이를 통해 언어 구성요소 간 분절을 인지한다. 놀이를 통해 여러 단어(음절)에서 공통된 요소와 다른 요소를 구분할 수 있다(예: 잘잘잘 동요에서 '하나'와 '할머니'는 동일한 [하] 소리로 시작한다). 또한 두 소리를 합하여 다른 소리를 낼 수 있다는 것을 인식한다(예: '한'에 '여름'을 합하면 '한여름').

아동이 문자를 구분하게 되면 각 문자와 특정 소리를 짝지어서, 문자를 소리로 전환하려 한다. 문자를 해독하면서 그 의미를 파악한다(단어재인 단계). 자신의 이름 글자나 친숙하고 전반적으로 알고 있는 내용이라면 음소나 단어 1~2개쯤 틀린 것을 알아차리지 못하고 읽은 내용을 이해할 수 있다(시각 경로). 모르는 단어나 낯선 단어가 글에 나오면 읽기능력이 더 향상된 아동(성인)도 읽기 해독 단계로 돌아와 문자(음소)와 소리를 짝지어 읽는 방법을 사용한다(음운 경로). 또한 언어지식에 기초하여 문자의 의미를 이끌어 내려고 한다. 혹은 양육자가 읽어 주는 책 내용을 들으며 배경지식이나 언어지식을 활용하여 문자의 의미를 이끌어 내기도 한다. 문자를 익히기 시작하는 아동들은 상향식이든 하향식의 방식이든 문자에서 그 의미를 예측하고 파악하려고 한다.

초등학교 2, 3학년 이상이 되면 친숙한 단어들을 기반으로 문장들을 유창하게 잘 읽을 수 있다(읽기 유창성 단계). 친숙하지 않은 글자는 청각적 경로를 이용하지만 친숙한 글자는 시각적 경로를 이용해 보다 빠르게 읽는다. 지속적으로 주의하고 노력하면서 더듬더듬 읽던 것이 노력을 덜 들이고 긴 문장을 의미단위로 끊으면서 보다 빠르게 읽을 수 있게 된다. 이미 내용이나 단어를 알고 있거나 연습을 많이 했다면 더 빠르고 정확하게 읽을 수 있다.

읽기의 기초기능이 숙련된 초등학교 고학년 이상은 묵독으로 글을 잘 읽을 수 있으며, 의미 중심의 글 읽기를 할 수 있다(읽기 이해 단계). 이제 읽기 자체를 학습하는 단계를 넘어 학습을 위해 읽는 단계에 접어든다. 사실과 의견을 구별하고, 주장과 근거를 파악할 수 있으며, 생략된 내용을 추론할 수 있고, 다음에 이어질 내용을 예측할 수 있다. 중심내용을 파악하고 전체 내용을 요약할 수 있다.

중학생 정도의 읽기능력을 습득하면 작가의 의도나 목적, 글의 구조, 등장인물의 특성 등을 파악할 수 있고, 추론할 수 있으며, 한 가지 이상의 관점을 가진다(다양한 관점 단계). 글의 내용을 이해하기 위하여 단어나 문장을 분석적으로 읽을 수 있을 뿐 아니라 비판적 시각으로 읽을 수 있다. 중학교 3학년 이후 목적을 가지고 책이나 글을 선택하여 전략적으로 읽을 수 있다. 고등학생 이후는 기본 지식에 새로운 지식을 통합하여 사고할 수 있고, 글을 비평하거나 새롭게 해석하여 구성할 수 있다(구성-재구성-세계관 단계). 이러한 읽기의 발달과정에 대한 추가적인 설명은 Chall(1983)이나 천경록(1999)의 자료를 참조할 수 있다.

4. 읽기장애 정의

읽기능력이 부족할 때 여러 문제를 유발할 수 있다. 교육적 성취를 이룰 수 없고 심리적 어려움을 겪을 수 있으며, 심하면 교육과정에서 중도탈락을 유발할 수 있다. 읽기 성취는 다양한 지식 습득과 학습활동을 위한 중요한 요소이다.

읽기에 문제가 있는 사람들이 주변에 있다. 드라마의 한 주인공(〈주군의 태양〉 SBS에서 2013년 방영)은 큰 사고 후에 글을 읽지 못하게 되었다. 그는 시각적인 문제나 읽기 처리의 문제가 없었기에 "못 읽는 게 아니라 안 읽는 거야."라고 말할 수 있었으며 다시 글을 잘 읽을 수 있었다. 하지만 일시적인 현상이 아니라 지속적으로 읽기문제를 나타내는 사람들이 있다. 발달기에 학습곤란을 겪던 14세 소년의 사례를 Morgon이 처음 보고하였다. 그는 게임을 잘하지만, 읽기를 배워도 읽을 수 없었다. 영화배우 조달환은 글을 읽고 이해하는 데 어려움을 겪고 있다. 〈미션 임파서블〉에 출연한 영화배우 톰 크루즈와 〈반지의 제왕〉의 올랜드 블룸, 〈취권〉의 성룡 등은 글을 읽을 수 없어서 주변 사람이 대본을 읽어 줘야 했다. 버진그룹 회장인 리처드 브랜슨은 단어 외우는 것을 힘들어했으며, 가구업체 이케아의 창업자인 잉그바르 캄프라드는 제품 코드를 읽는 것이 힘들었다고 한다.

국제난독증협회(International Dyslexia Association)는 난독증에 대한 정의를 하고 있다. 이 정의는 읽기장애를 포괄하는 의미는 아니지만 철자인식과 해독 문제를 강조하고 있다. 「장애인 등에 대한 특수교육법」이나 미국『정신질환의 진단 및 통계 편람 제5판(Diagnostic and Statictical Manual of Mental Disorders-5th ed.: DSM-5)』(American Psychiatric Association, 2013)에서는 읽기장애를 따로 구분하여 정의하고 있지 않다. 난독증이나 읽기장애를 포함하는 학습장애의 정의는 다음과 같다.

'난독증'은 뇌신경의 생물학적 문제로 인한 학습장애이다. 단어와 철자의 인식과 해독의 문제로 인하여 언어인지의 정확성과 유창성이 낮다. 다른 인지적 능력이나 충분한 교수의 제공에도 불구하고 기대하지 못한 음운요소의 결함이 나타난다. 이러한 증상은 이차적으로 읽기 이해에서의 문제, 어휘력 향상, 배경지식 형성에 필요한 읽기경험을 감소시킨다(국제난독증협회).

'학습장애를 지닌 특수교육대상자'는 개인의 내적 요인으로 인하여 듣기, 말하기, 주의집중, 지각(知覺), 기억, 문제 해결 등의 학습기능이나 읽기, 쓰기, 수학 등 학업 성취 영역에서 현저하게 어려움이 있는 사람이다(「장애인 등에 대한 특수교육법」).

'특정학습장애(specific learning disorder)'는 학습 기술을 배우고 사용하는 데 있어서의 어려움, 즉 단어 읽기나 읽기 이해, 철자법, 쓰기, 수 연산, 수학적 추론 등의 어려움이 적절한 개입을 제공함에도 불구하고 최소 6개월 이상 지속된다. 보유한 학습 기술이 개별적으로 실시한 표준화된 성취도 검사와 종합적인 임상 평가를 통해 생활연령에 기대되는 수준보다 현저하게 양적으로 낮으며, 학업적 · 직업적 수행이나 일상생활의 활동을 현저하게 방해한다는 것이 확인되어야 한다. 학습의 어려움은 학령기에 시작되나 해당 학습 기술을 요구하는 정도가 개인의 능력을 넘어서는 시기가 되어야 분명히 드러날 수도 있다. 읽기 손상은 단어 읽기 정확도, 읽기 유창성, 독해력 곤란을 동반한다(DSM-5).

이처럼 지속적이고 강도 높은 노력을 하였으나 내부적 원인이나 특정 원인으로 인하여 읽기능력이나 읽기 관련 학습기능이나 학업성취 영역에서 심각한 문제가 있을 때 읽기장애로 평가할 수 있다. 읽기뿐만 아니라 쓰기나 구어의 문제를 가지는 경우에 언어학습장애(language learning disability)로 평가하고, 읽기, 쓰기, 수학 등의 여러 영역에서 문제를 가지는 경우에 학습장애로 평가한다. 학습장애는 학습의 어려움이 드러나는 현상, 즉 학습부진과는 구분할 필요가 있다. 학습부진은 환경적인 결손이나 부적절한 교육환경 등으로 인하여 학습의 어려움을 겪는 것이다. 학습부진을 Paul(2007)의 학습장애 분류 체계에 추가하면 [그림 15-3]처럼 나타낼 수 있다.

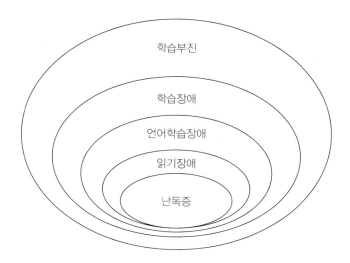

[그림 15-3] 학습문제 분류

5. 읽기장애 원인

1) 개인외적 원인

학습문제를 가진 사람들이 학령인구의 약 5% 이상이 된다. 글을 읽지 못하는 원인은 개인외적 원인과 개인내적 원인으로 나눠 살펴볼 수 있다. 개인외적으로는 교육 기회가 부족하거나 교육방법이 적절하지 않아서 읽기문제가 나타날 수 있다. 환경적으로는 빈곤하거나 무관심으로 인하여 읽기를 학습하지 못할 수 있다. 다른 위험요인을 갖고 있는 아동에게 초기 문해경험이 부족하다면 큰 문제를 일으킬 수 있다. 읽기장애나 학습장애의 정의에서 교육적·환경적·문화적 요인들로 인한 문제를 배제하고 있지만 이러한 요인들이 읽기학습에 큰 영향을 미치고 있다.

학습된 무기력, 의욕 부족과 심리적 위축이 읽기학습에 영향을 미친다. 실패경험으로 인하여 동기가 저하되고 기대감이 낮아져 읽기학습을 기피하게 될 때 매튜 효과(Matthew effect)가 나타날 수 있다. 교육학자 Stanovich(1986)는 읽기능력이 좋은 학생은 읽기를 더 많이 하게 되고 인지사고력이 더욱 향상되어 긍정적 결과를 나타내지만 읽기능력이 떨어지는 학생은 학년이 올라갈수록 점점 어려움을 겪고 다른 교과목에서도 부정적 영향을 받을 수 있다고 하였다. 읽기능력에 따라 이후의 능력에서 점점 격차가 벌어지는 것이다.

2) 개인내적 원인

개인내적으로는 신경생물학적 문제가 있거나 지능이나 기억력, 배경지식, 사고능력 등이 떨어지는 경우에 읽기문제가 나타날 수 있다. 정서적이거나 언어적 문제 또한 영향을 미칠 수 있다. 일부 읽기장애를 지닌 사람들은 좌반구와 우반구의 측두 평면 크기가 유사하거나 소뇌에 비정상적으로 분포된 신경세포가 많다(김애화, 김의정, 김자경, 최승숙, 2012). 뇌 기능적으로 읽기 과제 시에 측두두정엽 영역이나 후두측두엽의 활성화가 낮고, 다른 여러 영역의 활성화가 있다(김애화 외, 2012). 특정 염색체와 읽기장애의 상관에 대한 연구들이 진행되고 있다. 과거에 읽기문제를 지닌 아동들이 거울에 비치는 상(象)처럼 문자나 숫자를 반전시켜 읽는(예: was를 saw로 읽음) 모습을 보고 감각적 원인에 대한 연구들이 많았다. 그러나 감각적 원인으로 읽기문제를 나타나는 경우는 제한적이라고 현대에 밝혀지고 있다. 지적장애나 언어장애, 사회적 의사소통장애를 지닌 경우에 학습문제가 동반될 수 있다(DSM-5). 주의, 작업기억, 실행기능, 추리, 상위인지기술 등의 인지처리적 요인들이 학습문제에 영향을 미친다. 해독하거나 인식한 단어와 문장을 이해하는 데 배경지식과 맥락이 영향을 미친다. 주제와 관련된 배경지식이 많고, 더 친숙한 맥락일 때 더 잘 읽고 이해할 수 있다. 읽기학습에 대한 동기나 흥미가 부족하고 집중력이 낮으며 습관이 형성되지 않아서 읽기문제가 나타날 수도 있다. 언어적으로 읽기의 해독 측면은 음운인식의 영향을 크게 받고, 읽기 이해 측면은 의미론과 통사론적 기술에 크게 좌우된다(Hallahan et al., 2007). 듣기 이해능력뿐만 아니라 빠른 자동 이름대기, 음운기억, 어휘, 통사처리 능력 등이 읽기문제에 영향을 미친다.

표 15-2 읽기장애의 원인

개인외적 원인	개인내적 원인
• 초기 문해경험 부족 • 읽기교수 방법의 문제 • 환경적 문제 • 매튜 효과	• 유전적 원인 • 신경적 원인 • 감각 문제 • 주의력 문제 • 동기나 흥미의 문제 • 언어적 문제

6. 읽기장애 특성

생소한 언어로 쓰여 있는 문자나 책을 접하면 우리는 읽을 수 없다. 비교적 친숙한 언어로 쓰여 있는 책을 접하면 아는 단어는 쉽게 읽을 수 있으나 친숙하지 않은 단어는 더듬더듬 읽게 된다. 그 책의 문장들이 문법적으로 복잡하게 쓰여 있다면 읽더라도 완전하게 이해하지 못할 수도 있다. 더욱이 풍습이나 사상, 역사가 다른 사람이 쓴 글을 읽는 경우에 내용을 이해하였을지라도 심층적인 이해는 하지 못할 수 있다.

읽기문제를 가진 사람은 친숙한 모국어의 글이지만 수많은 노력을 기울였음에도 불구하고 글을 읽는 것에 다양한 어려움을 가지고 있다. 읽기문제를 가진 사람들은 단어 재인이나 읽기 유창성, 읽기 이해 영역에서의 결함 등을 나타낸다. 언어를 듣고 잘 이해할 수 있지만 순수하게 글을 읽지 못하는 경우가 있다. 이를 난독증이라고 한다. 난독증이 있는 사람들은 부정확하게 글을 읽으며, 읽으려면 글이 춤을 춘다고 표현하기도 한다. 여러 번 학습을 하였음에도 불구하고 시각적으로 제시된 문자를 해독할 수 없거나, 말소리로 바꿀 수 없으며, 읽은 낱말의 의미를 불러일으키지 못한다.

어떤 사람은 글을 읽을 수 있으나 너무 느리고 힘들여 읽는다(읽기유창성장애). 어떤 이는 글을 읽을 수 있으나 그 내용을 이해하지 못한다(읽기이해장애). 글의 흐름에 따라 이어질 문장의 내용을 예측하지 못하거나 문장 간 숨은 의미를 추론해 내지 못한다. 글을 읽고 전체 글의 구조를 찾아내거나, 저자의 의도나 주제를 추론하지 못한다. 또 내용이나 구문적으로 틀린 표현을 찾아내지 못하거나, 자신의 경험이나 견해에 비추어 비판적인 판단을 하지 못한다.

일부 어린 아동에게서 읽기문제의 전조 증상이 나타나는 경우가 있다. 또래보다 말이 늦되고, 발음이 부정확하며, 적절한 어휘 사용이 부족한 현상이 나타난다. 타인의 지시를 잘 따르지 못하고, 또래와의 상호작용에서 어려움을 보인다. 이처럼 말하고 듣기의 구어에서 문제를 가지는 경우가 있다. 어떤 아동들은 언어적 문제와 더불어 주의, 기억, 지각의 기초적 단계에서 문제를 갖고 있는 경우가 있다. 주제와 관련된 내용에 주의를 기울이고, 관련 없는 내용을 걸러서 선택적으로 집중해야 하지만 어떤 아동들은 그렇게 하지 못한다. 주의력결핍 과잉행동장애(ADHD)를 수반하고 있거나 그러한 특성을 나타내기도 한다. 표적자극에 주의집중하지 못하고, 산만한 행동을 하기도 한다. 또한 일상생활에서의 여러 사건이나 여러 단계의 것들을 기억하고, 읽고 있거나 읽은 내용을 기억하여 다음 내용을 추론하거나 관련지을 수 있어야 하는데 기억하지 못하는 아동들도 있다. 정보처리 속도가 낮고 순차적으로 처리하지 못할 수 있다. 이러할 때 적절한 자극을 수용하거나 정보의 관련성을 연계하지 못하여 상황을 이해하고 문제를 해결하는 데 곤란을 겪을 수 있다.

구어나 읽기 문제만 있는 사람들도 있지만 다른 문제를 나타내는 사람들이 있다. 어떤 사람은 글을 읽고 이해하는 것뿐만 아니라 쓰기도 부족할 수 있다. 단어나 문장의 철자 자모를 정확하게 쓰지 못하거나 생각을 글로 표현하지 못할 수 있다(쓰기장애). 그리고 수학의 기호체계를 이해하지 못하거나 수학연산 문제, 문장제 문제해결의 오류를 겪는 경우도 있다(수학장애). 공간관계를 잘 인지하지 못하여 공 던지기나 매듭 묶기에서 실수를 하는 경우도 있다.

일부 읽기장애 아동은 또래와 조화로운 관계를 맺지 못하거나 규칙을 준수하지 못하는 특성을 나타내기도 한다. 자아개념이 낮고, 외적 통제소에 의존하며, 동기가 부족하고, 반응성이 낮고, 사회적 유연성이 부족하다. 이러한 특성들이 읽기학습에 영향을 미칠 수 있다. 그리고 학습문제가 이러한 특성들을 강화할 수 있다. 학습곤란을 겪는 학생들이 일반 학생보다 더 약물을 남용하거나 위험한 행동을 한다는 증거는 부족하다. 그러나 학습곤란은 개인적 성숙을 방해하고, 정서적 문제를 겪게 하거나, 문제행동을 증가시키고, 정규교육 과정에서 중도탈락할 위험을 높일 수 있다.

2 읽기장애 진단 및 평가

읽기장애 아동을 찾아내기 위하여 혹은 아동이 나타내는 문제가 읽기장애의 범위에 들어가는 정도인지를 판별하기 위하여 평가를 실시한다. 일반적인 읽기문제를 넘어서 또래와 비교하여 심한 읽기문제가 있는지 여부를 알아보는 선별검사를 먼저 실시한다. 선별검사에서 읽기문제가 있는 것으로 판단되면 심층적으로(2차적으로) 어떤 영역에서 어느 정도의 어려움을 갖고 있는지를 판단하기 위해 진단검사를 실시한다.

읽기문제를 평가하기 위하여 단어 읽기 정확도, 읽기 유창성, 읽기 이해능력의 하위영역을 검사한다. 문자를 해독하지 못하는 경우에 읽기능력과 상관이 높은 음운인식 능력에 대한 평가가 이뤄질 필요가 있다. 단어재인 능력을 알아보기 위하여 의미/무의미 낱말이나 자소-음소 일치/불일치 낱말을 사용하여 단어 읽기의 정확성을 검사한다. 주어진 문장을 정확하고 빠르게 읽도록 하여 읽기속도, 즉 읽기 유창성을 측정한다. 읽기 이해력을 알아보기 위하여 주어진 텍스트를 읽게 한 후 내용을 다시 말하게 하거나 내용에 대한 질문을 한다. 이를 통하여 사실적 이해, 추론적 이해, 평가적 이해 정도를 파악한다.

교육과정에 따른 수행 정도를 측정하거나 읽기 전, 읽는 중, 읽은 후의 읽기과정에서의 수행 정도를 측정하는 방법들이 있다. '수준별 교육을 위한 읽기진단검사'(김윤옥, 2001)처럼 비형식적으로 아동의 학년에 맞는 글을 읽게 하거나 검사자의 경험에 비추어 단어나 문장을 구성하여 검사하기도 하지만 평가 시에 형식적 검사를 주로 사용한다. 형식적 검사는 대상아동의 읽기성취 수준뿐만 아니라 아동 간의 상대적 평가 결과를 알려 준다.

우리나라에서 사용되는 형식적 읽기검사에는 '기초학습기능검사'(박경숙, 윤점룡, 박효정, 2001), '기초학습기능 수행평가체제: 읽기'(김동일, 2010), '기초학습기능 수행평가체제: 초기문해'(김동일, 2011), '국립특수교육원 기초학력검사'(박경숙, 김계옥, 송영준, 정동영, 정인숙, 2005), '한국어 읽기검사'(배소영, 김미배, 윤효진, 장승민, 2015), '읽기성취 및 읽기인지처리능력 검사'(김애화, 김의정, 황민아, 유현실, 2015), '조기 읽기 및 수학 검사'(김애화, 유현실, 김의정, 2015) 등이 있다. 평가 시 대상자의 개인별 특성과 능력에 따라, 각 검사도구의 특성 및 장점에 따라 적절한 평가도구를 취사선택하는 것이 중요하다.

기초학습기능
수행평가체제: 읽기

한국어 읽기검사

읽기성취 및
읽기인지처리능력 검사

[그림 15-4] 읽기검사도구

표 15-3 국내 읽기검사도구

검사명	대상 연령	하위항목	특징
기초학습기능검사	유치원~ 초등 6학년	정보처리, 셈하기, 읽기I(문자와 낱말재인), 읽기II(독해력), 쓰기(철자재인)	
수준별 교육을 위한 읽기진단검사	초등 1학년~ 고등 1학년	입으로 읽기, 눈으로 읽기, 듣기, 이해, 단어 파악	• 읽기 수준의 위계화(20단계)
기초학습기능 수행평가체제-읽기	초등 1학년~ 성인	읽기 유창성, 읽기 이해	• 기초평가 • 형성평가
기초학습기능 수행 평가체제-초기문해	만 4세 이상	음운인식, 음운적 작업기억, 음운적 정보회상(RAN), 단어인지, 읽기 유창성(선택)	• 기초평가 • 형성평가 (음운인식)
국립특수교육원 기초학력검사	5~14세	읽기(선수기능, 음독능력, 독해능력), 쓰기(선수기능, 표기능력, 어휘구사력, 글구성력), 수학	• 반분검사 (가형, 나형)
한국어 읽기검사	초등 1~6학년	해독, 읽기 이해, 문단글 읽기 유창성, 듣기 이해, 음운처리 능력, 쓰기, 낱말 읽기 유창성, 읽기 설문지	• 핵심검사 • 상세검사 • 선별검사
읽기성취 및 읽기인지처리 능력검사	초등 1~6학년	단어인지, 읽기 유창성, 읽기 이해, 자모지식, 빠른 자동이름대기, 음운기억, 문장 따라 말하기, 듣기 이해, 어휘	• 읽기성취 능력 • 읽기관련 인지처리 능력
조기 읽기 및 수학 검사	만 5~7세	음운인식, 자모지식, 빠른 자동이름대기, 수학검사 등	• 조기 읽기 능력 • 수학능력

읽기문제에 대한 평가와 더불어 관련된 다른 검사를 함께 실시한다. 읽기문제를 나타내는 아동들이 쓰기나 수학 등 다른 학업성취 영역에서 나타내는 문제를 검사한다. 그리고 인지처리 능력을 알아보기 위하여 지적 능력이나 감각지각 능력 등의 결함 여부를 평가한다. 개별적으로 표준화된 지능검사를 실시한 후 그 결과를 토대로 읽기장애를 지적장애와 구별한다. 시지각 발달 및 주의력 검사나 순차적 처리능력 등의 검사를 실시하여 감각능력, 지각능력, 주의결함에 대한 평가를 하는 것이 필요하다. 또한 구어검사를 통하여 어휘와 문장에서 말하기와 듣기 능력을 함께 평가해야 한다.

3   읽기장애 치료

읽기장애 분야에서 초기 연구자들은 다감각적 중재접근법을 주로 사용하였다. Fernald, Kirk, Orton, Gillingham 등의 연구자는 시각과 청각, 운동감각, 촉각 등을 활용하여 문자를 보고, 소리 내어 읽고, 혀나 구강조직의 감각을 느끼도록 부가적인 단서를 제공하였다.

현대는 다양한 중재전략이 사용되고 있다. 글을 읽기 위하여 읽기과정에 따라 적절한 전략을 사용할 수 있어야 한다. 읽기 전에 제목이나 책의 표지로 내용을 추측하거나, 지은이의 다른 책을 읽었던 경험을 되살려 보거나, 글에서 알고 싶은 점을 문제로 만든다. 읽는 중에 중요 내용에 밑줄을 긋고, 낯선 어휘가 있으면 문맥을 활용하여 의미를 파악한다. 메모하면서 읽고, 저자의 중요한 생각을 요약하거나 주제를 찾고, 기존의 배경지식과 관련지어 읽는다. 읽은 후 전반적인 내용을 요약하거나 비판하거나 창의적으로 읽고, 글쓴이의 의도를 파악하고, 나라면 어떻게 할까 생각한다.

읽기 영역에 따라 읽기 선수기술이나 단어재인, 읽기 유창성, 읽기 이해 영역을 치료의 목표로 선정할 수 있다. 읽기 선수기술인 음운인식, 인쇄물인식, 철자인식 등이나 구어능력을 먼저 치료한다. 단어재인 능력과 가장 상관이 높은 음운인식을 지도하기 위하여 게임을 활용하거나 동화를 활용할 수 있다(곽미영 외, 2011). 단어재인 능력을 향상시키기 위해 상향식이나 하향식 방법을 활용한다. 상향식 방법은 해독 중심의 프로그램(발음중심 교수법)이며, 하향식 방법은 의미 중심의 프로그램(총체적 교수법)이라고 할 수 있다. 읽기 유창성 능력을 향상시키기 위하여 아동이 글을 반복적으로 자주 읽게 하거나 아동에게 친숙한 일견단어를 증가시킨다(일견단어 접근법). 읽기 이해를 지도하기 위하여 아동에게 부족한 어휘나 문법을 지도한다. 그리고 전체 글의 구조나 중심내용의 파악과 이해를 돕기 위하여 시각적으로 표현할 수 있는데, 이에는 글을 읽은 후 마음속 이미지를 그리거나, 글의 구조에 따라 주요 정보의 조직화를 돕는 그래픽 조직자, 이야기문법을 활용한 스토리맵 등을 활용할 수 있다. 내러티브, 설명글, 주장글 등의 다양한 글 종류에 따른 글의 구조를 명시적으로 지도할 수 있다.

톰 크루즈와 올랜드 블룸, 성룡 등은 읽기문제를 극복하고 세계적인 배우가 되었다. 리처드 브랜슨 버진그룹 회장은 16세에 『STUDENT』 잡지를 펴내는 사업을 시작하여 회사를 영국의 큰 그룹으로 성장시켰다. 잉그바르 캄프라드는 경험을 살려 이케아의 제품코드에 사람이나 지명 이름을 사용함으로써 특화시켰다. 영화배우 조달환은 연기자로 성공하였으며, 자신의 문제를 극복하고 손으로 그린 그림문자인 캘리그라피(calligraphy)를 이용하여 전시회를 여는 등의 도전을 지속하고 있다. 글을 읽지 못하는 사람들이 학창 시절에 학업문제와 생활문제를 겪었지만 그들 중 이를 극복하고 한 분야에서 성공한 사람들이 많다.

　　언어치료사는 읽기장애를 가진 사람들이 겪는 문제를 이해하고 그들의 꿈을 실현시키도록 도와줄 수 있다. 언어치료사는 읽기장애와 관련된 언어적 문제를 정확히 평가할 수 있도록 교육받은 사람이다. 언어의 음운론적 지식을 바탕으로 의미론적 지식, 구문론적 지식을 학습하였으며 실제에 활용할 수 있는 화용론적 지식을 갖추고 있다. 읽기장애인이 혼자 오랜 기간 동안 어려움을 겪지 않도록 언어치료사는 심각한 읽기 문제가 나타나기 전에 조기에 언어문제나 관련 문제들에 접근할 수 있으며, 구어 및 문어 능력을 정확하게 평가하고 적절하게 중재함으로써 그들을 도울 수 있다.

요/약

　　이 장에서는 구어에 이은 읽기의 발달과 읽기과정에서 나타나는 문제를 설명하였다. 읽기와 읽기장애의 개념에 대하여 요약하면 다음과 같은 사실을 포함한다.

1. 구어뿐만 아니라 읽기를 통하여 수많은 정보를 얻고, 어휘습득이 촉진되며, 분석적 및 비판적 사고력이 증가하고, 정신적으로 성숙해진다.
2. 읽기는 문자에의 노출과 음운인식, 언어지식 등에 기초하여 단어재인 단계, 읽기 유창성 단계, 읽기 이해 단계, 학습을 위한 읽기 단계, 다양한 관점 단계, 구성-재구성-세계관 단계로 발달한다.
3. 읽기문제가 나타나는 원인은 개인외적 원인과 개인내적 원인이 있다. 개인외적 원인에는 초기 문해경험 부족이나 읽기교수 방법의 문제, 환경적 문제, 실패경험으로 인한 무기력 등이 있고, 개인내적 원인에는 신경생물학적 원인, 감각 문제, 주의력 문제, 동기나 흥미의 문제, 언어적 문제 등이 있다.

4. 읽기장애를 가진 사람은 철자와 단어를 빠르고 정확하게 읽지 못한다. 그리고 읽은 내용을 이해하거나 이어질 내용을 예측하는 데 어려움이 있다. 글의 구조나 주제를 파악하는 것에도 문제가 있다.

5. 읽기문제가 있는 사람은 학업, 개인 및 사회 생활에서 다양한 어려움을 겪을 수 있다. 읽기문제는 구어 어려움과 동반하여 나타나거나 쓰기곤란, 수학곤란 등 다양한 학업성취 영역과 행동들에서 나타날 수 있다.

6. 읽기문제에 대한 정확한 평가와 적절한 중재는 읽기장애인이 어려움을 극복하고 보다 나은 삶을 살 수 있도록 돕는다.

연 / 습 / 문 / 제

1. 구어와 문어의 차이는 무엇인가?
2. 읽기를 학습하는 이유에 대해 쓰시오.
3. 읽기의 선수기술 중 말소리를 조작하는 능력은 무엇인가?
4. 음운인식을 활용한 놀이에는 어떠한 것이 있는지 쓰시오.
5. 읽기장애의 하위유형 세 가지는 무엇인가?
6. 유아부터 초등학생 시기까지의 읽기발달 순서는 어떠한가?
7. 학습부진과 학습장애의 차이는 무엇인가?
8. 난독증과 읽기장애의 차이는 무엇인가?
9. 읽기장애 아동의 특성을 설명하시오.
10. 읽기장애를 유발하는 개인외적 원인은 무엇인지 쓰시오.
11. 이전의 실패경험이 축적되어 동기가 저하되고 기대감이 낮아져서 읽기를 회피하는 현상을 무엇으로 설명할 수 있는가?
12. 표준화된 읽기검사도구에는 무엇이 있는가?

💬 **참고문헌**

곽미영, 김영은, 박성빈, 박유린, 박진원, 송기범, 한은진(2011). 동화와 함께하는 음운인식 프로그램. 서울: 학지사.

김동일(2010). 기초학습기능 수행평가체제: 읽기. 서울: 학지사 심리검사연구소.

김동일(2011). 기초학습기능 수행평가체제: 초기문해. 서울: 학지사 심리검사연구소.

김애화, 김의정, 김자경, 최승숙(2012). 학습장애 이론과 실제. 서울: 학지사.

김애화, 김의정, 황민아, 유현실(2015). 읽기성취 및 읽기인지처리능력 검사. 서울: 학지사 심리검사연구소.

김애화, 유현실, 김의정(2015). 조기 읽기 및 수학 검사. 서울: 학지사 심리검사연구소.

김윤옥(2001). 수준별 교육을 위한 읽기진단검사. 서울: 도서출판 특수교육.

박경숙, 김계옥, 송영준, 정동영, 정인숙(2005). 국립특수교육원 기초학력검사. 경기: 국립특수교육원.

박경숙, 윤점룡, 박효정(2001). 기초학습기능검사. 서울: 한국교육개발원.

배소영, 김미배, 윤효진, 장승민(2015). 한국어 읽기검사. 서울: 학지사 심리검사연구소.

천경록(1999). 읽기의 개념과 읽기 능력의 발달 단계. 청람어문교육, 21(1), 263-282.

American Psychiatric Association. (2013). *Diagnostic and statistical manual of mental disorders* (5th ed.). Arlington, VA: American Psychiatric Publishing.

Catts, H. W., Kamhi, A. G., Clauser, P., Torgesen, J. K., Otaiba, S. A., Scott, C. M., Westby, C. E., & Grek, M. L. (2008). 언어와 읽기장애(2판, *Language and reading disabilities,* 2nd ed.). 김정미, 윤혜련, 이윤경 공역. 서울: 시그마프레스. (원저는 2005년에 출판)

Chall, J. (1983). *Stages of reading development.* New York: McGraw-Hill.

Hallahan, D. P., Lloyd, J. W., Kauffman, J. M., Weiss, M. P., & Martinez, E. A. (2007). 학습장애: 토대, 특성, 효과적 교수(*Learning Disabilities: Foundations characteristics and effective teaching,* 3rd ed.). 박현숙, 신현기, 정대영, 정해진 공역. 서울: 시그마프레스. (원저는 2005년에 출판)

Paul, R. (2007). *Language disorders from infancy through adolescence: assessment and intervention* (3th ed.). St. Louis, MO: Mosby.

Stanovich, K. (1986). Matthew effects in reading: Some consequences of individual differences in the acquisition of literacy. *Reading Research quarterly, 21*(4), 360-407.

제16장

보완대체의사소통

| 김효정 |

이 장의 목표

- 보완대체의사소통의 정의와 구성요소를 설명할 수 있다.
- 보완대체의사소통을 위한 평가의 원칙과 고려사항을 설명할 수 있다.
- 대상자의 특성에 따라 보완대체의사소통 중재를 선택할 수 있다.

핵심 용어

- **보완대체의사소통**(augmentative and alternative communication: AAC): 말, 언어의 사용에 심각한 장애가 있어 의사소통에 제한이 있는 경우 이를 보상하는 일련의 활동을 말한다.
- **상징**(symbols): AAC의 상징은 메시지를 표현하는 방법을 의미하고, 실물, 그림, 사진, 블리스 상징, 기호, 제스처, 음성 등이 해당된다.
- **보조도구**(aids): AAC의 보조도구는 메시지를 주고받기 위해 사용하는 물리적인 도구로 노테크(no tech), 로우테크(low tech), 하이테크(high tech)로 나누기도 한다.
- **기법**(techniques): 의사소통할 내용을 상대방에게 전하는 방법을 말하며, 상징을 직접 선택하는 방법과 간접적으로 선택하는 스캐닝(scanning)과 같은 방법이 있다.
- **전략**(strategies): 메시지를 효율적으로 전달하게 하여 의사소통을 촉진시키는 방법들을 말한다.

1 AAC 개관

1. 정의와 목적

말이나 언어로 의사소통이 불가능한 상황에 처한다면 사람은 누구나 대안적인 방법으로 메시지를 전달하려고 노력하게 된다. 사람의 의사소통을 보충하거나, 대신하는 일련의 수단을 보완대체의사소통(augmentative and alternative communication: AAC)라고 할 수 있다. 미국 언어청각협회(American Speech-Language-Hearing Association, 2005)는 AAC를 다음과 같이 정의하고 있다. "AAC는 말과 언어의 산출 및/혹은 이해에 심각한 장애를 가진 사람들의 일시적 또는 영구적 손상, 활동의 제한, 참여의 제약 등을 연구하고 보상하는 일련의 활동을 의미한다." ASHA(2005)의 정의에서 AAC 체계는 말과 언어의 장애로 인한 의사소통 능력의 손상을 보상할 뿐만 아니라 일상활동의 제한을 보상하고 궁극적으로는 정상적으로 참여할 수 있도록 하는 수단임을 알 수 있다. AAC는 보완의사소통과 대체의사소통의 개념으로 나누어 생각할 수 있다. 보완의사소통은 의사소통 기술을 어느 정도 가진 사람을 대상으로 의사소통 과정을 보충하고 지원하는 수단을 의미하는 것이고, 대체의사소통은 말 대신 다른 도구를 사용하여 의사소통하는 것을 의미한다(Lewis, 1993).

우리나라에서는 2017년 7월에 시행된 「발달장애인법」 제10조 발달장애인의 의사소통지원에 관한 조항에서 발달장애인을 위한 의사소통 도구를 개발하고 의사소통지원 전문인력을 양성하도록 하고 있다. 그에 따라 「장애인 등에 대한 특수교육법」 제28조 제4항에서는 보조공학 기기를 개발하여 발달장애인에게 보급하도록 하고 있으며 의사소통지원 전문인력을 양성하기 위한 과정을 개발하도록 하고 있다. 이러한 법제적 지원과 함께 스마트 기기의 발달로 최근 AAC에 대한 관심이 어느 때보다 고조되고 있다.

사회적 지원 확대와 기술적 발달로 AAC가 보다 널리 적용되기 위해서는 몇 가지 인식의 변화가 필요하다. 첫째, AAC는 말-언어 중재에서 다른 선택의 여지가 없을 때 선택하게 되는 최후의 수단이라는 인식이다. 오히려 AAC는 초기 의사소통 발달에 긍정적인 효과를 보이고 있으므로 의사소통 실패가 발생하기 전에 AAC를 도입하는 것이 중요하다. 둘째, AAC는 추가적인 구어발달을 방해한다는 생각이다. 그러나 많은 문헌에서 AAC 중재 후 구어능력이 향상되었음을 보고하고 있다. 셋째, AAC를 사용하기 위해서는 최소한의 인지발달이 이루어져야 한다는 인식이다. 기본적인 인지능력은 언어발달의 필수요소이지만 반대로 AAC를 통한 언어발달이 기능적 인지능력을 획득하는 데 영향을 줄 수 있다. 넷째, AAC 사용에 특정 연령이 있지 않다는 점이다. 따라서 AAC는 구어의 발달을 방해하기보다 오히려 지원하고 있으며, 심각한 의사소통장애를 가진 아동의 의사소통 중재에서 초기에 사용하는 것이 효과적이라고 하였다(Romsk & Sevcik, 2005: 신정미, 2016 재인용).

AAC의 대상은 넓게는 의사소통을 위한 지원을 필요로 하는 모든 사람이 될 수 있다. 제스처, 말 또는 글을 통한 의사소통으로 의사소통 욕구를 모두 충족시키기 어렵기 때문이다. 그러나 AAC 중재의 대상은 중증의 의사소통장애인이라고 할 수 있다. 중증의 의사소통장애를 일으키는 가장 일반적인 원인에는 지적장애, 뇌성마비, 자폐범주성장애, 발달성 말실행증, 중복 감각장애 등과 같은 선천적인 장애와 근위축성 축삭경화증, 다발성 경화증, 외상성 뇌손상, 뇌졸중, 척수손상 등과 같은 후천적인 질환들이 포함된다(Beukelman & Mirenda, 2005).

AAC의 목적은 말하기나 쓰기에 장애를 지닌 사람이 사회의 일원으로 참여하거나 재활할 수 있도록 의사소통 활동을 돕는 것이다(Blackstone, 1986). AAC의 목적을 보다 세부적으로 살펴보면 다음과 같다. 첫째, 의사소통에 어려움이 있는 사람들에게 다양한 상호작용을 촉진시켜 일상활동에의 참여도를 높인다. 둘째, 의사표현의 기회를 제공함으로써 말과 언어의 발달을 촉진시킨다. 셋째, 의견을 표현하며 질문하고 답하는 등의 학습활동에의 참여도를 높인다. 넷째, 의사소통의 기회를 확대시킴으로 의사소통 실패에서 오는 좌절감, 분노, 감정폭발, 자아학대 등의 문제행동을 줄여서 정서적으로 바람직한 성장을 돕는다. 다섯째, 의사소통을 통해 독립적인 생활을 촉진시켜 취업의 기회를 확대시키는 것이다(정해동, 김주영, 박은혜, 박숙자, 1999).

2. 구성요소

AAC는 상징(symbols), 보조도구(aids), 기법(techniques) 그리고 전략(strategies)의 네 가지 구성요소를 포함하는 하나의 체계이다. 각각의 구성요소를 하나씩 살펴보고 유형들을 제시하고자 한다.

1) 상징

AAC의 상징은 메시지를 표현하는 방법을 의미한다. 우리가 가장 일반적으로 사용하고 있는 상징은 언어이며, 그것이 말이나 문자로 표현된다. AAC는 언어를 말로 표현하는 데 어려움을 겪거나, 메시지를 언어로 표현하는 데 어려움이 있는 경우에 사용하는 것이므로 말이나 문자 상징보다 쉬운 상징을 필요로 한다.

AAC에 사용되는 상징은 도구적 상징과 비도구적 상징으로 나눌 수 있다. 도구적 상징에는 실물, 사물 모형, 사물의 일부, 사진, 그림(선화), 블리스 상징(bliss symbol) 등이 있고, 비도구적 상징에는 제스처와 발성, 제스처 신호, 수화와 같은 것이 있다. 도구적 상징 중 실물에 가까울수록 배우기 쉽고, 상징을 처음 접하는 사람도 이해하기 쉽다. 또한 만질 수 있기 때문에 시각장애나 중복장애, 중증 인지장애를 가진 이들에게도 사용될 수 있다. 여러 상징이 하나의 체계에 포함되어 있는 연합 상징체계에는 마카톤 어휘(MaKaton vocabulary)가 있다. 마카톤 어휘는 의사소통, 언어, 읽기, 쓰기를 지도하기 위한 구조화된 다중방식 접근의 언어프로그램으로 말, 수신호, 문자 상징들을 결합하여 사용한다.

2) 보조도구

AAC 보조도구란 메시지를 주고받기 위해 사용하는 물리적인 도구를 말한다. 직접 제작한 그림판이나 판매되고 있는 전자 의사소통 도구 등이 포함된다. AAC 체계는 도구 상징을 사용하는 도구체계와 수화와 같이 도구 상징을 사용하지 않는 비도구체계로 나눌 수 있다.

비도구체계는 비용이 들지 않고 의사소통 도구를 휴대하지 않아도 된다는 장점이 있지만 일정한 수준의 운동능력을 필요로 한다. 뇌성마비와 같은 운동장애가 있는 사람들의 경우 수화나 제스처 표현과 같은 비도구체계는 적합하지 않다. 또한 수화를 이용할 경우, 대부분의 일반인은 수화에 익숙하지 않으며 전달하고자 하는 메시지를 이해할 수 없다는 단점이 있다.

도구체계는 이용되는 기술에 따라 노테크(no tech), 로우테크(low tech), 하이테크(high tech)로 나누기도 한다. 노테크나 로우테크 체계는 전자적인 기술을 사용하지 않는 간단한 도구로 비교적 단순하고 비용이 저렴하다. 반면, 하이테크 체계는 상당히 정교한 전자도구들로 대부분 컴퓨터 기술에 기초하고 있다. 로우테크 AAC 체계는 집적 회로가 없는 전자장치 또는 비전자장치를 의미하는데, 의사소통판, 의사소통 목걸이, 의사소통 수첩, 벽걸이, 의사소통 조끼 등이나 간단한 녹음도구들이 해당된다.

로우테크는 주로 AAC 중재 초기 단계에 이용되며, 하이테크와 비교해서 비용이 저렴하고, 쉽게 제작이 가능하고, 조작이 쉽다는 장점이 있다. 또한 로우테크는 여러 상황에서 사용자의 능력에 따라 다양하게 사용될 수 있다. 그러나 저장할 수 있는 어휘의 수가 제한적이며 현장성이 떨어질 수 있고, 의사소통 상대방에 대한 의존도가 높아져 의사소통에서 수동적이 될 수 있고, 의사소통 상대방이 AAC 사용자의 능력을 과소평가할 수도 있다는 단점이 있다.

하이테크는 입력장치와 출력장치를 포함한다. 입력장치는 키보드, 광학식 입력장치, 언어인식 장치, 대체 키보드, 한 손 키보드, 키가드(key guard), 마우스, 트랙볼(마우스와 반대되는 형태로 고정된 틀 위에 볼을 움직여서 사용), 조이스틱, 헤드마스터, 터치스크린 등이 있다. 출력장치는 시각적 형태의 출력(모니터와 프린터 출력)과 청각적 출력, 촉각적 출력(진동) 등의 방식이 가능하다. 청각적 출력장치에 해당하는 음성 출력장치는 사람의 음성을 미리 녹음하여 저장해 두었다가 필요할 때 재생하는 디지털 언어장치(digitized speech device: DSD)와 기계합성어로 음성출력이 되는 음성합성 언어장치(synthesized speech device: SSD)가 있다. 국내에서 개발된 하이테크 의사소통 도구는 마이토키 스마트, 키즈보이스, 보이스탭, 이지컴, 위드톡 등이 있고, 스마트 기기에 설치할 수 있는 다양한 AAC 앱이 있다. 국내에서 많이 사용하는 AAC 앱에는 iCOMM, My first AAC, 포켓보이스, 나의 AAC, 콤마AAC, 토크프렌드, 진소리 등이 있다(김영태, 박은혜, 한선경, 구정아, 2016).

각 도구체계는 표현방법, 입력 및 출력 방식에 따라 달라진다. 어떤 체계가 AAC를 사용하려는 사람에게 적합한가를 결정하기 위해서는 지속적이고 세심한 평가가 필요하다.

3) 기법

AAC 기법이란 의사소통할 내용을 상대방에게 전하는 방법을 말하며, 상징을 직접 선택하는 방법과 간접적으로 선택하는 스캐닝(scanning)과 같은 방법이 있다.

직접 선택은 이용자가 수의적으로 움직일 수 있는 신체의 일부를 사용하여 의사소통판의 상징을 지적하거나 눌러서 선택하는 방법이다. 직접 선택을 하기 위해서는 신체의 어느 부분이 직접 선택에 적절한지 평가하는 단계가 필요하다. 신체의 어느 한 부분을 의도적으로 일관성 있게 움직일 수 있어야 한다. 사지의 운동능력이 제한적일 때에는 눈으로 원하는 상징을 바라보고 응시함으로써 상대방에게 알리는 눈응시를 이용한 방법도 있다. 직접 선택을 위한 보조도구로는 헤드포인터, 헤드스틱, 포인터, 핸드그립, 마우스스틱, 특수키보드, 특수마우스 등이 있다.

간접 선택 방법인 스캐닝에는 시각적 스캐닝과 청각적 스캐닝 방법이 있다. 청각적 스캐닝이란 교사나 대화 상대자가 의사소통판의 내용을 천천히 말해 주면 원하는 항목이 나왔을 때 정해진 신호를 통해 선택하는 것을 말한다. 하이테크의 도구를 사용할 경우, 사람을 대신하여 컴퓨터나 기기가 일정한 순서에 따라 항목을 읽어 주고, 해당 항목에서 정지 또는 선택 버튼을 누르거나 신호하면 된다. 시각적 스캐닝은 의사소통 도구에서 불빛이 정해진 순서대로 천천히 이동하면서 사용자가 원하는 항목에 불빛이 왔을 때 스위치를 눌러 선택하는 방법이다.

4) 전략

AAC 전략이란 메시지를 효율적으로 전달하게 하여 사용자의 의사소통을 촉진시키는 방법들을 말한다. 상징, 보조도구, 기법을 통합하여 어떻게 효율적으로 운영할 것인지와 관련된다. 메시지 전달속도를 향상시키거나 메시지의 문법적 순서를 도와주는 방법들이 AAC 전략에 해당된다. 예를 들어, 의사소통판을 색깔별로 코딩하거나, 단어 예측 프로그램을 사용하는 경우 등이다. AAC를 사용하는 경우, 의사소통의 속도가 느려지므로 이를 보완하기 위해 다양한 전략을 개발하여 사용해야 하며 의사소통 도구에 따라 서로 다른 전략적 특성들을 가지게 된다.

2   AAC 진단 및 평가

1. 평가 목적 및 원칙

AAC 평가는 중재에서 요구되는 정보를 수집하는 과정이라고 할 수 있다. 평가의 목적은 기능적인 말하기가 거의 되지 않는 개인의 의사소통 욕구를 결정하고, 의사소통 욕구에 맞추어 상호작용에 참여할 기회를 증가시키거나 유지하기 위한 과정이다. 또 AAC 도구의 적용으로 인한 개인의 변화를 모니터하고 중재의 효과를 측정할 때에도 평가를 실시할 수 있다.

AAC 평가의 기본 원칙은 다음과 같다(박은혜, Snell, & Allaire, 2004; 정해동 외, 1999; Lloyd, Fuller, & Arvidson, 1997). 첫째, AAC 평가는 모든 사람이 의사소통을 할 수 있다는 전제를 기반으로 한다. 둘째, AAC 평가는 사용자의 욕구에 민감해야 한다. 셋째, AAC 평가는 공동의 목표를 가진 팀에 의해 이루어져야 한다. 넷째, AAC 평가는 사용자의 전형적인 일과에 대한 정보를 포함해야 한다. 다섯째, AAC 평가는 사용자의 병리적인 현상이나 장애가 아닌 그로 인한 기능적 제한에 초점을 두어야 한다. 여섯째, AAC 평가는 사용자의 의사소통 약점뿐만 아니라 강점에 중점을 두어야 한다. 일곱째, AAC 평가는 사용자의 현재와 미래의 욕구와 필요에 부합되는 도구들의 특성을 파악해야 한다. 여덟째, AAC 평가는 가능한 한 간소하게 꼭 필요한 내용만 다루도록 한다. 아홉째, AAC 평가는 중재와 연계하여 지속적이고 자주 실시되어야 한다. 열째, AAC 평가는 긍정적인 변화를 가져와야 한다.

2. 평가 요소와 AAC 팀

AAC 사용자에 대한 평가 요소로는 감각능력, AAC 적용자세, 언어능력, 조작능력(운동능력), 사회적 능력, 전략적 능력 등이 있다(Light, 1989). 이러한 AAC 평가와 더 나아가 중재를 위해서 여러 전문가와 부모 혹은 가족 그리고 사용자로 팀을 이루어 진행해야 한다. 전문가에는 언어치료사, 특수교사, 보조공학사, 물리치료사, 작업치료사, 일반교사, 특수교육보조원, 사회복지사, 직업재활사가 포함될 수 있다(김영태 외, 2016).

3. 평가 절차

우리나라에서는 김영태 등(2016)이 개발한 한국 보완대체의사소통 평가(Korean AAC assessment: KAA)가 있는데 이를 기반으로 평가 절차를 설명하고자 한다.

1) 초기면담

초기면담 시에 전문가는 사용자와 가족으로부터 기본 정보, 발달사항, 현재와 과거의 치료 및 교육 활동, 감각 및 운동 · 언어 능력, AAC 사용경험 등에 대한 정보를 수집한다.

AAC 사용자의 일상활동 및 AAC 사용환경을 분석하고, 주로 사용하게 될 어휘를 체계적으로 수집해야 한다. KAA에서는 '활동 스케줄표'와 '환경 어휘 기록지'를 제공하고 있다. 또한 선호도 조사를 통해 AAC 사용자가 선호하는 것을 파악하여 평가와 중재를 할 때 동기유발과 참여도를 높이기 위해 사용한다.

2) 언어 및 의사소통 능력 평가

AAC 사용자의 언어 및 의사소통 능력 평가는 국내에 표준화된 여러 언어 및 의사소통 검사도구를 활용할 수도 있고, 의사소통하는 자연스러운 환경 및 상황에서 관찰을 통해 평가할 수도 있다. 또한 의사소통 기능에 대한 표본을 수집하거나 언어평가를 실시하여 사용자의 의미, 구문, 화용 능력을 평가할 수 있다.

3) 의사소통 단계 설정 및 단계에 따른 세부 평가

언어 및 의사소통 평가 결과에 따라 AAC 사용자의 의사소통 단계를 3단계, 즉 전의도적 의사소통자 단계, 목표지향적/비도구적 상징 단계, 도구적 상징 단계 중 하나로 선정하고 각 단계별 세부평가를 실시한다. 세부 평가에는 감각 및 운동 능력 평가, 상징이나 의사소통판, 도구와 관련된 평가들이 포함된다(김영태 외, 2016).

4) 사용자 특성에 맞는 의사소통 도구 평가

이상의 평가에서 얻은 정보와 의사소통 요구를 고려하여 사용자에게 가장 적합한 의사소통 도구를 선정해야 한다.

3   AAC 중재

AAC 중재 대상자들 가운데 이미 의사소통 의도 및 언어발달이 어느 정도 이루어져 있어 표현방법을 지도하는 절차만으로도 효과를 기대할 수 있는가 하면, 중증이나 중복 장애의 경우 의사소통 방법을 제공하는 것뿐만 아니라 의사소통 자체의 필요성과 함께 의사소통의 내용과 방법을 동시에 중재해야 하는 경우가 많다. 중재 결정은 AAC 사용자의 인지, 언어, 감각 및 운동 능력이 AAC 기법의 특성에 부합하는 경우에 비로소 이루어져야 한다.

1. 사용자 중재

사용자와 가족의 의사소통 요구를 바탕으로 중재의 목표를 선정한다. 중재목표를 설정할 때 고려할 사항이다. 첫째, AAC 중재는 대상자에게 가장 적합한 AAC 체계를 선택하는 것이다. 사용자의 즉각적인 요구를 충족시키며, 정확하고, 효율적이며 피로를 느끼지 않게 하는 것이어야 한다. 사용자에게 가장 중요하고 즉각적인 요구 메시지를 주고받기 위해 효과적으로 사용될 수 있도록 최소한의 연습과 훈련을 요구하는 것이어야 한다. 둘째, AAC 중재에서 의사소통판에 어떤 어휘를 담을지 선정하는 것이다. 어휘 선정의 적절성 여부에 따라 AAC 중재의 성패가 좌우될 수도 있다. 일반적으로 가장 먼저 고려해야 하는 것은 사용자가 어떤 의사소통의 요구를 가지고 있는지 살피는 것으로서, 어떤 장소에서 누구와 어떤 내용에 대하여 말해야 하는지를 알아보는 것이다. 이 경우 참여 조사 목록이나 환경분석표 등을 이용할 수 있다. 또한 처음으로 AAC를 사용하는 경우에는 그 내용이 즉각적이고 강한 보상효과가 있는 것이 좋다.

어휘 선정 시 고려해야 할 점은 다음과 같다. 처음 사용하는 어휘는 개별화되고 기능적인 것이어야 한다. 점차적으로 기본적인 필요를 충족하는 것을 넘어 어휘를 확대시킨다. 사용자의 요구가 시간에 따라 변화하는 것에 유의하여 적절한 시기에 어휘를 수정·보완해야 한다. 꼭 단어만이 아니라 구나 절로 된 표현도 포함시킬 수 있다. AAC에 반드시 포함되어야 하는 어휘는 대화를 시작할 수 있는 어휘, 상대방에게 자신이 잘 듣고 있음을 알리는 어휘, AAC 사용자가 얻고자 하거나 말하고자 하는 현재의 개별적인 정보, 대화가 중단되었을 때 수정할 수 있는 어휘, 대화를 적절히 끝낼 수 있는 어휘 등이 포함되어야 한다. 만약 사물의 이름 말하기나 요구하기를 중심으로 AAC를 만들게 되면 사용자가 소극적 역할에만 머물게 되는데, 대개 이름 말하기를 통해 요구하거나 질문에 대답하고 나면 대화가 끝나 버리게 되기 때문이다. 특히 연령에 맞는 적절한 대화 용어를 선택하는 것이 중요하다.

특히 발달기 아동의 경우에는 AAC 중재의 목적이 현재의 의사소통에만 국한되는 것이 아니다. 이 시기에 아동들이 구어를 사용하면서 언어와 인지가 함께 발달되는 것처럼 AAC를 이용하여 수용언어 및 표현언어의 발달, 의미론적·통사론적·화용론적 발달 등을 도모할 수 있어야 한다. 또한 AAC를 이용하여 인지발달을 촉진시킬 수 있는 중재를 실시하여야 한다.

AAC 중재는 특정 운동, 상징능력, 화용 혹은 문해 능력 등을 향상시키기 위한 교수 등이 포함될 수 있다. 의사소통 기회의 양이나 질을 제한하는 장벽에 대한 중재도 포함될 수 있는데 근위축성 축삭경화증, 파킨슨병 또는 레트증후군과 같은 퇴행성 질환을 가진 사람의 경우는 앞으로 일어날 운동, 의사소통 및 그 밖의 능력 상실을 예상하고 그에 대비하는 계획이 필요하다.

2. 촉진자 중재

AAC 체계 사용에 대해서 교실, 가정, 지역사회, 직장 등 자연스러운 환경에서 대부분의 중재가 이루어져야 한다. 자연스러운 상황에서 중재를 강조하는 교수계획은 독립적인 훈련을 강조하는 교수계획에 비해 반응 일반화와 자극 일반화를 촉진한다(Reichle, York, & Sigafoos, 1991). AAC 촉진자들은 AAC 체계와 사용자에 관한 다양한 훈련을 받아야 한다. 촉진자들은 스캐닝 기법이나 특정한 의사소통적 제스처와 발성을 해석하는 방법을 훈련받아야 한다. 또한 전자 AAC 도구의 프로그램을 구성하고 유지하는 방법, 스위치나 헤드마우스를 조작하는 방법 등도 배워야 할 것이다.

3. 중재 사후관리

중재의 효과를 평가하기 위해서는 초기 평가과정에서 중요한 것으로 드러난 특정

활동과 상황들에 AAC 사용자가 얼마나 성공적으로 참여하였는지를 검토해야 한다. 성과를 평가하기 위한 방법으로는 기능적 제한에 대한 평가, 사용자의 의사소통 만족도 및 삶의 질에 대한 일반적인 평가가 포함된다. AAC 사용자가 바라는 만큼의 참여 수준에 도달하지 못하였을 경우에는 참여 모델(임장현, 박은혜, 2011)에 따라서 장벽이 될 수 있는 기회와 접근요인을 다시 검토하고 필요하다면 중재의 방향을 변경해야 한다.

AAC 도구나 체계에 숙달된다면 이제 중재는 미래를 위해 보다 더 정확하고 효율적이며 피로하지 않는 도구나 체계를 준비하기 위한 훈련과 연습으로 나아가야 한다. 또 AAC 사용자가 하나의 기술을 습득하게 되면 다시 평가하고 새로운 계획을 수립해야 한다. AAC를 사용하는 아동의 경우, 교육환경이 바뀔 때마다 새롭게 전이단계를 거쳐야 한다. 뇌성마비나 뇌졸중 성인의 경우라면, 고용, 거주, 가족 상황이 급변하지 않는 한 AAC 체계를 자주 변경하지 않아도 될 것이다. 그러나 퇴행성 질환을 지닌 성인은 능력이 퇴화하거나 생활환경이 변할 때마다 잦은 체계 변화가 요구될 수도 있다.

AAC의 적용 효과로 의사소통 능력의 향상(임장현, 박은혜, 2011), 문제행동에 대한 긍정적인 영향(정명철, 한경임, 2012), 발성 모방 횟수의 증가(백경란, 2013), 의사소통 기능의 다양화(전경해, 2014), 의사소통 성공률의 향상(강우정, 한경임, 2010) 등을 보고하였고, 장애학생들의 경우 의사소통의 어려움으로 제한되었던 학습참여 기회를 높이고 적극적이고 능동적인 참여를 통해 학업 성취도 높일 수 있다고 한다(박은혜, 김정연, 2010). 이러한 AAC의 적용효과를 얻기 위해서는 다양하게 개발된 AAC 체계 중 사용자의 특성에 맞는 것을 선택하고 사용자의 의사소통 욕구에 맞게 사용할 수 있도록 개별화된 프로그램을 수립하여 운영하는 전문가의 역량이 매우 중요하다.

요/약

이 장에서는 말과 언어 사용에 심각한 장애를 가진 사람들의 의사소통을 보상하는 일련의 활동을 의미하는 보완대체의사소통(AAC)에 대하여 살펴보았다. 최근 제도적 지원과 함께 기술의 발달로 AAC에 대한 관심이 고조되고 있다. AAC 사용에 대한 인식 변화가 필요함을 언급하였고, AAC의 궁극적인 목적, 평가와 중재에 대하여 다루었다.

1. AAC는 말과 언어의 장애로 인한 의사소통 능력의 손상을 보상할 뿐만 아니라 일상 활동의 제한을 보상하고, 궁극적으로는 사회에 참여할 수 있도록 하는 수단이다.

2. AAC에 관하여 다음과 같이 인식이 변화될 필요가 있다. AAC는 언어중재의 최후의 수단이 아닌 언어중재의 출발점이다. AAC는 구어의 발달을 방해하지 않고 오히려 촉진시킨다. 인지능력이 낮아도 AAC를 적용할 수 있다. AAC는 특정 연령에만 사용되는 것이 아니다.

3. AAC의 대상자는 의사소통 지원을 필요로 하는 모든 사람이 될 수 있으며, 특히 지적장애, 뇌성마비, 자폐범주성장애, 발달성 말실행증, 중복장애 등 선천적 장애와 뇌졸중 및 각종 퇴행성 질환 등의 후천적 질환을 가진 사람이 될 수 있다.

4. AAC의 목적은 의사소통뿐만 아니라, 일상활동에의 참여도를 높이는 것, 의사표현의 기회를 제공함으로써 말과 언어의 발달을 촉진시키는 것, 학습활동에의 참여도를 높이는 것, 의사소통의 실패로 인한 문제행동을 감소시키는 것, 독립적인 생활을 촉진시키는 것 등이다.

5. AAC의 구성요소에는 상징, 보조도구, 기법, 전략이 있다. 상징에는 도구적 상징과 비도구적 상징이 있으며, 보조도구에는 비도구체계와 도구체계가 있고, 기법에는 직접 선택과 스캐닝이 있다. 마지막으로 메시지를 효율적으로 전달하기 위한 총체적인 운영을 위한 전략이 있다.

6. AAC 평가 요소에는 AAC 사용자의 감각, 자세, 언어, 운동, 사회, 전략적 능력 등이 있고, 사용자의 특성에 맞는 의사소통 도구 평가가 있다.

7. AAC 중재는 AAC 사용자를 위한 중재, AAC 촉진자를 위한 중재가 있으며, 이러한 중재를 실시한 후 중재효과를 평가하고 필요하다면 중재의 방향을 변경하기도 한다.

연 / 습 / 문 / 제

1. AAC란 무엇인가?
2. AAC의 법제적 지원에는 어떤 것이 있는가?
3. AAC에 대한 잘못된 인식에는 어떤 것이 있으며, 이러한 인식을 어떻게 바로잡을 수

있는가?

4. AAC의 주요 대상은 누구인가?

5. 말더듬 부수행동 중 도피행동과 회피행동의 차이는 무엇인가?

6. AAC 중재의 세부적인 목적은 무엇인가?

7. AAC 구성요소는 어떤 것이 있는가?

8. AAC의 상징 중 도구적 상징과 비도구적 상징의 예를 드시오.

9. AAC의 도구체계 중 로우테크와 하이테크의 예를 드시오.

10. AAC 평가의 기본 원칙은 무엇인가?

11. AAC 중재를 위한 팀에 어떤 전문가들이 포함되는가?

12. AAC 어휘 목록 선정의 원칙을 쓰시오.

💬 참고문헌

강우정, 한경임(2010). 지역사회 상황에서 중도 뇌성마비 학생의 PDA 활용 보완대체 의사소통 중재의 효과. 중복지체부자유아연구, 53(2), 213-231.

김영태, 박은혜, 한선경, 구정아(2016). 언어치료사 및 특수교사를 위한 한국 보완대체의사소통 평가 및 중재 프로그램. 서울: 학지사.

김주혜, 박은혜(2005). 보완대체의사소통 중재에서의 관련자 간 협력에 대한 연구문헌 분석. 언어청각장애연구, 10(2), 128-140.

박은혜, 김영태, 김정연(2008). 파라다이스 보완대체의사사통 기초능력평가. 서울: 파라다이스 복지재단.

박은혜, 김정연(2010). 보완대체 의사소통 상징체계 수립을 위한 기초 문헌 연구. *Communication Sciences and Disorders, 9*(1), 100-129.

박은혜, Snell, M., & Allaire, J. (2004). 언어장애인을 위한 보완·대체의사소통용 어휘·상징체계 수립에 관한 문헌연구. *Communication Sciences and Disorders, 9*(3), 118-138.

백경란(2013). 보완·대체의사소통 앱을 이용한 중재가 중도·중복장애 아동의 의사소통능력에 미치는 효과. 창원대학교 대학원 석사학위논문.

신정미(2016). 보완대체의사소통(AAC)에 대한 중도장애 학생 부모의 인식조사. 나사렛대학교 대학원 석사학위논문.

임장현, 박은혜(2011). 참여모델을 적용한 태블릿 PC기반의 AAC중재가 통합된 장애학생의 의사소통행동에 미치는 영향. 특수교육학연구, 46(2), 85-106.

전경해(2014). 휴머노이드 로봇을 이용한 보완대체의사소통(AAC) 중재가 취학전 최소발화 아동의 의사소통 표현능력에 미치는 영향. 이화여자대학교 대학원 석사학위논문.

정명철(2017). 교사용 웹기반 보완대체의사소통 중재 가이드 프로그램 개발 연구. 창원대학교 대학원 박사학위논문.

정명철, 한경임(2012). 비구어 자폐성장애 학생의 의사소통과 상동행동에 대한 PDA 활용 보완·대체 의사소통 중재의 효과. 정서·행동장애연구, 28(4), 447-471.

정해동, 김주영, 박은혜, 박숙자(1999). 장애학생을 위한 보완·대체 의사소통지도. 경기: 국립특수교육원.

American Speech-Language-Hearing Association. (2005). *Roles and Responsibilities of Speech-Language Pathologists With Respect to Augmentative and Alternative Communication: Position Statement*. Retrieved from http://www.asha.org/docs/html/ PS2005-00113.html#sec1.1

Beukelman, D. R., & Mirenda, P. (1998). *Augmentative and alternative communication: Management of severe communication disorders in children and adults* (2nd ed.). Baltimore, MD: Paul H. Brookes Pub Co.

Beukelman, D. R., & Mirenda, P. (2005). *Augmentative and alternative communication: Supporting children and adults with complex communication needs*. Baltimore, MD: Paul H. Brookes Pub Co.

Beukelman, D. E., & Mirenda, P. (2008). 보완대체 의사소통(*Augmentative and Alternative Communication*). 박현주 역. 서울: 학지사. (원저는 1992년에 출판)

Blackstone, S. (1986). *Augmentative communication: An introduction*. Rockvill, MD: American Speech-Language-Hearing Association.

Blackstone, S. (1989). M & Ms: Meaningful, manageable measurement. *Augmentative Communication News, 2*(3), 3-5.

Lewis, R. B. (1993). *Special education technology: Classroom application*. Belmont, MA: Brooks/Cole Publishing Co.

Light, J. (1988). Interaction involving individuals using augmentative and alternative communication systems: State of the art and future directions. *Augmentative and Alternative Communication, 4*, 66-82.

Light, J. (1989). Toward a definition of communicative competence for individuals using augmentative and alternative communication systems. *Augmentative and Alternative Communication, 5*, 137-144.

Lloyd, L. L., Fuller, D. R., & Arvidson, H. H. (1997). *Augmentative and alternative communication: A handbook of principles*. Boston, MA: Allyn and Bacon.

Reichle, J., York, J., & Sigafoos, J. (1991). *Implementing augmentative and alternative communication: Strategies for learners with severe disabilities*. Baltimore, MD: Paul H. Brookes Pub Co.

Rosenbek, J., LaPointe, L., & Wertz, R. (1989). *Aphasia: A clinical approach*. Austin, TX: PRO-ED.

Schlosser, R. (2003). *Selecting graphic symbols for an initial request lexicon. The efficacy of augmentative and alternative communication: Toward evidence-based practice*. New York: Elsevier.

찾아보기

〈인명〉

〈내용〉

저자소개

곽미영(Kwak, Mi Yeong)
대구대학교 대학원 이학박사
현 호원대학교 언어치료학과 교수

김시영(Kim, Si Young)
대구대학교 대학원 문학박사
현 대구보건대학교 언어치료학과 교수

김효정(Kim, Hyo Jung)
대구대학교 대학원 이학박사
현 고신대학교 언어치료학과 교수

남현욱(Nam, Hyun Wook)
대구대학교 대학원 이학박사
현 춘해보건대학교 언어치료과 교수

박상희(Park, Sang Hee)
대구대학교 대학원 이학박사
현 대구사이버대학교 언어치료학과 교수

박선희(Park, Sun Hee)
대구대학교 대학원 문학박사
현 대구한의대학교 중등특수교육과 교수

신명선(Shin, Myung Sun)
대구대학교 대학원 이학박사
현 부산가톨릭대학교 언어청각치료학과 교수

신혜정(Shin, Hye Jung)
대구대학교 대학원 이학박사
현 광주여자대학교 언어치료학과 교수

신후남(Shin, Hu Nam)
대구대학교 대학원 이학박사
현 대림대학교 언어재활과 교수

안종복(Ahn, Jong Bok)
대구대학교 대학원 이학박사
현 가야대학교 언어치료청각학과 교수

유재연(Yoo, Jae Yeon)
대구대학교 대학원 이학박사
현 호남대학교 언어치료학과 교수

이명순(Lee, Myoung Soon)
대구대학교 대학원 이학박사
현 상지영서대학교 언어치료과 교수

이무경(Lee, Moo Kyung)
대구대학교 대학원 이학박사
현 대구보건대학교 언어치료학과 교수

전희숙(Jeon, Hee Sook)
대구대학교 대학원 이학박사
현 루터대학교 언어치료학과 교수

황보명(Hwang, Bo Myung)
대구대학교 대학원 이학박사
현 호남대학교 언어치료학과 교수

황상심(Hwang, Sang Shim)
대구대학교 대학원 이학박사
현 남부대학교 언어치료학과 교수

황하정(Hwang, Ha Jeong)
대구대학교 대학원 이학박사
현 대구보건대학교 언어치료학과 교수

언어치료학 개론
Introduction to Speech and Language Therapy

2019년 3월 15일 1판 1쇄 발행
2022년 1월 20일 1판 3쇄 발행

지은이 • 곽미영 · 김시영 · 김효정 · 남현욱 · 박상희 · 박선희
　　　　신명선 · 신혜정 · 신후남 · 안종복 · 유재연 · 이명순
　　　　이무경 · 전희숙 · 황보명 · 황상심 · 황하정

펴낸이 • 김 진 환

펴낸곳 • (주) **학지사**

　　　　04031 서울특별시 마포구 양화로 15길 20 마인드월드빌딩 5층

대표전화 • 02) 330-5114　　　팩스 • 02) 324-2345

등록번호 • 제313-2006-000265호

홈페이지 • http://www.hakjisa.co.kr

페이스북 • https://www.facebook.com/hakjisabook

ISBN 978-89-997-1774-1 93370

정가 20,000원

이 도서의 국립중앙도서관 출판시도서목록(CIP)은 서지정보유통지원시스템 홈페이지(http://seoji.nl.go.kr)와 국가자료공동목록시스템(http://www.nl.go.kr/kolisnet) 에서 이용하실 수 있습니다.
(CIP제어번호: CIP2019004498)

출판 · 교육 · 미디어기업 **학지사**

간호보건의학출판 **학지사메디컬** www.hakjisamd.co.kr
심리검사연구소 **인싸이트** www.inpsyt.co.kr
학술논문서비스 **뉴논문** www.newnonmun.com
원격교육연수원 **카운피아** www.counpia.com